Lorenz Haidinger

Online-Musiklizenzierung in der Europäischen Union und in den USA

Schriften zum europäischen Urheber-, Immaterialgüter- und Informationsrecht

Herausgegeben von
Prof. Dr. Karl-Nikolaus Peifer, Köln
Prof. Dr. Karl Riesenhuber, M. C. J. (Austin/Texas), Bochum

EurUIIR Band 15

Lorenz Haidinger

Online-Musiklizenzierung in der Europäischen Union und in den USA

DE GRUYTER

Dr. iur. *Lorenz Haidinger*, München.
Die Arbeit wurde als Dissertation an der Goethe-Universität Frankfurt am Main vorgelegt (D 30).

ISBN 978-3-11-073925-1
e-ISBN (PDF) 978-3-11-073578-9
e-ISBN (EPUB) 978-3-11-073580-2

Library of Congress Control Number: 2021931906

Bibliografische Information der Deutschen Nationalbibliothek
Die Deutsche Nationalbibliothek verzeichnet diese Publikation in der Deutschen Nationalbibliografie; detaillierte bibliografische Daten sind im Internet über http://dnb.dnb.de abrufbar.

Druck und Bindung: CPI books GmbH, Leck

www.degruyter.com

Vorwort

Diese Arbeit wurde von der Rechtswissenschaftlichen Fakultät der Johann Wolfgang Goethe-Universität Frankfurt am Main als Dissertation angenommen. Meine außerordentliche Dankbarkeit gilt meinem Doktorvater Prof. Dr. Alexander Peukert. Der fachliche Austausch mit ihm und seine besondere Unterstützung haben meine Arbeit geprägt. Mein Dank gilt zudem meinem Zweitgutachter Prof. Dr. Tomas Brinkmann für die rasche Korrektur der Arbeit.

Ganz besonders danken möchte ich Dr. Matthias Lausen für die Möglichkeit, das Thema meiner Arbeit aus US-amerikanischer Perspektive in Erfahrung zu bringen, sowie für seine wertvollen Anregungen, ohne die diese Arbeit nicht möglich gewesen wäre. Meinen Kollegen in den USA danke ich für ihre Zeit und Hilfestellung bei der Aufarbeitung des Themas aus US-amerikanischer Sicht.

Mein Dank gilt außerdem Nicole Bentin vom Institut für Urheber- und Medienrecht, die mir in der dortigen Bibliothek das Abfassen dieser Arbeit ermöglichte und mich bei allen noch so ausgefallenen Literaturwünschen unterstützte.

Die Arbeit ist meiner Frau Franciska und meiner Familie gewidmet. Von ganzem Herzen – vielen Dank für die Begleitung mit viel Zeit, Geduld und Mühe und für die Unterstützung in jeder noch so schweren Phase des Abfassens dieser Arbeit!

München, im Januar 2021

Lorenz Haidinger

Inhalt

Einführung

§ 1 Problemstellung

Weltweit ist die digitale Nutzung die führende Form der Nutzung von Musik: Im Jahr 2018 haben das Musikstreaming und die weitere digitale Musiknutzung (wie durch Downloads) rund 59 % der Einnahmen der Musikindustrie ausgemacht. In absoluten Zahlen handelt es sich um Einnahmen in Höhe von 11,2 Milliarden US-Dollar.[1] Zu berücksichtigen ist, dass in diesen Zahlen die Nutzung von Musik durch Rundfunksender sowie in Filmen und Serien nicht enthalten ist.[2] Gegenwärtig ist die Haupteinnahmequelle aus der Musikverwertung das Musikstreaming:[3] 47 % der weltweiten Einnahmen bzw. 8,9 Milliarden US-Dollar entfielen im Jahr 2018 auf das Musikstreaming.[4] Die Einnahmesteigerung im Vergleich zum Jahr 2017 betrug 34 %.[5]

Online-Dienste, die das Musikstreaming anbieten, sind häufig grenzüberschreitend und damit multi-territorial aktiv.[6] Dadurch internationalisiert sich die Lizenzierung der Rechte an Musikstücken zunehmend. Mit der Empfehlung vom 18. Oktober 2005 über die grenzüberschreitende kollektive Wahrnehmung von Urheberrechten für die Online-Nutzung und der Richtlinie 2014/26/EU hat die Europäische Kommission den Anstoß für die multi-territoriale Lizenzierung von Kompositionen und Liedtexten in der Europäischen Union gegeben. Eine „Weltlizenz“ für Kompositionen und Liedtexte, mit der Online-Dienste das Repertoire eines Rechteinhabers für die gesamte Welt lizenzieren könnten, gibt es bislang allerdings nicht. Vielmehr haben Online-Dienste oftmals dasselbe Repertoire für verschiedene Territorien gesondert zu lizenzieren.

Diese Arbeit geht der Frage nach, wie die in der Europäischen Union bereits bestehende multi-territoriale Lizenzierung von Kompositionen und Liedtexten in der Praxis erfolgt und warum im Rahmen dieser Lizenzierung zwischen dem kontinentaleuropäischen und dem anglo-amerikanischen Repertoire zu unterscheiden ist. Es wird dargelegt, welche Dienste Gegenstand beziehungsweise

1 IFPI Global Music Report 2019, State of the Industry Report, S. 13.

2 Diese Zahlen sind im IFPI Global Music Report 2019 nicht gesondert aufgeführt. Es ist davon auszugehen, dass sie Teil der Einnahmen der sonstigen öffentlichen Aufführung von Musik sind, den der IFPI Global Music Report 2019 mit einem Anteil von 14 % an den Gesamteinnahmen der Musikindustrie ausweist (vgl. IFPI Global Music Report 2019, State of the Industry Report, S. 13).

3 Zu den verschiedenen Musikverwertern sogleich unter § 3.

4 IFPI Global Music Report 2019, State of the Industry Report, S. 13.

5 IFPI Global Music Report 2019, State of the Industry Report, S. 6.

6 Vgl. hierzu sogleich unter § 3 A.

https://doi.org/10.1515/9783110735789-001

nicht Gegenstand der multi-territorialen Lizenzierung von Kompositionen und Liedtexten sind. Darüber hinaus wird untersucht, warum die USA nicht Teil der multi-territorialen Lizenzierung von Kompositionen und Liedtexten sind und wie die Lizenzierung in den USA stattdessen erfolgt. Hierfür wird die Rechtestruktur bei Musikstücken in Deutschland der Rechtestruktur bei Musikstücken in den USA gegenübergestellt. Außerdem werden die an der Lizenzierung von Kompositionen und Liedtexten Beteiligten, nämlich Gesellschaften zur kollektiven Rechtewahrnehmung und Musikverlage, dargestellt und ihre rechtliche Stellung in der Europäischen Union am Beispiel Deutschland mit ihrer rechtlichen Stellung in den USA verglichen. Diese Arbeit beschränkt sich auf die Darstellung der Unterhaltungsmusik (sog. U-Musik).[7]

Soweit dies für das Verständnis der Lizenzierung von Rechten an Kompositionen und Liedtexten notwendig ist, geht diese Arbeit am Rande auf die Leistungsschutzrechte der Tonträgerhersteller und ausübenden Künstler bzw. auf die Rechte an Tonaufnahmen ein. Die Lizenzierung dieser Rechte ist jedoch nicht Gegenstand dieser Arbeit.

Ausgangspunkt für diese Untersuchung ist die jeweilige Rechtsordnung, für die ein Schutz von Kompositionen und Liedtexten beansprucht wird. Dabei wird zwischen dem kontinentaleuropäischen und dem anglo-amerikanischen Raum unterschieden. Die unterschiedlichen Strukturen in der jeweiligen Rechtsordnung und die unterschiedliche Stellung der Rechteverwerter führen zu einer divergierenden Struktur in der Rechteverwertung.

Die Darstellung des kontinentaleuropäischen Raums erfolgt am Beispiel Deutschlands und des deutschen Urheberrechts. Deutschland war im Jahr 2018 der viertgrößte Musikmarkt der Welt und der größte kontinentaleuropäische Musikmarkt.[8]

Die Darstellung des anglo-amerikanischen Raums erfolgt am Beispiel der USA und des US-Copyrights. Die USA sind die führende Nation in der Musikindustrie: Im Jahr 2018 waren die USA der größte Musikmarkt der Welt.[9] Über 70 % der Musik in der „Global Top-50 Playlist" auf Spotify wurde von Künstlern aus den USA aufgenommen.[10] Ein Abgleich der fünf auf Spotify meist-gestreamten Musikstücke

7 Die U-Musik ist in Abgrenzung zur E-Musik zu sehen. Die E-Musik meint die ernste und klassische Musik (vgl. Holzmüller, in: Handbuch der Musikwirtschaft, § 28, Rn. 10).

8 IFPI Global Music Report 2019, State of the Industry Report, S. 13.

9 IFPI Global Music Report 2019, State of the Industry Report, S. 13.

10 https://soundcharts.com/blog/us-music-market-overview (abgerufen am 30.08.2019).

des Jahres 2018[11] mit der ASCAP-Datenbank[12] zeigt, dass an allen Kompositionen und Liedtexten US-Urheber beteiligt waren; drei Kompositionen und Liedtexte wurden ausschließlich von US-Urhebern geschaffen.[13] Die US-amerikanischen Rechteinhaber und Rechteverwerter haben damit bei der weltweiten Musiklizenzierung eine Schlüsselposition inne.

Die wissenschaftliche Forschung hat die Lizenzierung von Rechten an Kompositionen und Liedtexten begleitet. Dabei liegt der Fokus vor allem auf der Wahrnehmung dieser Rechte in Deutschland und der Europäischen Union: *Heine* nimmt die Rolle der Verwertungsgesellschaften in der EU und das System der Gegenseitigkeitsverträge in den Blick.[14] *Heyde* untersucht die paneuropäische Zentrallizenzierung und deren Entwicklung.[15] Hierfür befasst er sich mit den Unterschieden der Musikrechteverwaltung im anglo-amerikanischen und kontinentaleuropäischen Raum.[16] *Kling* untersucht das Verwertungsgesellschaftengesetz (VGG) und dessen Auswirkungen auf die multi-territoriale Lizenzierung von Online-Rechten an Musikwerken in der EU.[17] Mit der Wahrnehmung von Rechten an Kompositionen und Liedtexten in den USA beschäftigt sich *Goldmann*, die die Stellung der Verwertungsgesellschaften in den USA und in Deutschland vergleicht.[18]

§ 2 Gang der Darstellung

Zunächst werden im Rahmen dieser Einleitung unter § 3 die Lizenznehmer definiert und kategorisiert. Sie werden unter dem Oberbegriff „Online-Dienste" zusammengefasst.

Sodann wird in Teil 1 die Rechtestruktur bei Musikstücken unter Geltung des deutschen UrhG der Rechtestruktur bei Musikstücken unter Geltung des US Copyright Acts vergleichend gegenübergestellt. Dabei konzentriert sich die Dar-

---

11 Die fünf meist-gestreamten Songs auf Spotify finden sich unter https://newsroom.spotify.com/2018-12-04/the-top-songs-artists-playlists-and-podcasts-of-2018/ (abgerufen am 30.08.2019).

12 https://www.ascap.com/repertory (abgerufen am 30.08.2019).

13 An den Werken „God's Plan" und „In My Feelings", die der kanadische Sänger Drake aufgenommen hat, waren daneben kanadische Urheber beteiligt.

14 Heine, Wahrnehmung von Online-Musikrechten durch Verwertungsgesellschaften im Binnenmarkt.

15 Heyde, Die grenzüberschreitende Lizenzierung von Online-Musikrechten in Europa.

16 Heyde, Grenzüberschreitende Lizenzierung, S. 153 ff.

17 Kling, Gebietsübergreifende Vergabe von Online-Rechten an Musikwerken.

18 Goldmann, Die kollektive Wahrnehmung musikalischer Rechte in den USA und Deutschland.

stellung auf die Urheber von Kompositionen und Liedtexten, deren Verwertungsrechte sowie die Möglichkeit der Verwertung dieser Rechte, soweit sie für eine Lizenzierung von Online-Diensten relevant sind. Die Ausführungen bilden die Grundlage für die in Teil 2 näher dargestellte Lizenzierungspraxis von Rechten an Kompositionen und Liedtexten.

In Teil 2 werden zunächst die Rechteverwerter, also die Lizenzgeber von Kompositionen und Liedtexten, und ihre rechtliche Stellung in Deutschland und in den USA vergleichend dargestellt: Rechteverwerter in diesem Sinne sind Gesellschaften zur kollektiven Rechtewahrnehmung und Musikverlage. Daran anschließend folgt eine Gegenüberstellung der Praxis der Lizenzierung von Online-Diensten in Deutschland und in den USA.

§ 3 Definition und Kategorisierung von „Online-Diensten"

Wann immer im Rahmen dieser Arbeit der Begriff „Online-Dienst" verwendet wird, umfasst dies alle nachfolgend dargestellten Dienste. Sie sind die Lizenznehmer bei der Verwertung von Musik im Internet. Ihre Angebote sind in Europa und den USA nahezu identisch. Oftmals bestehen in beiden Regionen sogar dieselben Online-Dienste mit einem identischen Angebot oder expandieren nach erfolgreicher Markteinführung mit ihren Angeboten in die jeweils andere Region. Diese Angebote lassen sich in verschiedene Kategorien wie folgt einteilen:

A. Musik-On-Demand-Dienste

Wird von Online-Diensten im Musikbereich gesprochen, bezieht sich dies vielfach auf Musik-On-Demand-Dienste. Charakteristisch für diese Online-Dienste ist, dass sie auf die Bereitstellung eines zeitlich ungebundenen Abrufs von Musik ausgerichtet sind, und Nutzer sie vor allem zu diesem Zweck aufsuchen. Die Dienste lassen sich in Download-Dienste und Streaming-Dienste unterscheiden.

I. Download-Dienste

Download-Dienste bieten den Nutzern die Möglichkeit, einzelne Musikstücke oder Alben im Wege des Downloads dauerhaft zu erwerben. Dies ist vergleichbar zum Kauf einer CD oder einer Schallplatte. Bekannte Download-Dienste sind beispielsweise Amazon, Apple iTunes oder Beatport.

II. Streaming-Dienste

Streaming-Dienste bieten den Nutzern die Möglichkeit, Musik über die jeweilige Plattform kostenlos oder kostenpflichtig, online oder offline ohne dauerhaftes Speichern der Musik anzuhören. Die Nutzer können aus einem umfassenden Katalog die Musik auswählen, die sie hören möchten. Bei Streaming-Diensten handelt es sich damit um „virtuelle Jukeboxen".[19] Bekannte Streaming-Dienste sind zum Beispiel Amazon Music, Apple Music, Deezer, Qobuz oder Spotify.

Da die Konkurrenz unter den Streaming-Diensten hoch ist, und die musikalischen Inhalte des Angebots der Streaming-Dienste nahezu identisch sind, versuchen die Streaming-Dienste, sich über Zusatzangebote von der Konkurrenz abzusetzen: So stellen die Streaming-Dienste ihren Nutzern von ihnen erstellte Playlists sowie auf den Nutzer personalisierte Empfehlungen zur Verfügung. Der Marktführer Spotify setzt beispielsweise zusätzlich auf Podcasts[20] und auf Videos.[21] Apple Music versucht mit dem eigenen Radiosender „Beats 1" sowie weiteren Radiosendern zu punkten.[22] Qobuz setzt dagegen auf eine hohe Streaming-Qualität durch eine Übertragung mit hoher Datenrate.[23]

B. Rundfunksender: Hörfunk und Fernsehen

Auch die klassischen Rundfunksender sind Online-Dienste, soweit diese ihr Angebot im Internet bereitstellen. Ihr Angebot kann aus Hörfunk und/oder Fernsehen bestehen. Für beide Angebote benötigen Rundfunksender die Rechte für die Musik, wenn sie diese in ihren Programmen nutzen: Eine Nutzung kann im Hörfunk dadurch erfolgen, dass Musik gezielt für den Hörer gespielt wird. Im Fernsehen wird Musik etwa bei der Ausstrahlung von Filmen und Serien, die Musik zur Untermalung enthalten, genutzt.

Im Bereich des Hörfunks sind nahezu alle klassischen Hörfunkangebote über das Internet im Wege des Simulcasting abrufbar. Zusätzlich zu ihren klassischen Sendern bieten viele Rundfunksender eigene Webradios an. Daneben bestehen von den klassischen Rundfunk-Sendern unabhängige Webradio-Angebote. In

---

19 Passmann, Music Business, S. 147. Noch ohne Kenntnis der heutigen technischen Möglichkeiten hat *Goldstein* bereits 1994 die Idee des Music-Streaming-On-Demand mit dem Begriff der „Celestial Jukebox" beschrieben (vgl. Goldstein, Copyright's highway).

20 https://www.nytimes.com/2019/02/06/business/dealbook/spotify-gimlet-anchor-podcasts.html (abgerufen am 30.08.2019).

21 https://support.spotify.com/de/using_spotify/features/videos/ (abgerufen am 30.08.2019).

22 https://support.apple.com/en-us/HT204944 (abgerufen am 30.08.2019).

23 https://www.qobuz.com/de-de/music/streaming/offers (abgerufen am 30.08.2019).

Deutschland sind die führenden Anbieter im Bereich des Hörfunks die öffentlich-rechtlichen Programme der ARD (BR, NDR, WDR etc.) und die privaten Programme von Antenne Bayern, Radio NRW oder Hit Radio FFH.[24] In den USA sind iHeartMedia, der 858 Radiostationen gehören,[25] sowie Entercom, der 235 Radiostationen gehören,[26] die führenden Radiokonzerne. Daneben kommt in den USA dem Satelliten-Radio Anbieter Sirius XM, der sein Programm ausschließlich kostenpflichtig vertreibt und eigenständige Streaming-Pakete anbietet, eine recht große Bedeutung zu.[27]

Im Bereich des Fernsehens sind ebenfalls alle klassischen Fernsehprogramme über das Internet abrufbar. Sie stellen ihr Programm zum einen im Wege des Live-Streamings parallel zur Ausstrahlung über Antenne, Kabel oder Satellit über das Internet bereit. Zum anderen bieten sie ihr Programm zum zeitungebundenen Abruf in Mediatheken an. Dabei haben sich zwei verschiedene Angebote herausgebildet: einerseits ein sog. „Catch-Up"-Service, bei dem die einzelnen Sendungen nur für einen begrenzten Zeitraum vor oder nach der linearen Ausstrahlung abrufbar sind. Andererseits stellen die Fernsehsender ihre Sendungen in Mediatheken mittlerweile auch so zur Verfügung, dass Nutzer die einzelnen Sendungen nahezu zeitlich unbegrenzt abrufen können.

In Deutschland sind die führenden Fernsehsender die öffentlich-rechtlichen Sender von ARD und ZDF sowie die privaten Sender der RTL Gruppe und der ProSiebenSat.1 Gruppe.[28] In den USA sind die Networks ABC, CBS, FOX und NBC die führenden Fernsehsender.[29]

C. Video-On-Demand-Dienste

Im Zusammenhang mit der Lizenzierung von Musikwerken bleiben häufig die Video-On-Demand-Dienste (VoD-Dienste) unerwähnt. VoD-Dienste nutzen wie Fernsehsender Musik in Filmen und Serien. Sie bieten den Nutzern die Möglichkeit, Filme und Serien unbegrenzt zu streamen. Die sowohl in Deutschland als

---

24 https://www.dwdl.de/zahlenzentrale/71606/jubel_in_hessen_wdr_im_minus_ant_bayern_wieder_ millionaer/ (abgerufen am 30.08.2019).

25 https://www.iheartmedia.com/iheartmedia/ (abgerufen am 30.08.2019).

26 https://entercom.com/radio-stations/ (abgerufen am 30.08.2019).

27 https://www.siriusxm.com/ (abgerufen 30.08.2019).

28 https://www.dwdl.de/features/druckansicht/index.php?id=70367 (abgerufen am 30.08.2019).

29 https://www.indiewire.com/2018/12/network-ratings-top-channels-espn-cnn-fox-news-cbs-nbc-abc-1202030597/ (abgerufen am 30.08.2019).

auch in den USA führenden Anbieter sind Netflix und Amazon Prime Video. In Deutschland hat sich zusätzlich Maxdome, in den USA Hulu etabliert.

Aufgrund der Konkurrenz durch reine VoD-Dienste betreiben mittlerweile auch Fernsehsender eigene VoD-Dienste: In Deutschland bietet beispielsweise der Pay-TV Sender Sky sein Programm über den VoD-Dienst „Sky Ticket" an. RTL hat Anfang des Jahres 2019 mit der Plattform „TV Now" einen eigenständigen VoD-Dienst gestartet. „TV Now" beinhaltet neben dem Programm und den Sendungen der RTL Gruppe insbesondere auch zahlreiche Serien und Filme, die bisher nicht bei Sendern der RTL Gruppe zu sehen waren.[30] In den USA bietet zum Beispiel der Pay-TV Sender HBO sein Programm über den VoD-Dienst „HBO Now" an.[31] CBS hat bereits 2014 mit „CBS All Access" einen eigenständigen VoD-Dienst auf dem Markt gebracht. Die Plattform beinhaltet neben den Produktionen für den Fernsehsender CBS auch eigens für „CBS All Access" produzierte Inhalte.[32]

D. UGC Plattformen

Eine Nutzung von Musik findet außerdem auf sog. „User Generated Content"-Plattformen (UGC Plattformen) statt. Alle UGC Plattformen haben gemeinsam, dass die Musik über den Upload des Nutzers der Öffentlichkeit zur Verfügung gestellt wird. Die Plattformen haben aber inhaltlich eine unterschiedliche Ausrichtung:

Auf YouTube betten Nutzer die Musik in Videos ein und laden die die Musik beinhaltenden Videos auf die Plattform hoch. Im Gegensatz hierzu laden Nutzer auf SoundCloud nur einzelne Musikstücke hoch, wobei sich die Plattform an bisher noch unbekannte Künstler richtet.[33] Auch auf Mixcloud können Nutzer nur Musik hochladen: Im Unterschied zu SoundCloud laden Nutzer auf Mixcloud aber nicht einzelne Musikstücke hoch, sondern vielmehr ganze Radiosendungen, DJ-Mixe und Podcasts.[34]

Bei der Nutzung von Musik auf UGC Plattformen handelt es sich um eine gegenwärtig in Europa rechtlich streitige Sonderkonstellation, die durch die Richtlinie „Urheberrecht im digitalen Binnenmarkt" (RL 2019/790) im Fluss be-

---

30 https://www.dwdl.de/nachrichten/70147/fuer_499_euro_im_monat_neues_tv_now_offiziell_gestartet/ (abgerufen am 30.08.2019).

31 https://www.digitaltrends.com/movies/hbo-go-vs-hbo-now/ (abgerufen am 30.08.2019).

32 https://www.dwdl.de/nachrichten/62770/cbs_plant_internationalen_rollout_seines_streamingdienstes/ (abgerufen am 30.08.2019).

33 https://soundcloud.com/upload (abgerufen am 30.08.2019).

34 https://www.mixcloud.com/about/ (abgerufen am 30.08.2019).

griffen ist. Daher wird im Rahmen dieser Arbeit auf die Lizenzierung von UGC Plattformen nicht vertieft eingegangen.

E. Weitere Online-Dienste

Neben diesen vier Kategorien der Musiknutzung im Internet gibt es zahlreiche weitere Sonderformen der Musiknutzung durch Online-Plattformen, die sich keiner zuvor dargestellten Kategorie zuordnen lassen.

Beispielsweise ermöglichen Online-Dienste ihren Nutzern das Singen von Karaoke. Nutzer erhalten die Möglichkeit, den Text ihrer Lieblingssongs selbst bzw. mit anderen zu singen. Beispiele für solche Online-Dienste sind „Karafun" und „Smule".

Andere Online-Dienste bieten ihren Nutzern die Möglichkeit, ihr eigenes Webradio zu produzieren und über die Plattform auszustrahlen. Auf Radionomy können Nutzer zur Produktion ihres Webradios Musik aus der eigenen Sammlung und Podcasts aus der Radionomy-Mediathek verwenden. Zudem bietet Radionomy Nutzern die Möglichkeit der Programmgestaltung mit eigenen Ansagen, Sprachaufnahmen und Interviews. [35]

Wiederum andere Online-Dienste nutzen Musik zur Untermalung des Angebots „digitaler Fitnesskurse": Das Unternehmen Peloton bietet zum Beispiel Fahrräder an, über die die Kunden an digitalen Radsport-Trainingseinheiten teilnehmen können. Im Hintergrund zu den von Peloton zum Abruf bereitgestellten Fitnesskursen läuft Musik zur Motivation der Kunden.[36]

Aufgrund der Vielfalt dieser Dienste, die sich insbesondere auf die Frage der jeweils berührten Rechte auswirkt, wird die Lizenzierung dieser Dienste im Rahmen dieser Arbeit nicht vertieft dargestellt.

35 https://www.radionomy.com/ (abgerufen am 30.08.2019).

36 https://www.cbsnews.com/news/peloton-lawsuit-fitness-industry-phenomenon-stumbles-over-music/ (abgerufen am 30.08.2019). Peloton wurde aufgrund mangelnder Lizenzierung der Synchronisationsrechte von US-amerikanischen Musikverlagen auf Schadensersatz in Höhe von 150 Millionen US-Dollar verklagt (vgl. https://www.cbsnews.com/news/peloton-lawsuit-fitness-industry-phenomenon-stumbles-over-music/, abgerufen am 30.08.2019).

Teil 1 Rechtestruktur bei Musik: Zwischen Territorialität und Vertragsfreiheit

Bevor auf die Lizenzierung von Kompositionen und Liedtexten an Online-Dienste eingegangen werden kann, ist die Rechtestruktur bei Musikstücken zu erläutern. Aufgrund des unter § 4 dargestellten Territorialitätsprinzips ist grundsätzlich die für das jeweilige Territorium geltende Rechtsordnung maßgeblich. Daher sind die jeweiligen Rechtspositionen für Deutschland und die USA zu untersuchen.

Die Grundlage für die Untersuchung der jeweiligen Rechtspositionen und deren Verwertung bilden die konzeptionellen Unterschiede des deutschen Urheberrechts und des US-amerikanischen Copyrights (vgl. § 5). Hiervon ausgehend werden die ursprünglichen Inhaber von Rechten an einem Musikstück identifiziert (vgl. § 6). Nur Rechteinhaber können eine Lizenzierung selbst vornehmen oder ihre Rechte an Dritte zur weiteren Lizenzierung einräumen. Aufgrund der Beteiligung von Textautoren, Komponisten, Musikverlagen, Sängern, Produzenten und Plattenfirmen entsteht ein nur schwer zu durchschauendes Rechtegeflecht. Dieses Rechtegeflecht wird dadurch erschwert, dass das deutsche UrhG und der US Copyright Act für die Beteiligung mehrerer Urheber mittels Miturheberschaft unterschiedliche Voraussetzungen und Rechtsfolgen vorsehen.

Daran anknüpfend werden die durch die Online-Dienste berührten Verwertungs- und Nutzungsrechte dargestellt (vgl. § 7 und § 8). Nur an den jeweils betroffenen Rechten hat ein Online-Dienst eine Lizenz zu erwerben. Die Ausführungen zeigen, dass sowohl die einzelnen Verwertungsrechte als auch deren Verwertung im deutschen UrhG und im US Copyright Act unterschiedlich ausgestaltet sind.

§ 4 Territorialitätsprinzip

Ausgangspunkt für die rechtsvergleichende Darstellung des Schutzes von Kompositionen und Liedtexten sowie deren Lizenzierung im Online-Bereich ist das Territorialitätsprinzip. Aus diesem wird die Geltung des „Schutzlandprinzips" abgeleitet: Danach ist für die Frage, welche Urheberrechtsordnung in einem gewissen Gebiet anzuwenden ist, grundsätzlich an die Rechtsordnung des Landes anzuknüpfen, für das Schutz beansprucht wird.[37] Das Schutzlandprinzip be-

37 Dreier, in: Dreier/Schulze, UrhG, UrhG Vor §§ 120 ff., Rn. 28. Auf Ausnahmen und Einschränkungen zu diesem Grundsatz wird an den entsprechenden Stellen eingegangen.

https://doi.org/10.1515/9783110735789-002

stimmt das Entstehen und die erste Inhaberschaft des Urheberrechts, den Inhalt und den Umfang der Verwertungsrechte sowie die Übertragbarkeit des Urheberrechts.[38]

Für die grenzüberschreitende Lizenzierung von Kompositionen und Liedtexten lassen sich hieraus zwei Punkte folgern: Zum einen richtet sich die Reichweite des Urheberrechts nach der jeweiligen Rechtsordnung des Staats, in dem die Lizenzierung erfolgen soll.[39] Zum anderen ist für jedes Land, indem eine Nutzungshandlung vorgenommen wird, ein entsprechendes Nutzungsrecht zu erwerben: Wird etwa eine Nutzungshandlung auf dem Gebiet der Bundesrepublik Deutschland vorgenommen, sind Nutzungsrechte für das Gebiet der Bundesrepublik Deutschland zu erwerben.[40]

§ 5 Konzeptionelle Unterschiede zwischen „Urheberrecht" und „Copyright"

Grundlage für die weitere Darstellung der Rechte an Musikstücken und deren Verwertung in Deutschland und in den USA sind die konzeptionellen Unterschiede zwischen dem deutschen Urheberrecht und dem US-Copyright.

Das deutsche Urheberrecht stellt den Werkschöpfer in den Mittelpunkt.[41] Dieser ist im System des deutschen Urheberrechtsgesetzes die zentrale Figur, auch wenn das Gesetz einen Ausgleich der beteiligten Interessen sucht.[42] Das Ziel des Urheberrechts ist es, die schöpferische Leistung des Urhebers anzuerkennen und zu belohnen. Der Urheber eines Werks kann ausschließlich eine natürliche Person sein.[43] Die Herrschaft des Urhebers über sein Werk folgt aus der Natur der Sache, nämlich aus dem geistigen Eigentum des Urhebers, das durch die Gesetzgebung ausschließlich seine Anerkennung und Ausgestaltung findet. Der Gesetzgeber begründet damit nicht das Urheberrecht, sondern gestaltet es nur aus.[44]

Demgegenüber folgt das US-Copyright nicht der Idee eines „natürlichen Rechts" des Urhebers. Der US Kongress hat bei Erlass des US-Copyright Act von

38 Katzenberger/Metzger, in: Schricker/Loewenheim, UrhR, UrhG Vor § 120 ff., Rn. 118; a.A. für die erste Inhaberschaft des Urheberrechts: Rehbinder/Peukert, Urheberrecht, Rn. 1210.
39 Dreier, in: Dreier/Schulze, UrhG, UrhG Vor §§ 120 ff., Rn. 28; a.A. Rehbinder/Peukert, Urheberrecht, Rn. 33; Peukert, Güterzuordnung, S. 41.
40 Dreier, in: Dreier/Schulze, UrhG, UrhG Vor §§ 120 ff., Rn. 31.
41 Haedicke, Urheberrecht und Handelspolitik, S. 7.
42 Geiger, GRUR Int. 2008, 459, 462.
43 Schack, Urheberrecht, Rn. 25.
44 BGH GRUR 1955, 492, 496.

1909 ausgeführt, dass die Verfassung keine Urheberrechte begründe, sondern vielmehr vorsehe, dass der Kongress die Befugnis haben soll, solche Rechte zu gewähren, wenn er es für richtig hält.[45] Das Ziel des US Copyright ist die Förderung und Belohnung kreativer Arbeit. Diese private Motivation muss letztlich dem Zugang einer breiten Öffentlichkeit zu Literatur, Musik und anderen Künsten dienen.[46] Denn das grundsätzliche Ziel des Copyrights ist es, die Verfügbarkeit von Werken zu gewährleisten.[47] Der Gedanke des Autorenschutzes ist dagegen nicht entscheidend.[48] Es ist lediglich die unmittelbare Wirkung des US Copyright Acts, dass eine angemessene Gegenleistung für das Schaffen des Autors gesichert wird.[49] Denn der Autor wird nur dann neue Werke schaffen und verbreiten, wenn er sie aufgrund des Bestehens exklusiver Rechte kontrollieren und aus ihrer Verbreitung finanziell profitieren kann.[50] Das Copyright kann auch bei einer juristischen Person entstehen.[51]

§ 6 Inhaber von Rechten an einem Musikstück

Im Folgenden werden zunächst die am Musikwerk Beteiligten und ihre Rechte unter Geltung des deutschen Rechts dargestellt (vgl. unter A). Das deutsche UrhG unterscheidet zwischen Urhebern, die nur natürliche Personen sein können (§ 7 UrhG), und Inhabern von Leistungsschutzrechten, die auch juristische Personen sein können.[52] Sodann werden den Rechten der am Musikwerk Beteiligten im Anwendungsbereich des deutschen Rechts die Rechte der am Musikwerk Beteiligten unter Geltung des US Rechts gegenübergestellt (vgl. unter B). Der US Copyright Act unterscheidet nicht zwischen Urhebern und Inhabern von Leistungsschutzrechten.[53] Abschließend erfolgt eine Darstellung der Rechtesituation bei Beteiligung mehrerer Urheber an einem Werk (vgl. unter C).

---

45 The House Report 1 on the Copyright Act of 1909 (abrufbar unter: http://www.ipmall.info/sites/default/files/hosted_resources/lipa/copyrights/The%20House%20Report%201%20on%20the%20Copyright%20Act%20of%201909.pdf, abgerufen am 22.08.2019).

46 Twentieth Century Music Corp v. Aiken, 422 US 151, 156 (United States Supreme Court, 1975).

47 Reese, University of Miami Law Review, Volume 55 (2001), 237, 238.

48 Haedicke, Urheberrecht und Handelspolitik, S. 8.

49 Twentieth Century Music Corp v. Aiken, 422 US 151, 156 (United States Supreme Court, 1975).

50 Moser/Slay, Music Copyright Law, S. 6.

51 Schack, Urheberrecht, Rn. 26.

52 Dreier, in: Dreier/Schulze, UrhG, UrhG Vor §§ 70 ff., Rn. 2 f.

53 Goldmann, Kollektive Wahrnehmung, S. 23.

A. Rechteinhaber unter Geltung des deutschen UrhG

I. Komponist

Dem Komponisten steht in aller Regel ein Urheberrecht an der Komposition eines Musikstücks zu. Komponist meint die Person, die die Komposition für ein Musikstück geschaffen hat. Komponist in diesem Sinne kann je nach Art seiner Beteiligung auch der Produzent eines Musikstücks sein.[54] Als Produzent wird üblicherweise die Person bezeichnet, die eine Aufnahmesitzung leitet.[55]

Die Komposition ist urheberrechtlich nach § 2 Abs. 1 Nr. 2, Abs. 2 UrhG als Musikwerk eigenständig geschützt. Maßgeblich für die Schutzfähigkeit ist der Gesamteindruck, den die einzelnen Gestaltungselemente eines Musikstücks in der Gesamtbetrachtung auf einen Hörer ausüben.[56] Im Vordergrund für die Betrachtung der Gestaltungshöhe steht traditionell die Melodie eines Musikstücks als werkprägender Faktor.[57] Der künstlerische Wert einer Komposition ist für deren Schutz unerheblich. Die Komposition muss lediglich einen geringen Grad an Eigentümlichkeit aufweisen, da ein Schutz der „kleinen Münze" anerkannt ist.[58] Allerdings betont der BGH in der Entscheidung *Goldrapper* unter Verweis auf die Entscheidung *Geburtstagszug*[59], dass auch für den Urheberrechtsschutz von Musikwerken eine „nicht zu geringe Gestaltungshöhe" zu fordern ist.[60]

Schwierigkeiten hinsichtlich der Schöpfungshöhe ergeben sich, soweit nur kurze Teile einer Komposition geschützt sein sollen. Denn Werkteile genießen nur dann einen urheberrechtlichen Schutz, wenn diese für sich genommen die Schöpfungshöhe erreichen.[61] Zur Begründung des Urheberrechtsschutzes einer Musiksequenz mit einer Dauer von zehn Sekunden verlangt der BGH in der Entscheidung *Goldrapper* daher die Einholung eines Sachverständigengutachtens.[62] Dagegen sind auch sehr kurze Musiksequenzen, wie die ZDF-Titelmelodie zum

54 Schwenzer, S. 54 ff.

55 Vogel, in: Schricker/Loewenheim, UrhR, UrhG § 85, Rn. 41.

56 OLG München ZUM-RD 2015, 387, 394.

57 Hertin, in: Handbuch der Musikwirtschaft, § 49, Rn. 35.

58 BGH GRUR 2015, 1189 Rn. 44 – Goldrapper; GRUR 1988, 810, 811 – Fantasy; GRUR 1988, 812, 814 – Ein bißchen Frieden; GRUR 1981, 267, 268 – Dirlada; kritisch zur Anwendung des Grundsatzes der kleinen Münze im Bereich der Musik: Schunke, Bearbeitungsrecht, S. 38 ff.

59 BGH GRUR 2014, 175 – Geburtstagszug.

60 BGH GRUR 2015, 1189 Rn. 44 – Goldrapper.

61 BGH GRUR 2015, 1189 Rn. 43 – Goldrapper; ZUM-RD 2013, 241 Rn. 8; ZUM 2011, 151 Rn. 54 – Perlentaucher; Schack, Urheberrecht, Rn. 219; Loewenheim, in: Schricker/Loewenheim, UrhR, UrhG § 2, Rn. 149.

62 BGH GRUR 2015, 1189 Rn. 60 ff. – Goldrapper.

„heute journal“ in der Fassung 1980/1984, ohne weiteres eine persönlich geistige Schöpfung, wenn sie besonders prägnant sind.[63]

II. Textdichter

Dem Textdichter steht regelmäßig das Urheberrecht am Liedtext eines Musikstücks zu. Textdichter meint die Person, die den Text für ein Musikstück geschrieben hat.

Der Liedtext eines Musikstücks kann urheberrechtlich nach § 2 Abs. 1 Nr. 1 Alt. 1, Abs. 2 UrhG als Sprachwerk eigenständig geschützt sein. Generell sind an die Schutzfähigkeit von Liedtexten nur geringe Anforderungen zu stellen.[64] Es gilt der Schutz der „kleinen Münze“, sodass auch Werke mit einem geringen schöpferischen Wert Schutz genießen.[65] Schwierigkeiten bei dem Erreichen der Schöpfungshöhe ergeben sich wiederum, soweit nur Teile eines Liedtexts geschützt sein sollen. Dabei ist auch der Refrain als solcher unter dem Grundsatz der „kleinen Münze“ nicht ohne weiteres urheberrechtlich geschützt:[66] Das OLG Hamburg lehnte etwa den Urheberrechtsschutz an der Textzeile „alles ist gut solange du wild bist“ ab, da es sich bei dem Textausschnitt um eine allgemeinsprachliche Ausdrucksweise handle.[67] Auch umgangssprachliche Sprüche wie zum Beispiel „Herr Ballermann, das war Ihr letztes Foul“ begründen keinen Urheberrechtsschutz.[68]

---

63 OLG München ZUM-RD 2015, 387, 394. In der Begründung führt das OLG München aus (ZUM-RD 2015, 387, 395): „Die „heute“-Erkennungsmelodie von 1980/1984 weist nach ihrem Gesamteindruck durch die harmonische und rhythmische Anordnung insgesamt eine prägnante Eigentümlichkeit auf, die ihr als Jingle des „heute“-Nachrichtenjournals eine klangliche Unverwechselbarkeit verleiht.“

64 Schulze, in: Dreier/Schulze, UrhG, UrhG § 2, Rn. 87.

65 BGH GRUR 1991, 531, 531 – Brown Girl I.

66 OLG Hamburg ZUM-RD 2010, 467, 469 – Solange du wild bist.

67 OLG Hamburg ZUM-RD 2010, 467, 468 – Solange du wild bist.

68 OLG Hamburg, Urteil vom 22.02.2012, Az. 5 U 21/10; bestätigt durch BGH ZUM-RD 2013, 241. Anders dagegen beurteilt der Österreichische Oberste Gerichtshof (GRUR Int. 1991, 652) die Textzeile „So ein Tag, so wunderschön wie heute“. Diese ist nach österreichischem Urheberrecht schutzfähig, da „anders als durch den alltäglichen Satz „heute ist ein wunderschöner Tag“ – in sprachlich komprimierter übersteigerter Form die Freude an einem schönen Tag und der Gedanke an dessen Ursachen ausgedrückt“ wird (ÖOGH GRUR Int. 1991, 652, 652 f.).

III. Bearbeiter

In vielen Fällen kommt zu dem Komponisten und dem Textdichter noch ein Bearbeiter hinzu, der Arrangements und Potpourris vornimmt oder Liedtexte übersetzt.[69] Ein solcher Bearbeiter ist aber auch ein Produzent, der ein bestehendes Musikstück nachträglich bearbeitet, indem er beispielsweise einen Remix erstellt.[70] In der Praxis hat die Modifizierung von bestehenden Musikwerken, wie zum Beispiel die Produktion eines Remix, eine große Bedeutung.[71]

Nach § 3 Satz 1 UrhG wird die Bearbeitung gleich einem eigenständigen Werk nach § 2 Abs. 2 UrhG geschützt. Bei der Bearbeitung handelt es sich nicht um eine eigenständige Werkkategorie. Vielmehr ist jede Bearbeitung einer Werkkategorie des § 2 Abs. 1 UrhG zuzuordnen.[72] Daher muss ein Bearbeiter zum Erreichen der Schutzfähigkeit nach § 3 Satz 1 Halbsatz 2 UrhG eine eigene schöpferische Leistung erbringen.[73] An das Erreichen der Schöpfungshöhe sind dieselben Anforderungen zu stellen wie an die zugrundeliegende Werkkategorie.[74] Bleibt der Grundcharakter eines bearbeiteten Musikwerks erhalten, sind beispielsweise das bloße Umstellen von Sätzen oder das geringfügige Ändern von Melodie, Rhythmus und Harmonie nicht urheberrechtlich geschützt.[75]

---

69 Rossbach/Joos, in: Festgabe für Schricker zum 60. Geburtstag, 2. Teil C. Musikverwertung, 333, 334.

70 Gelke, Mashups, S. 102.

71 Hertin, in: Handbuch der Musikwirtschaft, § 49, Rn. 52. Aktuellstes Beispiel ist das Lied „Bella Ciao", das von der GFK zum Sommerhit des Jahres 2018 gekürt wurde. Das Lied wurde ursprünglich vor über 100 Jahren komponiert und erlangte im Remix von DJ Hugel erneut Popularität. Europaweit entstanden viele weitere Cover-Versionen von Popsängern, Rockmusikern, Rappern und Schlagersängern (vgl. http://www.gfk-entertainment.com/news/bella-ciao-ist-offizieller-sommerhit-2018.html, abgerufen am 22.08.2019).

72 Nordemann, in: Fromm/Nordemann, Urheberrecht, UrhG § 3, Rn. 6.

73 Bullinger, in: Wandtke/Bullinger, UrhR, UrhG § 3, Rn. 15.

74 Bullinger, in: Wandtke/Bullinger, UrhR, UrhG § 3, Rn. 16; Nordemann, in: Fromm/Nordemann, Urheberrecht, UrhG § 3, Rn. 19. Es gelten daher die vorstehenden Ausführungen zu Liedtexten und Kompositionen entsprechend.

75 Hertin, in: Handbuch der Musikwirtschaft, § 49, Rn. 58. Instruktiv hierzu OLG Hamburg ZUM-RD 2007, 71: Nach der Entscheidung des *OLG Hamburg* handelt es sich bei dem Musikstück „Whistling for a train" im Gesamten um eine urheberrechtlich schutzfähige Bearbeitung des Musikstücks „500 Miles" (ZUM-RD 2007, 71, 74 f.). Allerdings wies das OLG Hamburg die Klage wegen Verletzung des Bearbeiter-Urheberrechts ab, da der übernommene Ausschnitt des Musikstücks „Whistling for a train" für sich genommen nicht nach § 3 Satz 1 UrhG urheberrechtlich geschützt war. Der Teil der Bearbeitung des Musikstücks „500 Miles" erreichte nicht die nötige Schöpfungshöhe (ZUM-RD 2007, 71, 75).

Das Bearbeiter-Urheberrecht schützt nur den konkreten schöpferischen Beitrag des Bearbeiters, da es ausschließlich an der Bearbeitung selbst entsteht.[76] Zugleich ist es ein „abhängiges Recht“: Während der Schutzdauer des bearbeiteten Werks benötigt der Bearbeiter gemäß § 23 Satz 1 UrhG für die Veröffentlichung und die Verwertung der Bearbeitung die Zustimmung des Urhebers des bearbeiteten Werks.[77]

IV. Interpret

Dem Interpreten eines Musikstücks steht in der Regel kein eigenes Urheberrecht zu. Interpret meint die Person, die das Musikstück alleine oder mit anderen hörbar macht.[78] Während ein Urheber ein eigenes Werk schafft, interpretiert der ausübende Künstler ein fremdes Werk.[79] Die Interpretation eines Musikstücks führt regelmäßig ausschließlich zu einem verwandten Schutzrecht des ausübenden Künstlers gemäß § 73 UrhG.[80]

In der Praxis kann die funktionelle Trennung von Urhebern und Interpreten oftmals nicht aufrechterhalten werden, wenn die Tätigkeiten in derselben natürlichen Person zusammenfallen. Allerdings ist die Unterscheidung der Tätigkeiten für die entstehenden Rechte und die damit verbundenen vertraglichen Beziehungen relevant.[81] Denn das Urheberrecht und das Leistungsschutzrecht des ausübenden Künstlers bestehen gleichrangig nebeneinander; insbesondere wird das eine Recht nicht durch das andere Recht konsumiert.[82]

In der Praxis sind Interpreten über Künstlerverträge an Plattenfirmen gebunden, die auf mehrerlei Weise exklusiv ausgestaltet werden können: Der Interpret kann persönlich exklusiv an die Plattenfirma gebunden sein, was dem Interpreten die Aufnahme von Musikstücken mit Dritten vollständig verbietet.

---

76 Nordemann, in: Fromm/Nordemann, Urheberrecht, UrhG § 3, Rn. 34.

77 Nordemann, in: Fromm/Nordemann, Urheberrecht, UrhG § 3, Rn. 5. Auf die Abgrenzung zwischen freier Benutzung nach § 24 UrhG und Bearbeitung nach § 23 UrhG wird nicht näher eingegangen.

78 Apel, Ausübende Musiker, S. 226. Dies können ein Einzelsänger oder eine Band sein.

79 Schack, Urheberrecht, Rn. 662.

80 Nordemann, in: Fromm/Nordemann, Urheberrecht, UrhG § 2, Rn. 126. Umstritten ist in der Literatur, ob ein ausübender Künstler nur dann geschützt ist, wenn das interpretierte Musikstück die für § 2 Abs. 2 UrhG erforderliche Schöpfungshöhe erreicht und damit ob der Schutz des ausübenden Künstlers streng werkakzessorisch ist (vgl. ausführlich zum Meinungsstand Gelke, Mashups, S. 117 ff.).

81 Rossbach/Joos, in: Festgabe für Schricker zum 60. Geburtstag, 2. Teil C. Musikverwertung, 333, 334.

82 Apel, Ausübende Musiker, S. 222 f.

Alternativ können einzelne Musikstücke exklusiv an die Plattenfirma gebunden sein, sodass der Interpret diese Musikstücke nicht nochmals neu für einen Dritten einspielen darf. Die dritte Alternative einer exklusiven Bindung ist, dass der Interpret keine weiteren Nutzungsrechte an seinen Aufnahmen der Musikstücke übertragen darf.[83]

V. Tonträgerhersteller, Produzent und Plattenfirma

Tonträgerhersteller ist die Person, die die Tonfestlegung erstmals vornimmt. Dies kann eine natürliche oder eine juristische Person sein.[84] Maßgeblich ist es, wem der Erfolg der Herstellerleistung objektiv zuzuordnen ist und wer die wirtschaftliche Verantwortung trägt.[85] § 85 Abs. 1 UrhG gewährt dem Tonträgerhersteller ein vom Urheberrecht und vom Recht der ausübenden Künstler unabhängiges Leistungsschutzrecht.[86]

Der gesetzliche Begriff des Tonträgerherstellers kann nicht ohne weiteres mit dem Begriff des Produzenten gleichgesetzt werden.[87] Der Produzent ist nur dann Tonträgerhersteller im Sinne des § 85 Abs. 1 UrhG, wenn er zugleich die erstmalige Tonfestlegung auch unternehmerisch verantwortet.[88] Maßgeblich ist hierfür der Abschluss von Personal- und Sachverträgen, das Bestehen organisatorischer Verantwortlichkeit für die Produktion und die Beteiligung am wirtschaftlichen Risiko der Gewinnerzielung.[89]

Tonträgerhersteller im Sinne des § 85 Abs. 1 UrhG ist in aller Regel nicht die Plattenfirma. Der Plattenfirma werden Tonträgerherstellerrechte üblicherweise erst durch einen sog. „Bandübernahmevertrag" eingeräumt.[90] Die Einräumung der Nutzungsrechte an die Plattenfirma erfolgt regelmäßig durch einen Produzenten oder einen ausübenden Künstler, der seine Tonträger selbst produziert hat.

---

83 Dünnwald/Gerlach, UrhG § 77, Rn. 17.
84 Hertin, in: Handbuch der Musikwirtschaft, § 49, Rn. 84.
85 Boddin, in: Fromm/Nordemann, Urheberrecht, UrhG § 85, Rn. 40.
86 Schack, Urheberrecht, Rn. 699.
87 Hertin, in: Handbuch der Musikwirtschaft, § 49, Rn. 84.
88 Hertin, in: Handbuch der Musikwirtschaft, § 49, Rn. 84.
89 Schwenzer, S. 139.
90 Vogel, in: Schricker/Loewenheim, UrhR, UrhG § 85, Rn. 42; Boddin, in: Fromm/Nordemann, Urheberrecht, UrhG § 85, Rn. 41. Der Bandübernahmevertrag umfasst die Übertragung sämtlicher Verwertungsrechte des Tonträgerherstellers und der ausübenden Künstler (vgl. Dünnwald/Gerlach, UrhG § 77, Rn. 17). Hierfür hat der Tonträgerhersteller ein veröffentlichungsfähiges Musikstück (ein gemixtes und gemastertes „Band") und die erforderlichen Rechte der an den hergestellten Aufnahmen beteiligten Personen einzuholen (vgl. Bießmann/Möllmann/Scheuermann, in: Handbuch der Musikwirtschaft, § 60, Rn. 6).

Zum Teil räumen auch Tonträgerproduktionsfirmen, die zwar über ihr eigenes Label, aber nicht über Vertriebs- und Marketingstrukturen verfügen, Nutzungsrechte an eine Plattenfirma ein.[91]

VI. Musikverlage

Musikverlagen stehen nach dem UrhG keine eigenen Urheber- oder Leistungsschutzrechte zu. Musikverlage können Nutzungsrechte an Musikwerken nur vertraglich von den Urhebern im Wege eines Musikverlagsvertrags erwerben.[92] Ihre rechtliche Stellung hängt davon ab, inwieweit die Urheber von Kompositionen und Liedtexten ihnen tatsächlich Rechte einräumen. Hierauf wird unter § 10 B näher eingegangen.

VII. Zusammenfassung und Auswirkungen auf die Lizenzierungspraxis

Das deutsche UrhG unterscheidet bei einem Musikstück zwischen den Werken der Komponisten, Textdichter und Bearbeiter (zusammen: Musikurheber) einerseits und den Leistungsschutzrechten der ausübenden Künstler und Tonträgerhersteller andererseits. In der Praxis werden die Rechte getrennt lizenziert: Deutsche Musikurheber bringen ihre Nutzungsrechte regelmäßig in die Verwertungsgesellschaft GEMA ein, die die Rechteverwertung mit wenigen Ausnahmen in ihrer Gesamtheit kollektiv wahrnimmt.[93] Dagegen erfolgt die Primärauswertung der Leistung der Interpreten und Tonträgerhersteller individualvertraglich durch die Plattenfirmen. Die GVL als Verwertungsgesellschaft der ausübenden Künstler nimmt nur die Zweitauswertung vor.[94]

---

91 Rossbach/Joos, in: Festgabe für Schricker zum 60. Geburtstag, 2. Teil C. Musikverwertung, 333, 377.

92 KG ZUM 2017, 160, 164.

93 Vgl. zum Umfang der Rechteeinräumung an die GEMA die Ausführungen unter § 9 A III 1 b).

94 Hertin, in: Handbuch der Musikwirtschaft, § 49, Rn. 103. In der Praxis nimmt die GVL für die ausübenden Künstler, wie auch für die Tonträgerhersteller, nur das Senderecht, die öffentliche Wahrnehmbarmachung von Sendungen und die gesetzlichen Vergütungsansprüche wahr. Dagegen lizenzieren die Plattenfirmen die Nutzungsrechte für das Recht der öffentlichen Zugänglichmachung, das Vervielfältigungs- und das Verbreitungsrecht (vgl. Schaefer, in: Handbuch der Musikwirtschaft, § 26, Rn. 15).

B. Rechteinhaber unter Geltung des US Copyright Acts

Wie im Geltungsbereich des deutschen UrhG ist im Geltungsbereich des US Copyright Act zunächst der Schöpfer eines Werks der Inhaber des Copyrights. Denn nach § 201(a) Satz 1 US-Copyright Act ist zunächst der Autor eines Werks der Inhaber eines Copyrights. Der Autor ist die Partei, die das Werk tatsächlich schafft, das heißt die Person, die eine Idee in einen fixierten, greifbaren Ausdruck umsetzt, der urheberrechtlich geschützt ist.[95] Der Begriff des Autors ist mit dem Begriff des Schöpfers gleichzusetzen und erfasst denjenigen, dem das Werk seinen Ursprung verdankt.[96]

I. Komponist

Dem Komponisten steht regelmäßig ein Copyright an der Komposition eines Musikstücks zu. Die Komposition kann als Musikwerk nach § 102(a)(2) US Copyright Act geschützt sein. Das Copyright für eine Komposition schützt den typischen Klang, der sich aus der Aufführung des Musikstücks ergibt.[97] Damit eine Komposition geschützt ist, müssen die allgemeinen Voraussetzungen des § 102(a) Copyright Act erfüllt sein.

1. Fixierung der Komposition

§ 102(a) US Copyright Act statuiert die Fixierung eines Werks als eine generelle Voraussetzung für den Erhalt des urheberrechtlichen Schutzes. Ein Werk, und damit auch die Komposition, muss auf einem dinglichen Medium festgehalten werden, von dem aus es wahrgenommen, reproduziert oder anderweitig kommuniziert werden kann. Das Medium kann bereits bekannt sein oder erst später entwickelt werden.[98] Sinn und Zweck des Kriteriums der Fixierung ist der Beweis der Existenz eines Werks.[99]

---

95 Community for Creative Non-Violence v. Reid, 490 US 730, 737 (United States Supreme Court, 1989).

96 Goldstein v. California, 412 US 546, 561 (United States Supreme Court, 1973).

97 TufAmerica, Inc. v. Diamond, 968 F. Supp. 2d 588, 603 (United States District Court, SD New York, 2013).

98 Kalifornien hat als einziger Bundesstaat der USA eine gesetzliche Regelung erlassen, wonach in Kalifornien Werke auch dann urheberrechtlich geschützt sind, wenn sie nicht auf einem Medium fixiert sind. Damit sind in Kalifornien auch improvisierte Werke geschützt (vgl. Moser/Slay, Music Copyright Law, S. 44).

99 Moser/Slay, Music Copyright Law, S. 28.

§ 101 US Copyright Act enthält eine Definition, wann ein Werk als „festgehalten“ gilt. Dies ist demnach der Fall, wenn die Darstellung eines Werks in einer Abschrift oder auf einem Tonträger durch den Autor oder mit Befugnis des Autors hinreichend dauerhaft oder beständig ist, sodass das Werk für einen Zeitraum von mehr als vorübergehender Dauer wahrgenommen, reproduziert oder anderweitig kommuniziert werden kann.

Die Fixierung ist nicht davon abhängig, dass diese unmittelbar wahrnehmbar ist. Auch eine „digitale Fixierung“ erfüllt die Anforderung des US Copyright Act.[100] Bei Kompositionen erfolgt das Festhalten in einer Abschrift durch das Niederschreiben der Noten der Komposition. Eine Niederschrift ist sowohl in Papierform als auch in elektronischer Form möglich.[101] Das Festhalten der Komposition auf einem Tonträger kann entweder auf physischen Trägern wie zum Beispiel auf CDs und Schallplatten oder in digitalen Audiodateien erfolgen.[102]

2. Originalität und Ausdruck

Darüber hinaus muss die Komposition gemäß § 102(a) US Copyright Act originell sein. Der US Supreme Court entnimmt dem Merkmal der Originalität zwei Voraussetzungen: Das Werk muss vom Autor selbstständig geschaffen worden sein (im Gegensatz zu Kopien aus anderen Werken) und zumindest ein gewisses Maß an Kreativität besitzen.[103] Das erforderliche Maß an Kreativität sieht der US Supreme Court als extrem gering an, sodass schon ein minimaler Grad genügt.[104] Der Maßstab, der an die Originalität angelegt wird, ist relativ locker.[105]

100 LaFrance, Copyright Law, S. 10.

101 Compendium of U.S. Copyright Office Practices (Stand: 29.09.2017), Rn. 802.4(A).

102 Compendium of U.S. Copyright Office Practices (Stand: 29.09.2017), Rn. 802.4(B). Die Audiodatei kann zum Zweck der Registrierung direkt auf die Server des Copyright Office hochgeladen werden. Das Copyright Office betrachtet eine digitale Audiodatei, die zur Registrierung beim Copyright Office hochgeladen wird, zum Zweck der Registrierung als Tonträger (vgl. Compendium of U.S. Copyright Office Practices (Stand: 29.09.2017), Rn. 802.4(B)).

103 Feist Publications, Inc. v. Rural Telephone Service Co., 499 US 340, 345 (United States Supreme Court, 1991).

104 Feist Publications, Inc. v. Rural Telephone Service Co., 499 US 340, 345 (United States Supreme Court, 1991). Der US Supreme Court geht davon aus, dass die meisten Werke diese Schwelle erreichen, wenn er weiter ausführt (vgl. Feist Publications, Inc. v. Rural Telephone Service Co., 499 U.S. 340, 345): „The vast majority of works make the grade quite easily, as they possess some creative spark, „no matter how crude, humble or obvious“ it might be.“ Durch diese Entscheidung soll eine detaillierte Prüfung der Schutzfähigkeit von Werken in gerichtlichen Verletzungsverfahren vermieden werden (vgl. Goldstein, Copyright, 2:16).

105 Goldstein, Copyright, 2:11.

Im Gegensatz zu § 2 Abs. 2 UrhG verlangt § 102(a) US Copyright Act nicht, dass ein Werk eine gewisse Schöpfungshöhe erreichen muss. Das Werk muss lediglich ein Minimum an Kreativität erreichen.[106] Ein solches Mindestmaß an Kreativität muss aber erkennbar sein: Denn auch der US Copyright Act schützt ausschließlich den originellen Ausdruck und nicht die Idee oder banale Ausdrücke einer Idee.[107] Nicht jedes Element einer Komposition ist per se geschützt,[108] sodass Melodik, Rhythmik und Harmonik sowie einfachste Tonfolgen nicht ohne weiteres als geschützt anzusehen sind.[109] Beispielsweise versagte der District Court, SD New York einer 3-Ton-Sequenz den Copyrightschutz, da es sich bei der streitgegenständlichen Sequenz um eine übliche musikalische Sequenz gehandelt habe.[110] Dagegen kann ein Schlagzeug-Element eines Musikwerks im Einzelfall geschützt sein, da das erforderliche Maß an Kreativität sehr niedrig ist.[111]

3. Registrierung

Die Registrierung eines Werks beim US Copyright Office ist keine Voraussetzung für die Inhaberschaft des Copyrights. Ein Werk ist automatisch ab dem Moment geschützt, in dem es geschaffen wird.[112]

II. Textdichter

Dem Textdichter kann ein Copyright für den Liedtext eines Musikstücks zustehen. Der Liedtext kann als Teil des Musikwerks nach § 102(a)(2) US Copyright Act ge-

---

106 Weiche, US-amerikanisches Urhebervertragsrecht, S. 67.

107 Johnson v. Gordon, 409 F. 3d 12, 19 (United States Court of Appeals, 1st Circuit, 2005).

108 Newton v. Diamond, 204 F. Supp. 2d 1244, 1253 (United States District Court, CD California, 2002).

109 Moser/Slay, Music Copyright Law, S. 32 ff.

110 Jean v. Bug Music, 2002 WL 287786 (United States District Court, SD New York, 2002).

111 New Old Music Group, Inc. v. Gottwald, 122 F. Supp. 3d 78, 95–98 (United States District Court, SD New York 2015). In dem Verfahren ging es darum, ob das Schlagzeug-Element aus dem von Black Heat gesungenen Musikwerk „Zimba Ku" unrechtmäßig in das von Jesse J gesungene Musikwerk „Price Tag" übernommen worden ist. Hierfür müsste das Schlagzeug-Element aus „Zimba Ku" selbständig geschützt sein. Das Verfahren wurde vor einer endgültigen Entscheidung durch das Gericht beigelegt (vgl. https://www.courtlistener.com/ docket/4353102/new-old-music-group-inc-v-gottwald/, abgerufen am 27.08.2019).

112 Moser/Slay, Music Copyright Law, S. 48; Passmann, Music Business, S. 226. In der Praxis werden Musikwerke trotzdem sehr oft beim US Copyright Office registriert: Beispielsweise ist die Registrierung beim US Copyright Office gemäß §§ 411, 412 US Copyright Act eine Voraussetzung dafür, eine Klage wegen Verletzung des Copyrights anzustrengen und Schadensersatz aufgrund der Verletzung zu erhalten (vgl. Passmann, Music Business, S. 366 ff.).

schützt sein, wenn dieser geschrieben wurde, um mit der Musik verbunden zu werden.[113] Nach seinem Wortlaut umfasst der § 102(a)(2) US Copyright Act alle zum Musikwerk dazugehörenden Wörter.[114] Daneben ist der Liedtext auch als ein literarisches Werk nach § 102(a)(1) US Copyright Act geschützt und genießt neben dem Musikwerk gesonderten Schutz.[115] Hinsichtlich der Voraussetzungen zum Erhalt des Copyrights gelten die Ausführungen zur Komposition entsprechend: Der Liedtext muss auf einem dinglichen Medium fixiert werden, vom Autor selbst stammen und ein geringes Maß an Kreativität aufweisen.[116]

Ähnlich zum deutschen Urheberrecht sind auch nach den Grundsätzen des US-Copyrights gängige Formulierungen und gebräuchliche Wörter nicht urheberrechtlich geschützt. Es fehlt ihnen an einem hinreichenden Maß an Kreativität.[117] So ist beispielsweise die Phrase „caught up" nicht geschützt, da sie im alltäglichen Sprachgebrauch in verschiedenen Kontexten verwendet wird.[118] Weitere Beispiele der Rechtsprechung für urheberrechtlich nicht geschützte Formulierungen sind: „that which does not kill us makes us stronger"[119], „You're the One for Me"[120] oder „Stay with Me"[121].

---

113 Moser/Slay, Music Copyright Law, S. 31.

114 Der § 102(a)(2) US Copyright Act lautet insoweit: „musical works, including any accompanying words".

115 Leadsinger, Inc. v. BMG Music Pub., 512 F. 3d 522, 527 (United States Court of Appeals, 9th Circuit, 2008); Abkco Music v. Stellar Records, 96 F. 3d 60, 64 (United States Court of Appeals, 2nd Circuit, 1996); EMI Entertainment World v. Priddis Music, 505 F. Supp. 2d 1217, 1223 (United States District Court, D. Utah, 2007); a.A. *Moser/Slay,* die davon ausgehen, dass der Songtext nur dann ein lyrisches Werk darstellt, wenn bei Schaffung nicht die Absicht besteht, den Text mit einer Komposition zu verbinden (vgl. Moser/Slay, Music Copyright Law, S. 31). Offen hierzu *Nimmer,* der es für „vertretbar" hält, dass der Schutz des Liedtexts als literarisches Werk durch das Verbinden von Komposition und Text im Musikwerk nicht verloren geht (vgl. Nimmer, Copyright, § 2.05[C]).

116 Moser/Slay, Music Copyright Law, S. 31 ff.

117 Halper v. Sony/ATV Publishing LLC, Case No. 3:16-cv-00567 (United States District Court M.D. Tennessee, Nashville Division, 2018); Edwards v. Raymond, 22 F. Supp. 3d 293, 298–299 (United States District Court, SD New York, 2014).

118 Edwards v. Raymond, 22 F. Supp. 3d 293, 299 (United States District Court, SD New York, 2014).

119 Peters v. West, 776 F. Supp. 2d 742, 749 (United States District Court, N.D. Illinois, Eastern Division, 2011).

120 Johnson v. Gordon, 409 F. 3d 12, 24 (United States Court of Appeals, 1st Circuit, 2005).

121 Halper v. Sony/ATV Publishing LLC, Case No. 3:16-cv-00567 (United States District Court, M.D. Tennessee, Nashville Division, 2018).

III. Bearbeiter

Die Leistung des Bearbeiters eines bestehenden Musikwerks kann gemäß § 103 US Copyright Act als abgeleitetes Werk (sog. „derivative works") geschützt sein.

Ein abgeleitetes Werk ist nach der Definition in § 101 US Copyright Act ein Werk, das auf einem oder mehreren bereits existierenden Werken basiert und ein Werk neu gestaltet, umwandelt oder anpasst. Gemäß § 103(a) US Copyright Act ist ein abgeleitetes Werk nur dann geschützt, wenn der Bearbeiter eine Lizenz zur Nutzung des bestehenden, urheberrechtlich geschützten Werks erlangt hat.[122] Daraus folgt, dass jedes Werk, das ganz oder teilweise auf einem bereits existierenden Werk basiert, dann gesondert urheberrechtlich geschützt ist, wenn es die Anforderungen an die Originalität erfüllt und selbst kein rechtsverletzendes Werk ist.[123]

Ein abgeleitetes musikalisches Werk kann in einem neuen oder überarbeiteten Liedtext oder in einer neuen oder überarbeiteten Komposition bestehen.[124] Beispielsweise entsteht ein abgeleitetes Werk dann, wenn zu einer bestehenden Komposition ein parodierender Text hinzugefügt wird[125] oder eine bestehende Komposition um hinreichend neue Harmonien oder Instrumentierungen ergänzt wird.[126] Auch die Übersetzung eines bestehenden Werks stellt ein abgeleitetes Werk dar.[127]

Der urheberrechtliche Schutz eines abgeleiteten Werks erstreckt sich gemäß § 103(b) US Copyright Act nur auf den Beitrag des Urhebers des abgeleiteten Werks. Die Schöpfung eines abgeleiteten Werks wirkt sich auf das ursprüngliche Werk nicht aus.[128] Das Copyright am abgeleiteten Werk besteht unabhängig vom Copyright am ursprünglichen Werk.[129]

---

122 Compendium of U.S. Copyright Office Practices (Stand: 29.09.2017), Rn. 802.6(A). Der House Report zum US Copyright Act 1976 stellt klar (vgl. House Report, Report No. 94 – 1476, S. 57): „Thus, an unauthorized translation of a novel could not be copyrighted at all (...)".

123 Nimmer, Copyright, § 3.01.

124 Compendium of U.S. Copyright Office Practices (Stand: 29.09.2017), Rn. 802.6.

125 Passmann, Music Business, S. 227.

126 Compendium of U.S. Copyright Office Practices (Stand: 29.09.2017), Rn. 802.6(C).

127 Patry, Copyright, § 3:47.

128 LaFrance, Copyright Law, S. 56. Dies führt dazu, dass die Schutzdauer eines Musikwerks nicht einfach dadurch verlängert werden kann, dass ein abgeleitetes Werk von diesem Musikwerk geschaffen wird (vgl. Suntrust Bank v. Houghton Mifflin Co., 268 F. 3d 1257, 1275, United States Court of Appeals, 11th Circuit, 2001).

129 LaFrance, Copyright Law, S. 57.

IV. Interpret

Im Gegensatz zum deutschen Recht steht den Interpreten nach den Grundsätzen des US Copyright Act kein eigenständiges Leistungsschutzrecht zu. Die Leistung der Interpreten, nämlich das Singen und das Spielen des Musikwerks, ist als Teil einer Tonaufnahme (sog. „sound recording") gemäß nach § 102(a)(7) US Copyright Act urheberrechtlich geschützt, wenn die Leistung eine hinreichende Originalität aufweist.[130]

Tonaufnahmen sind nach der Legaldefinition in § 101 US Copyright Act Werke, die sich unabhängig von der Art ihrer Verkörperung aus der Fixierung einer Reihe von musikalischen, gesprochenen oder anderen Klängen ergeben, jedoch nicht die Klänge, die Teil eines Kinofilms oder eines anderen audio-visuellen Werks sind. Danach ist eine Tonaufnahme eine Fixierung von Klängen, einschließlich der Fixierung einer Aufführung von jemandem, der ein Musikwerk spielt und singt.[131] Der Begriff der Tonaufnahme bezieht sich ausschließlich auf die Abfolge der aufgezeichneten Töne.[132] Die Tonaufnahmen und die ihnen zugrundeliegenden Musikwerke sind eigenständige Werke mit einem eigenen, unterschiedlichen Copyright. Die Rechte des Inhabers eines Copyrights an einer Tonaufnahme erstrecken sich nicht auf das Musikwerk.[133] Das Copyright an der Tonaufnahme ist streng vom Copyright am Musikwerk zu trennen.[134]

Bei der Tonaufnahme eines Musikwerks handelt es sich um ein vom Musikwerk abgeleitetes Werk im Sinne der §§ 103, 101 US Copyright Act.[135] Denn die Aufzeichnung einer Komposition und eines Liedtexts stellt eine Interpretation des Musikwerks dar.[136] Daraus folgt, dass die Tonaufnahme nur dann einen urheberrechtlichen Schutz erlangt, wenn der Interpret oder die Plattenfirma des In-

---

130 Compendium of U.S. Copyright Office Practices (Stand: 29.09.2017), Rn. 803.3, 803.3(A). Darüber hinaus muss die Tonaufnahme auch fixiert sein (vgl. Compendium of U.S. Copyright Office Practices (Stand: 29.09.2017), Rn. 803.4). Allerdings fallen nach § 301(c) US Copyright Act Tonaufnahmen, die in den USA vor dem 15. Februar 1972 entstanden sind, nicht unter den Schutz des US Copyright Act. Diese Tonaufnahmen sind nach bundesstaatlichem Recht geschützt (vgl. Nimmer, Copyright, § 2.10[B][2]).

131 Reese, University of Miami Law Review, Volume 55 (2001), 237, 241.

132 Patry, Copyright, § 3:160.

133 Conway v. Licata, 104 F. Supp. 3d 104, 120 (United States District Court, D. Massachusetts, 2015); Griffin v. J-RECORDS, 398 F. Supp. 2d 1137, 1142 (United States District Court, ED Washington, 2005); Newton v. Diamond, 204 F. Supp. 2d 1244, 1248–1249 (United States District Court, CD California, 2002); BTE v. Bonnecaze, 43 F. Supp. 2d 619, 627 (United States District Court, ED Louisiana, 1999); T.B. Harms Co. v. Jem Records, Inc., 655 F. Supp. 1575, 1576 in Fn. 1 (United States District Court, D. New Jersey, 1987).

134 LaFrance, Copyright, S. 22.

135 Mills Music, Inc. v. Snyder, 469 US 153, 155 (United States Supreme Court, 1985).

136 Patry, Copyright, § 3:47.

terpreten eine Lizenz vom Copyrightinhaber des Musikwerks erworben hat. Denn nach § 103(a) US Copyright Act ist ein abgeleitetes Werk dann nicht geschützt, wenn ein bestehendes, urheberrechtlich geschütztes Material rechtswidrig verwendet wird.[137]

V. Produzent, Tonträgerhersteller und Plattenfirma

Wie die Leistung des Interpreten kann auch die Leistungen des Produzenten als Teil der nach § 102(a)(7) US Copyright Act geschützten Tonaufnahme urheberrechtlich geschützt sein. Das Entstehen der Urheberschaft ist vom Beitrag des Produzenten abhängig.[138]

Den Begriff des Tonträgerherstellers kennt der US Copyright Act nicht. Soweit eine Person eine Tonfestlegung vornimmt, kann diese Leistung auch dem Schutz des § 102(a)(7) US Copyright Act unterfallen, wenn sie eine hinreichende Originalität aufweist. Allerdings ist dabei zu beachten, dass das geschützte Werk der Tonaufnahme ausschließlich die Bündelung der Klänge und nicht das materielle Medium der Fixierung umfasst.[139] Im Unterschied zu Tonaufnahmen sind Tonträger gerade die Gegenstände, in denen die Klänge fixiert sind. Nur die Tonaufnahmen sind vom Schutz des § 102(a)(7) US Copyright Act erfasst.[140]

Typischerweise hält letztlich die Plattenfirma des aufführenden Interpreten die Rechte an der Tonaufnahme.[141] Denn der aufführende Interpret räumt der Plattenfirma alle Rechte an der Tonaufnahme im Rahmen seines Vertrags mit der Plattenfirma ein.[142] Der aufführende Interpret und nicht die Plattenfirma hat auch eine vertragliche Beziehung mit dem Produzenten.[143]

VI. Musikverlage

Wie Musikverlage im Geltungsbereich des deutschen UrhG halten auch Musikverlage im Geltungsbereich des US Copyright Act keine Rechte an einem Werk

---

137 Moser/Slay, Music Copyright Law, S. 35.

138 Moser/Slay, Music Copyright Law, S. 36; vgl. zu den Anforderungen an den Beitrag eines Produzenten beispielsweise: Forward v. Thorogood, 985 F. 2d 604, United States Court of Appeals, 1st Circuit, 1993.

139 House Report, Report No. 94–1476, S. 56.

140 House Report, Report No. 94–1476, S. 56.

141 Keesan, Berkeley Technology Law Journal, Volume 23 Issue 1 (2008), 353, 354.

142 Passmann, Music Business, S. 116.

143 Passmann, Music Business, S. 131 f.

automatisch ohne gesonderte Übertragung durch einen Urheber,[144] es sei denn, es handelt sich um ein Auftragswerk im Sinne des §§ 201, 101 US Copyright Act.[145] Hinsichtlich der rechtlichen Stellung der Musikverlage in den USA kommt es daher regelmäßig auf die Rechteübertragung in Musikverlagsverträgen an. Auf sie wird unter § 10 C näher eingegangen.

VII. Sonderfall der „Works made for hire"

Wie im deutschen Urheberrecht entsteht das Copyright gemäß § 201(a) Satz 1 US-Copyright Act grundsätzlich beim Schöpfer des Werks. Hiervon abweichend entsteht das Copyright bei einem Dritten dann, wenn es sich bei dem Werk um ein Auftragswerk (sog. „work made for hire") handelt. Bei der „works made for hire"-Doktrin handelt es sich um eine Ausnahme zu dem Grundsatz, wonach die Inhaberschaft am Copyright zunächst bei demjenigen liegt, der das Werk geschaffen hat.[146] Die „works made for hire"-Doktrin stellt eine Besonderheit des US-amerikanischen Copyrights dar.

Im Vergleich zu einem anderweitig geschaffenen Werk weist ein Auftragswerk drei Besonderheiten auf: Erstens kann der Urheber eine nicht-natürliche Person sein. Zweitens kann die Urheberschaft durch Vertrag bestimmt werden. Drittens kann der Urheber eine Person sein, die nichts zur Schaffung des Werks beigetragen hat.[147]

1. Voraussetzungen des Entstehens eines Auftragswerks

Der US Copyright Act enthält in § 101 US Copyright Act eine Legaldefinition des Begriffs „Auftragswerk". Die Definition regelt zwei sich gegenseitig ausschließende Varianten, in denen ein Auftragswerk bei einem Dritten entsteht: einmal bei Tätigkeit eines Arbeitnehmers und einmal bei Tätigkeit eines unabhängigen Auftragnehmers.[148] Ob ein Auftragswerk vorliegt, ist allein anhand objektiver Gesichtspunkte zu ermitteln.[149]

---

144 Jesse, Music Copyright Manual, S. 32.

145 Vgl. hierzu sogleich die Ausführungen unter Ziffer VII.

146 Moser/Slay, Music Copyright Law, S. 55.

147 LaFrance, Copyright Law, S. 69 f.

148 Community for Creative Non-Violence v. Reid, 490 US 730, 742–743 (United States Supreme Court, 1989).

149 Goldstein, Copyright, 4:35. Das Bestehen eines Auftragswerks ist der Disponibilität der Parteien entzogen. Die Parteien können nicht wirksam vertraglich bestimmen, dass ein be-

a) Tätigkeit als Arbeitnehmer

Zum einen ist ein Werk dann ein Auftragswerk, wenn es von einem Arbeitnehmer im Rahmen seiner Beschäftigung geschaffen wird. Diese Variante gilt für alle Kategorien von Werken des § 102(a) US Copyright Act und bedarf keiner schriftlichen Vereinbarung.[150]

Voraussetzung ist es, dass es sich bei der schaffenden Person, um einen Arbeitnehmer handelt. Dieser ist vom unabhängigen Auftragnehmer abzugrenzen.[151] Der US Supreme Court hat in der Entscheidung *Community for Creative Non-Violence v. Reid* festgestellt, dass der Begriff des Arbeitnehmers nach den allgemeinen Grundsätzen zu bestimmen ist: Danach ist es unter anderem relevant, inwieweit dem Beauftragende das Recht zusteht, die Erstellung des Werks zu kontrollieren, wo der Schaffende arbeitet, inwieweit der Schaffende selbst bestimmen kann, wann und wie lange er arbeitet, ob der Beauftragende dem Schaffenden Sozialleistungen für Mitarbeiter gewährt und wie der Beauftragende den Schaffenden steuerlich behandelt.[152]

Unter Zugrundelegung dieser Kriterien liegt im Bereich von Musikwerken nur äußerst selten ein Fall der Arbeitnehmerschaft vor:[153] Zum einen wird Urhebern von Musikwerken regelmäßig ein recht weiter Freiraum bei der Schaffung der Werke zugestanden.[154] Zum anderen zahlen Musikverlage den unter Vertrag stehenden Urhebern regelmäßig keine Sozialleistungen für Mitarbeiter und keine „Social Security Taxes".[155]

---

stimmtes Werk ein Auftragswerk sei, wenn die gesetzlichen Voraussetzungen nicht erfüllt sind (vgl. Goldstein, Copyright, 4:35).

150 LaFrance, Copyright Law, S. 71.

151 LaFrance, Copyright Law, S. 72.

152 Community for Creative Non-Violence v. Reid, 490 US 730, 751–752 (United States Supreme Court, 1989). Bei Anwendung der Kriterien legen Gerichte ein besonderes Augenmerk darauf, ob dem Schöpfer Sozialleistungen für Mitarbeiter und die „Social Security taxes" gezahlt werden (vgl. Moser/Slay, Music Copyright Law, S. 57). So hat der Court of Appeals, 2nd Circuit hat in der Entscheidung *Aymes v. Bonelli* ausgeführt (vgl. Aymes v. Bonelli, 980 F. 2d 857, 863 (United States Court of Appeals, 2nd Circuit, 1992): „The importance of these two factors is underscored by the fact that every case since *Reid* that has applied the test has found the hired party to be an independent contractor where the hiring party failed to extend benefits or pay social security taxes."

153 Passmann, Music Business, S. 340; Moser/Slay, Music Copyright Law, S. 58; Krasilovsky/Shemel, S. 187.

154 Passmann, Music Business, S. 340. Auf die Divergenz in der Rechtsprechung, ob die Kontrollmöglichkeit der Erstellung des Werks durch den Arbeitgeber genügt oder ob der Arbeitgeber die Kontrolle tatsächlich ausüben muss (vgl. Goldstein, Copyright, 4:49), kommt es bei Urhebern von Musikwerken regelmäßig nicht an.

155 Moser/Slay, Music Copyright Law, S. 58.

b) Tätigkeit als unabhängiger Auftragnehmer

Zum anderen ist ein Werk dann ein Auftragswerk, wenn es eigens in Auftrag gegeben wurde, wenn die Parteien in einem von beiden unterzeichneten schriftlichen Dokument ausdrücklich vereinbaren, dass das Werk als Auftragswerk anzusehen ist,[156] und wenn das Werk für eine der folgenden Nutzungskategorien geschaffen wird:
- als Beitrag zu einem Sammelwerk (sog. „collective work"),
- als Teil eines Kinofilms oder eines anderen audio-visuellen Werks,
- als Übersetzung,
- als Ergänzungswerk (sog. „supplementary work"), oder
- als Sammlungen, als Unterrichtstexte, als Prüfungstexte, als Antwortmaterial für eine Prüfung oder als Atlas.

Für Musikwerke ist vor allem die zweite Kategorie relevant, nämlich die Schaffung als Teil eines Kinofilms oder eines anderen audio-visuellen Werks. Ein Teil eines Kinofilms kann beispielsweise die Filmmusik oder die Titelmusik sein.[157] Ein Teil eines anderen audio-visuellen Werks können beispielsweise Musikwerke sein, die zur Untermalung von Serien und Shows von Fernsehsendern und Video-On-Demand-Diensten dienen.

Dagegen werden Musikwerke, die zur Unterhaltung und zur Wiedergabe im Radio bzw. auf Musik-On-Demand-Diensten bestimmt sind, regelmäßig nicht als Teil eines Kinofilms oder eines anderen audio-visuellen Werks geschaffen.[158] Diese stellen kein Auftragswerk gemäß der zweiten Variante der Definition in § 101 US Copyright Act dar.

2. Folge: Arbeitgeber bzw. Auftraggeber als Inhaber des Copyrights

Gemäß § 201(b) US Copyright Act wird der Arbeit- oder Auftraggeber der originäre Inhaber des Copyrights, es sei denn, die Parteien treffen ausdrücklich und schriftlich eine abweichende vertragliche Regelung.

---

156 Die Gerichte legen diese Voraussetzungen regelmäßig recht streng aus (vgl. Goldstein, Copyright, 4:61). Bezüglich der „Ausdrücklichkeit" der Vereinbarung genügt es beispielsweise nicht, dass ein Vermerk auf einem Scheck, nur eine „Übertragung" erwähnt. Der Vertrag muss vielmehr angeben, dass zwischen den Parteien ein „work-for-hire"-Verhältnis besteht (vgl. Playboy Enterprises, Inc. v. Dumas, 53 F. 3d 549, 560 (United States Court of Appeals, 2nd Circuit 1995)).

157 Passmann, Music Business, S. 341.

158 Krasilovsky/Shemel, S. 187.

Damit erlangt der Schöpfer eines Auftragswerks keine Inhaberschaft des Copyrights.[159] Das Copyright erwächst vielmehr ohne einen zusätzlichen Übertragungsakt durch den Schöpfer automatisch beim Arbeitgeber bzw. beim Auftraggeber.[160] Der Arbeitgeber bzw. der Auftraggeber eines Auftragswerks, und damit der Inhaber des Copyrights, kann auch eine juristische Person sein.[161] Außerdem wird der Arbeitgeber oder der Auftraggeber zugleich zum Urheber des im Rahmen der angestellten Tätigkeit geschaffenen oder sonst beauftragten Werks.[162] Dieser ist der Urheber des in Auftrag gegebenen Werks, als ob der eigentliche Schöpfer niemals existiert hätte.[163]

Das Fehlen der Urheberschaft des Schöpfers führt beispielsweise dazu, dass der US Copyright Act dem Schöpfer eines Auftragswerks das Kündigungsrecht des § 203 US Copyright Act versagt: Nach § 203 US Copyright Act kann der Urheber eines Werks die Übertragung oder die Lizenzierung seines Werks unter Einhaltung der dort geregelten Voraussetzungen kündigen. § 203(a) US Copyright Act versagt dieses Recht ausdrücklich dem Schöpfer eines Auftragswerks. Hintergrund ist, dass es auf erster Stufe keinen Übertragungsakt gab.[164] Vielmehr ist das Copyright gemäß § 201(b) US Copyright Act beim Arbeitgeber bzw. beim Auftraggeber entstanden.

VIII. Zusammenfassung und Auswirkungen auf die Lizenzierungspraxis

Der US Copyright Act unterscheidet bei einem Musikstück zwei verschiedene urheberrechtlich geschützte Werke: das Musikwerk, was die Komposition und den dazugehörigen Liedtext meint, und die Tonaufnahme, was die Aufnahme des Musikwerks auf einem Aufzeichnungsmedium meint.[165] Wird ein Musikstück von einem Online-Dienst wiedergegeben, so betrifft dies zwei verschiedene urheber-

159 Moser/Slay, Music Copyright Law, S. 56.

160 Bodewig, in: Festgabe für Schricker zum 60. Geburtstag, 4. Teil E. USA, 833, 845.

161 Moser/Slay, Music Copyright Law, S. 56.

162 Goldstein, Copyright, 4:37. Auch im Fall der abweichenden schriftlichen Vereinbarung nach § 201(b) US Copyright Act wird der Arbeitgeber bzw. der Auftragnehmer zum Urheber des Werks (vgl. Goldstein, Copyright, 4:38).

163 Passmann, Music Business, S. 339. Es ist zumeist üblich, dass der eigentliche Schöpfer dennoch als Schöpfer des Werks benannt wird. Zudem unterscheidet sich die dem Schöpfer gezahlte Vergütung regelmäßig nicht von Werken, die keine Auftragswerke sind (vgl. Passmann, Music Business, S. 340).

164 Passmann, Music Business, S. 344.

165 U.S. Copyright Office, Copyright and the Music Marketplace, A Report of the register of copyrights (February 2015), S. 18.

rechtlich geschützte Werke.[166] In der Praxis werden beide Werke getrennt lizenziert.[167]

C. Zusammenfassung

An einem Musikstück entstehen sowohl nach dem deutschen UrhG als auch nach dem US Copyright Act verschiedene selbständige Urheberrechte und – im deutschen UrhG – Leistungsschutzrechte. Die jeweiligen Urheber bzw. Inhaber der Leistungsschutzrechte können personenverschieden oder -identisch sein. Bei Personenidentität, wie zum Beispiel im Falle eines Singer-Songwriters, entsteht in einer Person sowohl ein Urheberrecht an der Komposition bzw. am Liedtext als auch ein Leistungsschutzrecht des ausübenden Künstlers (nach deutschem UrhG) bzw. ein Urheberrecht an der Tonaufnahme (nach US Copyright Act).

Die Zweiteilung der Rechte an Musikstücken im US Copyright Act führt zu einer Unterscheidung in der Lizenzierungspraxis zwischen den Rechten an den „Musikwerken", was vor allem die Komposition und den Liedtext eines Musikstücks meint, und den Rechten an den „Tonaufnahmen", was vor allem die Aufführung und die Produktion eines Musikstücks meint. „Musikwerke" und „Tonaufnahmen" werden jeweils getrennt voneinander verwertet.

Die Rechtestruktur unter Geltung des deutschen UrhG lässt sich zusammengefasst wie folgt grafisch darstellen:

166 Kohn, Music Licensing, S. 1440 f.

167 U.S. Copyright Office, Copyright and the Music Marketplace, A Report of the register of copyrights (February 2015), S. 16.

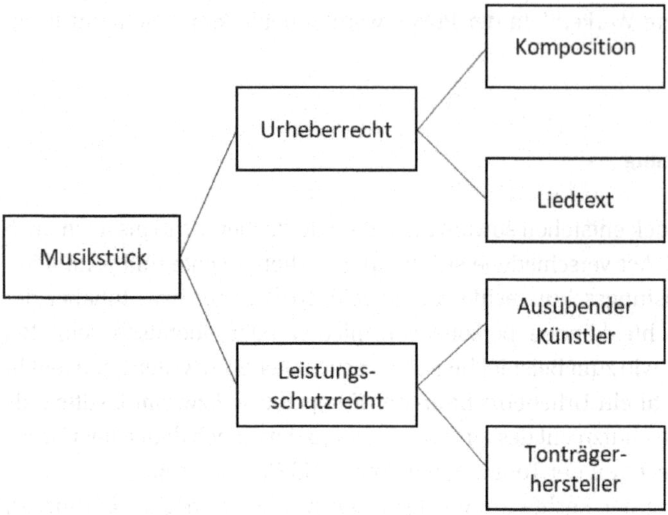

Die Rechtestruktur unter Geltung des US Copyright Act lässt sich zusammengefasst wie folgt grafisch darstellen:

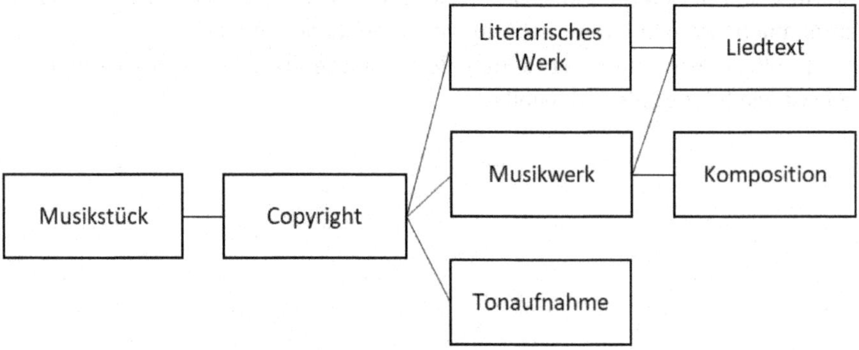

D. Beteiligung mehrerer Musikurheber

Bei der Schaffung von Kompositionen und Liedtexten sind häufig mehrere Textdichter und/oder Komponisten beteiligt, was zur Entstehung von Miturheberschaft führen kann. Für die Anwendbarkeit der jeweiligen Rechtsordnung gilt die Besonderheit, dass die Regelungen der Miturheberschaft im Innenverhältnis zwischen Miturhebern nicht dem Territorialitätsprinzip, sondern dem Miturheberstatut unterliegen. Anknüpfungspunkte für das Miturheberstatut sind der gemeinsame Wohnsitz, der gewöhnliche Aufenthalt oder die gemeinsame

Staatsangehörigkeit der Miturheber.[168] Für die Rechtsanwendung ist erschwerend, dass sich – wie die folgenden Ausführungen zeigen – die Regelungen des deutschen UrhG erheblich von denen des US Copyright Act unterscheiden.

I. Rechtliche Stellung bei Anwendbarkeit des deutschen UrhG

Die Beteiligung mehrerer Personen kann bei Anwendbarkeit des deutschen UrhG dazu führen, dass eine Miturheberschaft gemäß § 8 UrhG entsteht und/oder die Urheber ihre Werke zur gemeinsamen Verwertung gemäß § 9 UrhG miteinander verbinden. Die Miturheberschaft und die Werkverbindung können nebeneinander bestehen.[169]

1. Miturheberschaft nach § 8 UrhG

Sind mehrere Textdichter oder Komponisten an der Schaffung eines Werks beteiligt, können sie Miturheber nach § 8 Abs. 1 UrhG sein. Die Miturheberschaft entsteht kraft Gesetzes, ohne dass es einer vertraglichen Begründung bedarf.[170]

Die Miturheberschaft an einem Werk hat in ihrer Entstehung drei Voraussetzungen:

Erstens sind Miturheber nur die Personen, deren Beitrag zum Gemeinschaftswerk eine Schöpfung nach § 2 Abs. 2 UrhG darstellt. Solange der Beitrag die Schöpfungshöhe erreicht, sind der Umfang oder die Bedeutung des jeweiligen Beitrags unerheblich. Bloße Anregungen zum Gemeinschaftswerk genügen nicht.[171] Jeder Miturheber muss die Individualität des Gemeinschaftswerks mitgeprägt haben.[172]

Zweitens bedarf es eines Willens der Urheber, schöpferisch zusammenzuarbeiten, um ein einheitliches Werk gemeinsam zu schaffen.[173] Es bedarf der Verständigung über das gemeinsame Schaffen und eine gegenseitige Unterordnung der jeweiligen Beiträge unter die Gesamtidee.[174] Dabei kann das Gemeinschafts-

168 Walter, in: Loewenheim, § 58, Rn. 20.

169 Schulze, in: Dreier/Schulze, UrhG, UrhG § 8, Rn. 3.

170 Schack, Urheberrecht, Rn. 313.

171 Thum, in Wandtke in: Wandtke/Bullinger, UrhR, UrhG § 8, Rn. 15 f.; Loewenheim/Peifer, in: Schricker/Loewenheim, UrhR, UrhG § 8, Rn. 4.

172 Waldenberger, Miturheberschaft, S. 14.

173 Thum, in Wandtke in: Wandtke/Bullinger, UrhR, UrhG § 8, Rn. 42; Loewenheim/Peifer, in: Schricker/Loewenheim, UrhR, UrhG § 8, Rn. 8; Waldenberger, Miturheberschaft, S. 26. Das Merkmal der gemeinsamen Zusammenarbeit dient der Abgrenzung von der Bearbeitung nach § 3 UrhG (vgl. Waldenberger, Miturheberschaft, S. 33).

174 Loewenheim/Peifer, in: Schricker/Loewenheim, UrhR, UrhG § 8, Rn. 9.

werk entweder gemeinschaftlich oder arbeitsteilig geschaffen werden.[175] Aufgrund der maßgeblichen objektiven Betrachtung kommt es entscheidend auf die tatsächliche schöpferische Zusammenarbeit der Urheber im Hinblick auf das konkrete Werk an.[176]

Drittens setzt die Annahme einer Miturheberschaft voraus, dass sich die Beiträge der Beteiligten nicht gesondert verwerten lassen.[177] Im Hinblick auf den Text und die Komposition eines Musikstücks liegt diese Voraussetzung nicht vor, da sich sowohl der Liedtext als auch die musikalische Komposition als eigenständige Werke jeweils eigenständig und gesondert verwerten lassen.[178] Dagegen sind zwei Komponisten, die gemeinsam die Komposition zu einem Musikstück schreiben, Miturheber.[179]

Sind die Voraussetzungen erfüllt, entsteht nur ein Werk und damit nur ein Urheberrecht.[180] § 8 Abs. 2 Satz 1 UrhG ordnet für die Verwertung des Gemeinschaftswerks die Entstehung einer Gesamthandsgemeinschaft an. Für die Lizenzierung des Gemeinschaftswerks bedeutet dies, dass die Miturheber hierüber grundsätzlich nur gemeinsam und einstimmig beschließen können.[181] Hintergrund ist, dass der kommerzielle Erfolg des Gemeinschaftswerks letztlich auf den Beiträgen aller Miturheber beruht.[182] Allerdings können die Miturheber vertraglich eine abweichende Regelung treffen, indem sie zur Verwertung ihres Werks eine Miturhebergesellschaft gründen, die neben die gesetzliche Miturhebergemeinschaft tritt.[183]

Die Verteilung der Erträge aus der Verwertung des Werks erfolgt grundsätzlich nach dem Umfang der Mitwirkung der Urheber (§ 8 Abs. 3 UrhG), wobei im Zweifel aufgrund der Regelung des § 742 BGB von gleichen Anteilen auszugehen ist.[184] Es

---

175 Waldenberger, Miturheberschaft, S. 27.

176 Thum, in Wandtke in: Wandtke/Bullinger, UrhR, UrhG § 8, Rn. 43.

177 Waldenberger, Miturheberschaft, S. 18.

178 BGH GRUR 2015, 1189 Rn. 15 – Goldrapper.

179 Rossbach/Joos, in: Festgabe für Schricker zum 60. Geburtstag, 2. Teil C. Musikverwertung, 333, 340.

180 Rehbinder/Peukert, Urheberrecht, Rn. 293.

181 Wirtz, in: Fromm/Nordemann, Urheberrecht, UrhG § 8, Rn. 18.

182 Waldenberger, Miturheberschaft, S. 51.

183 Wirtz, in: Fromm/Nordemann, Urheberrecht, UrhG § 8, Rn. 25; Schack, Urheberrecht, Rn. 323. Ein Verwerter schließt einen Verwertungsvertrag dann nicht mit der Gesamthandsgemeinschaft der Miturheber, sondern mit der Miturhebergesellschaft. Bei der Miturhebergesellschaft handelt es sich um eine Gesellschaft bürgerlichen Rechts nach § 705 BGB, sofern keine abweichende Rechtsform gewählt wird (vgl. BGH GRUR 2012, 1022 Rn. 17, 19 – Kommunikationsdesigner).

184 Rehbinder/Peukert, Urheberrecht, Rn. 299.

steht den Miturhebern frei, eine Vereinbarung über die Verteilung der Erträge zu treffen. Der Umfang der Verteilung kann vom Umfang der Mitwirkung des einzelnen Miturhebers abweichen.[185] Die Miturheber können mit einem Verwerter alternativ jeweils eigene Verwertungsverträge mit unterschiedlichen Vergütungsvereinbarungen schließen.[186]

2. Werkverbindung nach § 9 UrhG

Fügen Liedtexter und Komponisten ihre Werke zusammen, so ergibt sich eine Werkverbindung zur gemeinsamen Verwertung nach § 9 UrhG.[187] § 9 UrhG setzt die Verbindung von mindestens zwei urheberrechtlich geschützten Werken voraus, wobei es unerheblich ist, ob die Werke von mehreren Urhebern stammen.[188]

Im Gegensatz zur Miturheberschaft nach § 8 Abs. 1 UrhG entsteht die Werkverbindung nach § 9 UrhG nicht kraft Gesetzes: Die beteiligten Urheber müssen einen Vertrag dahingehend schließen, dass sie ihre Werke gemeinsam verwerten. Der Vertrag kann stillschweigend geschlossen werden, er folgt aber den allgemeinen Regeln über Willenserklärungen.[189] In der Praxis werden solche Verträge, insbesondere von den Urhebern, kaum wahrgenommen.[190] In Abgrenzung hierzu führt eine rein „faktische Werkverbindung", bei der beispielsweise ein Komponist ohne eine vertragliche Beziehung zum Liedtexter eine Schlagermelodie mit einem fremdsprachigen Text verbindet, nicht zur Rechtsfolge des § 9 UrhG. Anwendbar sind vielmehr die Regelungen der §§ 741 ff. BGB.[191]

---

185 Loewenheim/Peifer, in: Schricker/Loewenheim, UrhR, UrhG § 8, Rn. 19; Ahlberg, in: Möhring/Nicolini, UrhR, UrhG § 8, Rn. 40.

186 BGH GRUR 2012, 496 Rn. 19 – Das Boot. Es besteht dann kein einheitlicher Anspruch der Miturheber auf angemessene Vergütung nach § 32a UrhG. Vielmehr ist die Angemessenheit der Vergütung für jeden Miturheber getrennt zu beurteilen. Diesen Anspruch kann jeder Miturheber trotz § 8 Abs. 2 Satz 3 Halbsatz 2 UrhG selbstständig geltend machen (vgl. BGH GRUR 2012, 496 Rn. 20 ff. – Das Boot).

187 Hertin, in: Handbuch der Musikwirtschaft, § 49, Rn. 49.

188 Loewenheim/Peifer, in: Schricker/Loewenheim, UrhR, UrhG § 9, Rn. 4; a.A. Thum, in: Wandtke/Bullinger, UrhR, UrhG § 9, Rn. 8, der davon ausgeht, dass die Werke von mehreren Urhebern stammen müssen.

189 Loewenheim/Peifer, in: Schricker/Loewenheim, UrhR, UrhG § 9, Rn. 7; Wirtz, in: Fromm/Nordemann, Urheberrecht, UrhG § 9, Rn. 8.

190 Czychowski, in: Loewenheim, § 68, Rn. 9. In der Praxis kommt es häufig zu stillschweigenden Vertragsschlüssen, was es schwierig macht, den Zeitpunkt des Vertragsschlusses zu bestimmen (vgl. Czychowski, in: Loewenheim, § 68, Rn. 10).

191 Rossbach/Joos, in: Festgabe für Schricker zum 60. Geburtstag, 2. Teil C. Musikverwertung, 333, 339; Hertin, in: Handbuch der Musikwirtschaft, § 49, Rn. 51; Czychowski, in: Loewenheim, § 68, Rn. 17.

Durch die Werkverbindung begründen die Urheber stets zugleich auch eine Gesellschaft bürgerlichen Rechts gemäß § 705 BGB.[192] Soweit es um Entscheidungen geht, die die Werke in ihrer Verbindung betreffen, können die Urheber verbundener Werke diese nur gemeinschaftlich und unter vorheriger Zustimmung aller Urheber treffen.[193] Dies umfasst zum Beispiel den Abschluss und die Kündigung von Verträgen über die Einräumung von Nutzungsrechten an dem verbundenen Werk sowie die Anmeldung eines Werkes bei einer Verwertungsgesellschaft, wobei jeder Urheber einen einklagbaren Anspruch auf Zustimmung hat.[194]

Allerdings behält jeder Urheber die Rechte an dem von ihm geschaffenen Werk und es entstehen nur schuldrechtliche Ansprüche im Verhältnis zwischen den Urhebern.[195] Dem steht nicht entgegen, dass die Urheber eine GbR gründen: Denn jeder Urheber bringt in die GbR im Zweifel nur die Rechte ein, die zu einer gemeinsamen Verwertung der Werke notwendig sind.[196] Die Tatsache der Werkverbindung reicht nicht aus, um eine stillschweigende Rechtseinräumung in die GbR anzunehmen.[197] Die einzelnen Urheber geben nicht das Recht auf, Dritten Nutzungsrechte an ihren Werken einzuräumen.[198] Die Grenze der zulässigen Verwertung bilden die wechselseitigen Treuepflichten, die eine gesonderte Verwertung ausschließen, wenn dem ursprünglichen Werk Konkurrenz gemacht wird.[199]

Anders als bei der Miturheberschaft entsteht keine gesamthänderische Bindung.[200] § 9 UrhG regelt ausschließlich die Ansprüche der Urheber untereinander.[201] Denn die Werkverbindung zur gemeinsamen Verwertung begründet wechselseitige Treuepflichten der Urheber der verbundenen Werke.[202] Jedes Werk

192 BGH GRUR 1982, 41, 42; GRUR 1973, 328, 329; Loewenheim/Peifer, in: Schricker/Loewenheim, UrhR, UrhG § 9, Rn. 9; Schack, Urheberrecht, Rn. 329; Wirtz, in: Fromm/Nordemann, Urheberrecht, UrhG § 9, Rn. 12; Czychowski, in: Loewenheim, § 68, Rn. 9; a.A. Thum, in: Wandtke/Bullinger, UrhR, UrhG § 9, Rn. 18 ff.; Ahlberg, in: Möhring/Nicolini, UrhR, UrhG § 9, Rn. 14 ff. Zu den Folgen und Problemen bei Annahme einer GbR vgl. von Becker ZUM 2002, 581, 582 ff.

193 Schulze, in: Dreier/Schulze, UrhG, UrhG § 9, Rn. 17, 20.

194 Loewenheim/Peifer, in: Schricker/Loewenheim, UrhR, UrhG § 9, Rn. 14.

195 Rehbinder/Peukert, Urheberrecht, Rn. 302.

196 Wirtz, in: Fromm/Nordemann, Urheberrecht, UrhG § 9, Rn. 10.

197 Czychowski, in: Loewenheim, § 68, Rn. 11.

198 Ahlberg, in: Möhring/Nicolini, UrhR, UrhG § 9, Rn. 1, 19.

199 Loewenheim/Peifer, in: Schricker/Loewenheim, UrhR, UrhG § 9, Rn. 16.

200 Thum, in: Wandtke/Bullinger, UrhR, UrhG § 9, Rn. 30.

201 Hertin, in: Handbuch der Musikwirtschaft, § 49, Rn. 49.

202 BGH GRUR 2015, 1189 Rn. 20 – Goldrapper; Loewenheim/Peifer, in: Schricker/Loewenheim, UrhR, UrhG § 9, Rn. 10.

bleibt aber ein selbstständiges Rechtsobjekt, und ein Urheber erhält aufgrund des § 9 UrhG keine zusätzlichen Rechte an dem Werk anderer Urheber. In der Praxis bedeutet dies Folgendes: Wird nur der Liedtext eines Musikstücks verwertet, haben ausschließlich die Texter einen Anspruch auf eine Vergütung, nicht aber die Komponisten.[203] Ansprüche auf Unterlassung und Schadensersatz gegen Dritte wegen einer Verletzung des Urheberrechts stehen ausschließlich dem Urheber zu, dessen Werk konkret von dem Eingriff betroffen ist.[204]

II. Rechtliche Stellung bei Anwendbarkeit des US Copyright Act

Die Beteiligung mehrerer Urheber an einem Werk kann bei Anwendbarkeit des US Copyright Acts zum Entstehen eines Gemeinschaftswerks (sog. „joint work") durch Miturheberschaft führen (vgl. Ziffer 1 bis 3). Daneben können mehrere Urheber an der Entstehung eines Musikwerks beteiligt sein und es entsteht kein Gemeinschaftswerk durch Miturheberschaft. In diesen Fällen gelten für die beteiligten Urheber und Rechteinhaber nicht die durch das Fallrecht begründeten Rechtsfolgen (vgl. Ziffer 4).

1. Miturheberschaft als Unterfall des „joint work"

§ 101 US Copyright Act enthält zwar eine Definition des Gemeinschaftswerks (sog. „joint work"), wonach ein „Gemeinschaftswerk" ein Werk ist, das von zwei oder mehr Autoren mit der Absicht erstellt wird, die jeweiligen Beiträge zu untrennbaren oder voneinander abhängigen Teilen eines einheitlichen Ganzen zusammenzufügen. Es handelt sich dabei aber ausschließlich um die Definition eines Werkes der Miturheberschaft.[205] Ein Gemeinschaftswerk entsteht über die Definition in § 101 Copyright Act hinaus beispielsweise auch in Fällen, in denen ein Urheber sein Copyright auf mehr als eine Person überträgt oder in denen das

---

203 Rehbinder/Peukert, Urheberrecht, Rn. 305. Das gilt auch im umgekehrten Fall, wenn nur die Komposition verwertet wird. Rechte an der Komposition stehen nur den Komponisten zu, nicht aber den Textern.

204 BGH GRUR 2015, 1189 Rn. 22 – Goldrapper. Der Urheber eines Liedtextes kann auf Grund des § 9 UrhG keine Ansprüche gegen einen Dritten herleiten, dem vom Urheber der Komposition des Musiktitels unter Verstoß gegen seine schuldrechtlichen Treuepflichten im Verhältnis zum Textdichter die Verwertung der Komposition gestattet wurde. Die Ansprüche eines Urhebers gegen Dritte wegen des Eingriffs in die Werkverbindung sind nicht Gegenstand des § 9 UrhG (vgl. BGH GRUR 2015, 1189 Rn. 22 – Goldrapper).

205 Nimmer, Copyright, § 6.01; Childress v. Taylor, 945 F. 2d 500, 505 (United States Court of Appeals, 2nd Circuit, 1991).

Copyright im Todesfall des Urhebers auf mehr als einen Erben übergeht.[206] Die Miturheberschaft ist ein besonderer Fall, in dem ein Gemeinschaftswerk entsteht.

2. Voraussetzungen der Miturheberschaft

Ähnlich zum deutschen Recht setzt das Entstehen der Miturheberschaft voraus, dass die Urheber copyrightfähige Beiträge schaffen und die Absicht haben, ein gemeinsames Werk zu schaffen. Anders als nach deutschem Recht ist es aber keine Voraussetzung, dass sich die jeweiligen Beiträge nicht gesondert verwerten lassen.

a) Schaffung von copyrightfähigen Beiträgen

Jeder Miturheber hat einen unabhängig vom Gesamtwerk copyrightfähigen Beitrag zu schaffen.[207] Es ist dem Wesen der Miturheberschaft immanent, dass jeder Miturheber ein „Urheber" im Sinne des US Copyright Acts sein muss.[208] Daher hat jeder Miturheber einen nicht trivialen Anteil an kreativem, originellem oder intellektuellem Ausdruck zum Werk beizutragen.[209] Auch ein kleiner Beitrag zum gemeinsamen Werk genügt, solange dieser als copyrightfähig anzusehen ist.[210]

b) Absicht der Schaffung eines gemeinsamen Werks

Das zentrale Kriterium der Definition des § 101 US Copyright Act ist die Absicht, dass die Einzelbeiträge zu einer in sich geschlossenen Einheit zusammengefasst

---

206 Nimmer, Copyright, § 6.01. Zur Übertragung des Copyrights ausführlich unter § 8 C I.

207 16 Casa Duse, LLC v. Merkin, 791 F. 3d 247, 255 (United States Court of Appeals, 2nd Circuit, 2015); Gaylord v. US, 595 F. 3d 1364, 1377 (United States Court of Appeals, Federal Circuit, 2010); Janky v. Lake County Convention & Visitors Bureau, 576 F. 3d 356, 362 (United States Court of Appeals, 7th Circuit, 2009); Thomson v. Larson, 147 F. 3d 195, 200 – 201 (United States Court of Appeals, 2nd Circuit, 1998); Erickson v. Trinity Theatre, Inc., 13 F. 3d 1061, 1070 – 1071 (United States Court of Appeals, 7th Circuit, 1994); Childress v. Taylor, 945 F. 2d 500, 506 – 507 (United States Court of Appeals, 2nd Circuit, 1991); Ashton-Tate Corp. v. Ross, 916 F. 2d 516, 521 (United States Court of Appeals, 9th Circuit, 1990); Goldstein, Copyright, § 4:17.

208 Patry, Copyright, § 5:14. Der von *Nimmer* vertretene Ansatz, wonach ein Autor lediglich mehr als ein Wort oder eine Zeile beitragen muss und wonach auch nicht-schutzfähige Ideen und Anregungen als Beitrag genügen (vgl. Nimmer, Copyright, § 6.07[A]), wird daher auch zurecht von der Rechtsprechung ausdrücklich abgelehnt (vgl. Janky v. Lake County Convention & Visitors Bureau, 576 F. 3d 356, 362 (United States Court of Appeals, 7th Circuit, 2009); Erickson v. Trinity Theatre, Inc., 13 F. 3d 1061, 1070 (United States Court of Appeals, 7th Circuit, 1994)).

209 Brownstein v. Lindsay, 742 F. 3d 55, 64 (United States Court of Appeals, 3rd Circuit, 2014).

210 Moser/Slay, Music Copyright Law, S. 51.

oder kombiniert werden. Der maßgebliche Zeitpunkt für das Vorliegen dieser Absicht ist der Zeitpunkt der Werkschöpfung.[211] Nicht notwendig ist, dass sich die Autoren am gleichen Ort befinden oder sich überhaupt kennen, solange zur Zeit der Schöpfung der Wille besteht, ihre jeweiligen Beiträge zu einem Werk zu verbinden.[212] Auch bedarf es keiner schriftlichen Vereinbarung zwischen den Urhebern über das Entstehen der Miturheberschaft.[213]

Vor allem nach der älteren Rechtsprechung genügt es, dass die Autoren ihre Beiträge insofern als sich ergänzend erachten, als sie in einem einzigen Werk zusammengefasst werden sollen.[214] Jeder Autor müsse zum Zeitpunkt der Schöpfung seines Beitrags nur beabsichtigen, dass sein Beitrag ein Teil eines einheitlichen Werks wird, zu dem ein anderer Autor einen Beitrag leisten wird oder geleistet hat.[215] Im Fall *Marks vs. Vogel* verkaufte beispielsweise ein Textdichter seinen Liedtext an einen Musikverleger, der ohne Wissen des Textdichters einen Komponisten damit beauftragte, den Liedtext zu vertonen. Der Court of Appeals, Second Circuit stellte fest, dass der Textdichter beabsichtigt hatte, den Liedtext zu vertonen, und dass der Komponist die Komposition geschrieben hatte, um diese mit dem Liedtext zu verbinden. Dies genügte dem Gericht, um das Bestehen einer Miturheberschaft anzunehmen.[216]

Die neue Rechtsprechung hingegen legt das Kriterium der Absicht deutlich enger aus und verlangt, dass die Miturheber beabsichtigen, sich zum Zeitpunkt ihrer jeweiligen Beiträge als Miturheber zu bezeichnen.[217] Nur Beteiligte, die uneingeschränkt beabsichtigen, Miturheber eines Werks zu sein, sollten gleichberechtigt und gemeinsam Rechte am Gemeinschaftswerk innehaben.[218] Die Betei-

---

211 House Report, Report No. 94–1476, S. 120.

212 Moser/Slay, Music Copyright Law, S. 50.

213 Mapp v. UMG Recordings, Inc., 208 F. Supp. 3d 776, 788 (United States District Court, MD Louisiana, 2016).

214 Edward B. Marks Music Corp. v. Jerry Vogel Music Co., 140 F. 2d 266, 267 (Circuit Court of Appeals, 2nd Circuit, 1944); Words & Data, Inc. v. GTE Communications Services, 765 F. Supp. 570, 575 (United States District Court, WD Missouri, 1991).

215 Weissmann v. Freeman, 868 F. 2d 1313, 1319 (United States Court of Appeals, 2nd Circuit, 1989).

216 Edward B. Marks Music Corp. v. Jerry Vogel Music Co., 140 F. 2d 266 (Circuit Court of Appeals, 2nd Circuit, 1944).

217 Childress v. Taylor, 945 F. 2d 500, 507–508 (United States Court of Appeals, 2nd Circuit, 1991); Papa's-June Music, Inc. v. McLean, 921 F. Supp. 1154, 1157 (United States District Court, SD New York, 1996); BTE v. Bonnecaze, 43 F. Supp. 2d 619, 623–624 (United States District Court, ED Louisiana, 1999) FurnitureDEALER. NET, INC. v. Amazon. com, Inc., Civ. No. 18–232 (RT/HB) (United States District Court, Minnesota, 2019).

218 Erickson v. Trinity Theatre, Inc., 13 F. 3d 1061, 1068–1069 (United States Court of Appeals, 7th Circuit, 1994); Childress v. Taylor, 945 F. 2d 500, 509 (United States Court of Appeals, 2nd Circuit, ligten müssen zum Zeitpunkt des Schaffens des Werks die Absicht haben, dass das Werk gemeinsam gehalten wird. Es bedarf einer wechselseitigen Absicht der Schaffung eines gemeinsamen Werks.[219] Die Parteien müssen gerade beabsichtigen, ihre Rechte zu teilen, und nicht lediglich eine Geschäftsbeziehung eingehen, die zur Entstehung eines geschützten Werks führt.[220] Das Bestehen der Absicht der Parteien ist nicht subjektiv, sondern anhand objektiver Kriterien zu bestimmen: Maßgeblich zur Bestimmung der Miturheberschaft ist beispielsweise das Bestehen einer Entscheidungsbefugnis, die Abrechnung einer Vergütung und die Gestaltung der schriftlichen Vereinbarungen mit Dritten.[221]

c) Untrennbare oder voneinander abhängige Beiträge

Die Beiträge der Urheber müssen als untrennbare oder voneinander abhängige Teile eines einheitlichen Ganzen zusammengefügt werden.[222] Das Verständnis der Abhängigkeit der Beiträge ist damit weiter als im deutschen Recht: Während § 8 UrhG voraussetzt, dass sich die Beiträge der Beteiligten nicht gesondert verwerten lassen, genügt es nach dem US Copyright Act, dass die Beiträge voneinander abhängig sind.

Für den Musikurheber bedeutet dies: Zum einen liegt ein Fall der Miturheberschaft vor, wenn mehrere Urheber gemeinsam die Komposition und den Liedtext eines Musikwerks verfassen. Zum anderen kann Miturheberschaft aber auch dadurch entstehen, dass ein Urheber die Komposition und ein anderer Urheber den Liedtext verfasst und beide Urheber Komposition und Liedtext zu einem Musikwerk verbinden.[223]

1991); FurnitureDEALER. NET, INC. v. Amazon. com, Inc., Civ. No. 18 – 232 (RT/HB) (United States District Court, Minnesota, 2019.

219 Thomson v. Larson, 147 F. 3d 195, 201 (United States Court of Appeals, 2nd Circuit, 1998); Design Options, Inc. v. BellePointe, Inc., 940 F. Supp. 86, 90 United States District Court, SD New York, 1996).

220 Ulloa v. Universal Music and Video Distribution Corp., 303 F. Supp. 2d 409, 418 (United States District Court, SD New York, 2004).

221 Thomson v. Larson, 147 F. 3d 195, 202 – 205 (United States Court of Appeals, 2nd Circuit, 1998); HORROR INC. v. Miller, 335 F. Supp. 3d 273, 312 – 313 (United States Dist. Court, D. Connecticut, 2018).

222 House Report, Report No. 94 – 1476, S. 120.

223 Jesse, Music Copyright Manual, S. 111 f.

3. Rechtsfolgen der Miturheberschaft

Die Miturheber eines Gemeinschaftswerks sind gemäß § 201(a) Satz 2 US Copyright Act die Mitinhaber des Copyrights.[224] Der US Copyright Act regelt keine Rechte und Pflichten der Mitinhaber des Copyrights an einem Gemeinschaftswerk. Vielmehr soll es der Rechtsprechung überlassen bleiben, Rechtsfolgen für die Miturheberschaft zu treffen.[225]

Die Rechtsprechung behandelt Miturheber eines urheberrechtlich geschützten Werks wie sog. „tenants in common" an einem Grundstück.[226] Diese Betrachtung führt dazu, dass Miturhebern nicht nur das Copyright an dem von ihnen geschaffenen Anteil am Werk zusteht. Vielmehr halten die Miturheber jeweils einen ungeteilten Anteil (sog. „undivided interest") am Gemeinschaftswerk.[227] Aus dem Bestehen eines ungeteilten Anteils zugunsten aller Miturheber leitet die Rechtsprechung spezielle Rechtsfolgen ab. Innerhalb der Rechtsfolgen ist streng zwischen den Rechten am Gemeinschaftswerk und den Rechten am Anteil am Copyright des Gemeinschaftswerks zu unterscheiden.

a) Gleichwertiger Anteil am Gemeinschaftswerk

Jeder Miturheber hält einen gleichwertigen Anteil am Gemeinschaftswerk. Dies bedeutet, dass zwei Urheber, die zusammen die Komposition und den Liedtext für ein Musikwerk schreiben, jeweils einen Anteil von 50 Prozent am gesamten Musikwerk halten.[228] Die gleichwertigen Anteile am Gemeinschaftswerk bestehen unabhängig vom jeweiligen Beitrag eines Autors: Es kommt nicht darauf an, ob ein Autor die Komposition und ein anderer Autor den Text schreibt oder ob ein

---

224 § 201(a) Satz 2 Copyright Act lautet insoweit: „The authors of a joint work are coowners of copyright in the work."

225 House Report, Report No. 94–1476, S. 121.

226 Davis v. Blige, 505 F. 3d 90, 98 (United States Court of Appeals, 2nd Circuit, 2007); Community for Creative Non-Violence v. Reid, 846 F. 2d 1485, 1498 (Court of Appeals, District of Columbia, Circuit 1988); Goldstein, Copyright, 4:5, 4:26.

227 Greene v. Ablon, 794 F. 3d 133, 151 (United States Court of Appeals, 1st Circuit, 2015); Brownstein v. Lindsay, 742 F. 3d 55, 64 (United States Court of Appeals, 3rd Circuit, 2014); Janky v. Lake County Convention & Visitors Bureau, 576 F. 3d 356, 361 (United States Court of Appeals, 7th Circuit 2009); Erickson v. Trinity Theatre, Inc., 13 F. 3d 1061, 1068 (United States Court of Appeals, 7th Circuit, 1994); Childress v. Taylor, 945 F. 2d 500, 505 (United States Court of Appeals, 2nd Circuit, 1991); Chennault v. Sutton, 120 F. Supp. 3d 751, 755 (United States District Court, ED Tennessee, 2014); Papa's-June Music, Inc. v. McLean, 921 F. Supp. 1154, 1157 (United States District Court, SD New York, 1996).

228 Patry, Copyright, § 5:7.

Autor 90 % und ein anderer Autor nur 10 % zum Gemeinschaftswerk beiträgt.[229] Daher genießt auch eine Person, deren Beitrag zum Gemeinschaftswerk relativ gering ist, den wirtschaftlichen Nutzen aus der Verwertung des Gemeinschaftswerks, solange sie nur Miturheber ist.[230] Dies beruht auf der Annahme, dass ein Liedtexter oder ein Komponist nicht seine Mühe und Zeit in die Schaffung eines Beitrags zu einem Musikwerk investieren würde, wenn sich die Inhaberschaft des Copyrights auf den Text bzw. die Komposition beschränken würde.[231]

Eine andere Betrachtung ist auch dann nicht angezeigt, wenn Miturheber ein abgeleitetes Werk im Sinne der §§ 103, 101 US Copyright Act schaffen. Die Miturheber eines abgeleiteten Werks halten das Copyright an dem abgeleiteten Werk zu gleichen Teilen, unabhängig davon, wer welchen Teil zu dem abgeleiteten Werk beigetragen hat.[232]

b) Recht zur Einräumung nicht-exklusiver Lizenzen am Gemeinschaftswerk

Jeder Miturheber eines Gemeinschaftswerks ist dazu berechtigt, Dritten ohne die Zustimmung der weiteren Miturheber nicht-exklusive Rechte am Gemeinschaftswerk einzuräumen.[233] Dies wird damit begründet, dass nicht-exklusive Lizenzen voraussichtlich den Wert des Copyrights für die Mitinhaber nicht mindern würden.[234] Für Musikurheber bedeutet dies: Schreibt ein Miturheber den Liedtext und ein anderer Miturheber die Komposition und verbinden die beiden Miturheber ihre Beiträge zu einem Musikwerk, kann jeder von ihnen das gesamte Musikwerk nicht-exklusiv lizenzieren. Darüber hinaus kann jeder von ihnen – unabhängig vom jeweiligen Beitrag zum Musikwerk – den Liedtext oder die Komposition nicht-exklusiv lizenzieren.[235]

Allerdings hat der lizenzierende Miturheber gegenüber den weiteren Miturhebern Rechenschaft über deren Anteil an den Erlösen aus der Lizenz am Ge-

229 Moser/Slay, Music Copyright Law, S. 51f.

230 Erickson v. Trinity Theatre, Inc., 13 F. 3d 1061, 1068 (United States Court of Appeals, 7th Circuit, 1994).

231 Nimmer, Copyright, § 6.02.

232 Greene v. Ablon, 794 F. 3d 133, 152–153 (United States Court of Appeals, 1st Circuit, 2015).

233 Greene v. Ablon, 794 F. 3d 133, 151 (United States Court of Appeals, 1st Circuit, 2015); Brownstein v. Lindsay, 742 F. 3d 55, 68 (United States Court of Appeals, 3rd Circuit, 2014); Davis v. Blige, 505 F. 3d 90, 100 (United States Court of Appeals, 2nd Circuit, 2007); Oddo v. Ries, 743 F. 2d 630, 633 (United States Court of Appeals, 9th Circuit 1984); Mapp v. UMG Recordings, Inc., 208 F. Supp. 3d 776, 790 (United States District Court, MD Louisiana, 2016); Patry, Copyright, § 5:7; LaFrance, Copyright Law, S. 90.

234 Davis v. Blige, 505 F. 3d 90, 100 (United States Court of Appeals, 2nd Circuit, 2007).

235 Jesse, Music Copyright Manual, S. 112.

meinschaftswerk abzulegen.[236] Der lizenzierende Miturheber ist dazu verpflichtet, an seine Miturheber deren Erlösanteil auszuzahlen.[237] Diese Pflicht folgt aus den allgemeinen Grundsätzen über eine ungerechtfertigte Bereicherung und über die Rechte von Mitinhabern.[238]

Der Lizenznehmer ist im Falle der vollständigen Lizenzierung des Gemeinschaftswerks durch einen Miturheber keinen Ansprüchen seitens der nicht-lizenzierenden Miturheber ausgesetzt. Die nicht-exklusive Lizenz eines Miturhebers schließt insbesondere Zahlungsansprüche der anderen Miturheber gegen den Lizenznehmer aus, da diese Lizenz die Nutzung des Gemeinschaftswerks insgesamt abdeckt.[239] Damit steht den weiteren Miturhebern ein Zahlungsanspruch aufgrund einer durch einen Miturheber erteilten Lizenz am Gemeinschaftswerk ausschließlich gegen den lizenzierenden Miturheber zu.

c) Übertragung des eigenen Anteils am Gemeinschaftswerk

Ein Miturheber kann seinen Anteil am Copyright am Gemeinschaftswerk ohne die Zustimmung der anderen Miturheber auf einen Dritten übertragen.[240] Überträgt ein Mitinhaber seinen gesamten Anteil am Copyright am Gemeinschaftswerk auf einen Dritten, wird der Dritte zum neuen Mitinhaber.[241] Es gilt der Grundsatz der freien Übertragbarkeit von Anteilen am Copyright.[242]

Einem Miturheber ist es auch gestattet, insoweit exklusive Lizenzen einzuräumen, als die erteilte Lizenz nur dem Miturheber gegenüber exklusiv ist, also nur dieser das Gemeinschaftswerk nicht mehr verwerten oder weiter lizenzieren darf.[243] Die Einräumung einer exklusiven Lizenz unterliegt nach der Definition des

---

236 Greene v. Ablon, 794 F. 3d 133, 151 (United States Court of Appeals, 1st Circuit, 2015); Brownstein v. Lindsay, 742 F. 3d 55, 68 (United States Court of Appeals, 3rd Circuit, 2014); Davis v. Blige, 505 F. 3d 90, 100 (United States Court of Appeals, 2nd Circuit, 2007); Oddo v. Ries, 743 F. 2d 630, 633 (United States Court of Appeals, 9th Circuit 1984); Mapp v. UMG Recordings, Inc., 208 F. Supp. 3d 776, 791 (United States District Court, MD Louisiana, 2016); Patry, Copyright, § 5:7; LaFrance, Copyright Law, S. 90.

237 Goldstein, Copyright, 4:30; Patry, Copyright, § 5:7.

238 Oddo v. Ries, 743 F. 2d 630, 633 (United States Court of Appeals, 9th Circuit, 1984).

239 Davis v. Blige, 505 F. 3d 90, 100 (United States Court of Appeals, 2nd Circuit, 2007); McKay v. Columbia Broadcasting System, Inc., 324 F. 2d 762, 763 (United States Court of Appeals, 2nd Circuit 1963).

240 Corbello v. DeVito, 777 F. 3d 1058, 1065 (United States Court of Appeals, 9th Circuit, 2015); Nimmer, Copyright, § 6.11; Patry, Copyright, § 5:7. Zur Übertragung des Copyrights vgl. die Ausführungen unter § 8 C I.

241 Goldstein, Copyright, 4:27.

242 Corbello v. DeVito, 777 F. 3d 1058, 1065 (United States Court of Appeals, 9th Circuit, 2015).

243 Corbello v. DeVito, 832 F. Supp. 2d 1231, 1244 (United States District Court, D. Nevada, 2011).

§ 101 US Copyright Act den Regelungen der Übertragung des Copyrights.[244] Statt seinen Anteil am Copyright am Gemeinschaftswerk zu übertragen, kann ein Miturheber einem Dritten auch eine exklusive Lizenz an seinem Anteil am Copyright am Gemeinschaftswerk einräumen.

Allerdings kann ein Urheber nicht ohne vorherige Absprache für alle Miturheber ein exklusives Recht am Gemeinschaftswerk einräumen. Die Einräumung exklusiver Rechte am Gemeinschaftswerk erfordert die Zustimmung aller Miturheber.[245] Denn die Einräumung einer exklusiven Lizenz am gesamten Gemeinschaftswerk würde dazu führen, dass der Lizenznehmer alle Inhaberschaftsanteile am Copyright, und damit auch die Anteile der nicht-lizenzierenden Miturheber, erhält.[246]

d) Schaffung eines abgeleiteten Werks

Jeder Miturheber ist ohne die Zustimmung eines anderen Miturhebers dazu berechtigt, das Gemeinschaftswerk zu überarbeiten, ein abgeleitetes Werk im Sinne der §§ 103, 101 US Copyright Act zu schaffen und diese Überarbeitung zu veröffentlichen.[247] Das Recht zur Schaffung eines abgeleiteten Werks kann ein Miturheber auch an Dritte lizenzieren: Beispielsweise kann ein Miturheber, der zu einem Gemeinschaftswerk nur den Text beigesteuert hat, es einem Dritten gestatten, die Komposition in einem neuen Lied zu verwenden, obwohl diese ein anderer Miturheber geschaffen hat. Es bedarf keiner Zustimmung des anderen Miturhebers, denn jeder Miturheber hat ein uneingeschränktes Nutzungsrecht am Gemeinschaftswerk.[248] Allerdings handelt es sich dabei um eine Lizenzierung des gesamten Gemeinschaftswerks: Der lizenzierende Miturheber ist dazu verpflich-

---

244 Vgl. hierzu die Ausführungen unter § 8 C I.

245 Brownstein v. Lindsay, 742 F. 3d 55, 68 (United States Court of Appeals, 3rd Circuit, 2014); Davis v. Blige, 505 F. 3d 90, 101 (United States Court of Appeals, 2nd Circuit, 2007); Denker v. 20th Century-Fox Film Corp., 10 NY 2d 339, 345 (Court of Appeals of the State of New York, 1961). Die Einräumung exklusiver Rechte am gesamten Gemeinschaftswerk ist streng von der Frage zu trennen, ob ein Miturheber ohne Zustimmung der anderen Miturheber über seinen Anteil am Gemeinschaftswerk frei verfügen kann bzw. ob er an seinem Anteil am Gemeinschaftswerk exklusive Lizenzen erteilen kann.

246 Davis v. Blige, 505 F. 3d 90, 101 (United States Court of Appeals, 2nd Circuit, 2007).

247 Weinstein v. University of Illinois, 811 F. 2d 1091, 1095 (United States Court of Appeals, 7th Circuit, 1987); Respect Inc. v. Committee on Status of Women, 815 F. Supp. 1112, 1119 (United States District Court, ND Illinois, 1993).

248 Vgl. hierzu die Ausführungen zuvor unter § 6 D II 3 a).

tet, dem anderen Miturheber seinen ihm zustehenden Anteil an den Erlösen aus der Lizenzierung zu bezahlen.[249]

e) Abweichende vertragliche Regelungen

Das zuvor dargestellte Fallrecht gilt nur dann, wenn die Miturheber keine anderweitigen Regelungen vertraglich vereinbart haben. Den Miturhebern steht es frei, von den vom Fallrecht entwickelten Regelungen durch Vereinbarung abzuweichen.[250] Beispielsweise können die Miturheber den Umfang der ihnen jeweils zustehenden Anteile am Copyright des Gemeinschaftswerks vertraglich festlegen. Eine solche Vereinbarung muss dem Formerfordernis des § 204(a) US Copyright Act[251] standhalten, da eine Umverteilung der Copyrightanteile eine Übertragung des Copyrights beinhaltet.[252]

Die Miturheber können auch das Recht der einzelnen Miturheber zur nicht-exklusiven Lizenzierung des Gemeinschaftswerks vertraglich ausschließen. Sie können vereinbaren, dass das Gemeinschaftswerk nur mit Zustimmung der anderen Miturheber lizenziert werden darf.[253] Diese Regelung bindet einen Lizenznehmer jedenfalls dann, wenn er Kenntnis von der Einschränkung hat.[254]

In der Praxis ist es üblich, dass die Miturheber eines Musikwerks ein sog. „Split Sheet" erstellen. Ein „Split Sheet" ist ein abgekürzter Vertrag, der die jeweiligen prozentualen Copyright-Anteile der Miturheber am Gemeinschaftswerk festlegt. Typischerweise ist in dem Vertrag auch eine Klausel enthalten, wonach jeder Miturheber nur seinen Anteil am Copyright des Gemeinschaftswerks lizenzieren darf. Dies schließt eine nicht-exklusive Lizenzierung des Gemeinschaftswerks ohne Zustimmung der anderen Miturheber aus.[255]

---

249 Patry, Copyright, § 5:43; vgl. hierzu die Ausführungen zuvor unter § 6 D II 3 b).
250 Goldstein, Copyright, 4:7; Nimmer, Copyright, § 6.10[C].
251 Vgl. zum Formerfordernis des § 204(a) US Copyright Act die Ausführung unter § 8 E II.
252 Patry, Copyright, § 5:7; LaFrance, Copyright Law, S. 90.
253 Nimmer, Copyright, § 6.10[C].
254 Nimmer, Copyright, § 6.10[C]. *Nimmer* empfiehlt daher, jede Vereinbarung, die eine solche Einschränkung enthält, beim Copyright Office zu hinterlegen.
255 Public Comments of Peermusic on PRO Licensing of Jointly Owned Works (November 20, 2015), S. 5.

4. Beteiligung mehrere Urheber ohne Miturheberschaft

Sind die unter Ziffer 2 aufgezeigten Voraussetzungen der Miturheberschaft nicht erfüllt, liegt keine sog. „tenancy in common" vor und die unter Ziffer 3 dargelegten Rechtsfolgen treten nicht ein.

Ein solcher Fall liegt beispielsweise vor, wenn ein Urheber einen neuen Liedtext zu einer bestehenden Komposition schreibt. Bei dem neugeschaffenen Musikwerk handelt es sich um ein abgeleitetes Werk im Sinne des §§ 103, 101 US Copyright Act.[256] Ebenfalls um ein abgeleitetes Werk in diesem Sinne handelt es sich, wenn ein Urheber einen Text schreibt, der im Zeitpunkt der Schöpfung nicht mit einer Komposition verbunden werden soll, und ein anderer Urheber diesen Text später mit einer von ihm geschriebenen Komposition zu einem Musikwerk verbindet.[257] Es fehlt im Zeitpunkt der Schöpfung der Werke an der wechselseitigen Absicht der Urheber, ein gemeinsames Werk zu schaffen.[258]

Derjenige, der ein bestehendes Werk nutzt, hat vom Rechteinhaber des bestehenden Werks eine Lizenz zu erwerben, da andernfalls das abgeleitete Werk nicht schutzfähig ist.[259] Im Lizenzvertrag bestimmen die Parteien die Rechtsfolgen der Lizenzierung.

III. Zusammenfassung

Bei der Miturheberschaft von Musikwerken unterscheiden sich das deutsche UrhG und der US Copyright Act sowohl in der Entstehung als auch in der Rechtsfolge.

Das deutsche UrhG setzt zur Annahme der Miturheberschaft unter anderem voraus, dass sich die Anteile der Beteiligten nicht gesondert verwerten lassen. Dadurch sind Liedtext und Komposition eigenständige Werke. Nach den Vorschriften des US Copyright Acts liegt dagegen eine Miturheberschaft auch bei gesonderter Schaffung von Liedtext und Komposition vor, wenn die jeweiligen Urheber zur Zeit der Schaffung die Absicht hatten, ihre Schöpfungen miteinander zu verbinden.

Auf Ebene der Rechtsfolgen geht das deutsche UrhG von einer gemeinschaftlichen Verwertung des Werks durch die Miturheber aus. Die Miturheber entscheiden über die Lizenzierung oder die sonstige Nutzung ihres Werks gemeinsam. Dagegen kann ein Miturheber nach den Grundsätzen des US-Fallrechts ein Werk alleine verwerten, soweit er dadurch nicht in die Rechte der Miturheber

256 Patry, Copyright, § 5:43.
257 Goldstein, Copyright, 4:9 – 4:10.
258 Patry, Copyright, § 5:43; vgl. zur Absicht der Schaffung eines gemeinsamen Werks die vorstehenden Ausführungen unter § 6 D II 2 b).
259 Vgl. hierzu die Ausführungen unter § 6 B III.

eingreift. Jeder Miturheber darf eine nicht-exklusive Lizenz am gesamten Gemeinschaftswerk einräumen sowie seinen Anteil am Gemeinschaftswerk an Dritte ohne Zustimmung der anderen Miturheber übertragen, sofern keine hiervon abweichende Regelung vereinbart wurde.

§ 7 Verwertungsrechte der Rechteinhaber

Im Folgenden werden die Verwertungsrechte im Geltungsbereich des deutschen UrhG den Verwertungsrechten im Geltungsbereich des US Copyright Act gegenübergestellt. Die Darstellung der Verwertungsrechte erfolgt, soweit diese für die Lizenzierung von Online-Diensten relevant sind.

A. Verwertungsrechte im Geltungsbereich des deutschen UrhG

Bei der Online-Lizenzierung von Musikrechten im Geltungsbereich des deutschen UrhG sind regelmäßig drei Verwertungsrechte des Urheber berührt: das Vervielfältigungsrecht (§ 16 UrhG), das Recht der öffentlichen Zugänglichmachung (§ 19a UrhG) und das Senderecht (§ 20 UrhG). § 19a UrhG und § 20 UrhG sind jeweils Unterfälle des Rechts der öffentlichen Wiedergabe nach § 15 Abs. 2 UrhG. Eine Darstellung der Rechte erfolgt unter Ziffer I bis IV.

Daneben steht dem Urheber das sog. „Synchronisationsrecht“ zu: Der Urheber kann bestimmen, ob sein Werk in Filmen, Serien und sonstigen Videoclips oder in Werbung verwendet werden darf. Auf die Rechtsnatur dieses gesetzlich nicht geregelten Rechts wird abschließend unter Ziffer V eingegangen.

I. Vervielfältigungsrecht, § 16 UrhG

Dem Urheber steht das Recht zu, Vervielfältigungsstücke des Werks herzustellen (§ 16 Abs.1 UrhG). Das Vervielfältigungsrecht ist in Art. 9 Abs. 1 RBÜ anerkannt und in Art. 2 lit. a) RL/2001/29/EG unionsrechtlich geregelt. Eine Vervielfältigungshandlung kann in der Verwertung von Musikwerken und Liedtexten im digitalen Umfeld liegen.[260]

260 Fischer, Lizenzierungsstrukturen, S. 100.

Das Vervielfältigungsrecht wird sowohl durch den Upload auf einen Server als auch durch den Download eines Werks berührt.[261] Ein Online-Dienst, der Werke auf seine Server hochlädt, nimmt ebenso eine Vervielfältigungshandlung vor wie ein Nutzer, der Werke in ein beliebiges Medium herunterlädt.[262] Darüber hinaus liegt eine Vervielfältigungshandlung dann vor, wenn ein Musikstück digitalisiert oder komprimiert wird.[263] Zudem ist auch beim Streaming generell von einer erlaubnispflichtigen Vervielfältigung auszugehen.[264] Der EuGH hat in der Entscheidung *FAPL/Murphy* festgestellt, dass es unerheblich ist, „wenn ein Werk mittels linearer Fragmente wiedergegeben wird, die nur von kurzer Dauer sein können, weil sie im Rahmen eines technischen Verfahrens sofort wieder gelöscht werden."[265] Das Vervielfältigungsrecht erfasst daher jede Art der Vervielfältigung, gleich, wie flüchtig und kurzlebig diese auch ist.[266]

Flüchtige Kopien beim Streaming könnten aber von der Schrankenregelung des § 44a Nr. 2 UrhG erfasst sein.[267] Der für manche Nutzer praktisch relevante Fall des Werkgenusses aus einer „illegalen Quelle" ist durch den EuGH entschieden worden: Vervielfältigungen urheberrechtlich geschützter Werke sind nicht von § 44a Nr. 2 UrhG bzw. Art. 2 lit. a) RL/2001/29/EG erfasst, wenn sie durch Streaming

261 Ventroni/Poll, MMR 2002, 648, 649; Sasse/Waldhausen, ZUM 2000, 837, 839. Hinsichtlich des Uploads eines Lichtbilds hat der BGH klargestellt (BGH GRUR 2015, 258 Rn. 35 – CT Paradies): „Wird etwa die elektronische Datei eines Lichtbildes auf die Festplatte eines Servers hochgeladen, um sie auf diese Weise in das Internet einzustellen, wird damit ein Vervielfältigungsstück des Lichtbildes hergestellt." Ob die im Upload auf den Server liegende Vervielfältigung zum Zweck der öffentlichen Zugänglichmachung lediglich als eine untergeordnete Vorbereitungshandlung anzusehen ist, ist keine Frage der Verletzung des § 16 UrhG. Dies ist ausschließlich ein Frage des Urhebervertragsrechts, ob diese Vervielfältigung eine selbständige lizenzierbare Nutzungsart darstellt (vgl. BGH GRUR 2019, 813 Rn. 51 – Cordoba II, zur Frage der Selbständigkeit der Nutzungsart vgl. die Ausführungen unter § 8 B II).

262 Hoenike/Hülsdunk, MMR 2004, 59, 61; Heyde, Grenzüberschreitende Lizenzierung, S. 65. Zur Frage, für welche Territorien Lizenzen erworben werden müssen, vgl. die Ausführungen unter § 11 A II.

263 Fischer, Lizenzierungsstrukturen, S. 101.

264 Fischer, Lizenzierungsstrukturen, S. 105; Stieper, MMR 2012, 12, 13 f.; Ensthaler, NJW 2014, 1553, 1553 f.; Wandtke/von Gerlach, GRUR 2013, 676, 678. Dem steht auch nicht entgegen, dass beim Streaming nur Teile eines Werks vervielfältigt werden. Denn beim Streaming werden nicht nur die einzelnen Werkteile, die gegebenenfalls nicht schutzfähig sind, vervielfältigt. Vielmehr wird immer auch das Werk vollständig vervielfältigt, wenn auch sukzessive (vgl. Busch, GRUR 2011, 496, 499).

265 EuGH GRUR 2012, 156 Rn. 157 – FAPL/Murphy.

266 Wagner, GRUR 2016, 874, 876. Eine andere Betrachtung kann dann angezeigt sein, wenn sich der Nutzer auf die Kunstfreiheit berufen kann (vgl. EuGH Urteil vom 29.07.2019, Az. C-476/17 Rn. 31).

267 Ausführlich hierzu: Wagner, GRUR 2016, 874, 877 ff. und Busch, GRUR 2011, 496, 501 ff.

von Webseiten anfallen, die diese Werke ohne die Erlaubnis der Urheberrechtsinhaber anbieten. Denn ein solches Angebot hat regelmäßig eine Verringerung der rechtmäßigen Transaktionen zur Folge, was die Urheberrechtsinhaber in ungebührlicher Weise beeinträchtige.[268] Das bedeutet, dass sich der Anwendungsbereich des § 44a UrhG auf Fälle beschränkt, in denen ein Online-Dienst ohnehin Nutzungsrechte von den Rechteinhabern erwirbt.[269]

II. Recht der öffentlichen Zugänglichmachung, § 19a UrhG

Dem Urheber steht gemäß § 19a UrhG das Recht zu, das Werk der Öffentlichkeit in einer Weise zugänglich zu machen, dass es Mitgliedern der Öffentlichkeit von Orten und zu Zeiten ihrer Wahl zugänglich ist. Das Recht der öffentlichen Zugänglichmachung ist ein besonderes Recht der öffentlichen Wiedergabe des § 15 Abs. 2 UrhG und gemäß Art. 3 Abs. 1 RL 2001/29/EG vollständig harmonisiert.[270] Art. 3 Abs. 1 RL 2001/29/EG wiederum geht auf Art. 8 WCT und Art. 10, 14 WPPT zurück.[271]

Die maßgebliche Verwertungshandlung ist das tatsächliche Vorhalten des Werks zum Abruf durch die Öffentlichkeit.[272] Der Nutzer entscheidet selbst, an welchem Ort und zu welcher Zeit er auf das Werk zugreift.[273] Ob der Nutzer das Werk tatsächlich abruft und dieses konkret wahrnimmt, ist unerheblich.[274] Neben dem Bereithalten umfasst § 19a UrhG auch die Übermittlung des auf Abruf bereitgehaltenen Werks.[275] Dadurch ist es ausgeschlossen, dass Rechteinhaber bei der Lizenzierung das „Recht zur Bereithaltung des Inhalts" und das „Recht zur Übertragung des bereitgehaltenen Inhalts" aufspalten und verschiedenen Per-

---

268 EuGH GRUR 2017, 610 Rn. 70 f. – Stichting Brein; kritisch hierzu Zurth, NJW 2017, 1937, 1938.

269 Zum Eingreifen des § 44a Nr. 2 UrhG beim rechtmäßigen Streaming: Ensthaler, NJW 2014, 1553, 1555.

270 BGH GRUR 2019, 813 Rn. 37 – Cordoba II; GRUR 2018, 1239 Rn. 15 – uploaded.

271 Dreier, in: Dreier/Schulze, UrhG, UrhG § 19a, Rn. 2.

272 Schack, GRUR 2007, 639, 640.

273 Bullinger, in: Wandtke/Bullinger, UrhR, UrhG § 19a, Rn. 7, 9.

274 Schulze, ZUM 2011, 2, 3.

275 Castendyk, in: FS Loewenheim zum 75. Geburtstag, 31, 37 f.; Schack, Urheberrecht, Rn. 460a; ders., GRUR 2007, 639, 640 f.; Bäcker, Rechtsstellung der Leistungsschutzberechtigten, S. 172; Koof, Senderecht, S. 105; Dreier, in: Dreier/Schulze, UrhG, UrhG § 19a, Rn. 1; a.A. v. Ungern-Sternberg, in: Schricker/Loewenheim, UrhR, UrhG § 19a, Rn. 57, der ein unbenanntes Recht der öffentlichen Wiedergabe nach § 15 Abs. 2 UrhG annimmt. Eine ausführliche Darstellung des Meinungsstreits findet sich bei Bäcker, Rechtsstellung der Leistungsschutzberechtigten, S. 169 ff.

sonen einräumen.[276] Sinn und Zweck der Regelung ist eine umfassende Normierung der Übertragung von Daten im Internet.[277]

Der Begriff der „Öffentlichkeit" wurde durch eine Vielzahl an Entscheidungen des EuGH zur öffentlichen Wiedergabe harmonisiert, sodass die Legaldefinition in § 15 Abs. 3 UrhG überholt ist.[278] „Öffentlichkeit" erfordert eine unbestimmte Zahl potenzieller Adressaten und muss aus einer ziemlich großen Zahl von Personen bestehen.[279] Die Öffentlichkeit setzt eine bestimmte Mindestschwelle voraus, die eine allzu kleine Gruppe an Personen ausschließt. Bei der Bestimmung der Personenzahl ist es nicht alleine relevant, wie viele Personen gleichzeitig Zugang zu demselben Werk haben, sondern auch, wie viele Personen in der Folge Zugang erhalten.[280] Soweit es um die Wiedergabe eines Werks im Internet geht, erfolgt diese regelmäßig öffentlich.[281] Dabei ist es unerheblich, ob das Angebot zahlungspflichtig ist oder nicht.[282]

Hält ein Online-Dienst auf einem Server Musikwerke und/oder Liedtexte dergestalt bereit, dass die Nutzer auf die Werke zu Zeiten ihrer Wahl zugreifen können, liegt darin ein Eingriff in das Recht der öffentlichen Zugänglichmachung gemäß § 19a UrhG.[283] Ein solches Bereithalten von Musik liegt im Angebot zum Download[284] und zum Streaming.[285] § 19a UrhG setzt nicht voraus, dass der Nutzer die Werke herunterlädt.[286]

III. Senderecht, § 20 UrhG

Nach § 20 UrhG steht dem Urheber das Recht zu, das Werk durch Funk, wie Ton- und Fernsehrundfunk, Satellitenrundfunk, Kabelfunk oder ähnliche technische

---

276 Castendyk, in: FS Loewenheim zum 75. Geburtstag, 31, 37.

277 Bäcker, Rechtsstellung der Leistungsschutzberechtigten, S. 172f.

278 Dustmann/Engels, in: Fromm/Nordemann, Urheberrecht, UrhG § 19a, Rn. 12.

279 EuGH GRUR 2018, 911 Rn. 22 – Cordoba; GRUR 2017, 790 Rn. 27 – The Pirate Bay; GRUR 2017, 610 Rn. 32 – Stichting Brein; GRUR 2016, 1152 Rn. 36 – GS Media; GRUR 2014, 360 Rn. 21 – Svensson.

280 Regenstein, ZUM 2018, 649, 652.

281 Der EuGH stellt bezüglich des Einstellens eines Bildes auf eine Webseite fest, dass sich diese Wiedergabehandlung an sämtliche potenzielle Nutzer der Website, und damit an eine unbestimmte und ziemlich große Zahl von Adressaten, richtet (vgl. EuGH GRUR 2018, 911 Rn. 21–23 – Cordoba).

282 Kling, Gebietsübergreifende Vergabe von Online-Rechten, S. 59.

283 Schulze, ZUM 2011, 2, 4.

284 Bullinger, in: Wandtke/Bullinger, UrhR, UrhG § 19a, Rn. 23.

285 Bullinger, in: Wandtke/Bullinger, UrhR, UrhG § 19a, Rn. 34.

286 OLG Hamburg ZUM 2005, 749, 750.

Mittel, der Öffentlichkeit zugänglich zu machen. Das Senderecht ist wie das Recht der öffentlichen Zugänglichmachung Bestandteil des Rechts der öffentlichen Wiedergabe nach § 15 Abs. 2 UrhG und in Art. 3 Abs. 1 RL 2001/29/EG harmonisiert.[287]

Die maßgebliche Verwertungshandlung des Senderechts liegt darin, dass das Werk einer Öffentlichkeit durch funktechnische Mittel zugänglich gemacht wird.[288] Umfasst sind auch Sendungen im Internet.[289] Es genügt, dass die Öffentlichkeit das gesendete Werk empfangen kann; ein konkreter Empfang ist nicht erforderlich.[290] Der Begriff der Öffentlichkeit ist analog zu § 19a UrhG anhand der Vorgaben des EuGH auszulegen.[291]

Das Senderecht ist in Abgrenzung zum Recht der öffentlichen Zugänglichmachung zu sehen. Abzugrenzen ist danach, wer den Zeitpunkt der Übermittlung bestimmt.[292] § 20 UrhG setzt voraus, dass der Sendende bestimmt, ob und wann das Sendesignal ausgestrahlt wird sowie den Inhalt und den zeitlichen Ablauf des Programms vorgibt.[293] § 19a UrhG verlangt dagegen, dass die Mitglieder der Öffentlichkeit selbst Ort und Zeit des Abrufs der geschützten Werke bestimmen.[294] § 20 UrhG erfasst alle linearen Übertragungen von Musikwerken und Liedtexten, die zu einem vom Sendenden festgelegten Zeitpunkt und in bestimmter Reihenfolge vorgenommen werden, während § 19a UrhG alle nicht linearen Übertragungen erfasst.[295] Maßgeblich ist also, ob der Nutzer der „Herr über den Vermittlungszeitpunkt" ist.[296]

Danach unterfällt das Live-Streaming einer Sendung dem Senderecht,[297] da der Sender die Abfolge der Musikstücke festlegt.[298] Wird eine herkömmliche Rundfunksendung zeitgleich über das Internet gestreamt, spricht man von Si-

287 Dreier, in: Dreier/Schulze, UrhG, UrhG § 20, Rn. 2.
288 BGH GRUR 2009, 845 Rn. 32 – Internet-Videorecorder I.
289 v. Ungern Sternberg, in: FS Loschelder zum 65. Geburtstag, S. 416; Castendyk, in: FS Loewenheim zum 75. Geburtstag, 31, 42f.; Schack, GRUR 2007, 639, 641; Koof, Sendrecht, S. 78ff.; Gounalakis, ZUM 2009, 447, 449.
290 v. Ungern-Sternberg, in: Schricker/Loewenheim, UrhR, UrhG § 20, Rn. 30.
291 Dreier, in: Dreier/Schulze, UrhG, UrhG § 20, Rn. 9.
292 Poll, MMR 2011, 226, 228.
293 Koof, Senderecht, S. 71.
294 Poll, MMR 2011, 226, 228.
295 Poll, GRUR 2007, 476, 480.
296 Gounalakis, ZUM 2009, 447, 450.
297 Büscher/Müller, GRUR 2009, 558, 558; Rehbinder/Peukert, Urheberrecht, Rn. 410; Koof, Senderecht, S. 312ff.; Schack GRUR 2007, 639, 641; Poll, GRUR 2007, 476, 480; Gounalakis, ZUM 2009, 447, 450.
298 Poll, GRUR 2007, 476, 480.

mulcasting. Bei einer Übertragung nur über das Internet spricht man von Webcasting.[299] Dagegen unterliegt das Streaming „On Demand" dem Recht der öffentlichen Zugänglichmachung, da die Abfolge der Musikstücke vom Nutzer bestimmt wird.[300] Das Live-Streaming und das Streaming-On Demand verwenden nur eine gemeinsame Technologie.[301]

Die konkrete Einordnung, ob eine Handlung § 19a UrhG oder § 20 UrhG unterfällt, hängt vom jeweiligen Angebot der Online-Dienste ab. Für ihr jeweiliges Angebot lizenzieren die Online-Dienste aber keine Verwertungsrechte, sondern die unter § 8 dargestellten Nutzungsrechte. Für die Lizenzierung von Online-Diensten ist eine genaue Zuteilung des Angebots nach Verwertungsrechten wenig erheblich, sodass auf die Einordnung an dieser Stelle verzichtet wird.[302]

IV. Unbenanntes Recht der öffentlichen Wiedergabe, § 15 Abs. 2 UrhG

Dem Urheber steht darüber hinaus ein unbenanntes Recht der öffentlichen Wiedergabe nach § 15 Abs. 2 UrhG zu. Ein solches Recht ist in richtlinienkonformer Auslegung von § 15 Abs. 2 UrhG anzunehmen, soweit Art. 3 Abs. 1 RL 2001/29/EG weitergehende Rechte als die in § 15 Abs. 2 Satz 2 UrhG benannten Rechte gewährt.[303] Das Recht der öffentlichen Wiedergabe umfasst jede Wiedergabe an eine Öffentlichkeit, die nicht an dem Ort anwesend ist, an dem die Wiedergabe ihren Ursprung nimmt.[304]

Das unbenannte Recht der öffentlichen Wiedergabe nach § 15 Abs. 2 UrhG ist in Abgrenzung zum Recht der öffentlichen Zugänglichmachung im Sinne von § 19a UrhG zu sehen: Die öffentlichen Zugänglichmachung verlangt, dass ein Nutzer Dritten den Zugriff auf ein urheberrechtlich geschütztes Werk eröffnet, das

---

299 Schack, GRUR 2007, 639, 641.

300 Ehrhardt, in: Wandtke/Bullinger, UrhR, UrhG § 20, Rn. 4, 5; Koof, Senderecht, S. 320 f.; Rehbinder/Peukert, Urheberrecht, Rn. 410.

301 Castendyk, in: FS Loewenheim zum 75. Geburtstag, 31, 33.

302 Eine wirtschaftliche Auswirkung hat die Abgrenzung für ausübende Künstler und Tonträgerhersteller, denen gemäß § 78 Abs. 2 Nr. 1 bzw. §§ 86, 78 Abs. 2 Nr. 1 UrhG lediglich ein Vergütungsanspruch und kein Verbotsrecht zusteht (vgl. Castendyk, in: FS Loewenheim zum 75. Geburtstag, 31, 34).

303 BGH GRUR 2018, 178 Rn. 24 – Vorschaubilder III; GRUR 2016, 171 Rn. 17 – Die Realität II.

304 BGH GRUR 2018, 178 Rn. 26 – Vorschaubilder III; GRUR 2017, 514 Rn. 19 – Cordoba. Die direkte öffentliche Aufführung und Darbietung eines Werks vor einer Öffentlichkeit ist vom Anwendungsbereich des Begriffs der öffentlichen Wiedergabe ausgeschlossen (EuGH GRUR 2012, 156 Rn. 202 – Football Association Premier League und Murphy).

sich in der Zugriffssphäre des Vorhaltenden befindet.[305] Der Tatbestand des § 19a UrhG wird durch das tatsächliche Vorhalten eines Werks zum Abruf verwirklicht.[306] Daher stellt die Verknüpfung eines auf einer fremden Internetseite bereitgehaltenen Werks mit der eigenen Internetseite im Wege des „Framing" keine öffentliche Zugänglichmachung dar. Denn der Inhaber der fremden Internetseite entscheidet alleine darüber, ob das auf seiner Internetseite bereitgehaltene Werk für die Öffentlichkeit zugänglich bleibt.[307] Möglich ist lediglich ein Eingriff in das unbenannte Recht der öffentlichen Wiedergabe nach § 15 Abs. 2 UrhG.[308]

Es erscheint denkbar, dass Angebote von Online-Diensten, die bislang dem Anwendungsbereich des § 19a UrhG unterfallen, zukünftig unter das unbenannte Recht der öffentlichen Wiedergabe nach § 15 Abs. 2 UrhG fallen. Dies kann beispielsweise neue Erscheinungsformen des Streaming-On-Demand betreffen: Hält ein Online-Dienst, der Streaming-On-Demand anbietet (wie zum Beispiel Spotify), zukünftig Musikwerke und Liedtexte nicht mehr selbst auf einem Server bereit, sondern greift direkt auf Werke in einer Cloud zu, in der ein Dritter (wie zum Beispiel ein Aggregator) die Verfügungsgewalt über die Werke inne hat, so macht dieser Online-Dienst die Werke nicht öffentlich zugänglich im Sinne des § 19a UrhG. Es fehlt an einem tatsächlichen Vorhalten der Musikwerke durch den Online-Dienst. Bietet ein Online-Dienst seinen Nutzern einen direkten Zugriff auf die Werke in der Cloud eines Dritten, so liegt darin ein Eingriff in das unbenannte Recht der öffentlichen Wiedergabe nach § 15 Abs. 2 UrhG. Insoweit ist die technische Weiterentwicklung im Bereich des Streaming-On-Demand abzuwarten.

V. Synchronisationsrecht

Damit Dritte bestehende Musikwerke mit visuellem Material verbinden dürfen, haben sie das sog. „Synchronisationsrecht" (auch „Filmherstellungsrecht" oder „Verfilmungsrecht" genannt) zu erwerben.[309] Eine Synchronisation in diesem Sinne liegt vor, wenn bestehende Musikwerke und Liedtexte mit Filmwerken oder anderem Bildmaterial in Verbindung gesetzt oder sonst zusammengefügt wer-

305 BGH GRUR 2018, 178 Rn. 19 – Vorschaubilder III; GRUR 2016, 171 Rn. 13 – Die Realität II; GRUR 2013, 818 Rn. 8 – Die Realität I; GRUR 2011, 56 Rn. 23 – Session ID; GRUR 2010, 628 Rn. 19 – Vorschaubilder I.

306 BGH GRUR 2018, 178 Rn. 20 – Vorschaubilder III.

307 BGH GRUR 2016, 171 Rn. 14 – Die Realität II; GRUR 2013, 818 Rn. 9 – Die Realität I.

308 BGH GRUR 2018, 178 Rn. 22ff. – Vorschaubilder III; BGH GRUR 2016, 171 Rn. 15ff. – Die Realität II.

309 Poll, ZUM 2014, 877, 877; Ventroni/Poll, MMR 2002, 648, 649.

den.[310] Dem Synchronisationsrecht unterfällt damit auch die Herstellung eines nutzergenerierten Musik-Videoclips.[311]

Anders als die zuvor unter Ziffer I bis IV beschriebenen Rechte handelt es sich beim Synchronisationsrecht aber nicht um ein eigenständiges und gesetzlich vorgesehenes Verwertungsrecht im Sinne des § 15 UrhG.[312] Im Rahmen der Herstellung und der Verwertung einer Synchronisation greift der Nutzer vielmehr in verschiedene Rechte der Urheber ein:

Soweit es um die Herstellung einer Synchronisation geht, ist das Vervielfältigungsrecht nach § 16 UrhG betroffen.[313] Die erstmalige Herstellung eines Films über die Aufführung eines Musikwerks samt Liedtext stellt eine Vervielfältigung im Sinne des § 16 UrhG dar, unabhängig davon, ob die Aufzeichnung die spätere Auswertung vorbereitet. Denn die Verwertungsrechte geben dem Urheber grundsätzlich die Kontrolle darüber, ob, wann und wie sein Werk verwendet wird.[314]

Wird ein verwendetes Werk zugleich schöpferisch verändert, so handelt es sich bei der Synchronisation um eine Bearbeitung im Sinne des § 23 S. 1 UrhG.[315] Wird aber ein Musikwerk unverändert und notengetreu aufgeführt und dabei durch TV-Kameras aufgezeichnet, liegt darin keine Bearbeitung, sondern nur eine Vervielfältigung.[316] Das Musikwerk wird durch eine Verbindung mit Bildfolgen nicht in einen neuen Zusammenhang gestellt.[317] Dies ist dann anders zu sehen, wenn nicht nur ein Musikkonzert aufgezeichnet wird, sondern eigenständige Filmaufnahmen mit der ungekürzten Musik unterlegt werden, da in diesem Fall die persönlichkeitsrechtlichen Interessen des Urhebers tangiert werden.[318] Es

---

310 Fischer, Lizenzierungsstrukturen, S. 150.

311 Heyde, Grenzüberschreitende Lizenzierung, S. 76.

312 BGH GRUR 1994, 41, 42f. – Videozweitauswertung II; OLG München GRUR 2003, 420, 421; Katzenberger/ N. Reber, in: Schricker/Loewenheim, UrhR, UrhG Vor §§ 88ff., Rn. 28; Manegold/ Czernik, in: Wandtke/ Bullinger, UrhR, UrhG § 88, Rn. 10; Poll, ZUM 2014, 877, 878; a.A. Schulze, in: Dreier/Schulze, UrhG, UrhG § 88, Rn. 13.

313 Katzenberger/N. Reber, in: Schricker/Loewenheim, UrhR, UrhG Vor §§ 88ff., Rn. 28; Ventroni, Filmherstellungsrecht, S. 91. Dies gilt aber nicht für Live-Sendungen, da es an der für § 16 UrhG notwendigen, körperlichen Festlegung fehlt. Rechtlich betrifft dieser Vorgang nur das Senderecht nach § 20 UrhG (vgl. Katzenberger/Reber, in: Schricker/ Loewenheim, UrhR, UrhG Vor §§ 88ff., Rn. 26).

314 BGH GRUR 2006, 319 Rn. 25 – Alpensinfonie; LG München I ZUM-RD 2016, 55, 58.

315 Katzenberger/N. Reber, in: Schricker/Loewenheim, UrhR, UrhG Vor §§ 88ff., Rn. 25.

316 BGH GRUR 2006, 319 Rn. 30 – Alpensinfonie; LG München I ZUM-RD 2016, 55, 58; a.A. Schulze, in: Dreier/ Schulze, UrhG, UrhG § 23, Rn. 21, der argumentiert, dass durch einen auf Dauer geschaffenen Zusammenhang von Musik und Bildfolge ein *neuer Gesamteindruck* entstehe.

317 BGH GRUR 2006, 319 Rn. 31 – Alpensinfonie; LG München I ZUM-RD 2016, 55, 58.

318 Staudt/Welp, in: Heker/Riesenhuber, Kap. 7, Rn. 212.

wird der geistig-ästhetische Eindruck des Musikwerks dadurch verändert, dass das Musikwerk in einen neuen Sachzusammenhang gerückt wird. Das Musikwerk kann nicht unabhängig von der Bildfolge gesehen werden.[319]

Zudem kann das Verbotsrecht des Urhebers gegen Entstellungen gemäß § 14 UrhG bei der Synchronisation betroffen sein.[320] § 14 UrhG schützt den Bestand des Werks und den konkreten geistig-ästhetischen Gesamteindruck eines Werks.[321] Die Synchronisation eines Musikstücks mit einer Bildfolge kann die Urheberpersönlichkeitsrechte der Komponisten und Textdichter tangieren.[322] Denn die Kombination mit einer Bildfolge kann einen anderen Gesamteindruck vermitteln, als wenn das Musikstück außerhalb dieser Bildfolge alleine hörbar ist.[323] Daher stellt das Synchronisationsrecht zugleich eine schuldrechtliche Gestattung dar, die nicht nur die Einwilligung in die Bearbeitung des Musikwerks und des Liedtexts enthält, sondern zugleich einen Verzicht auf die Geltendmachung des Verbotsrechts gemäß § 14 UrhG, soweit der Urheber die konkrete filmische Verwendung seines Werks vorhersehen und abschätzen kann.[324]

Soweit es um die der Herstellung folgende Online-Verwertung einer Synchronisation geht, sind je nach Verwertung entweder das Recht der öffentlichen Zugänglichmachung nach § 19a UrhG und/oder das Senderecht nach § 20 UrhG zusätzlich betroffen.[325]

B. Verwertungsrechte im Geltungsbereich des US Copyright Act

Im Geltungsbereich des US Copyright Act stehen dem Copyrightinhaber nach § 106 US Copyright Act sechs Verwertungsrechte zu, von denen drei Verwertungsrechte für die Lizenzierung von Musikwerken im Online-Bereich besonders bedeutend sind: das Vervielfältigungsrecht (§ 106(1) US Copyright Act), das Verbreitungsrecht (§ 106(3) US Copyright Act) und das Recht der öffentlichen Aufführung (§ 106(4) US Copyright Act). Im Gegensatz zum deutschen Urheber-

---

319 Schunke, Bearbeitungsrecht, S. 78; a.A. Poll, WRP 2008, 1170, 1171.

320 Dustmann, in: Fromm/Nordemann, Urheberrecht, UrhG 14, Rn. 45.

321 Schulze, in: Dreier/Schulze, UrhG, UrhG § 14, Rn. 1.

322 Schulze, in: Dreier/ Schulze, UrhG, UrhG Vor § 31, Rn. 170; Poll, GRUR 1994, 44, 44 f., der als ein denkbares Beispiel auf die Einbindung eines Musikwerks in einen Pornofilm verweist. Ausführlich zu den betroffenen Urheberpersönlichkeitsrechten: Ventroni, Filmherstellungsrecht, S. 99 ff.

323 Schulze, in: Dreier/ Schulze, UrhG, UrhG Vor § 31, Rn. 170.

324 Poll, ZUM 2014, 877, 878 f.

325 Katzenberger/N. Reber, in: Schricker/Loewenheim, UrhR, UrhG Vor §§ 88 ff., Rn. 28.

rechtsgesetz statuiert der US Copyright Act kein Recht der öffentlichen Zugänglichmachung.

Diese drei gesetzlich geregelten Verwertungsrechte werden regelmäßig in zwei Lizenzen unterteilt: die „mechanical license" und die „performing license". Die „mechanical license" umfasst das Vervielfältigungs- und Verbreitungsrecht, während die „performing license" das öffentliche Aufführungsrecht beinhaltet.[326] Nachfolgend werden die in diesen Lizenzen umfassten Verwertungsrechte unter Ziffer I bis III dargestellt.

Daran anschließend wird unter Ziffer IV auf das Darstellungsrecht (§ 106(5) US Copyright Act) eingegangen. Dieses ist bei der Lizenzierung von Online-Diensten ausschließlich im Rahmen der Verwertung des Liedtexts relevant. Abschließend wird unter Ziffer V das sog. „Synchronisationsrecht" dargestellt.

I. Vervielfältigungsrecht, § 106(1) US Copyright Act

§ 106(1) US Copyright Act gewährt das Recht, das urheberrechtlich geschützte Werk auf Kopien oder Tonträgern zu vervielfältigen. Das Vervielfältigungsrecht ist das Recht, ein Werk in einem neuen physischen Objekt oder einem neuen Tonträger zu verkörpern und andere an dieser Verkörperung zu hindern.[327] Eine neue Verkörperung kann im Internet durch die Vervielfältigung des Liedtexts[328] und durch die Vervielfältigung von digitalen, das Musikwerk beinhaltenden Musikdateien erfolgen.[329]

Beispielsweise erfordert der Upload eines Musikstücks auf einen Server eine Vervielfältigung des Musikwerks und verletzt ohne die Zustimmung des Copyrightinhabers das Vervielfältigungsrecht.[330] Auch der Download eines Musikstücks durch einen Nutzer in einem Peer-to-Peer-Netzwerk ist ohne die Zustimmung des Copyrightinhabers eine rechtswidrige Vervielfältigung des Musikwerks.[331] Zudem berührt der über das Internet erfolgende Weiterverkauf

326 Moser/Slay, Music Copyright Law, S. 75 f.

327 Capitol Records, LLC v. ReDigi Inc., 934 F. Supp. 2d 640, 649 (United States District Court, SD New York, 2013).

328 Abkco Music v. Stellar Records, 96 F. 3d 60, 64 (United States Court of Appeals, 2nd Circuit, 1996).

329 Capitol Records, LLC v. ReDigi Inc., 934 F. Supp. 2d 640, 648 (United States District Court, SD New York, 2013).

330 U.S. Copyright Office, The Making Available Right in the United States, A Report of the Register of Copyrights (February 2016), S. 51; Moser/Slay, Music Copyright Law, S. 255.

331 Warner Bros. Records, Inc. v. Walker, 704 F. Supp. 2d 460, 465 (United States District Court, WD Pennsylvania, 2010); A&M Records, Inc. v. Napster, Inc., 239 F. 3d 1004, 1014 (United States Court of Appeals, 9th Circuit, 2001).

einer rechtmäßig erworbenen Musikdatei das Vervielfältigungsrecht:[332] Denn die digitale Musikdatei muss nach ihrer Übertragung über das Internet in einem neuen physischen Objekt verkörpert werden. Die Verkörperung der digitalen Musikdatei auf der neuen Festplatte vervielfältigt die Musikdatei.[333]

Allerdings ist nicht jede Kopie eines Werks zugleich automatisch eine Verletzung des Vervielfältigungsrechts. Die Vervielfältigung muss von einer „gewissen Dauerhaftigkeit" und damit länger als nur von flüchtiger Dauer sein.[334] Denn eine „Kopie" liegt aufgrund der Definition des § 101 US Copyright Act nur vor, wenn diese fixiert ist. Eine „Fixierung" erfordert nach der Definition in § 101 US Copyright Act wiederum eine Vervielfältigung für einen Zeitraum von mehr als nur vorübergehender Dauer.[335] Daher stellt im Rahmen des Streamings das Zwischenspeichern von Daten, bei dem sich die Daten nicht länger als 1,2 Sekunden im Zwischenspeicher eines Nutzers befinden, bevor sie automatisch überschrieben werden, keinen Eingriff in das Vervielfältigungsrecht dar.[336]

Wie vor diesem Hintergrund ein On-Demand-Stream und ein limitierter Download eines Musik-Streaming-Diensts zu beurteilen sind und ob diese in das Vervielfältigungsrecht am Musikwerk eingreifen, wurde von Gerichten bisher nicht entschieden.[337] Allerdings klärt die Neuregelung des § 115 US Copyright Act im Rahmen des Music Modernization Act (MMA)[338] diese Frage nunmehr eindeutig: Online-Dienste müssen für „digitale Tonträgerübermittlungen" (sog. „digital phonorecord deliveries") eine „mechanical license" für die Nutzung der Musikwerke erwerben. Nach der Definition des § 115(e)(10) US Copyright Act umfasst der Begriff der digitalen Tonträgerübermittlung auch das Anbieten eines interaktiven Streams und limitierten Downloads.[339]

---

332 Capitol Records, LLC v. ReDigi Inc., 934 F. Supp. 2d 640, 648–651 (United States District Court, SD New York, 2013), bestätigt durch Capitol Records, LLC v. ReDigi Inc., 910 F. 3d 649, 652 (United States Court of Appeals, 2nd Circuit, 2018).

333 Capitol Records, LLC v. ReDigi Inc., 934 F. Supp. 2d 640, 649–650 (United States District Court, SD New York, 2013).

334 Nimmer, Copyright, § 8.02[B][2].

335 Cartoon Network LP, LLLP v. CSC Holdings, Inc., 536 F. 3d 121, 127 (United Court of Appeals, 2nd Circuit, 2008).

336 Cartoon Network LP, LLLP v. CSC Holdings, Inc., 536 F. 3d 121, 127–130 (United Court of Appeals, 2nd Circuit, 2008). Nach Ansicht des Court of Appeals, 2nd Circuit liegt in einem Zwischenspeichern, bei dem das Werk nach und nach innerhalb weniger Sekunden vollständig im Zwischenspeicher abgelegt wird, aber eine Vervielfältigung des ganzen Werks und nicht nur eines kleinen Teils eines Werks (vgl. Cartoon Network LP, LLLP v. CSC Holdings, Inc., 536 F. 3d 121, 129 (United Court of Appeals, 2nd Circuit, 2008)).

337 LaFrance, The Business, Entrepreneurship & Tax Law Review, Volume 2 (2018), 310, 318.

338 Vgl. hierzu ausführlich unter § 11 B IV 1.

339 LaFrance, The Business, Entrepreneurship & Tax Law Review, Volume 2 (2018), 310, 322.

Das Vervielfältigungsrecht gilt nicht schrankenlos: Beispielsweise ist die Vervielfältigung von Musikwerken Gegenstand der Zwangslizenz des § 115 US Copyright Act.[340]

II. Verbreitungsrecht, § 106(3) US Copyright Act

§ 106(3) US Copyright Act gewährt das Recht, Kopien oder Tonträger eines urheberrechtlich geschützten Werkes durch Verkauf oder andere Eigentumsübertragung oder durch Vermietung, Verpachtung oder Verleih an die Allgemeinheit zu verbreiten.

Auch die elektronische Übermittlung eines Werks mittels Datenübertragung stellt eine Verbreitung im Sinne des § 106(3) US Copyright Act dar.[341] Denn die digitale Übertragung eines Werks ist eine Eigentumsübertragung im Sinne des § 106(3) US Copyright Act. Sinn und Zweck des § 106(3) US Copyright Act ist es gerade, dass der Copyrightinhaber den Handel seines Werks kontrollieren können soll.[342] Das Verbreitungsrecht gibt dem Copyrightinhaber daher das Recht, die Übermittlung des Werks an die Öffentlichkeit in Form von Downloads zu kontrollieren.[343]

---

340 Vgl. hierzu ausführlich unter § 11 B IV 1.

341 Conway v. Licata, 104 F. Supp. 3d 104, 123 (United States District Court, D. Massachusetts, 2015); BMG Rights Management (US) v. Cox Communications, 149 F. Supp. 3d 634, 669 (United States District Court, ED Virginia, 2015); Capitol Records, LLC v. ReDigi Inc., 934 F. Supp. 2d 640, 651 (United States District Court, SD New York, 2013); Fox Broadcasting Co. Inc. v. Dish Network, LCC, 905 F. Supp. 2d 1088, 1106 (United States District Court, CD California, 2012); London-Sire Records, Inc. v. Doe 1, 542 F. Supp. 2d 153, 173 – 174 (United States District Court, D. Massachusetts, 2008); Playboy Enterprises, Inc. v. Webbworld, Inc., 991 F. Supp. 543, 551 (United States District Court, ND Texas, 1997). Das Bestehen eines „digitalen Verbreitungsrechts" voraussetzend: A&M RECORDS, INC. v. Napster, Inc., 239 F. 3d 1004, 1014 (United States Court of Appeals, 9th Circuit, 2001).

Der United States Supreme Court setzt das Bestehen eines „digitalen Verbreitungsrechts" in seiner Entscheidung *New York Times Co. v. Tasini* ebenfalls voraus, wenn das Gericht schreibt: „It is clear, moreover, that the Print and Electronic Publishers have exercised at least some rights that § 106 initially assigns exclusively to the Authors (...)LEXIS/NEXIS, by selling copies of the Articles through the NEXIS Database, „distribute copies" of the Articles „to the public by sale," § 106(3) (...)" (vgl. New York Times Co. v. Tasini, 533 US 483, 498 (United States Supreme Court, 2001).

Eine andere Ansicht hierzu vertritt *Patry*, der das Verbreitungsrecht nur auf die Verbreitung von dinglichen Objekten für anwendbar hält (vgl. Patry, Copyright, § 13:11).

342 London-Sire Records, Inc. v. Doe 1, 542 F. Supp. 2d 153, 174 (United States District Court, D. Massachusetts, 2008).

343 U.S. Copyright Office, The Making Available Right in the United States, A Report of the Register of Copyrights (February 2016), S. 19.

Umstritten ist lediglich, durch welche Handlung die Verbreitung im Internet erfolgt:[344] Nach einer Ansicht genügt die Zugänglichmachung des Werks im Internet, um eine Verbreitung auszulösen.[345] Nach anderer Ansicht bedarf es dagegen einer tatsächlichen Weitergabe des geschützten Werks.[346] Für die Lizenzierung von Online-Diensten ist dieser Streit jedoch von untergeordneter Bedeutung, da die Angebote von Online-Diensten jedenfalls im Falle des konkreten Abrufs in das Verbreitungsrecht am Musikwerk eingreifen. Für sie kann Folgendes festgehalten werden:

Ein Musik-On-Demand-Download-Dienst, der ein Musikstück im Wege eines dauerhaften Downloads an einen Kunden veräußert, greift in das Verbreitungsrecht am Musikwerk ein. Wie beim Erwerb einer CD kann der Kunde, der ein Musikstück aufgrund eines dauerhaften Downloads erwirbt, das Musikstück dauerhaft nutzen.

Ein Musik-On-Demand-Streaming-Dienst, der seinen Kunden die Nutzung eines Musikstücks im Wege eines zeitlich limitierten Downloads ermöglicht, greift ebenfalls in das Verbreitungsrecht am Musikwerk ein. Wie beim Mieten oder Leihen einer CD kann ein Kunde, der Zugang zu einem Musikstück aufgrund eines zeitlich limitierten Downloads erhält, das Musikstück über den Dienst vorübergehend nutzen.

Auch das Verbreitungsrecht gilt nicht schrankenlos: Es unterliegt beispielsweise der „First Sales"-Doktrin des § 109(a) US Copyright Act[347] und die Verbrei-

---

344 Die digitale Verbreitung von Musikwerken und die hierfür erforderliche Verbreitungshandlung wurde in der Rechtsprechung vor allem in Verfahren wegen Verletzung des Copyrights durch „File Sharing" diskutiert. Die Gerichte hatten zu klären, ob das Verbreitungsrecht im Rahmen des „File Sharings" verletzt wird (vgl. Menell, Journal of the Copyright Society of the USA, Volume 59 (2011), 1, 6). Eine ausführliche Darstellung dieses Themas findet sich bei Goldstein, Copyright, 7:127–7:130.2–1 und im Rahmen der Besprechung der Frage der Haftung bei File Sharing bei Menell, Journal of the Copyright Society of the USA, Volume 59 (2011), 1, 26 ff.

345 Hotaling v. Church of Latter-Day Saints, 118 F. 3d 199, 203 (United States Court of Appeals, 4th Circuit, 1997); Motown Record Co., LP v. DePietro, No. 04-CV-2246, 2007 WL 576284, at 3 (United States District Court, ED Pennsylvania, 2007), Universal City Studios Productions LLLP v. Bigwood, 441 F. Supp. 2d 185, 190–191 (United States District Court, D. Maine, 2006).

346 Perfect 10, Inc. v. Giganews, Inc., 847 F. 3d 657, 669 (United States Court of Appeals, 9th Circuit, 2017); BMG Rights Management (US) v. Cox Communications, 149 F. Supp. 3d 634, 670 (United States District Court, ED Virginia, 2015); Elektra Entertainment Group, Inc. v. Barker, 551 F. Supp. 2d 234, 239–247 (United States District Court, SD New York, 2008); Atlantic Recording Corp. v. Howell, 554 F. Supp. 2d 976, 981–984 (United States District Court, D. Arizona, 2008); London-Sire Records, Inc. v. Doe 1, 542 F. Supp. 2d 153, 166–170 (United States District Court, D. Massachusetts, 2008); Patry, Copyright, § 13:11.50.

347 Vgl. hierzu ausführlich Moser/Slay, Music Copyright Law, S. 102 ff.

tung von Musikwerken ist wie ihre Vervielfältigung Gegenstand der Zwangslizenz des § 115 US Copyright Act.[348]

III. Recht zur öffentlichen Aufführung, § 106(4) US Copyright Act

§ 106(4) US Copyright Act statuiert das sog. „performing right" und gibt dem Inhaber des Copyrights am Musikwerk das Recht, das urheberrechtlich geschützte Werk öffentlich aufzuführen. § 106(4) US Copyright Act benennt zwei Tatbestandsvoraussetzungen: zum einen die „Aufführung" und zum anderen die „Öffentlichkeit" der Aufführung.

1. „Aufführung"

Der in § 101 US Copyright Act definierte Begriff der Aufführung umfasst alle tatsächlichen Wiedergaben von Musikwerken über das Internet:

Eine Aufführung erfolgt sowohl durch einen Stream, bei dem der Nutzer keinen Einfluss auf den Zeitpunkt der Wiedergabe der Musik hat, als auch durch einen Stream, dessen Ort und Zeitpunkt der Wiedergabe der Nutzer individuell bestimmt.[349] Daher liegt eine Aufführung zum einen im Simulcasting oder Webcasting durch TV und Radio-Sender. Zum anderen führen auch Online-Dienste, die ein interaktives Musikstreaming ermöglichen, ein Musikwerk auf. Im Rahmen des § 106(4) US Copyright Act bedarf es daher keiner Abgrenzung von Sendung und anderen Formen der Wiedergabe.

Darüber hinaus nehmen Distributoren, die Sendungen oder Streams von Musikstücken an den Endkunden weiterleiten, eine Aufführung vor: Ein TV-Streaming-Dienst, der eine Fernsehsendung über das Internet weiterleitet, nimmt eine eigenständige Aufführung eines geschützten Werks vor.[350] Außerdem nimmt ein Endkunde eine Aufführung vor, wenn er ein Werk über ein Empfangsgerät

---

348 Vgl. hierzu ausführlich in § 11 B IV 1.

349 Koncel, The John Marshall Review of Intellectual Property Law, Volume 14 (2015), 292, 299 f.; U.S. Copyright Office, The Making Available Right in the United States, A Report of the Register of Copyrights (February 2016), S. 43. Die Entscheidungen United States v. American Society of Composers, Authors and Publishers, 627 F. 3d 64, 74 (United States Court of Appeals, 2nd Circuit, 2010) und Capitol Records, LLC v. ReDigi Inc., 934 F. Supp. 2d 640, 652 (United States District Court, SD New York, 2013) sehen ein Streaming generell als öffentliche Aufführung an, ohne nach der Art des Streamings zu differenzieren.

350 American Broadcasting v. Aereo, Inc., 134 S. Ct. 2498, 2506–2507 (United States Supreme Court, 2014), abweichende Meinung: Justice Scalia (134 S. Ct. 2498, 2511–2518); insgesamt kritisch zur *Aero*-Entscheidung beispielsweise: Nathenson, Journal of International & Comparative Law, Volume 2 (2014), 171, 186 ff.

ansieht oder anhört.[351] Daher führt ein Nutzer, der Musikstücke als Audio-Datei oder im Rahmen eines Musikvideos auf seinem Smartphone oder Tablet wiedergibt, ein Musikwerk auf.[352]

Dagegen stellt das Bereithalten eines Musikwerks zum permanenten Download keine „Aufführung" im Sinne der Definition des § 101 US Copyright Act dar, wenn das Musikwerk erst nach vollständigem Download hörbar wird.[353] Denn bei solchen Downloads handelt es sich nicht um musikalische Aufführungen, die gleichzeitig vom Hörer wahrgenommen werden. Die Lieder werden während ihrer Übertragung zum Konsumenten nicht für diesen wahrnehmbar aufgeführt. Vielmehr muss der Nutzer nach dem Herunterladen weitere Schritte unternehmen, um die Musik abzuspielen.[354] Der permanente Download eines Musikstücks wird rechtlich damit behandelt wie der Erwerb einer CD.[355]

Entscheidend für eine Aufführung ist damit, ob der Nutzer das Musikstück gleichzeitig mit der Übertragung wahrnehmen kann.[356] Für das Vorliegen einer Aufführung im Rahmen eines zeitlich limitierten Downloads bedeutet dies Folgendes: Ein Aufführung liegt dann vor, wenn der Nutzer das Musikwerk während des Downloadvorgangs wahrnehmen kann. Dagegen liegt keine Aufführung vor, wenn das Musikwerk erst nach dem Abschluss des Downloadvorgangs durch den Nutzer wahrnehmbar ist.

2. „Öffentlich"

Der Begriff der Öffentlichkeit ist in § 101 US Copyright Act definiert. Die Definition der Öffentlichkeit umfasst ausschließlich die Umstände, unter denen eine Aufführung als öffentlich gilt und erweitert nicht die Definition der Aufführung.[357] Danach ist eine Aufführung dann öffentlich, wenn sie an einem öffentlich zugänglichen Ort oder an einem Ort aufgeführt wird, an dem sich eine beträchtliche Anzahl von Personen außerhalb des normalen Kreises einer Familie und ihrer sozialen Bekannten versammelt haben. Ferner ist die Aufführung öffentlich, wenn

---

351 House Report, Report No. 94–1476, S. 63.

352 Nathenson, Journal of International & Comparative Law, Volume 2 (2014), 171, 179.

353 United States v. American Society of Composers, Authors and Publishers, 627 F.3 d 64, 71–75 (United States Court of Appeals, 2nd Circuit, 2010).

354 United States v. American Society of Composers, Authors and Publishers, 627 F.3 d 64, 73 (United States Court of Appeals, 2nd Circuit, 2010).

355 Passmann, Music Business, S. 273.

356 Moser/Slay, Music Copyright Law, S. 108.

357 United States v. American Society of Composers, Authors and Publishers, 627 F. 3d 64, 73 (United States Court of Appeals, 2nd Circuit, 2010).

diese an einem zuvor genannten Ort oder an die Öffentlichkeit mittels einer Vorrichtung oder eines Verfahrens übertragen oder sonst kommuniziert wird, unabhängig davon, ob die Mitglieder der Öffentlichkeit in der Lage sind, die Aufführung zu empfangen, und unabhängig davon, ob sie die Aufführung an demselben Ort oder an getrennten Orten sowie zu gleichen Zeiten oder zu unterschiedlichen Zeiten empfangen.

Nach der Definition der Öffentlichkeit in § 101 US Copyright Act gibt es drei Varianten, in denen eine Öffentlichkeit besteht. Die erste Variante bezieht sich auf das Bestehen eines öffentlich zugänglichen Orts,[358] die zweite Variante auf die Zusammensetzung des Publikums[359] und die dritte Variante auf Aufführungen, bei denen das Publikum geographisch verteilt ist.[360] Nur die dritte Variante ist für die Lizenzierung im Online-Bereich relevant.

Die dritte Variante zielt darauf, auch alle Weiterleitungen von Sendungen und sonstigen Übertragungen von Aufführungen an die Öffentlichkeit unabhängig vom jeweiligen Medium der Übertragung vom Begriff der Öffentlichkeit zu umfassen.[361] Die Übertragung kann auch mittels Streaming über das Internet erfolgen.[362] Es kommt nicht darauf an, ob ein potenzieller Empfänger zum Zeitpunkt der Sendung seine Empfangsvorrichtung in Betrieb hat.[363] Der tatsächliche Empfang oder die tatsächliche Wahrnehmung einer Aufführung sind für das Bestehen einer Öffentlichkeit ohne Belang. Es ist ausreichend, dass die Aufführung der Öffentlichkeit offensteht.[364] Beispielsweise ist die Übertragung einer Fernseh- oder Radiosendung durch Sender öffentlich, auch wenn der Empfang der Sendung privat erfolgt.[365]

---

358 Maßgeblich ist ausschließlich die Zugänglichkeit des Orts der Aufführung. Auf die konkrete Anzahl der Zuschauer bzw. Zuhörer kommt es nicht an (vgl. Patry, Copyright, § 14:26). Ein Ort ist dann nicht öffentlich zugänglich, wenn der Zuschauer bzw. der Zuhörer die Öffentlichkeit von dem Ort ausschließen kann, an dem er sich die Aufführung ansieht bzw. anhört (vgl. Goldstein, Copyright, 7:163).

359 Nimmer, Copyright, § 8.14[C][1]. Erfolgt die Aufführung außerhalb des Kreises von Familie und sozialen Bekannten, ist eine Aufführung auch dann öffentlich, wenn der Ort der Aufführung nicht-öffentlich ist. Ausreichend ist es, dass eine signifikante Anzahl an Personen an einer Aufführung hätte teilnehmen können. Auf ihre tatsächliche Teilnahme kommt es nicht an (vgl. Nimmer, Copyright, § 8.14[C][1]).

360 Nimmer, Copyright, § 8.14[C][2].

361 Patry, Copyright, § 14:28.

362 LaFrance, Copyright Law, S. 207.

363 House Report, Report No. 94–1476, S. 64 f.

364 Nimmer, Copyright, § 8.14[C][2].

365 Nimmer, Copyright, § 8.14[C][2].

Daher führt auch ein Online-Dienst, der Musik an Nutzer mittels Streaming überträgt, ein Musikwerk öffentlich auf.[366] Dabei ist es unerheblich, ob der jeweilige Stream von mehreren Personen gesehen wird bzw. gesehen werden kann. Die technische Art und Weise der Übermittlung des Streams an die Öffentlichkeit hat keine Auswirkung auf die Öffentlichkeit der Aufführung. Der United States Supreme Court hat in der Entscheidung *American Broadcasting v. Aereo, Inc.* festgestellt, dass die Wiedergabe eines Streams über das Internet auch dann öffentlich ist, wenn der konkrete Stream von nur einem Abonnenten gesehen werden kann.[367]

Nach dem Wortlaut der Definition in § 101 US Copyright Act ist eine Aufführung auch dann öffentlich, wenn sie „zu unterschiedlichen Zeiten" empfangen werden kann. Überträgt ein Unternehmen die gleichen, gleichzeitig wahrnehmbaren Bilder und Klänge an mehrere Personen, überträgt das Unternehmen an diese Personen eine Aufführung, unabhängig von der Anzahl der einzelnen Übermittlungsakte. Es ist ausreichend, dass das identische Werk an mehrere Abonnenten gestreamt wird.[368]

Die Abonnenten, an die die Streams übertragen werden, bilden die „Öffentlichkeit". Es handelt sich um eine große Anzahl von Menschen, die nicht miteinander verbunden und einander unbekannt sind. Sie bilden entsprechend der Definition der Öffentlichkeit in § 101 US Copyright Act eine Gruppe von Menschen „außerhalb des normalen Kreises einer Familie und ihrer sozialen Bekannten".[369]

3. Einschränkungen

Im Gegensatz zum Vervielfältigungs- und Verbreitungsrecht unterliegt das Recht zur öffentlichen Aufführung keiner generellen Zwangslizenz.[370] § 118 US Copyright Act enthält eine Zwangslizenz lediglich für die Nutzung nicht-dramatischer Musikwerke durch den nicht-kommerziellen Rundfunk. Durch die Zwangslizenz

---

366 Reese, University of Miami Law Review, Volume 55 (2001), 237, 245.

367 American Broadcasting v. Aereo, Inc., 134 S. Ct. 2498, 2507–2510 (United States Supreme Court, 2014). Die Entscheidung bezieht sich nur auf das Simulcasting und das zeitversetzte Ansehen des aufgezeichneten Programms eines TV-Senders. Allerdings unterscheidet der § 106(4) US Copyright Act nicht zwischen „Senden" und interaktivem Streamen (vgl. die Ausführungen zuvor unter § 7 B III 1). Daher kann die Entscheidung auf alle Arten von On-Demand-Streaming-Diensten übertragen werden.

368 American Broadcasting v. Aereo, Inc., 134 S. Ct. 2498, 2509 (United States Supreme Court, 2014).

369 American Broadcasting v. Aereo, Inc., 134 S. Ct. 2498, 2509–2510 (United States Supreme Court, 2014).

370 Reese, University of Miami Law Review, Volume 55 (2001), 237, 245.

soll der nicht-kommerzielle Rundfunk leichteren Zugang zu Musikwerken erhalten. Die gesetzlich festgelegten Tarife sind deutlich niedriger als die verhandelten Tarife des kommerziellen Rundfunks.[371]

Darüber hinaus sieht § 110 US Copyright Act zahlreiche Ausnahmen vor, in denen die öffentliche Aufführung eines Werks gesetzlich gestattet ist.[372] Allerdings können sich Online-Dienste gegenwärtig nicht auf solche Gestattungen berufen: Insbesondere ist § 110(7) US Copyright Act, der eine gesetzliche Gestattung für die öffentliche Aufführung von Vorschauen von nicht-dramatischen Musikwerken in Verkaufsstellen enthält, ausschließlich auf den stationären Handel anwendbar. Die Ausnahme bezieht sich nicht auf Online-Dienste, die Musik über das Internet veräußern.[373]

IV. Recht zur öffentlichen Darstellung, § 106(5) US Copyright Act

§ 106(5) US Copyright Act gibt dem Copyrightinhaber eines literarischen Werks und eines Musikwerks das Recht, das Werk öffentlich darzustellen. Das Recht zur öffentlichen Darstellung ist im Zusammenhang mit der grafischen Wiedergabe des Liedtexts relevant: Dessen öffentliche Wiedergabe – sei es durch die Verbreitung in Büchern oder über Internetseiten – greift in das Recht zur öffentlichen Darstellung ein.[374] Gibt etwa ein Karaoke-Dienst auf einem Bildschirm den Liedtext eines Musikstücks parallel zur Wiedergabe des Musikwerks zum Nachsingen durch den Nutzer wieder, so greift der Karaoke-Dienst dadurch in das Recht zur öffentlichen Darstellung des Liedtexts ein.[375]

V. Synchronisationsrecht

Analog zum deutschen Urheberrechtsgesetz normiert auch der US Copyright Act kein Synchronisationsrecht. Allerdings haben die US-Gerichte im Rahmen des Fallrechts das Bestehen des Synchronisationsrechts anerkannt.[376] Die Gerichte

---

371 Moser/Slay, Music Copyright Law, S. 120.

372 Goldmann, Kollektive Wahrnehmung, S. 36.

373 United States v. American Society of Composers, Authors and Publishers, 599 F. Supp. 2d 415, 433 (United States District Court, SD New York, 2009).

374 Jesse, Music Copyright Manual, S. 106.

375 Kohn, Music Licensing, S. 654. Zusätzlich liegt auch eine Vervielfältigung und öffentliche Aufführung des Musikwerks vor (vgl. Kohn, Music Licensing, S. 654).

376 Leadsinger, Inc. v. BMG Music Pub., 512 F. 3d 522, 527 (United States Court of Appeals, 9th Circuit, 2008). Bridgeport Music, Inc. v. Still N The Water Pub., 327 F. 3d 472, 481 in Fn. 8 (United States Court of Appeals, 6th Circuit, 2003); Abkco Music v. Stellar Records, 96 F. 3d 60, 62 in Fn. 4 (United States Court of Appeals, 2nd Circuit, 1996); Threshold Media Corp. v. Relativity Media, LLC, leiten die Existenz des Synchronisationsrechts aus dem Vervielfältigungsrecht des § 106(1) US Copyright Act ab und sehen dieses als eine besondere Ausprägung des Vervielfältigungsrechts an.[377]

Die Copyrightinhaber haben nach der Rechtsprechung das Recht, die Synchronisation von Musikwerken mit dem Inhalt audio-visueller Werke zu kontrollieren.[378] Der Begriff der „Synchronisation" meint in diesem Zusammenhang jeden Vorgang der Verbindung von Tonaufnahmen, die ein Musikwerk enthalten, mit Bildmaterial. Daher hat jeder, der Musik mit fortlaufenden Bildern in einem Film oder sonstigem Video zusammenführen möchte, eine Lizenz zur Synchronisation (sog. „synchronisation license") zu erwerben.[379] Soll ein bestehendes Musikwerk zeitgleich oder in zeitlicher Beziehung zu einem audio-visuellen Werk genutzt werden, bedarf es hierfür des Erwerbs einer „synchronisation license".[380] Das Synchronisationsrecht ist daher bei jeder Verbindung von Musik und fortlaufenden Bildern berührt.[381] Anders als nach den Grundsätzen des deutschen Rechts bedarf es im US-Recht gerade keiner Veränderung des geistig-ästhetischen Eindrucks des Musikwerks, die zu einer Bearbeitung führt.[382]

Ähnlich zum deutschen Recht ist vom Synchronisationsrecht das Recht zur öffentlichen Aufführung der Synchronisation zu unterscheiden. Die öffentliche Aufführung einer Synchronisation ist Gegenstand der „performing license".[383] Anders als die Lizenz am Recht zur öffentlichen Aufführung umfasst die „syn-

---

166 F. Supp. 3d 1011, 1028 in Fn. 10 (United States District Court, CD California, 2013); Freeplay Music, Inc. v. Cox Radio, Inc., 404 F. Supp. 2d 548, 551 (United States District Court, SD New York, 2005).

377 Buffalo Broadcasting v. ASCAP, 744 F. 2d 917, 920 (United States Court of Appeals, 2nd Circuit, 1984); Freeplay Music, Inc. v. Cox Radio, Inc., 404 F. Supp. 2d 548, 551 (United States District Court, SD New York, 2005); Angel Music, Inc. v. ABC Sports, Inc., 631 F. Supp. 429, 433 in Fn. 4 (United States District Court, SD New York 1986).

378 Leadsinger, Inc. v. BMG Music Pub., 512 F. 3d 522, 527 (United States Court of Appeals, 9th Circuit, 2008); Abkco Music v. Stellar Records, 96 F. 3d 60, 62 in Fn. 4 (United States Court of Appeals, 2nd Circuit, 1996).

379 Bridgeport Music, Inc. v. Still N The Water Pub., 327 F. 3d 472, 481 in Fn. 8 (United States Court of Appeals, 6th Circuit, 2003). Der Nutzer benötigt dabei eine Lizenz sowohl vom Inhaber der Rechte am Musikwerk als auch vom Inhaber der Rechte an der Tonaufnahme (vgl. Bridgeport Music, Inc. v. Still N The Water Pub., 327 F. 3d 472, 481 in Fn. 8 (United States Court of Appeals, 6th Circuit, 2003)).

380 Nimmer, Copyright, § 30.02[F][3].

381 Leavens, Music Law, S. 49.

382 Vgl. zum deutschen Recht die Ausführungen unter § 7 A V.

383 Brenner, Berkley Technology Law Journal, Volume 28 (2013), 1167, 1207.

chronisation license" gerade die Nutzung eines Musikwerks in Verbindung mit einer anderen Ausdrucksform (wie zum Beispiel einem audio-visuellen Werk).[384]

C. Zusammenfassung

Die Verwertungsrechte, die durch die Online-Nutzung von Musikwerken berührt werden, sind im deutschen UrhG und US Copyright Act nicht deckungsgleich.

Die Vervielfältigungsrechte des § 16 UrhG und des § 106(1) US Copyright Act sind zwar inhaltlich ähnlich, aber nicht identisch. Nach beiden Regelungen kann die Vervielfältigung eines Werks auch digital erfolgen. Allerdings muss die Vervielfältigung gemäß § 106(1) US Copyright Act eine gewisse Dauerhaftigkeit aufweisen, während § 16 Abs. 1 UrhG jede noch so kurzlebige Vervielfältigung eines Werks erfasst.

In den USA kann ein Online-Dienst auch das Verbreitungsrecht des § 106(3) US Copyright Act berühren, da eine Verbreitung eines Werks nach § 106(3) US Copyright Act auch digital erfolgen kann. Wird ein Musikwerk an einen Dritten dauerhaft übertragen (gleich der Veräußerung einer CD) oder vorübergehend zugänglich gemacht (gleich der Miete oder Leihe einer CD), ist das Verbreitungsrecht des § 106(3) US Copyright Act betroffen. Im deutschen UrhG unterfallen beide Handlungen dem Recht der öffentlichen Zugänglichmachung des § 19a UrhG.

Im Bereich der Aufführung und Wiedergabe von Musikwerken im Internet differenziert das deutsche UrhG zwischen dem Recht zur öffentlichen Zugänglichmachung nach § 19a UrhG und dem Senderecht nach § 20 UrhG. Während § 19a UrhG das Vorhalten eines Werks zum Abruf durch die Öffentlichkeit umfasst, erfasst § 20 UrhG das Übertragen eines Werks durch einen Sendenden an viele Empfänger. In Abgrenzung zu § 19a UrhG kann bei einer Sendung nach § 20 UrhG der Empfänger keinen Einfluss auf das Programm nehmen. Der Zeitpunkt der Übermittlung wird durch den Übermittler bestimmt.

Eine Differenzierung zwischen Sendung und sonstiger Wiedergabe von Musikwerken ist im US Copyright Act nicht vorgesehen. Der US Copyright Act enthält für Musikwerke das Recht zur öffentlichen Aufführung in § 106(4) US Copyright Act. Die Regelung erfasst unterschiedslos alle tatsächlichen Aufführungen von Werken durch Online-Dienste und Endkunden. Allerdings enthält der § 106(4) US Copyright Act kein Recht zur öffentlichen Zugänglichmachung. Vielmehr bedarf es einer konkreten Aufführung eines Werks, damit der § 106 US Copyright Act be-

384 Knowlton, American University Intellectual Property Brief, Volume 3 (2011), 8, 23.

rührt ist. Der Begriff der Aufführung, wie er in § 101 US Copyright Act definiert ist, kann nicht mit dem Begriff der „Wiedergabe" des § 15 Abs. 2 UrhG bzw. des Art. 3 Abs. 1 RL 2001/29/EG gleichgesetzt werden.

§ 8 Verwertung der Verwertungsrechte

Anknüpfend an die zuvor dargestellten Verwertungsrechte wird im Weiteren nun die Verwertung der Verwertungsrechte bei Anwendbarkeit des deutschen Urhebervertragsrechts der Verwertung der Verwertungsrechte bei Anwendbarkeit des US Copyright Act gegenübergestellt. Die Verwertung der Verwertungsrechte meint die Auswertung der Verwertungsrechte in Deutschland und in den USA im Rahmen des jeweils anzuwendenden Urhebervertragsrechts.

A. Vertragsstatut und seine Reichweite

Bei der Verwertung der Verwertungsrechte im multi-territorialen Bereich ist im Rahmen der Anwendbarkeit der jeweiligen Rechtsordnung zu unterscheiden: Geht es um die Übertragbarkeit des Urheberrechts, findet das Territorialitätsprinzip Anwendung.[385] Etwas anderes gilt grundsätzlich im Bereich des internationalen Urhebervertragsrechts, welches sich nach dem Vertragsstatut beurteilt.[386] Im Anwendungsbereich des Unionsrechts regelt Art. 3 Abs. 1 Satz 1 Rom I-VO, dass ein Vertrag, der Urheberrechte zum Gegenstand hat, vorrangig dem von den Parteien gewählten Recht unterliegt.[387] Haben die Parteien kein Recht gewählt, ist das Vertragsstatut das Recht des Staats, zu dem der Vertrag die engste Verbindung aufweist.[388]

Zwar ist in der Literatur streitig, ob sich das Vertragsstatut nur auf das Verpflichtungsgeschäft oder auch auf das Verfügungsgeschäft bezieht: Die „Einheitstheorie" unterstellt das Verpflichtungs- und das Verfügungsgeschäft einheitlich dem Vertragsstatut, während die „Spaltungstheorie" das Vertragsstatut nur auf das Verpflichtungsgeschäft anwendet und das Verfügungsgeschäft nach dem Recht des Schutzlands beurteilt.[389] Für die Frage, ob ein bestimmtes Nut-

---

385 Vgl. hierzu die Ausführungen unter § 4.

386 Katzenberger/Metzger, in: Schricker/Loewenheim, UrhR, UrhG Vor § 120 ff., Rn. 151; Dreier, in: Dreier/Schulze, UrhG, UrhG Vor §§ 120 ff., Rn. 49.

387 Dreier, in: Dreier/Schulze, UrhG, UrhG Vor §§ 120 ff., Rn. 51; Schack, Rn. 1285.

388 Nordemann-Schiffel, in: Fromm/Nordemann, Urheberrecht, UrhG Vor §§ 120 ff., Rn. 82.

389 Nordemann-Schiffel, in: Fromm/Nordemann, Urheberrecht, UrhG Vor §§ 120 ff., Rn. 83.

zungsrecht in einem bestimmten Land eingeräumt werden kann, ist dieser Streit allerdings unerheblich: Denn auch die Einheitstheorie beurteilt die Zulässigkeit der Übertragung urheberrechtlicher Befugnisse und der Einräumung von Nutzungsrechten nach dem Recht des Schutzlands.[390]

Dagegen wirkt sich das Vertragsstatut auf eventuell bei Vertragsschluss einzuhaltende Formerfordernisse aus: Nach Art. 11 Abs. 1, Abs. 2 Rom I-VO ist ein Vertrag unabhängig vom Aufenthaltsort der Parteien jedenfalls dann formgültig, wenn er die Formerfordernisse des auf ihn nach der Rom I-VO anzuwendenden materiellen Rechts erfüllt.[391] Wird der Vertrag – wie regelmäßig – nicht bei gleichzeitiger Anwesenheit beider Parteien geschlossen und wird das Formerfordernis des Vertragsstatuts nicht gewahrt, kommt es gemäß Art. 11 Abs. 2 Rom I-VO auf das Recht am gewöhnlichen Aufenthaltsort einer der Parteien oder auf das Recht des Staats, in dem sich eine der Vertragsparteien oder ihr Vertreter zum Zeitpunkt des Vertragsschlusses befindet, an.

Das Vertragsstatut gilt insbesondere auch für die Formerfordernisse des § 31a Abs. 1 Satz 1 UrhG und § 40 Abs. 1 Satz 1 UrhG. Bei beiden Vorschriften handelt sich nicht um Eingriffsnormen nach Art. 9 Rom I-VO.[392] Aus dem Umkehrschluss des § 32b UrhG folgt, dass ausschließlich §§ 32, 32a UrhG kollisionsrechtlich zwingend sind.[393]

B. Verwertung bei Anwendbarkeit deutschen Urhebervertragsrechts

Die Verwertung von Rechten ist im deutschen UrhG dadurch gekennzeichnet, dass nach § 29 Abs. 1 UrhG das Urheberrecht nicht übertragen werden kann. Daher scheidet eine translative Übertragung der zuvor dargestellten Verwertungsrechte durch den Urheber aus. Der Urheber bleibt Inhaber von Urheber- und Verwertungsrechten.[394]

---

390 Katzenberger/Metzger, in: Schricker/Loewenheim, UrhR, UrhG Vor § 120 ff., Rn. 153.

391 Nordemann-Schiffel, in: Fromm/Nordemann, Urheberrecht, UrhG Vor §§ 120 ff., Rn. 82a.

392 Nordemann, in: Fromm/Nordemann, Urheberrecht, UrhG § 31a, Rn. 13 und UrhG § 40, Rn. 4; zu § 40 UrhG: Peukert, in: Schricker/Loewenheim, UrhR, UrhG § 40, Rn. 11; a.A. Katzenberger/Metzger, in: Schricker/Loewenheim, UrhR, UrhG Vor § 120 ff., Rn. 153.

393 Von Welser, Wandtke/Bullinger, UrhR, UrhG § 32b, Rn. 2.

394 Schack, Urheberrecht, Rn. 593. Eine Verfügung über Urheber- und Verwertungsrechte ist rechtlich unmöglich. Die Folgen ergeben sich aus §§ 275 Abs. 1, 311a BGB, sofern nicht eine vorrangige Auslegung des der Verfügung zugrundeliegenden Verpflichtungsgeschäfts ergibt, dass Nutzungsrechte eingeräumt werden sollen (vgl. Ohly, in: Schricker/Loewenheim, UrhR, UrhG § 29, Rn. 8).

Will der Urheber seine Verwertungsrechte wirtschaftlich verwerten, so kann er gemäß § 31 Abs. 1 Satz 1 UrhG Nutzungsrechte für einzelne oder alle Nutzungsarten an seinem Werk einräumen.[395] Bei der Einräumung von Nutzungsrechten handelt es sich um eine konstitutive Rechteeinräumung: Das Nutzungsrecht entsteht mit der Einräumung bei dem Erwerber und fällt bei Erlöschen zurück an den Urheber.[396] Das Rechtsgeschäft über die Einräumung der Nutzungsrechte erfolgt nach §§ 398, 413 BGB analog.[397]

Begrifflich ist die „Einräumung" von der „Übertragung" zu unterscheiden: „Einräumung" meint das konstitutive Entstehen des Nutzungsrechts nach § 31 Abs. 1 UrhG und die weitere Einräumung von Nutzungsrechten an Dritte durch den Inhaber eines ausschließlichen Nutzungsrechts nach § 31 Abs. 3 UrhG. „Übertragung" meint dagegen die Weitergabe eines bestehenden Nutzungsrechts an einen Dritten nach § 34 UrhG.[398]

I. Der Begriff des Nutzungsrechts gemäß § 31 Abs. 1 Satz 1 UrhG

Das Nutzungsrecht ist nach § 31 Abs. 1 Satz 1 UrhG das Recht, das Werk auf einzelne oder alle Nutzungsarten zu nutzen. Das Nutzungsrecht kann nach § 31 Abs. 1 Satz 2 UrhG räumlich, zeitlich und/oder inhaltlich beschränkt eingeräumt werden. Das Nutzungsrecht ist auf die jeweilige wirtschaftliche Nutzungsart beschränkt.[399]

Die kontrahierenden Parteien legen fest, wie viele Verwertungsrechte durch die Einräumung eines Nutzungsrechts beschränkt werden. Der Begriff des Nutzungsrechts kann nicht mit den durch die jeweilige Nutzungshandlung berührten Verwertungsrechten gleichgesetzt werden.[400] Da es keinen „numerus clausus" der dinglichen Nutzungsrechte gibt,[401] muss sich das Nutzungsrecht auch nicht innerhalb eines Verwertungsrechts bewegen.[402] Für die Lizenzierungspraxis von

---

395 Schack, Urheberrecht, Rn. 346, 593.

396 Donhauser, Unbekannte Nutzungsart, S. 13.

397 Schack, Urheberrecht, Rn. 600; Donhauser, Unbekannte Nutzungsart, S. 12f.

398 Kling, Gebietsübergreifende Vergabe von Online-Rechten, S. 36.

399 Schulze, in: Dreier/ Schulze, UrhG, UrhG § 15, Rn. 6.

400 Donhauser, Unbekannte Nutzungsart, S. 13; Ullrich, ZUM 2010, 311, 314. Beispielsweise ist die Frage zum Verwertungsrecht, ob die Vervielfältigung eines Werkes zum Zweck der öffentlichen Zugänglichmachung eine eigenständige Verwertungshandlung ist, von der Frage zum Nutzungsrecht zu unterscheiden, ob die Anfertigung eines Werks im Verhältnis zur Veröffentlichung im Internet eine untergeordnete Vorbereitungshandlung darstellt (vgl. BGH ZUM 2017, 494 Rn. 28 – East Side Gallery).

401 Ohly, in: Schricker/Loewenheim, UrhR, UrhG § 31, Rn. 27; Schack, Urheberrecht, Rn. 605.

402 Ullrich, ZUM 2010, 311, 314.

Online-Diensten bedeutet dies Folgendes: Die Anzahl der durch einen Online-Dienst berührten Verwertungsrechte muss nicht identisch sein mit der Anzahl der Nutzungsrechte, die ein Online-Dienst für den Betrieb seines Angebots zu erwerben hat.[403]

Auch wenn es keinen „numerus clauses" der Nutzungsrechte des § 31 Abs. 1 UrhG gibt, können Nutzungsrechte nicht grenzenlos aufgespalten werden. Die einzelne Nutzungsart bildet eine Untergrenze, bis zu der vertragliche Abreden möglich sind.[404] Was keine selbständige Nutzungsart ist, kann keine zulässige, inhaltliche Beschränkung des Nutzungsrechts nach § 31 Abs. 1 Satz 1 UrhG sein. Hierüber entscheidet die Übung der beteiligten Verkehrskreise.[405]

Nutzungsrechte können nur für übliche, technisch und wirtschaftlich eigenständige und damit klar abgrenzbare Nutzungsarten eingeräumt werden.[406] Technische Neuerungen, die eine neue Verwendungsform kennzeichnen, ohne eine wirtschaftlich eigenständige Vermarktungsmöglichkeit zu erschließen, genügen nicht, um eine neue Nutzungsart anzunehmen.[407] Maßgeblich ist das Bestehen einer „wirtschaftlich eigenständigen Verwendungsform".[408] Der BGH hat in der Entscheidung *Zauberberg* die maßgebenden Kriterien einer wirtschaftlich eigenständigen Verwendungsform definiert:[409]

> „Diese Erwägungen sprechen dafür, eine wirtschaftlich eigenständige Verwendungsform vor allem dann anzunehmen, wenn mit Hilfe einer neuen Technik ein neuer Absatzmarkt erschlossen wird, die traditionellen Verwendungsformen also nicht oder nur am Rande eingeschränkt werden. Dagegen ist eine wirtschaftlich eigenständige Verwendungsform tendenziell eher zu verneinen, wenn durch die neue Verwendungsform eine gebräuchliche Verwendungsform substituiert wird."

Im Folgenden ist daher vor allem danach zu fragen, ob ein neuer Absatzmarkt zugunsten des Urhebers entsteht oder ob eine bisher gebräuchliche Verwen-

403 Ullrich, ZUM 2010, 311, 314.

404 Ullrich, ZUM 2010, 311, 314.

405 Schack, Urheberrecht, Rn. 609.

406 BGH ZUM 2010, 174 Rn. 18 – Nutzung von Musik für Werbezwecke; ZUM 2000, 1079, 1081 – OEM-Version; Ohly, in: Schricker/Loewenheim, UrhR, UrhG § 31, Rn. 8, 28; Schulze, in: Dreier/Schulze, UrhG, UrhG § 31, Rn. 9; Wandtke/Grunert, in: Wandtke/Bullinger, UrhR, UrhG § 31, Rn. 2; Nordemann, in: Fromm/Nordemann, Urheberrecht, UrhG § 31, Rn. 10; Ullrich, ZUM 2010, 311, 314 f.; Schack, Urheberrecht, Rn. 609.

407 BGH ZUM 2005, 816, 818 – Der Zauberberg.

408 BGH ZUM 2005, 816, 818 – Der Zauberberg.

409 BGH ZUM 2005, 816, 819 – Der Zauberberg. Daraus folgert der BGH, dass die DVD gegenüber der Videokassette keine neue Nutzungsart darstelle, da sie eine herkömmliche Verwertungsform substituiert.

dungsform durch die neue Nutzung substituiert wird. Dabei ist zu berücksichtigen, dass die Entscheidung *Zauberberg* zu einem Fall der „unbekannten Nutzungsarten" des § 31a UrhG (31 Abs. 4 a.F.) ergangen ist, in dem einem Verwerter bereits Nutzungsrechte eingeräumt worden waren. Der BGH hatte daher einen Ausgleich widerstreitender Interessen vorzunehmen: Einerseits soll der Urheber an der wirtschaftlichen Nutzung seines Werkes angemessen beteiligt werden, andererseits sind auch die Interessen des Rechteverwerters zu berücksichtigen, dem umfassende Nutzungsrechte bereits eingeräumt worden sind.[410]

II. Online-Vervielfältigungsrecht als eigenes Nutzungsrecht

Ob das Online-Vervielfältigungsrecht ein selbständiges Nutzungsrecht darstellt, wurde mit Beginn der Lizenzierung von Online-Diensten kontrovers diskutiert: Nach den *MyVideo*-Entscheidungen des OLG München[411] und des Landgericht München I[412] ist das Vervielfältigungsrecht im Verhältnis zum Recht der Öffentlichen Wiedergabe keine selbständige, als solche lizenzierbare Nutzungsart nach § 31 Abs. 1 S. 2 UrhG. Bei der Vervielfältigung im Rahmen des Uploads auf einen Server zum Zweck der Online-Nutzung handele es sich nach der Verkehrsauffassung um eine untergeordnete Vorbereitungshandlung zur Ermöglichung der öffentlichen Zugänglichmachung. Außerdem würde die Einräumung eines Nutzungsrechts für die Vervielfältigung im Online-Bereich neben der Einräumung eines Nutzungsrechts für die öffentliche Zugänglichmachung zu einer unübersichtlichen Rechtslage und zu einer nicht hinnehmbaren Beeinträchtigung der Verkehrsinteressen führen.[413] Diese Meinung wird in der Literatur vielfach geteilt.[414]

---

410 Anders als bei einer Neulizenzierung von Werken besteht zugunsten eines Verwerters, der in der Vergangenheit vom Urheber bereits eine Lizenz erworben hat, ein gewisser Bestands- und Vertrauensschutz. Der BGH berücksichtigt diesen Bestands- und Vertrauensschutz des Verwerters im Rahmen der Auslegung der „Nutzungsart".

Die nachfolgenden Ausführungen beziehen sich nur auf Fälle, in denen ein Urheber oder eine Gesellschaft zur kollektiven Rechtewahrnehmung neue Verwertungsverträge im Online-Bereich abschließt. Bei Abschluss neuer Lizenzverträge nach § 31 UrhG ist anders als im Rahmen des § 31a UrhG kein Vertrauensschutz des Verwerters zu berücksichtigen, da es schlicht noch keinen schützenswerten Bestand gibt. Allerdings können die Grundgedanken der Entscheidung *Zauberberg* insoweit angewandt werden, als keine schützenswerten Bestandsinteressen des Verwerters einbezogen werden müssen.

411 OLG München ZUM 2010, 709

412 LG München I ZUM 2009, 788.

413 OLG München ZUM 2010, 709, 712.

Überzeugend wird hiergegen vorgebracht, dass es sich bei den Rechten aus § 16 und § 19a UrhG um eigenständige Verwertungsrechte handelt, die sich gesondert einräumen lassen:[415] Die Situation sei vergleichbar zur Verwertung eines Buchs durch einen Print-Verlag. Auch der Druck des Buchs stelle für den Verlag nur eine Vorbereitung zum Vertrieb des Buches dar. Niemand käme auf die Idee, zu bezweifeln, dass der Druck des Buchs für den Print-Verlag eine eigenständige wirtschaftliche Bedeutung habe.[416]

Letztlich hat die Richtlinie 2014/26/EU (im Folgenden: VG-Richtlinie)[417] die Rechtslage nunmehr zugunsten der Meinung geklärt, dass das Online-Vervielfältigungsrecht ein selbständiges Nutzungsrecht ist.[418] Die VG-Richtlinie legt in Erwägungsgrund 37 fest, dass der Urheber seine Verwertungsrechte getrennt in verschiedene Gesellschaften zur kollektiven Rechtewahrnehmung einbringen kann:

> „Das Vervielfältigungsrecht und das Recht der öffentlichen Wiedergabe des Urhebers kann von verschiedenen Organisationen für die kollektive Rechtewahrnehmung wahrgenommen werden."

Erwägungsgrund 37 der VG-Richtlinie geht damit von einer getrennten Lizenzierbarkeit von Vervielfältigungsrecht und Recht der öffentlichen Wiedergabe aus. Beide Rechte können durch verschiedene Gesellschaften wahrgenommen werden und müssen nicht in der Hand einer einzigen Gesellschaft liegen. Zudem erkennt Erwägungsgrund 19 der VG-Richtlinie „die Vervielfältigung zur Verbreitung im Internet" als eine Nutzungsform an. Es handelt sich nach der VG-Richtlinie um eine eigene Kategorie von Rechten.[419]

Das „Online-Vervielfältigungsrecht" stellt daher unabhängig von den zuvor unter Ziffer I skizzierten Kriterien eine eigene Nutzungsart dar. Dieses kann vom Urheber oder einer Gesellschaft zur kollektiven Rechtewahrnehmung selbständig lizenziert werden.

---

414 Bullinger, in: Wandtke/Bullinger, UrhR, UrhG § 19a, Rn. 12; Nordemann, in: Fromm/Nordemann, Urheberrecht, UrhG § 31, Rn. 64a; Wiebe, in: Spindler/Schuster, Elektron. Medien, UrhG § 31, Rn. 11; Ullrich, ZUM 2010, 311, 316; Kähler, ZUM 2016, 417, 419; Schaefer, ZUM 2010, 150, 150.

415 Schulze, in: Dreier/Schulze, UrhG, UrhG § 31, Rn. 29; G. Schulze, ZUM 2011, 2, 9.

416 Melichar, ZUM 2010, 713, 714.

417 Richtlinie 2014/26/EU des Europäischen Parlaments und des Rates vom 26. Februar 2014 über die kollektive Wahrnehmung von Urheber- und verwandten Schutzrechten und die Vergabe von Mehrgebietslizenzen für Rechte an Musikwerken für die Online-Nutzung im Binnenmarkt.

418 Schulze, in: Dreier/Schulze, UrhG, UrhG § 31, Rn. 29; Kling, Gebietsübergreifende Vergabe von Online-Rechten, S. 109.

419 Kling, Gebietsübergreifende Vergabe von Online-Rechten, S. 109.

III. Nutzungsarten entsprechend der Angebote eines Online-Dienststs

Soweit es sich aus der Sicht der beteiligten Verkehrskreise um selbständige Nutzungsarten handelt, kann der Urheber Nutzungsrechte im Sinne von § 31 Abs. 1 UrhG nach der Art des Angebots eines Online-Diensts beschränken.

1. Kostenfreie und kostenpflichtige Angebote

Ein eigenständiges Nutzungsrecht kann der Urheber jeweils für Bezahlangebote und für den Nutzer kostenfreie und in aller Regel werbefinanzierte Angebote vergeben.[420] Eine solche Unterscheidung ist bei der Einordnung von Fernsehangeboten anerkannt. Das Pay-TV stellt gegenüber dem Free-TV eine eigene Nutzungsart dar.[421] Pay-TV ist technisch eigenständig, da der Zuschauer ein verschlüsseltes Sendesignal entschlüsseln muss. Es ist auch wirtschaftlich eigenständig, da mit Hilfe einer neuen Technik ein neuer Absatzmarkt erschlossen wird, ohne dass das Free-TV substituiert wird. Die Inhalte im Free-TV und Pay-TV unterscheiden sich zumindest bezüglich ihrer zeitlichen Verfügbarkeit. Die Angebote finanzieren sich jeweils unterschiedlich.[422]

Diese Erwägungen lassen sich auf Musik-Streaming-On-Demand-Dienste übertragen: Während das kostenfreie Modell werbefinanziert ist, finanziert sich das kostenpflichtige Modell über Einnahmen aus den Abonnements. Der Nutzer nimmt beide Angebote als nebeneinander bestehend wahr. Gleichzeitig sind Funktionen und Inhalte der kostenfreien Angebote nicht identisch zum Bezahlmodell: Beispielsweise ist bei dem Online-Dienst „Deezer Free" eine dauerhafte Internetverbindung notwendig. Außerdem werden die Inhalte einer Playlist zufällig wiedergegeben.[423] Auch bei „Spotify Free" ist eine dauerhafte Internetverbindung nötig. Zudem kann der Account aus dem Ausland nur 14 Tage genutzt werden.[424] Das kostenfreie und das kostenpflichtige Angebot substituieren sich wirtschaftlich nicht, sondern es entwickeln sich zwei dauerhaft nebeneinander bestehende Märkte.[425]

---

420 Fischer, Lizenzierungsstrukturen, S. 205 f.; Schäfer, in: Handbuch der Musikwirtschaft, § 54, Rn. 57, 66.

421 LG Hamburg ZUM 2016, 673, 674; Spindler, in: Schricker/Loewenheim, UrhR, UrhG § 31a, Rn. 48; Schulze, in: Dreier/Schulze, UrhG, UrhG § 31, Rn. 46; Wandtke/Grunert, in: Wandtke/Bullinger, UrhR, UrhG § 31a, Rn. 26.

422 LG Hamburg ZUM 2016, 673, 675.

423 https://www.deezer.com/de/ (abgerufen am 22.08.2019).

424 https://support.spotify.com/de/article/subscription-levels/ (abgerufen am 22.08.2019).

425 Nicht überzeugend ist daher die Meinung, dass der Gratisaccount bei Spotify und Deezer keine eigene Nutzungsart sei, da diese Accounts nur der Neukundengewinnung dienen würden (so Schäfer, in: Handbuch der Musikwirtschaft, § 54, Rn. 63). Welche wirtschaftlichen Ziele der

2. Studioaufnahmen und Mitschnitte von Live-Konzerten

Eine eigene Nutzungsart liegt jeweils für Studioaufnahmen und Live-Konzert-Mitschnitte eines Musikstücks vor.[426] Der BGH hat bereits für Bücher entschieden, dass Taschenbücher und Hardcover unterschiedliche Nutzungsarten darstellen, da sich deren Gestaltungsmerkmale unterscheiden: Während das Taschenbuch ein relativ kleines Format, einen relativ kleinen Druck und einen Paperback hat, zeichnet sich das Hardcover durch einen festen Einband, ein größeres Format und in der Regel größeren Druck aus.[427]

Bei Musikstücken unterscheidet sich die äußere Gestaltung durch die Art der Aufnahme: Eine Aufnahme kann im Studio erfolgen, in dem eine abgemischte und klare Version entsteht, oder auf einem Live-Konzert, bei dem eine Live-Version mit Hintergrundgeräuschen (wie zum Beispiel durch Zuschauer) entsteht. Das Klangbild und die Akustik des Musikwerks stellen sich für den Zuhörer unterschiedlich dar. Diese beiden Angebote substituieren sich daher aufgrund des unterschiedlichen Hörerlebnisses nicht, sondern bestehen auf zwei unterschiedlichen Märkten nebeneinander.

Eine eigene Nutzungsart von Live-Konzert-Mitschnitten besteht für Tonaufnahmen und für Bildtonaufnahmen. Tonaufnahmen lassen den Nutzer ein Live-Konzert nur hören, während Bildtonaufnahmen dem Nutzer das Live-Konzert zugleich sichtbar machen. Beide Angebote bestehen auf dem Markt nebeneinander und substituieren sich nicht. Innerhalb der Bildtonaufnahmen ist die Nutzung von Musikstücken in der Virtual Reality gegenüber der Verwertung auf DVD und Blu-Ray und der Live-Übertragung im Internet oder im Pay-TV aber keine eigene Nutzungsart.[428] Zwar ist das technische Verfahren der Virtual Reality von bisherigen Bildtonaufnahmen abgrenzbar und damit technisch eigenständig.[429] Auf lange Sicht ist eine Aufnahme oder eine Übertragung in Virtual Reality geeignet, die Aufnahme auf DVD/Blu-Ray oder die Übertragung im Fernsehen zu substituieren und keinen neuen Absatzmarkt zu eröffnen.[430] Denn das Konzerterlebnis in Virtual Reality ist gegenüber dem Konzerterlebnis auf DVD/Blu-Ray

---

Online-Dienst mit seinem Angebot verfolgt, ist für die Einordnung als Nutzungsart nicht ausschlaggebend. Spotify und Deezer betreiben kein „Freemium“-Modell, sondern ein für den Nutzer kostenfreies Angebot und ein kostenpflichtiges Angebot. Beide Angebote lassen sich gesondert verwerten und substituieren sich nicht.

426 Fischer, Lizenzierungsstrukturen, S. 205.

427 BGH GRUR 1992, 310, 312 – Taschenbuch-Lizenz.

428 A.A. Schäfer, in: Handbuch der Musikwirtschaft, § 54, Rn. 71 ff.

429 Schäfer, in: Handbuch der Musikwirtschaft, § 54, Rn. 73.

430 A.A. Schäfer, in: Handbuch der Musikwirtschaft, § 54, Rn. 74. *Schäfer* geht ohne nähere Begründung davon aus, dass neue Absatzmärkte erschlossen würden.

oder im Fernsehen intensiver, indem es dem Zuschauer das Gefühl gibt, „mitten im Konzert zu sein“. Der Transport der Emotionen des Live-Konzerts gelingt in Virtual Reality gegenüber den herkömmlichen Bildtonaufnahmen für DVD/Blu-Ray und Fernsehen besser.[431]

3. Online-Senderecht

Auch das „Online-Senderecht“ stellt eine eigene Nutzungsart im Sinne des § 31 Abs. 1 UrhG dar. Zwar hat der BGH in der *Klimbim*-Entscheidung festgestellt, dass die Fernsehauswertung über Kabel, Satellit und Antenne keine jeweils eigenständigen Nutzungsarten sind.[432] Daran anknüpfend hat das LG Hamburg entschieden, dass es sich beim Live-Streaming von Fernsehsendungen über das Internet im Verhältnis zur Verbreitung über Kabel, Satellit und Antenne nicht um eine eigenständige Nutzungsart handelt.[433]

Allerdings geht Art. 32 VG-Richtlinie[434] davon aus, dass das Online-Senderecht eine eigenständige Nutzungsart ist.[435] Der entscheidende Teil der Regelung lautet:

> „(...) eine Mehrgebietslizenz für Online-Rechte an Musikwerken erteilen, die Sendeunternehmen benötigen, um ihre Hörfunk- oder Fernsehprogramme begleitend zur ersten Sendung (...) öffentlich wiedergeben (...) zu können.“

Art. 32 VG-Richtlinie geht im Wortlaut davon aus, dass es Online-Rechte für die öffentliche Wiedergabe des Programms begleitend zur Ausstrahlung über Kabel, Satellit oder DVB-T gibt. Die Regelung geht von der Existenz eines Online-Senderechts aus. Sie geht darüber hinaus davon aus, dass Verwertungsgesellschaften dieses Recht an Sendeunternehmen gesondert lizenzieren können. Gäbe es ein Online-Senderecht nicht, liefe Art. 32 VG-Richtlinie ins Leere.[436] Dies kann vom Richtliniengeber nicht intendiert sein.

Der EuGH hat in der *ITV*-Entscheidung festgestellt, dass ein Urheber die terrestrische Übertragung und die Übertragung über das Internet einzeln und getrennt erlauben muss.[437] Jede Sendung eines Werks, die nach einem spezifischen

---

431 Die tatsächliche Substitution ist jedoch vom konkreten Nachfrageverhalten des Verbrauchers abhängig (vgl. BGH ZUM 2005, 816, 819 – Der Zauberberg).

432 BGH ZUM 1997, 128, 130 – Klimbim; zu Recht kritisch hierzu: Donhauser, S. 147 f.

433 LG Hamburg, Urteil vom 14.01.2016, Az. 308 O 360/15.

434 Art. 32 VG-Richtlinie ist umgesetzt in § 74 VGG.

435 Kling, Gebietsübergreifende Vergabe von Online-Rechten, S. 235 f.

436 Kling, Gebietsübergreifende Vergabe von Online-Rechten, S. 236.

437 EuGH ZUM 2013, 390 Rn. 39 – ITV Broadcasting Limited u. a./TV Catch Up Limited.

technischen Verfahren erfolgt, muss grundsätzlich vom Urheber des betreffenden Werks gesondert erlaubt werden.[438] Der Urheber hat das Recht, zu entscheiden, ob er sein Werk mittels linearer Ausstrahlung über das Internet verwertet. Durch die *ITV*-Entscheidung garantiert der EuGH die Exklusivität von über das Internet ausgestrahlten Sendungen.[439] Der EuGH geht somit davon aus, dass das Online-Senderecht ein eigenständig lizenzierbares Recht ist.

Das Senderecht nach § 20 UrhG kann daher beschränkt für „Live-Streaming" von Musik im Internet eingeräumt werden, ohne dass eine Nutzung über weitere Verbreitungswege zugleich mitgestattet wird. Gibt ein Online-Dienst Musik linear wieder, kann der Urheber das Nutzungsrecht hierauf beschränken. Das „Online-Senderecht" kann weiter auf die Verbreitung im Wege des „Simulcasting" oder des „Webcasting" beschränkt werden: Bei beiden Varianten des „Live-Streamings" im Internet handelt es sich um wirtschaftlich eigenständige und damit abgrenzbare Nutzungsarten.[440] Vor allem im Bereich der Radioprogramme entsteht durch das Webcasting ein zusätzliches Angebot, das die klassischen Radiosender nicht substituiert: Durch ihre Präsenz auf allen Verbreitungswegen (UKW, Digitalradio, Kabel und Internet) bedienen die klassischen Radiosender ein breites Publikum und enthalten ein Vollprogramm mit Nachrichten, Wetter, Verkehrsservice und sonstigen Programmbeiträgen. Als Ergänzung der Hauptprogramme bieten die klassischen Radiosender eine Vielzahl eigener „Webcasting"-Sender an, die nur Musik abspielen und sich an dem individuellen Musikgeschmack von einzelnen Hörergruppen ausrichten.[441] Das Ziel ist nicht die Substitution des eigenen Hauptprogramms, sondern die Ergänzung um themenspezifische Angebote.

4. Unterscheidung nach Download und Streaming-On-Demand

Jeweils eine eigene Nutzungsart bilden ein Download-Angebot und ein Streaming-On-Demand-Angebot.[442] Bei einem Download befindet sich das Musikstück in der

---

438 EuGH ZUM 2013, 390 Rn. 24 – ITV Broadcasting Limited u. a./TV Catch Up Limited.

439 Peukert, ZUM 2017, 881, 889.

440 Fischer, Lizenzierungsstrukturen, S. 204.

441 Antenne Bayern bietet zum Beispiel auf seiner Webseite 19 „Webcasting"-Sender an: Weihnachtshits, CoffeMusic, Oldies but Goldies, Chillout, Top 40, Schlagersahne, Relax, Country, Sommerhits, 90er Hits, 80er Kulthits, fresh, Hits für Kids, Hitmix, Party-Hits, Lovesongs, Black Beatz, Classic Rock Live und Workout Hits (vgl. https://www.webradio.de/antenne-bayern/live, abgerufen am 23.08.2019).

442 Fischer, Lizenzierungsstrukturen, S. 204; Schäfer, in: Handbuch der Musikwirtschaft, § 54, Rn. 57.

Sphäre des Nutzers, während bei einem Streaming-On-Demand das Musikstück vollständig und dauerhaft in der Sphäre des Anbieters verbleibt. Beide Angebote sind daher technisch und wirtschaftlich grundsätzlich verschieden. Der Download-Markt besteht neben dem Streaming-Markt und wird nicht substituiert.

a) Download-Angebote

Innerhalb der Download-Angebote kann das Nutzungsrecht darauf beschränkt werden, dass ein Musikstück dem Nutzer nur für einen begrenzten Zeitraum und nur innerhalb des Systems des Online-Diensts zur Verfügung steht (sog. „Download-to-rent"). Daneben liegt eine eigene Nutzungsart vor, wenn der Nutzer das Musikstück dergestalt herunterlädt, dass es ihm dauerhaft in seiner Zugriffssphäre verbleibt (sog. „Download-to-own").[443] Der Nutzer erlangt durch einen „Download-to-own" eine wirtschaftliche und rechtliche Stellung, die vergleichbar zu der Stellung des Erwerbers einer CD ist. Er erhält eine dauerhafte Verfügungsgewalt über das Musikstück.

Innerhalb der beiden Download-Angebote bildet die Abrechnungs- bzw. Vertriebsform eine selbständig abtrennbare Nutzungsart. Möglich ist eine Beschränkung der Nutzung auf die Zahlung je Abruf eines Werks oder den Abruf in einem Abonnement.[444] Beide Vertriebssysteme sind vergleichbar zum Vertrieb von Büchern in Buchgemeinschaften und im Sortimentsbuchhandel. Bei Buchgemeinschaften handelt es sich um einen Vertrieb von Büchern an einen festen Abnehmerkreis in regelmäßigen Zeitabständen. Die Abonnenten der Buchgemeinschaften verpflichten sich für eine längere Dauer zum Bezug der Bücher.[445] Buchgemeinschaften sind damit die analoge Vorstufe zum digitalen Abruf von Werken im Wege eines Abonnements.

Der BGH hat in der Entscheidung *Heiligenhof* festgestellt, dass es sich bei dem Vertrieb von Büchern über Buchgemeinschaften und über den Sortimentsbuchhandel jeweils um eigene Nutzungsarten handelt:[446] Besondere Merkmale der Buchgemeinschaften sind die Beschränkung des Kreises der Abnehmer und die Verpflichtung zum regelmäßigen Bezug von Büchern. Dagegen zeichnet sich der Sortimentsbuchhandel durch einen unbeschränkten Markt, den Erwerb eines einzelnen gewünschten Buchs und das Fehlen weiterer Verpflichtungen des

---

443 Nordemann, in: Fromm/Nordemann, Urheberrecht, UrhG § 31, Rn. 71.

444 Nordemann, in: Fromm/Nordemann, Urheberrecht, UrhG § 31, Rn. 76. Solche Geschäftsmodelle finden sich derzeit vor allem im Hörbuchbereich und im „Video-On-Demand"-Bereich.

445 BGH GRUR 1959, 200, 201 – Heiligenhof.

446 BGH GRUR 1959, 200, 202 – Heiligenhof.

Kunden aus. Es handelt sich um jeweils unterschiedliche Arten des Buchvertriebs.[447]

Entsprechend der Mitgliedschaft in einer Buchgemeinschaft ist der Nutzer im Rahmen eines Abonnements an einen Online-Diensts gebunden und zur fortlaufenden Zahlung aus dem Dauerschuldverhältnis verpflichtet. Bei einer Zahlung je Abruf über einen Online-Dienst entsteht wie beim Buchhändler nur eine einmalige Zahlungsverpflichtung.

b) Streaming-Angebote

Innerhalb der Streaming-On-Demand-Angebote sind „Video-On-Demand“ (VoD) und „Music-On-Demand“ (MoD) jeweils eigenständige Nutzungsarten, da die Nutzer sie als selbständige Angebote am Markt wahrnehmen.[448] Netflix und Spotify sind bekannte Vertreter beider Angebote und werden von den Nutzern als wirtschaftlich und technisch eigenständige Online-Dienste angesehen.

Innerhalb des Streaming-On-Demand ist das „Offline“-Streaming eine eigene Nutzungsart:[449] „Offline“-Streaming bedeutet, dass es dem Nutzer ermöglicht wird, Musik auch ohne eine dauerhaft bestehende Internetverbindung für die Dauer des Bestehens seines Zugangs zum Online-Dienst zu hören. Technisch erfolgt ein temporärer Download der Musik auf ein Gerät des Nutzers.[450] Das „Offline“-Streaming unterscheidet sich damit technisch vom bisher klassischen Streaming-On-Demand, das eine dauerhaft bestehende Internetverbindung voraussetzt. Zudem unterscheidet sich das Angebot des Streaming-On-Demand mit Offline-Modus vom Angebot ohne Offline-Modus wirtschaftlich: Besteht für den Nutzer die Möglichkeit des „Offline“-Streamings von Musik im Rahmen seines bestehenden Abonnements eines Streaming-Diensts, wird ihm ein Anreiz genommen, das Musikstück käuflich im Wege des Downloads zu erwerben. Dadurch kann Musik so ausgewertet werden, dass ein Download im Einzelfall substituiert wird.[451]

447 BGH GRUR 1959, 200, 202 – Heiligenhof.

448 Wandtke/Grunert, in: Wandtke/Bullinger, UrhR, UrhG § 31a, Rn. 43.

449 A.A. Schäfer, in: Handbuch der Musikwirtschaft, § 54, Rn. 67. *Schäfer* argumentiert, dass das „Offline“-Streaming nur den Nutzungsumfang erleichtert und nicht erweitert.

450 Schäfer, in: Handbuch der Musikwirtschaft, § 54, Rn. 67.

451 Schäfer, in: Handbuch der Musikwirtschaft, § 54, Rn. 67. Auch *Schäfer* geht davon aus, dass durch das „Offline“-Streaming neue Kundenschichten erschlossen werden. Wenig überzeugend ist es aber, dass er die wirtschaftliche Eigenständigkeit des Angebots verneint und das „Offline“-Streaming nicht als eine eigene Nutzungsart auffasst.

Eine eigene Nutzungsart ist auch das sog. „Single Device“-Streaming, bei dem das Streaming-On-Demand-Angebot eines Online-Diensts nur auf einem einzelnen, bei Vertragsschluss vorbestimmten Endgerät genutzt werden kann. Technisch ist das Angebot eigenständig, da der Online-Dienst die Nutzung seines Angebots gegenüber seinem Kunden auf das bei Vertragsschluss vorbestimmte Endgerät beschränkt. Das Angebot ist auch wirtschaftlich abgrenzbar, da es gegenüber dem unbeschränkten Abonnement regelmäßig rabattiert ist. Es entsteht ein eigenständiger Markt für das Abspielen von Musik, limitiert auf ein zuvor bestimmtes Endgerät. Beispielsweise bietet Amazon Music ein rabattiertes Abonnement für die „Echo“-Geräte an. „Amazon Music Unlimited für Echo“ kostet gegenwärtig 3,99 € im Monat, im Gegenzug kann die Musik aber nur auf „Echo“-Geräten wiedergegeben werden.[452]

IV. Synchronisation mit visuellem Material

Das Synchronisationsrecht lässt sich in zwei aufeinanderfolgende Nutzungshandlungen unterteilen, deren Lizenzierbarkeit getrennt voneinander zu beurteilen ist:
- Herstellung der Synchronisation (inkl. notwendiger Bearbeitung)
- Auswertung der Synchronisation

Soweit es um die Auswertung der Synchronisation durch Sendung oder öffentliche Zugänglichmachung geht, handelt es sich nicht um eine eigenständige Nutzungsart.[453] Die Wiedergabe von Musik, die in einer Synchronisation enthalten ist, kann nicht gesondert von der Wiedergabe von Musik außerhalb einer Synchronisation lizenziert werden.

Dagegen ist das der Auswertung vorgelagerte Recht zur Herstellung einer Synchronisation eine wirtschaftlich selbständige Nutzungsart und stellt ein eigenes Nutzungsrecht dar.[454] Das Recht zur Herstellung wird unabhängig und

---

452 https://www.amazon.de/Unlimited-Echo/b?ie=UTF8&node=11474085031, abgerufen am 23.08.2019.

453 Katzenberger/N. Reber, in: Schricker/Loewenheim, UrhR, UrhG Vor §§ 88 ff., Rn. 29.

454 Katzenberger/N. Reber, in: Schricker/Loewenheim, UrhR, UrhG Vor §§ 88 ff., Rn. 30. Die im Rahmen der Herstellung einer Synchronisation berührten Urheberpersönlichkeitsrechte sind zwar nicht übertragbar. Auf Grund des praktischen Bedürfnisses nach Verfügungen über das Urheberpersönlichkeitsrecht wird es für zulässig erachtet, zusammen mit den Nutzungsrechten die unumgänglichen persönlichkeitsrechtlichen Befugnisse einzuräumen (vgl. Schack, Urheberrecht, Rn. 637). Ebenfalls zulässig ist es, dass der Urheber seine Urheberpersönlichkeitsrechte zur Ausübung an einen Dritten überlässt (vgl. Schack, Urheberrecht, Rn. 638).

isoliert von den jeweiligen Rechten zur Auswertung eingeräumt.[455] Eine Begrenzung der Einräumung des Rechts zur Herstellung einer Synchronisation auf bestimmte Auswertungsarten ist nicht möglich: Wird die Herstellung einer Synchronisation einmal gestattet, kann sie nicht für jede Auswertung gesondert gestattet werden.[456] Daher bedarf es zur Videozweitauswertung eines Films, für den Musik ordnungsgemäß lizenziert wurde, keiner Einräumung eines besonderen Verfilmungsrechts.[457] Dies gilt entsprechend für die Online-Auswertung audiovisueller Werke,[458] insbesondere für die Verwertung von Sendungen in Mediatheken.[459]

Allerdings lässt sich das Recht zur Herstellung der Synchronisation in ein „großes Synchronisationsrecht" und ein „kleines Synchronisationsrecht" aufteilen:[460] Das „große Synchronisationsrecht" ist das Recht zur Verwendung von Musik zur Herstellung von Filmwerken. Dies umfasst insbesondere die Verwendung von Musik in Filmen und Serien. Das „kleine Synchronisationsrecht" ist das Recht zur Verwendung von Musik zur Herstellung eines Online-Videoclips. Dies umfasst insbesondere das Verwenden von Musik in einem YouTube-Video.

Das „kleine Synchronisationsrecht" lässt sich neben dem „großen Synchronisationsrecht" wirtschaftlich gesondert durch den Urheber verwerten. Durch zahlreiche Plattformen zur Erstellung von „User Generated Content" (UGC) wie YouTube ist ein neuer Markt für die Verwendung von Musik in Video-Clips entstanden. Hersteller von Videoclips, die über Plattformen wie YouTube verbreitet werden, treten neben die Macher von Filmen und Serien, die im Kino, über Sender oder über Video-On-Demand-Streaming-Dienste verbreitet werden. Die Konsumenten nutzen beide Produktionen nebeneinander, sodass sich die Märkte nicht substituieren. Damit stellt das „kleine Synchronisationsrecht" eine gegenüber dem „großen Synchronisationsrecht" eigene Nutzungsart dar.

Dem Erwerber eines Synchronisationsrechts ist es gestattet, die Musik im Rahmen seiner Produktion so zu verwenden, wie er es für erforderlich hält, so-

---

455 Nordemann, in: Fromm/Nordemann, Urheberrecht, UrhG § 88, Rn. 44.

456 Nordemann, in: Fromm/Nordemann, Urheberrecht, UrhG § 88, Rn. 36, 44.

457 BGH GRUR 1994, 41, 42 – Videozweitauswertung II. Der BGH stellt darauf ab, dass ein zusätzliches Einwilligungserfordernis neben dem nach §§ 16, 17 UrhG vorgesehenen Vervielfältigungs- und Verbreitungsrecht systemwidrig wäre (vgl. BGH GRUR 1994, 41, 43 – Videozweitauswertung II).

458 Ventroni/Poll, MMR 2002, 648, 650.

459 Bäcker/Lausen, in: Handbuch der Musikwirtschaft, § 63, Rn. 55.

460 Die GEMA nimmt in § 1 lit. i) Abs. 1 Satz 1 GEMA-Berechtigungsvertrag eine ähnliche Aufteilung vor (vgl. Staudt/Welp, in: Heker/Riesenhuber, Kap. 7, Rn. 210, 219).

lange die Art und Weise der Nutzung nicht in den absolut geschützten Kernbereich des Urheberpersönlichkeitsrechts eingreift.[461]

C. Verwertung bei Anwendbarkeit des US Copyright Act

Der gesetzliche Rahmen des US Copyright Acts der Verwertung der Verwertungsrechte unterscheidet sich von den Regelungen des deutschen UrhG in zwei wesentlichen Punkten: Zum einen kann die Inhaberschaft des Copyrights übertragen werden (vgl. hierzu Ziffer I). Zum anderen enthält der US Copyright Act keine die Vertragsfreiheit beschränkenden Regelungen dahingehend, dass Lizenzgeber ausschließlich bestimmte Nutzungsrechte an Lizenznehmer einräumen können. Die Einräumung nicht-exklusiver Lizenzen ist vielmehr ohne jede Einschränkung möglich (vgl. hierzu Ziffer II).

I. Übertragung der Inhaberschaft des Copyrights

Im Gegensatz zum deutschen Urheberrecht eröffnet der US Copyright Act die Möglichkeit der Übertragung des Copyrights. Hintergrund ist, dass das Copyright ein handelbares Wirtschaftsgut darstellt. Das Copyright an einem Werk ist damit ebenso übertragbar wie das Eigentum an einem PKW: Ein Urheber kann sein Copyright genauso veräußern, wie ein Eigentümer eines PKWs seinen PKW veräußern kann.[462]

1. Übertragbarkeit des Copyrights

Die rechtliche Grundlage für die Übertragbarkeit der Inhaberschaft des Copyrights bildet zunächst § 201(d)(1) US Copyright Act. Danach kann die Inhaberschaft am Copyright durch ein Rechtsgeschäft oder qua Gesetz übertragen werden. § 201(d)(1) US Copyright Act schreibt das Prinzip der unbegrenzten Übertragbarkeit des Copyrights fest.[463]

Die Übertragung der Inhaberschaft des Copyrights wird in § 101 US Copyright Act definiert. Nach der Definition der „Übertragung der Inhaberschaft des Copyrights" gilt als Übertragung die Abtretung, Hypothek, Exklusivlizenz oder jede andere Weitergabe, Veräußerung oder Verpfändung eines Copyrights oder eines

---

461 Poll, ZUM 2014, 877, 879.

462 Moser/Slay, Music Copyright Law, S.47.

463 House Report, Report No. 94–1476, S. 123.

der in einem Copyright enthaltenen Exklusivrechte, unabhängig davon, ob sie zeitlich oder örtlich begrenzt ist. Eine nicht-exklusive Lizenz ist dagegen keine Übertragung.

Sowohl die Abtretung des Inhaberschaftsanteils als auch die ausschließliche Lizenz gelten aufgrund der Definition des § 101 US Copyright Act als Übertragung des Copyrights.[464] Bei der Abtretung und der Einräumung einer ausschließlichen Lizenz handelt es sich um die üblichen Formen der Übertragung: Dabei führt die Abtretung zur Übertragung des Inhaberschaftsanteils eines Urhebers am Werk auf einen Dritten. Dagegen räumt die ausschließliche Lizenz einem Dritten ein exklusives Nutzungsrecht ein.[465]

2. Teilbarkeit des Copyrights

Die Inhaberschaft des Copyrights kann gemäß § 201(d)(1) US Copyright Act ganz oder teilweise übertragen werden. Der § 201(d)(1) US Copyright Act ermöglicht dem Inhaber des Copyrights, seinen Anteil am Copyright zu unterteilen.[466] Es gilt der Grundsatz der Teilbarkeit des Copyrights:[467] Das Copyright ist beliebig teilbar und der Inhaber des Copyrights kann einen beliebigen Anteil am Copyright auf Dritte übertragen.[468] Die andere Partei wird entweder zum alleinigen Copyrightinhaber oder die Parteien werden zu gemeinsamen Copyrightinhabern.[469] Werden die Parteien gemeinsame Copyrightinhaber (sog. „joint owner“), so gelten die im Rahmen der Miturheberschaft unter § 6 D II 3 dargestellten Rechtsfolgen, es sei denn, die Parteien haben eine abweichende schriftliche Vereinbarung geschlossen.[470]

---

464 Minden Pictures, Inc. v. John Wiley & Sons, Inc., 795 F. 3d 997, 1003 (United States Court of Appeals, 9th Circuit, 2015); Nimmer, Copyright, § 10.02[A].

465 Moser/Slay, Music Copyright Law, S. 59 f.

466 Minden Pictures, Inc. v. John Wiley & Sons, Inc., 795 F. 3d 997, 1002 (United States Court of Appeals, 9th Circuit, 2015).

467 House Report, Report No. 94–1476, S. 123. Der US Copyright Act von 1909 statuierte noch, dass die Inhaberschaft des Copyrights nicht geteilt werden kann. Der Copyright Act von 1976 lässt die Teilbarkeit des Copyrights für alle Übertragung ab dem 01. Januar 1978 zu (vgl. Moser/Slay, Music Copyright Law, S. 60).

468 Corbello v. DeVito, 777 F. 3d 1058, 1065 (United States Court of Appeals, 9th Circuit, 2015).

469 Gardner v. Nike, Inc., 279 F. 3d 774, 779 (United States Court of Appeals, 9th Circuit, 2002).

470 LaFrance, Copyright Law, S. 85. Bei der Miturheberschaft (sog. „joint authorship“) handelt es sich lediglich um einen besonderen Fall, in der eine gemeinsame Inhaberschaft (sog. „joint ownership“) entstehen kann (vgl. hierzu die Ausführungen unter § 6 D II 1).

3. Teilbarkeit von Rechten bei Einräumung einer ausschließlichen Lizenz

Nach § 201(d)(2) Satz 1 US Copyright Act kann jedes in § 106 US Copyright Act definierte, ausschließliche Recht sowie jede Unterteilung dieser Rechte übertragen und getrennt erworben werden. Während sich die Regelung des § 201(d)(1) US Copyright Act auf die numerische Teilbarkeit des Copyrights und damit auf die Übertragung mittels Abtretung von Anteilen am Copyright bezieht, bezieht sich die Regelung des § 201(d)(2) US Copyright Act auf die Teilbarkeit von Rechten und damit auf Übertragung mittels Einräumung einer ausschließlichen Lizenz.[471] Der § 201(d)(2) US Copyright Act regelt damit den Grundsatz der Teilbarkeit von Rechten an einem Werk.[472]

Allerdings können entsprechend des Wortlauts des § 201(d)(2) Satz 1 US Copyright Act nur die in § 106 US Copyright Act genannten Verwertungsrechte oder Unterteilungen dieser Rechte übertragen werden. Der Rechtekatalog des § 106 US Copyright Act ist abschließend.[473] Die dort genannten Rechte können aber aufgeteilt und gesondert gehalten werden.[474] Eine Beschränkung der Rechte ist nach Territorium, Zeit oder Nutzungsart möglich.[475] Die Rechte des § 106 US Copyright Act können auch beliebig klein unterteilt werden. Es gibt keine Begrenzung, wie eng der Umfang der lizenzierten Rechte sein kann und immer noch eine Übertragung des Copyrights darstellt.[476] Die Unterteilungen der Rechte des § 106 US Copyright Act müssen lediglich so klar dargestellt werden, dass die Grenzen der Rechte jedes einzelnen Inhabers definiert werden können.[477]

---

471 Gardner v. Nike, Inc., 279 F. 3d 774, 779–780 (United States Court of Appeals, 9th Circuit, 2002).

472 In re Pandora Media, Inc., No. 12 CIV. 8035(DLC), 2013 WL 5211927 (United States District Court, SD New York, September 17, 2013).

473 FATHERS & DAUGHTERS NEVADA, LLC v. Lingfu Zhang, 284 F. Supp. 3d 1160, 1163 (United States District Court, D. Oregon, 2018). Dies schließt die Einräumung eines „Rechts zur Klage" aus (vgl. RIGHTHAVEN LLC v. Hoehn, 716 F. 3d 1166, 1169 (United States Court of Appeals, 9th Circuit, 2013)).

474 Sybersound Records, Inc. v. UAV Corp., 517 F. 3d 1137, 1146 (United States Court of Appeals, 9th Circuit, 2008); Silvers v. Sony Pictures Entertainment, Inc., 402 F. 3d 881, 887 (United States Court of Appeals, 9th Circuit, 2005). Dies bedeutet, dass jeder Inhaber eines unterteilten Exklusivrechts klagen kann, um seinen eigenen Teil des Exklusivrechts durchzusetzen, unabhängig davon wie klein der Teil ist (vgl. Sybersound Records, Inc. v. UAV Corp., 517 F. 3d 1137, 1146 (United States Court of Appeals, 9th Circuit, 2008); Silvers v. Sony Pictures Entertainment, Inc., 402 F. 3d 881, 887 (United States Court of Appeals, 9th Circuit, 2005)).

475 Patry, Copyright, § 5:123.

476 Nimmer, Copyright, § 10.02[A].

477 HyperQuest, Inc. v. N'Site Solutions, Inc., 632 F. 3d 377, 383 (United States Court of Appeals, 7th Circuit 2011).

Im Gegensatz zum deutschen Urheberrechtsgesetz sehen der US Copyright Act und das Fallrecht insbesondere keine Beschränkung der Lizenzierung eines Werks auf bestimmte Nutzungsarten vor. Dadurch können die Parteien eines Lizenzvertrags, in dem ein ausschließliches Recht eingeräumt wird, die Grenzen der Rechteeinräumung nach Belieben festlegen, solange der Umfang der eingeräumten Rechte erkennbar bleibt. Letztlich entsteht durch die Geschäftspraxis eine Grenze, bis zu der Rechte am Copyright unterteilt werden.[478]

Die Übertragung von exklusiven Rechten des § 106 US Copyright Act hat keine Auswirkung auf das Copyright: Der Inhaber des ungeteilten Copyrights behält sein Copyright ungeteilt, auch wenn er einzelne Rechte exklusiv auf Dritte überträgt.[479] Das Copyright und die Rechte am Copyright sind getrennt voneinander zu betrachten.

4. Stellung des Inhabers einer ausschließlichen Lizenz

Die rechtliche Stellung des Inhabers einer ausschließlichen Lizenz wird vom US Copyright Act nicht ausdrücklich definiert. Allerdings wird in den meisten Fällen der Inhaber einer exklusiven Lizenz wie der Inhaber des Copyrights behandelt.[480] Die Unterschiede zwischen einer ausschließlichen Lizenz und einer Abtretung von Anteilen am Copyright sind so gering, dass die beiden Begriffe nahezu gleichbedeutend sind:[481]

Der § 201(d)(2) Satz 2 US Copyright Act gewährt einen Anspruch auf alle Schutz- und Rechtsmittel, die der US Copyright Act auch dem Copyrightinhaber gewährt. Allerdings sind die Schutz- und Rechtsmittel beschränkt auf den Umfang der durch die Lizenz eingeräumten Rechte. Zudem kann nach § 501(b) US Copyright Act der Inhaber einer ausschließlichen Lizenz aufgrund einer Verletzung seines exklusiven Rechts klagen, auch ohne sich hierfür seinem Lizenzgeber anschließen zu müssen.[482]

---

478 Kohn, Music Licensing, S. 306.

479 Kohn, Music Licensing, S. 306. Auch bei Anwendung des im US Recht geltenden Prioritätsprinzips (vgl. hierzu sogleich unter§ 8 C I 5) ist streng zwischen der Übertragung des Copyrights und der Übertragung von exklusiven Rechten am Copyright zu unterscheiden. Maßgeblich für die Anwendung des Prioritätsprinzips ist der Gegenstand der Übertragung (Übertragung des Copyrights und/oder Übertragung exklusiver Rechte).

480 Goldstein, Copyright, 5:6.

481 Davis v. Blige, 505 F. 3d 90, 99 in Fn. 10 (United States Court of Appeals, 2nd Circuit, 2007).

482 Eden Toys, Inc. v. Florelee Undergarment Co., Inc., 697 F. 2d 27, 36 (United States Court of Appeals, 2nd Circuit, 1982).

Außerdem können Inhaber einer ausschließlichen Lizenz Dritten im Umfang der ihnen eingeräumten Lizenz exklusive und nicht-exklusive Lizenzen zur Nutzung des Werks einräumen.[483] Dabei ist allerdings umstritten, ob es dem Inhaber einer exklusiven Lizenz auch gestattet ist, die ihm eingeräumten exklusiven Rechte ohne Zustimmung des Lizenzgebers an einen Dritten weiter zu übertragen, damit dieser Dritte die Rechte an Stelle des Inhabers der exklusiven Lizenz verwertet:

Nach Ansicht des Court of Appeals, 9th Circuit im Fall *Gardner v. Nike, Inc.* sei dies unzulässig.[484] Der § 201(d)(2) Satz 2 US Copyright Act limitiere die Rechte des Lizenznehmers und sähe ein solches Recht zur Weiterübertragung der exklusiven Lizenz nicht vor.[485] Außerdem sei durch diese Einschränkung sichergestellt, dass der Lizenzgeber die Verwertung des Copyrights überwachen könne. Andernfalls hätte der Lizenzgeber keine Kontrolle darüber, ob sich der Lizenznehmer eines geeigneten Dritten bedient.[486]

Anders beurteilt dies der District Court, SD Indiana in der Entscheidung *Traicoff v. Digital Media, Inc.*.[487] Der Wortlaut des § 201(d)(2) Satz 1 US Copyright Act sehe die Möglichkeit der Einräumung exklusiver Rechte durch den Inhaber einer exklusiven Lizenz vor. Der § 201(d)(2) Satz 2 US Copyright Act sei nicht als Einschränkung der Rechte des Inhabers exklusiver Rechte im Verhältnis zum Inhaber des Copyrights zu verstehen, sondern lasse vielmehr auch die Teilbarkeit und Übertragbarkeit exklusiver Rechte zu.[488]

5. Möglichkeit der Eintragung der Übertragung

Jede Übertragung des Copyrights[489] kann gemäß § 205(a) US Copyright Act beim Copyright Office eingetragen werden. Die Eintragung der Übertragung ist frei-

---

483 John Wiley & Sons, Inc. v. DRK PHOTO, 882 F. 3d 394, 410 (United States Court of Appeals, 2nd Circuit, 2018).

484 Gardner v. Nike, Inc., 279 F. 3d 774 (United States Court of Appeals, 9th Circuit, 2002); kritisch hierzu: Patry, Copyright, § 5:103.

485 Gardner v. Nike, Inc., 279 F. 3d 774, 780 (United States Court of Appeals, 9th Circuit, 2002).

486 Gardner v. Nike, Inc., 279 F. 3d 774, 781 (United States Court of Appeals, 9th Circuit, 2002).

487 Traicoff v. Digital Media, Inc., 439 F. Supp. 2d 872, 876 – 879 (United States District Court, SD Indiana, 2006).

488 Traicoff v. Digital Media, Inc., 439 F. Supp. 2d 872, 878 – 879 (United States District Court, SD Indiana, 2006).

489 Auch unter § 205 US Copyright Act ist der Begriff der Übertragung des Copyrights im Sinne der Definition des § 101 US Copyright Acts zu verstehen.

willig,[490] ist aber im Hinblick auf sich widersprechende Übertragungen des Copyrights vorteilhaft.

Wie das deutsche UrhG geht der US Copyright Act bei der Übertragung des Copyrights zwar grundsätzlich vom Prioritätsprinzip aus, wonach bei zwei sich zeitlich widersprechenden Übertragungen die erste Übertragung wirksam ist.[491] Anders als das deutsche UrhG kennt der US Copyright Act allerdings die Möglichkeit des gutgläubigen Erwerbs, da die Eintragung beim US Copyright Office einen hinreichenden Publizitätsakt darstellt.[492] Die maßgebliche Norm für einen gutgläubigen Erwerb des Copyrights ist § 205(d) US Copyright Act. Dieser bestimmt für den Fall sich widersprechender Übertragungen:

- Bei zwei sich widersprechenden Übertragungen hat die erste Übertragung Vorrang vor der Übertragung, wenn sie zuerst eingetragen wird.
- Wird dagegen zunächst die zweite Übertragung eingetragen, hat die erste Übertragung nur dann Vorrang, wenn sie innerhalb eines Monats nach ihrer Durchführung in den USA oder innerhalb von zwei Monaten nach ihrer Durchführung außerhalb der USA eingetragen wird.
- Andernfalls ist die spätere Übertragung vorrangig, wenn sie zuerst eingetragen wurde und in gutem Glauben, gegen Entgelt oder auf der Grundlage einer verbindlichen Zusage zur Zahlung von Lizenzgebühren sowie ohne Hinweis auf die frühere Übertragung vorgenommen wird.

Konflikte zwischen der Übertragung des Copyrights und der Einräumung nicht-exklusiver Lizenzen regelt der § 205(e) US Copyright Act: Danach hat eine nicht-exklusive Lizenz unabhängig von ihrer Eintragung Vorrang vor einer entgegenstehenden Übertragung des Copyrights, wenn die nicht-exklusive Lizenz durch ein schriftliches und vom Inhaber oder seinem Vertreter unterzeichnetes Dokument belegt ist und die nicht-exklusive Lizenz vor Durchführung der Übertragung erworben wurde oder in gutem Glauben vor Eintragung der Übertragung und ohne Benachrichtigung über die Eintragung erworben wurde.

Für den (potentiellen) Erwerber des Copyrights oder einer nicht-exklusiven Lizenz ist der § 205(c) US Copyright Act relevant: Dieser fingiert, dass aufgrund der Eintragung jedermann positive Kenntnis von den im eingetragenen Dokument genannten Tatsachen hat. An die Fiktion der positiven Kenntnis knüpft § 205(c) US Copyright Act zwei über die Eintragung hinausgehende Voraussetzungen: Erstens muss das Dokument oder das beigefügte Material ausdrücklich das Werk,

490 Compendium of U.S. Copyright Office Practices (Stand: 29.09.2017), Rn. 2309.3.
491 Weiche, US-amerikanisches Urhebervertragsrecht, S. 92.
492 Weiche, US-amerikanisches Urhebervertragsrecht, S. 91 f.

zu dem es gehört, identifizieren, sodass es nach der Indexierung des Dokuments durch das Copyright Office durch eine vernünftige Suche nach dem Titel oder der Registriernummer des Werks aufgefunden würde. Zweitens muss das Werk beim Copyright Office bereits registriert sein.

Praktisch fungiert das Copyright Office als ein öffentlich einsehbares Register: Wird dem Copyright Office die Übertragung eines Copyrights durch das Einreichen eines die Übertragung enthaltenen Dokuments mitgeteilt, erstellt es aus allen eingereichten Dokumenten einen Datensatz. Dieser Datensatz wird der Öffentlichkeit über die Website des Copyright Office zur Verfügung gestellt.[493] Dies bedeutet, dass jedes eingereichte Dokument zu einem öffentlichen Dokument wird. In der Praxis reichen Musikverlage daher regelmäßig nicht den eigentlichen Musikverlagsvertrag mit dem Urheber beim Copyright Office ein: Vielmehr verfassen sie eine zusätzliche Abtretungserklärung, die nur die Übertragung des Copyrights beinhaltet, um zu verhindern, dass vertrauliche Vertragsdetails wie Vergütung und Vorauszahlungen öffentlich werden.[494]

II. Einräumung einer nicht-exklusiven Lizenz an Dritte

Der Copyrightinhaber oder der Inhaber einer exklusiven Lizenz kann an einen Dritten eine nicht-exklusive Lizenz an einem Recht oder mehreren Rechten des § 106 US Copyright Act sowie an jeder Unterteilung dieser Rechte zur Nutzung eines Werks einräumen.[495] Eine nicht-exklusive Lizenz wird als eine Zusicherung des Lizenzgebers verstanden, den Lizenznehmer für die Nutzung der Werke in dem vertraglich festgelegten Umfang nicht zu verklagen.[496] Der US Copyright Act enthält keine Regelungen, die die Einräumung von nicht-exklusiven Lizenzen an Lizenznehmer betreffen. Anders als im deutschen UrhG ist keine Beschränkung auf die Lizenzierung von Nutzungsrechten vorgesehen.

D. Zusammenfassung

Das deutsche UrhG und der US Copyright Act unterscheiden sich auch bei der Verwertung der Musikwerke. Das deutsche Recht schließt eine Übertragung des Urheberrechts und der Verwertungsrechte am Werk aus. Zur Verwertung der Werke können Lizenznehmern Nutzungsrechte im Sinne des § 31 UrhG eingeräumt

493 Compendium of U.S. Copyright Office Practices (Stand: 29.09.2017), Rn. 2305.
494 Moser/Slay, Music Copyright Law, S. 63.
495 Goldstein, Copyright, 5:5.
496 Patry, Copyright, § 5:127.

werden. Alternativ besteht daneben die Möglichkeit der Vereinbarung einer schuldrechtlichen Gestattung. Allerdings hat die schuldrechtliche Gestattung keine Wirkung gegenüber Dritten, da sie nur zwischen den Vertragsparteien wirkt. Zudem ist sie nicht übertragbar.[497]

Dagegen können Inhaber des Copyrights nach den Grundsätzen des US Copyright Act sowohl das Copyright als auch Verwertungsrechte bzw. Teile hiervon übertragen. Der US Copyright Act kennt anders als das deutsche UrhG keine Lizenzierung von Nutzungsrechten.

E. Schriftformerfordernis bei der Rechteeinräumung

Ein besonderes Augenmerk ist im Rahmen der Rechteeinräumung auf die Einhaltung von Formerfordernissen zu legen, da der Mangel der Einhaltung eines Formerfordernisses zur Ungültigkeit des Vertrags führt. Sowohl das deutsche UrhG als auch der US Copyright Act beinhalten für die Einräumung bzw. die Übertragung von Rechten ein Erfordernis der Schriftform. Wie die nachfolgenden Ausführungen zeigen, sind deren Anwendungsbereich und die Voraussetzungen der Einhaltung unterschiedlich ausgestaltet.

I. Schriftformerfordernis bei Anwendbarkeit des deutschen UrhG

1. Anordnung der Schriftform im UrhG

Das deutsche UrhG enthält ein Regel-Ausnahme Verhältnis: Ein Lizenzvertrag kann grundsätzlich formfrei abgeschlossen werden. Es gilt der Grundsatz der Formfreiheit.[498] Das UrhG macht hiervon in § 31a Abs. 1 Satz 1 UrhG und in § 40 Abs. 1 Satz 1 UrhG zwei für die Vertragsgestaltung relevante Ausnahmen. Bei beiden Vorschriften handelt es sich um Schutzvorschriften zugunsten des Urhebers.[499]

Nach § 31a Abs. 1 Satz 1 UrhG bedarf ein Vertrag, durch den ein Urheber Rechte für unbekannte Nutzungsarten einräumt oder sich dazu verpflichtet, der

---

497 Nordemann, in: Fromm/Nordemann, Urheberrecht, UrhG § 29, Rn. 24. Eine schuldrechtliche Gestattung wird in der Praxis daher vor allem dann vorgenommen, wenn eine Aufspaltung von Nutzungsrechten nicht mehr zulässig ist (vgl. Nordemann, in: Fromm/Nordemann, Urheberrecht, UrhG § 29, Rn. 24).

498 Rehbinder/Peukert, Urheberrecht, Rn. 841; Wandtke, in: Wandtke, Urheberrecht, S. 186; Schulze, in: Dreier/Schulze, UrhG, UrhG § 31, Rn. 22; OLG Frankfurt a. M. GRUR 2015, 374 Rn. 34.

499 Nordemann, in: Fromm/Nordemann, Urheberrecht, UrhG § 31a, Rn. 1 und UrhG § 40, Rn. 1.

Schriftform.[500] Als unbekannt gilt eine Nutzungsart, wenn sie zur Zeit des Vertragsschlusses noch nicht bekannt war.[501] § 31a Abs. 1 Satz 1 UrhG gilt grundsätzlich auch für die Verpflichtung zur Einräumung von Nutzungsrechten an Gesellschaften zur kollektiven Rechtewahrnehmung.[502] Ausgenommen sind nur verwertungsgesellschaftspflichtige Nutzungsrechte, da in diesem Fall der Urheberschutz des § 31a UrhG ins Leere liefe.[503]

Nach § 40 Abs. 1 Satz 1 UrhG bedarf ein Vertrag der Schriftform, durch den sich der Urheber zur Einräumung von Nutzungsrechten an künftigen Werken verpflichtet, die überhaupt nicht näher oder nur der Gattung nach bestimmt sind. Nur der Gattung nach bestimmt sind Werke, wenn diese nicht durch Titel oder Beschreibung individualisiert sind.[504] Der Anwendungsbereich des § 40 Abs. 1 Satz 1 UrhG ist schon dann eröffnet, wenn das Werk zur Zeit des Vertragsschlusses noch nicht vollendet ist.[505] Der Schriftform bedarf aber nur das Verpflichtungsgeschäft, nicht das Verfügungsgeschäft.[506]

Nach vorzugswürdiger Ansicht ist von einer Anwendbarkeit des § 40 Abs. 1 Satz 1 UrhG auf Wahrnehmungsverträge zwischen Urhebern und Gesellschaften zur kollektiven Rechtewahrnehmung auszugehen.[507] Denn in Wahrnehmungsverträgen räumt ein Urheber regelmäßig Nutzungsrechte an zukünftigen Werken ein.[508] Außerdem spricht hierfür der Zweck des § 40 UrhG:[509] Zweck des § 40 UrhG ist der Schutz des Urhebers vor Verträgen mit einer sehr weitgehenden Bindung

500 Eine Rückausnahme enthält § 31a Abs. 1 Satz 2 UrhG für die Einräumung eines unentgeltlichen, einfachen Nutzungsrechts für jedermann.

501 Schulze, in: Dreier/Schulze, UrhG, § 31a, Rn. 29.

502 Spindler, in: Schricker/Loewenheim, UrhR, UrhG § 31a, Rn. 21; Nordemann, in: Fromm/Nordemann, Urheberrecht, UrhG § 31a, Rn. 17; Schack, Urheberrecht, Rn. 621. Der BGH ging von der Anwendbarkeit das § 31 Abs. 4 UrhG a.F. auf Verwertungsgesellschaften aus (BGH GRUR 1986, 62, 65 – GEMA-Vermutung I; GRUR 1988, 296, 298 – GEMA-Vermutung IV).

503 Schulze, in: Dreier/Schulze, UrhG, § 31a, Rn. 16; Spindler, in: Schricker/Loewenheim, UrhR, UrhG § 31a, Rn. 21; Nordemann, in: Fromm/Nordemann, Urheberrecht, UrhG § 31a, Rn. 17.

504 Wandtke, in: Wandtke, Urheberrecht, S. 225.

505 Peukert, in: Schricker/Loewenheim, UrhR, UrhG § 40, Rn. 21; Schulze, in: Dreier/Schulze, UrhG, UrhG § 40, Rn. 10; Nordemann, in: Fromm/Nordemann, Urheberrecht, UrhG § 40, Rn. 14.

506 Peukert, in: Schricker/Loewenheim, UrhR, UrhG § 40, Rn. 12.

507 Peukert, in: Schricker/Loewenheim, UrhR, UrhG § 40, Rn. 19; Spautz/Götting, in: Möhring/Nicolini, UrhR, UrhG § 40, Rn. 2; Wandtke, in: Wandtke/Bullinger, UrhR, UrhG § 40, Rn. 4; Schack, Urheberrecht, Rn. 1108; Schulze, in: Dreier/Schulze, UrhG, § 40, Rn. 4; a.A. Nordemann, in: Fromm/Nordemann, Urheberrecht, § 40 UrhG, Rn. 7; v. Gamm, Urheberrechtsgesetz, UrhG § 40, Rn. 4.

508 Spautz/Götting, in: Möhring/Nicolini, UrhR, UrhG § 40, Rn. 2.

509 Schulze, in: Dreier/Schulze, UrhG, § 40, Rn. 4.

des Urhebers.[510] Ein Wahrnehmungsvertrag zielt gerade auf eine langfristige Bindung des Urhebers mit einer Gesellschaft zur kollektiven Rechtewahrnehmung.

2. Schriftform nach § 126 BGB

Das UrhG regelt die Voraussetzungen der Schriftform nicht selbst, vielmehr ist § 126 BGB anzuwenden.[511] Schriftform im Sinne des § 126 BGB bedeutet erstens, dass die Urkunde schriftlich abgefasst sein muss: Die Urkunde muss geeignet sein, Schriftzeichen dauerhaft festzuhalten, und kann in jeder beliebigen Sprache verfasst sein.[512] Zweitens muss die Urkunde durch die Vertragsparteien eigenhändig unterschrieben werden.[513] Erforderlich ist ein Schriftzug, der die Identität des Unterschreibenden hinreichend kennzeichnet. Eine Lesbarkeit des Namens ist nicht erforderlich.[514] Drittens muss nach der Rechtsprechung des BGH ein Vertrag unter Abwesenden, für den die gesetzliche Schriftform vorgeschrieben ist, nicht nur in der Form des § 126 BGB erklärt werden, sondern auch in dieser Form zugehen. Nur mit dem Zugang des schriftlichen Vertrags kommt der Vertrag rechtswirksam zustande.[515]

Für einen Vertragsschluss zwischen einem Urheber und einer Gesellschaft zur kollektiven Rechteverwertung, bei dem sich beide Parteien zur Zeit des Vertragsschlusses nicht am selben Ort befinden, bedeutet dies Folgendes: Unterschreibt zunächst der Urheber den Vertrag, muss der Rechteverwerter anschließend auf derselben Urkunde[516] den Vertrag unverändert[517] unterschreiben. Der Rechteverwerter muss diese Urkunde dem Urheber sodann im Original zukommen lassen. Weder ein Telefax[518] noch die im Anhang zu einer E-Mail übersandte PDF-Datei[519] genügen dem Formerfordernis nach § 126 BGB.

Ein Verstoß gegen § 126 BGB führt gemäß § 125 S. 1 BGB zur Nichtigkeit des Rechtsgeschäfts. Werden formbedürftige Verpflichtungen mit formfreien Verpflichtungen in einem Vertrag über die Einräumung von Nutzungsrechten kom-

---

510 Spautz/Götting, in: Möhring/Nicolini, UrhR, UrhG § 40, Rn. 1.
511 Schulze, in: Dreier/Schulze, UrhG, § 31a, Rn. 75 und UrhG § 40, Rn. 14.
512 Ellenberger, in: Palandt, BGB, BGB § 126, Rn. 2.
513 Ellenberger, in: Palandt, BGB, BGB § 126, Rn. 6, 8.
514 Ellenberger, in: Palandt, BGB, BGB § 126, Rn. 10.
515 BGH NJW 2018, 1540 Rn. 17; NJW 2015, 2648 Rn. 30.
516 Ellenberger, in: Palandt, BGB, BGB § 126, Rn. 13.
517 Ergänzt die andere Partei den Vertrag im Rahmen ihrer Unterschrift, liegt ein neues Angebot gemäß § 150 Abs. 2 BGB vor (vgl. BGH NJW 2015, 2648 Rn. 31).
518 BGH NJW 2018, 1540 Rn. 18.
519 BAG, Urteil vom 10.05.2016, Az. 9 AZR 149/15 Rn. 34.

biniert und wird der Vertrag unter Verstoß gegen das Schriftformerfordernis nach § 126 BGB geschlossen, so beurteilt sich die Rechtsfolge nach § 139 BGB.[520] Das Rechtsgeschäft ist in der Regel im Ganzen nichtig, es sei denn, es ist anzunehmen, dass das Rechtsgeschäft auch ohne den nichtigen Teil vorgenommen worden wäre. Maßgeblich hierfür ist, welche Entscheidung die Parteien bei Kenntnis der Teilnichtigkeit getroffen hätten.[521]

Bezogen auf § 31a Abs. 1 Satz 1 UrhG bedeutet dies, dass in der Regel der Vertrag im Übrigen bestehen bleiben wird, da die Parteien unbekannten Nutzungsarten nur sehr selten eine solch entscheidende Rolle für das Schicksal des gesamten Vertrags zubilligen wollen.[522] Etwas anderes gilt aber bezüglich § 40 Abs. 1 Satz 1 UrhG: Verpflichtet sich der Urheber in einem Vertrag zur Rechteeinräumung an bestehenden und zukünftigen Werken, ist es entscheidend, ob diese Verpflichtungen so eng miteinander verbunden sind, dass die Verpflichtung zur Rechteeinräumung an bestehenden Werken sinnlos ist, wenn die Verpflichtung zur Rechteeinräumung an zukünftigen Werken nichtig ist.[523]

II. Schriftformerfordernis bei Anwendbarkeit des US Copyright Act

Im Anwendungsbereich des US Copyright Acts regelt der § 204(a) US Copyright Act ein generelles Formerfordernis: Danach muss ein Vertrag über die Übertragung des Copyrights schriftlich geschlossen werden und vom Inhaber des Copyrights oder einem bevollmächtigten Vertreter unterschrieben werden.

Der Zweck des § 204(a) US Copyright Act ist, dass das Copyright nicht unbeabsichtigt übertragen wird.[524] Zudem bewahrt es Urheber vor missbräuchlichen Forderungen und stellt die Vorhersehbarkeit und die Rechtssicherheit der Copyrightinhaberschaft sicher.[525] Entsprechend dieses Zwecks bezieht sich § 204(a) US Copyright Act nur auf die Übertragung des Copyrights im Sinne der Definition des § 101 US Copyright Act. Verträge über die Einräumung nicht-exklusiver Rechte können formfrei und ohne Einhaltung des § 204(a) Copyright Act abgeschlossen werden.[526]

---

520 Nordemann, in: Fromm/Nordemann, Urheberrecht, UrhG § 31a, Rn. 52 und § 40, Rn. 20.
521 Ellenberger, in: Palandt, BGB, BGB § 139, Rn. 14.
522 Nordemann, in: Fromm/Nordemann, Urheberrecht, § 31a, Rn. 52.
523 Nordemann, in: Fromm/Nordemann, Urheberrecht, § 40, Rn. 20.
524 Lyrick Studios, Inc. v. Big Idea Productions, Inc., 420 F.3d 388, 392 (United States Court of Appeals, 5th Circuit, 2005).
525 Konigsberg Int'l. Inc. v. Rice, 16 F.3d 355, 357 (United States Court of Appeals, 9th Circuit, 1994).
526 Nimmer, Copyright, § 10.03[A][7].

Der § 204(a) US Copyright Act enthält zwei Voraussetzungen: eine schriftliche Erklärung und die Unterschrift der Erklärung durch den Rechteinhaber.[527] Die Einhaltung dieser Erfordernisse legen die US-amerikanischen Gerichte regelmäßig recht großzügig aus.[528] Dies zeigt die folgende Aussage des Court of Appeals, 9th Circuit in der Entscheidung *Effects Assocs., Inc. v. Cohen:*[529]

> „The rule is really quite simple: If the copyright holder agrees to transfer ownership to another party, that party must get the copyright holder to sign a piece of paper saying so. It doesn't have to be the Magna Charta; a one-line pro forma statement will do."

In deutscher Übersetzung:

> „Die Regel ist wirklich ganz einfach: Wenn der Inhaber des Copyrights zustimmt, die Inhaberschaft auf eine andere Partei zu übertragen, muss diese Partei den Inhaber des Copyrights bitten, ein Blatt Papier zu unterschreiben, das dies sagt. Es muss nicht die Magna Charta sein; eine einzeilige Pro-forma-Aussage genügt."

Folglich muss sich der schriftlichen Erklärung lediglich die Absicht der Parteien entnehmen lassen, das Copyright zu übertragen.[530] Auch ein digitaler Vertrag kann diese Absicht hinreichend zum Ausdruck bringen und das Formerfordernis des § 204(a) US Copyright Act wahren: So kann das Copyright beispielsweise aufgrund eines Vertragsschlusses mittels E-Mail übertragen werden. Das Setzen des Namens oder eines Pseudonyms des Absenders unter die geschriebene E-Mail stellt eine formwirksame Unterschrift im Sinne des § 204(a) US Copyright Act dar.[531]

Auch ein digitaler Vertragsschluss im Wege eines „Click-through"-Verfahrens kann das Formerfordernis wahren: In dem Verfahren *Metro. Reg'l Info. Sys., Inc. v. Am. Home Realty Network, Inc.* hatte ein Urheber von Fotografien seine Werke über ein Upload-Portal zum Zweck der Verwertung durch einen Dritten hochgeladen. Bevor der Upload der Bilder auf das Portal erfolgte und ein Vertrag zustande kam, musste der Urheber am Ende des Upload-Verfahrens zur Bestätigung des Vertragsschlusses den Buttons „Yes" klicken. Der Court of Appeals, 4th Circuit

---

527 Nimmer, Copyright, § 10.03[A][1].

528 Goldstein, Copyright, 5:27.

529 Effects Assocs., Inc. v. Cohen, 908 F.2d 555, 557 (United States Court of Appeals, 9th Circuit, 1990).

530 Radio Television Espanola S.A. v. New World Entm't, Ltd., 183 F.3d 922, 927 (United States Court of Appeals, 9th Circuit, 1999): „No magic words must be included in a document to satisfy § 204(a). Rather, the parties' intent as evidenced by the writing must demonstrate a transfer of the copyright."

531 Sisyphus Touring, Inc. V. TMZ Productions, Inc., 208 F.Supp.3d 1105, 1113 (United States District Court, CD California, 2016).

entschied, dass durch ein solches Verfahren das Schriftformerfordernis des § 204(a) US Copyright Act eingehalten ist. Denn der US Bundesgesetzgeber stelle mit dem E-Sign Act, und insbesondere mit der Regelung des 15 U.S.C. § 7001(a)[532], die elektronische Unterschrift der händischen Unterschrift gleich.[533]

Entsprechend zum deutschen Recht sind Verträge, die nicht den Anforderungen des § 204(a) US Copyright Act entsprechen, ungültig.[534]

III. Zusammenfassung

Während der US Copyright Act von einem generellen Schriftformerfordernis bei der Übertragung des Copyrights ausgeht, geht das deutsche UrhG von der Formfreiheit bei der Einräumung von Nutzungsrechten aus. Verträge, die deutschem Recht unterliegen und an denen kein Urheber beteiligt ist, können formfrei geschlossen werden. Dies gilt insbesondere für Verträge zwischen Verwertern.[535] Verträge, an denen ein Urheber beteiligt ist und die § 31a Abs. 1 Satz 1 UrhG oder § 40 Abs. 1 Satz 1 UrhG betreffen, müssen dem Schriftformerfordernis des § 126 BGB standhalten.

Das deutsche Verständnis der Einhaltung der Schriftform ist deutlich enger als das US-amerikanische Verständnis: Nach deutschem Verständnis erfordert die Einhaltung des Schriftformerfordernisses eine Verkörperung des Schriftstücks und eine eigenhändige Unterschrift durch beide Parteien auf derselben Urkunde. Daher sind nach § 126 BGB digitale Verträge von vornherein formunwirksam. Dagegen kann das Formerfordernis des § 204(a) US Copyright Act auch durch den Abschluss digitaler Verträge erfüllt werden.

---

532 15 U.S.C. § 7001(a) lautet: „Notwithstanding any statute, regulation, or other rule of law (other than this subchapter and subchapter II), with respect to any transaction in or affecting interstate or foreign commerce—

(1) a signature, contract, or other record relating to such transaction may not be denied legal effect, validity, or enforceability solely because it is in electronic form;

(2) a contract relating to such transaction may not be denied legal effect, validity, or enforceability solely because an electronic signature or electronic record was used in its formation."

533 Metro. Reg'l Info. Sys., Inc. v. Am. Home Realty Network, Inc., 722 F.3d 591, 601 (United States Court of Appeals, 4th Circuit, 2013).

534 Radio Television Espanola S.A. v. New World Entm't, Ltd., 183 F.3d 922, 926 (United States Court of Appeals, 9th Circuit, 1999); Konigsberg Int'l. Inc. v. Rice, 16 F.3d 355, 356–357 (United States Court of Appeals, 9th Circuit, 1994); Effects Assocs., Inc. v. Cohen, 908 F.2d 555, 556–558 (United States Court of Appeals, 9th Circuit, 1990); Valente-Kritzer Video v. Pinckney, 881 F.2d 772, 775 (United States Court of Appeals, 9th Circuit, 1989).

535 Spindler, in: Schricker/Loewenheim, UrhR, UrhG § 31a, Rn. 20.

Teil 2 Lizenzierung im Online-Musikbereich

In Teil 2 wird die Lizenzierung von Kompositionen und Liedtexten an Online-Dienste dargestellt. Nicht Gegenstand der weiteren Darstellung ist die Lizenzierung der Rechte an der Tonaufnahme beziehungsweise der Leistungsschutzrechte der Tonträgerhersteller und ausübenden Künstler. Soweit es um die Nutzungsrechte im Zusammenhang mit dem Recht der öffentlichen Zugänglichmachung und dem Vervielfältigungsrecht geht, werden diese Rechte durch die Plattenfirmen an Online-Dienste lizenziert.[536]

Die Lizenzierung von Kompositionen und Liedtexten an Online-Dienste erfolgt traditionell vor allem durch Gesellschaften zur kollektiven Rechtewahrnehmung (vgl. § 9). Neben den Gesellschaften zur kollektiven Rechtewahrnehmung sind an der Lizenzierung von Kompositionen und Liedtexten auch Musikverlage beteiligt. Auf ihre rechtliche Stellung wird unter § 10 eingegangen. Sodann wird unter § 11 das System der Lizenzierung von Online-Diensten in der EU am Beispiel von Deutschland dem System der Lizenzierung von Online-Diensten in den USA gegenübergestellt.

§ 9 Gesellschaften zur kollektiven Rechtewahrnehmung

Die zuvor aufgezeigten Rechteinhaber können wählen, ob sie ihre Rechte individuell oder kollektiv wahrnehmen wollen. Eine Ausnahme besteht nur insoweit, als gesetzlich eine kollektive Wahrnehmung vorgeschrieben ist.[537] Allerdings haben Rechteinhaber in Europa und den USA aufgrund ihrer regelmäßig schwachen individuellen Verhandlungsposition kaum eine realistische Möglichkeit, ihre Rechte an Kompositionen und Liedtexten zur massenhaften Nutzung im Online-Bereich individuell zu monetarisieren.[538] Daher räumen weltweit Urheber

---

536 Schaefer, in: Handbuch der Musikwirtschaft, § 26, Rn. 15. Es kann davon ausgegangen werden, dass es sich bei den Lizenzverträgen zwischen Plattenfirmen und Musik-Streaming-On-Demand-Diensten regelmäßig um weltweite Verträge handelt. Beispielsweise haben Warner Music und Spotify einen weltweiten Lizenzvertrag abgeschlossen (vgl. https://techcrunch.com/2020/04/01/spotify-and-warner-music-group-renew-their-global-licensing-deal-fix-mess-in-india/, abgerufen am 08.04.2020).

537 Beispiele für eine solche Regelung des UrhG sind § 54 h Abs. 1 UrhG (Geltendmachung von Ansprüchen aufgrund der Geräte- und Speichermedienabgabe) und § 60 h Abs. 4 UrhG (Angemessene Vergütung für gesetzlich erlaubte Nutzungen nach §§ 60a ff. UrhG).

538 BT-Drs. 18/7223, S. 57. Die Gesetzesbegründung zum VGG verweist beispielhaft auf eine Anekdote des französischen Komponisten Ernest Bourget, der zu den Gründern der französischen

https://doi.org/10.1515/9783110735789-003

die Rechte, die sie selbst nicht durchsetzen oder überwachen können, Verwertungsgesellschaften zur kollektiven Wahrnehmung ein.[539]

Die VG-Richtlinie hat neben den traditionellen Verwertungsgesellschaften weitere Ausformungen der kollektiven Rechtewahrnehmung vorgesehen. Die VG-Richtlinie unterscheidet die folgenden drei Einrichtungen:

- Organisation für kollektive Rechtewahrnehmung, Art. 3 lit. a) VG-Richtlinie
- Tochtergesellschaft der Organisation für kollektive Rechtewahrnehmung, Art. 2 Abs. 3 VG-Richtlinie
- Unabhängige Verwertungseinrichtung, Art. 3 lit. b) VG-Richtlinie

Die nachfolgende Darstellung orientiert sich an dieser Kategorisierung durch die VG-Richtlinie, verwendet jedoch die Begriffe des deutschen VGG. Unter A wird näher auf Verwertungsgesellschaften und ihre rechtliche Stellung in der EU und in den USA eingegangen. Der in der VG-Richtlinie enthaltene Begriff „Organisation für die kollektive Rechtewahrnehmung" entspricht dem im VGG verwendeten Begriff „Verwertungsgesellschaft". Unter B wird die „abhängige Verwertungseinrichtung" erläutert. Der in der VG-Richtlinie benutzte Begriff „Tochtergesellschaft der Organisation für kollektive Rechtewahrnehmung" wurde im VGG durch den aussagekräftigeren Term „abhängige Verwertungseinrichtung" umgesetzt. Inhaltlich ergeben sich keine Unterschiede. Unter C wird zuletzt die „unabhängige Verwertungseinrichtung" dargestellt. Alle drei in der VG-Richtlinie und dem VGG vorgesehenen Einrichtungen werden im Rahmen dieser Arbeit unter dem Oberbegriff „Gesellschaften zur kollektiven Rechtewahrnehmung" zusammengefasst.

A. Verwertungsgesellschaften

Verwertungsgesellschaften bestehen sowohl in der EU als auch in den USA. Allerdings gibt es erhebliche Unterschiede hinsichtlich der rechtlichen Rahmenbedingungen und der Ausformung der Gesellschaften. Unter Ziffer I wird die Rechtslage und Situation in der EU am Beispiel Deutschland dargestellt. Unter Ziffer II wird dem die Rechtslage und die Situation in den USA gegenübergestellt. Unter Ziffer III wird die Rechteeinräumung in Verwertungsgesellschaften dargestellt. Es ist zwischen dem eigenen Repertoire, das durch den Abschluss eines

---

Verwertungsgesellschaft SACEM gehörte. Ernest Bourget weigerte sich im Pariser Café Ambassadeur im Jahr 1847, seine Rechnung zu bezahlen, als er hörte, dass in dem Café seine Musik gespielt wurde. Er war der Meinung, dass er nicht zur Zahlung verpflichtet sei, wenn das Café Ambassadeur seine Musik ohne Bezahlung abspiele.

539 Erwägungsgrund 2 der VG-Richtlinie.

Wahrnehmungsvertrags mit dem Rechteinhaber erlangt wird, und dem fremden Repertoire, das durch den Abschluss von Gegenseitigkeitsverträgen mit anderen Verwertungsgesellschaften erlangt wird, zu unterscheiden.

I. Verwertungsgesellschaften in der EU

In der Europäischen Union unterliegen Verwertungsgesellschaften den Bestimmungen der VG-Richtlinie, die gemäß Art. 2 Abs. 1 VG-Richtlinie für alle Verwertungsgesellschaften mit Sitz in der EU gelten. In Deutschland wird die VG-Richtlinie durch das VGG[540] umgesetzt, das das bisherige Urheberrechtswahrnehmungsgesetz (UrhWahrnG) ablöst.[541]

1. Definition der Verwertungsgesellschaften am Beispiel Deutschland

§ 2 VGG übernimmt mit einigen unerheblichen sprachlichen Anpassungen die Definition des Art. 3 lit. a VG-Richtlinie zur „Organisation für die kollektive Rechtewahrnehmung".

a) Tatbestand des § 2 Abs. 1 VGG

Der Tatbestand des § 2 Abs. 1 VGG setzt zunächst voraus, dass es sich um eine „Organisation" handelt. Dies schließt das Handeln von Privatpersonen aus.[542] Die konkret gewählte Rechtsform ist für die Eigenschaft als Verwertungsgesellschaft nicht entscheidend. Die Wahl einer bestimmten Rechtsform soll nicht die Umgehung von Pflichten aus der VG-Richtlinie ermöglichen.[543]

Die Organisation kann gesetzlich oder vertraglich zur Rechtewahrnehmung berechtigt sein. Eine gesetzliche Berechtigung ergibt sich aus dem UrhG.[544] Eine vertragliche Berechtigung kann gemäß Art. 3 lit. a) VG-Richtlinie eine Abtretungs-, Lizenz- oder sonstige vertragliche Vereinbarung sein. Daraus ergibt sich, dass es weder auf die Bezeichnung noch auf die konkrete Ausgestaltung der Vereinbarung ankommt. Maßgeblich ist allein, dass eine vertragliche Vereinba-

---

540 Gesetz über die Wahrnehmung von Urheberrechten und verwandten Schutzrechten durch Verwertungsgesellschaften vom 24.05.2016 (Verwertungsgesellschaftengesetz – VGG).

541 BT-Drs. 18/7223, S. 55. Die Regelungen des VGG gehen zum Teil über die Vorschriften der VG-Richtlinie hinaus, was nach Erwägungsgrund 9 der VG-Richtlinie zulässig ist.

542 Schulze, in: Dreier/Schulze, UrhG, VGG § 2, Rn. 2; Freudenberg, in: Möhring/Nicolini, UrhR, VGG § 2, Rn. 30; Gerlach, in: Wandtke/Bullinger, UrhR, VGG § 2, Rn. 2.

543 Erwägungsgrund 14 der VG-Richtlinie.

544 Zu Beispielen vgl. Fn. 537.

rung zwischen der Verwertungsgesellschaft und dem Rechtsinhaber im Sinne des § 5 VGG[545] geschlossen wird. Die Verwertungsgesellschaft muss ihre Berechtigung zur Rechtewahrnehmung unmittelbar vom Rechtsinhaber ableiten können. Dadurch grenzt sich die Verwertungsgesellschaft von der abhängigen Verwertungseinrichtung im Sinne des § 3 VGG ab. Räumt eine Verwertungsgesellschaft einer anderen Einrichtung Rechte ein, die sie zunächst vom Rechtsinhaber erhalten hat, so ist diese weitere Einrichtung keine Verwertungsgesellschaft. Diese Einrichtung hat keine unmittelbare vertragliche Beziehung zum Rechtsinhaber.

Die Wahrnehmung der Rechte, die die Organisation auf gesetzlicher oder vertraglicher Grundlage erhält, muss der ausschließliche Zweck oder der Hauptzweck der Organisation sein. Die Verfolgung anderer Zwecke ist zulässig, soweit diese Zwecke der Rechtewahrnehmung nachgeordnet sind.[546] Verwertungsgesellschaften wird damit ermöglicht, weitere Tätigkeiten aufzunehmen, die bislang Musikverlage oder Agenturen durchführen. Im Musikbereich ist denkbar, dass Verwertungsgesellschaften zukünftig einzelne Berechtigte gezielt promoten oder Konzerte für bestimmte Berechtigte veranstalten.

Die Wahrnehmung der Rechte durch die Organisation muss sich auf Urheberrechte und verwandte Schutzrechte beziehen. Es ist unerheblich, ob es sich um Rechte aus dem UrhG handelt. Eine Verwertungsgesellschaft liegt auch vor, wenn die Einrichtung mit Sitz in Deutschland ausschließlich Rechte in anderen Mitgliedsstaaten der EU wahrnimmt.[547]

Die Organisation muss „für Rechnung mehrerer Rechtsinhaber" tätig werden. Sie muss damit für mehr als einen Rechtsinhaber Rechte wahrnehmen; dies ist ab der Wahrnehmung von Rechten von zwei Rechtsinhabern der Fall.[548] Wie der Halbsatz am Ende in § 2 Abs. 1 VGG klarstellt, kommt es nicht darauf an, ob eine Organisation im eigenen Namen oder im Namen des Rechtsinhabers tätig wird.

Die Organisation muss zudem die Rechte „zu deren kollektiven Nutzen" wahrnehmen. Die Rechtewahrnehmung hat nicht für die eigene Rechnung, son-

---

545 § 5 VGG, der auf Art. 3 lit. c) VG-Richtlinie basiert, definiert in den Rechtsinhaber als jede natürliche oder juristische Person, die Inhaber eines Urheberrechts oder verwandten Schutzrechts ist oder die gesetzlich oder aufgrund eines Rechteverwertungsvertrags Anspruch auf einen Anteil an den Einnahmen aus diesen Rechten hat, wobei Verwertungsgesellschaften keine Rechtsinhaber im Sinne des VGG sind.

Wann immer in dieser Arbeit der Begriff „Rechtsinhaber" verwendet wird, bezieht sich dies auf die Person im Sinne des § 5 VGG. Andernfalls wird der Begriff „Rechteinhaber" verwendet.

546 BT-Drs. 18/7223, S. 72.

547 BT-Drs. 18/7223, S. 72.

548 Die englische Version der VG-Richtlinie spricht in diesem Zusammenhang in Art. 3 lit. a) etwas deutlicher von „more than one rightholder".

dern für die fremde Rechnung ihrer Mitglieder zu erfolgen.[549] Die Verwertungsgesellschaften sind die „Treuhänder" ihrer Mitglieder und haben daher eine „treuhänderische Funktion".[550] Dadurch grenzen sich Verwertungsgesellschaften von Musikverlagen oder Agenturen ab, die für eigene Rechnung und folglich für ihren eigenen Profit handeln.[551]

Die treuhänderische Verwaltung und die gemeinsame Wahrnehmung der Rechte durch Abschluss von Pauschalverträgen sah bereits die Gesetzesbegründung zum Verwertungsgesellschaftengesetz 1962[552] als die beiden charakteristischen Merkmale einer Verwertungsgesellschaft an.[553] § 2 Abs. 1 VGG greift diese beiden zentralen Merkmale im Tatbestand auch weiterhin auf.

b) Tatbestand des § 2 Abs. 2 VGG

Zusätzlich zu den Merkmalen des § 2 Abs. 1 VGG muss eine Voraussetzung des § 2 Abs. 2 VGG erfüllt sein: Die Verwertungsgesellschaft muss entweder von ihren Mitgliedern gehalten oder beherrscht werden (§ 2 Abs. 2 Nr. 1 VGG) oder darf nicht auf Gewinnerzielung ausgerichtet sein (§ 2 Abs. 2 Nr. 2 VGG). Dies dient der Abgrenzung der Verwertungsgesellschaft von der unabhängigen Verwertungseinrichtung.[554]

§ 2 Abs. 2 Nr. 1 VGG setzt nicht voraus, dass die Einrichtung direkt und vollständig von ihren Mitgliedern gehalten oder beherrscht wird. Es genügt, dass die Mitglieder Anteile indirekt oder teilweise halten oder die Einrichtung indirekt oder teilweise beherrschen.[555] Dies folgt aus einem Umkehrschluss der Definition der „unabhängigen Verwertungseinrichtung" des Art. 3 lit. b) i) VG-Richtlinie. Eine unabhängige Verwertungseinrichtung setzt demnach voraus, dass Rechtsinhaber an der Einrichtung in keiner Weise, auch nicht indirekt oder teilweise beteiligt sind. Würde nun die Verwertungsgesellschaft voraussetzen, dass Mitglieder sie vollständig oder direkt kontrollieren, bestünde die Gefahr, dass eine Einrichtung

549 Schulze, in: Dreier/Schulze, UrhG, VGG § 2, Rn. 5; Freudenberg, in: Möhring/Nicolini, UrhR, VGG § 2, Rn. 17.

550 BT-Drs. 18/7223, S. 58; vgl. zur Stellung als Treuhänder auch BGH ZUM 2016, 639 Rn. 30 – Verlegeranteil.

551 Schulze, in: Dreier/Schulze, UrhG, VGG § 2, Rn. 5; BT-Drs. 18/7223, S. 72.

552 Das Verwertungsgesellschaftengesetz 1962 ist der Vorgänger des Urheberrechtswahrnehmungsgesetzes.

553 BT-Drs. IV/271, S. 13.

554 Die unabhängige Verwertungseinrichtung nach § 4 Abs. 1 VGG ist auf Gewinnerzielung ausgerichtet, ohne von ihren Mitgliedern kontrolliert zu werden. Dies soll die Verwertungsgesellschaft gerade nicht sein.

555 Kling, Gebietsübergreifende Vergabe von Online-Rechten, S. 139.

entsteht, die nicht von der VG-Richtlinie erfasst ist. Sie wäre weder eine Verwertungsgesellschaft noch eine unabhängige Verwertungseinrichtung. Dies ist vom Richtliniengeber nicht intendiert. Vielmehr soll die VG-Richtlinie verhindern, dass Pflichten, die Verwertungsgesellschaften durch die VG-Richtlinie auferlegt werden, durch die Wahl einer bestimmten Organisationsform umgangen werden können.[556] Ziel der VG-Richtlinie ist, dass alle Einrichtungen zur kollektiven Rechtewahrnehmung einem von der VG-Richtlinie erfassten Typus zugeordnet werden, ihr Pflichtenkatalog definiert ist und keine Gesetzeslücken entstehen.

Alle in Deutschland als Verwertungsgesellschaft tätigen Organisationen werden zurzeit von ihren Mitgliedern beherrscht. Daher könnten sie auf Gewinnerzielung ausgerichtet sein.[557] Die Stellung der Verwertungsgesellschaften als Treuhänder ihrer Mitglieder schließt eine Ausrichtung auf Gewinnerzielung nicht aus.[558] Dies folgt aus dem eindeutigen Wortlaut des § 2 Abs. 2 VGG, wonach Voraussetzung nur die Erfüllung einer der beiden Bedingungen ist. Dies ist auch kein Widerspruch zur Funktion als Treuhand: Kontrollieren die Mitglieder die Organisation, so ist der eigennützige Zweck der Gewinnerzielung im kollektiven Interesse. Denn die Mitglieder können selbst bestimmen, wie die Organisation den erzielten Gewinn verwendet. Können die Mitglieder dagegen keine Kontrolle über eine Gesellschaft ausüben, so darf die Gesellschaft auch nicht für eigene Rechnung eine Gewinnerzielung beabsichtigen. Dies widerspräche der Funktion der Verwertungsgesellschaft als Treuhand, wonach diese für die fremde Rechnung der Mitglieder handeln muss.

2. Rechtliche Stellung der Verwertungsgesellschaften am Beispiel Deutschland

Der rechtlichen Stellung der Verwertungsgesellschaften in Deutschland liegt die Situation zugrunde, dass Verwertungsgesellschaften innerhalb des Gebiets der Bundesrepublik eine faktische Monopolstellung zukommt.[559] Existiert in

---

556 Erwägungsgrund 14 der VG-Richtlinie; so im Ergebnis auch: Kling, Gebietsübergreifende Vergabe von Online-Rechten, S. 138 f.

557 Schulze, in: Dreier/Schulze, UrhG, VGG § 2, Rn. 16. Daher wird das Merkmal der „Ausrichtung auf die Gewinnerzielung" im Rahmen der unabhängigen Verwertungseinrichtung näher besprochen.

558 Kling, Gebietsübergreifende Vergabe von Online-Rechten, S. 139.

559 So schon die Gesetzesbegründung zu § 6 und § 11 Verwertungsgesellschaftengesetz 1962 (vgl. BT-Drs. IV/271, S. 15, 17). Die rechtliche Stellung der deutschen Verwertungsgesellschaften lässt sich auf alle europäischen Verwertungsgesellschaften übertragen. Auch sie sind innerhalb ihres Territoriums faktisch Monopolisten.

Deutschland für einen spezifischen Teilmarkt nur eine Verwertungsgesellschaft, so erlangt diese durch die Vereinigung der Rechte von zahlreichen Urhebern ein faktisches Monopol.[560] In Deutschland besteht für die Urheber von Kompositionen und Liedtexten als Verwertungsgesellschaft nur die GEMA, die damit nahezu sämtliche Rechte deutscher Musikurheber verwertet. Schließt die GEMA ergänzend zu ihrem eigenen Repertoire Gegenseitigkeitsverträge mit ihren ausländischen Schwester-Gesellschaften ab,[561] so erlangt sie für den deutschen Markt im Bereich der Musikurheber ein faktisches Monopol für das gesamte Weltrepertoire.[562]

Verwertungsgesellschaften sind durch die Regelungen der VG-Richtlinie und des VGG „geduldete Monopolisten". Allerdings unterliegen Verwertungsgesellschaften aufgrund ihres faktischen Monopols einem „doppelten Kontrahierungszwang", einer Kontrolle durch eine Aufsichtsbehörde, einer Erlaubnispflichtigkeit ihrer Tätigkeit, strengen Regeln zur Verteilung ihrer Einnahmen und umfassenden Transparenz- und Berichtspflichten. Zudem sollen Verwertungsgesellschaften kulturelle und soziale Zwecke verfolgen.

a) Doppelter Kontrahierungszwang

Verwertungsgesellschaften unterliegen einem sog. „doppelten Kontrahierungszwang".[563]

Nach § 9 VGG sind Verwertungsgesellschaften zur Wahrnehmung von Rechten der einzelnen Rechtsinhaber verpflichtet, sofern die wahrzunehmenden Rechte zum Tätigkeitsbereich der Verwertungsgesellschaft gehören und der Wahrnehmung keine objektiven Gründe entgegenstehen.[564] Diese Verpflichtung

---

560 BT-Drs. 18/7223, S. 58; BGH ZUM 2009, 949 Rn. 10 – Seeing is Believing.

561 Hierzu ausführlich unter § 9 A III 4.

562 BT-Drs. 18/7223, S. 58 f. Diese Monopolstellung der Verwertungsgesellschaften war einer der Gründe, warum im Jahr 1962 das Verwertungsgesellschaftengesetz 1962 eingeführt wurde (vgl. BT-Drs. IV/271, S. 9).

563 Schulze, in: Dreier/Schulze, UrhG, VGG § 34, Rn. 1; Gerlach, in: Wandtke/Bullinger, UrhR, VGG § 9, Rn. 2; Riesenhuber, in: Heker/Riesenhuber, Kap. 11, Rn. 31.

564 Der § 9 VGG setzt Art. 5 Abs. 2 Satz 2 VG-Richtlinie um. Art. 5 Abs. 2 Satz 2 VG-Richtlinie nimmt zwar keine Einschränkung auf den Tätigkeitsbereich der Verwertungsgesellschaft vor, sondern sieht eine Ablehnung nur aus „objektiv nachvollziehbaren Gründen" vor. Erwägungsgrund 20 der VG-Richtlinie statuiert aber, dass Verwertungsgesellschaften nicht zur Aufnahme von Mitgliedern verpflichtet sind, deren Rechte nicht in ihren Tätigkeitsbereich fallen.

besteht im Innenverhältnis gegenüber jedem Berechtigten.[565] Verwertungsgesellschaften unterliegen damit einem sog. „Wahrnehmungszwang". Zum einen sind Verwertungsgesellschaften danach verpflichtet, einen Wahrnehmungsvertrag auf Verlangen des Urhebers oder des Leistungsschutzberechtigten abzuschließen.[566] Zum anderen leitet der BGH aus dem Wahrnehmungszwang die Verpflichtung der Verwertungsgesellschaften ab, die Nutzung der wahrgenommenen Rechte durch diejenigen, denen sie Nutzungsrechte eingeräumt hat, möglichst effektiv zu kontrollieren.[567]

Nach § 34 Abs. 1 VGG sind Verwertungsgesellschaften außerdem verpflichtet, jedem Nutzer aufgrund der von ihr wahrgenommenen Rechte zu angemessenen Bedingungen Nutzungsrechte einzuräumen. Verwertungsgesellschaften unterliegen damit einem sog. „Abschlusszwang".[568] Sinn und Zweck der Regelung ist es, dass jeder Nutzer die von Verwertungsgesellschaften wahrgenommen Rechte erwerben kann.[569] Verwertungsgesellschaften können nicht frei entscheiden, ob und wem sie ihr Repertoire lizenzieren.[570]

Der in die negative Vertragsfreiheit eingreifende Kontrahierungszwang rechtfertigt sich daraus, dass Verwertungsgesellschaften in der EU innerhalb ihres

---

565 Freudenberg, in: Möhring/Nicolini, UrhR, VGG § 9, Rn. 12. Der Art. 5 Abs. 2 VG-Richtlinie schafft über die Verpflichtung der Verwertungsgesellschaft hinaus einen einklagbaren Anspruch des Rechtsinhabers gegen die Verwertungsgesellschaft (vgl. Drexl, in: FS Vogel, 227, 241 f.).

566 Schulze, in: Dreier/Schulze, UrhG, VGG § 9, Rn. 15; Freudenberg, in: Möhring/Nicolini, UrhR, VGG § 9, Rn. 12.

567 BGH ZUM 2011, 43 Rn. 29 – Gesamtvertrag Musikabrufdienste.

568 Freudenberg, in: Möhring/Nicolini, UrhR, VGG § 9, Rn. 12. Der Abschlusszwang ist zwar unionsrechtlich nicht ausdrücklich festgeschrieben, ergibt sich aber aus einer Zusammenschau des Art. 16 Abs. 1, 3 VG-Richtlinie und Erwägungsgrund 31 der VG-Richtlinie: Art. 16 Abs. 1 VG-Richtlinie verlangt, dass die „Organisation für die kollektive Rechtewahrnehmung und Nutzer nach Treu und Glauben über die Lizenzierung von Nutzungsrechten verhandeln". Erwägungsgrund 31 verlangt zudem faire und diskriminierungsfreie Lizenzbedingungen der Verwertungsgesellschaften, aufgrund derer Nutzer Lizenzen erwerben können. Art. 16 Abs. 3 VG-Richtlinie fordert eine begründete Erklärung der Verwertungsgesellschaft für den Fall, dass sie die Erteilung einer Lizenz verweigert. Damit geht die VG-Richtlinie davon aus, dass eine Verwertungsgesellschaft grundsätzlich eine Lizenz erteilt bzw. zu erteilen hat. Nur im Ausnahmefall soll sie die Lizenzerteilung bei entsprechender Begründung verweigern können (in diese Richtung auch Drexl, in: FS Vogel, 227, 248, der aber davon ausgeht, dass es den Mitgliedstaaten freisteht, Art. 16 Abs. 1 VG-Richtlinie in Form eines Abschlusszwangs umzusetzen.).

569 Schulze, in: Dreier/Schulze, UrhG, VGG § 34, Rn. 5. Rechtstechnisch handelt es sich bei § 34 Abs. 1 VGG um eine Zwangslizenz (BGH GRUR 2002, 248, 252 – SPIEGEL-CD-ROM). Dies bedeutet, dass sich ein Nutzer um den Erwerb der jeweiligen Nutzungsrechte bemühen muss. Anders als im Fall einer gesetzlichen Lizenz ist die Nutzung nicht schon qua Gesetz gestattet (vgl. Schulze, in: Dreier/Schulze, UrhG, VGG § 34, Rn. 6).

570 Riesenhuber, in: Heker/Riesenhuber, Kap. 11, Rn. 32.

Territoriums eine faktische Monopolstellung zukommt.[571] Bei den Regelungen der § 9 und § 34 Abs. 1 VGG handelt es sich damit um „besonderes Kartellrecht": § 9 VGG schützt den Rechtsinhaber davor, dass ihm ein wirtschaftlicher Schaden aus der grundlosen Verweigerung der Rechtewahrnehmung durch eine Verwertungsgesellschaft entsteht.[572] § 34 Abs. 1 VGG soll verhindern, dass Verwertungsgesellschaften ihre tatsächliche Monopolstellung gegenüber den Nutzern missbrauchen.[573]

b) Aufsicht und Erlaubnispflicht

Verwertungsgesellschaften unterliegen gemäß § 75 Abs. 1 VGG der Aufsicht des Deutschen Patent- und Markenamts (DPMA).[574] Das DPMA achtet nach § 76 Abs. 1 VGG darauf, dass Verwertungsgesellschaften ihren nach dem VGG obliegenden Pflichten nachkommen. Sinn und Zweck der staatlichen Aufsicht ist eine Missbrauchskontrolle der Verwertungsgesellschaften.[575]

Verwertungsgesellschaften bedürfen nach § 77 Abs. 1 VGG grundsätzlich einer Erlaubnis, wobei die Erlaubnispflicht für Verwertungsgesellschaften mit Sitz in der EU oder im EWR nach § 77 Abs. 2 VGG eingeschränkt ist.[576] Zuständig für die Erteilung der Erlaubnis ist wiederum das DPMA gemäß § 78 VGG. Sinn und Zweck der Erlaubnispflicht ist, eine Vorabkontrolle über die Verwertungsgesellschaften zu ermöglichen und bereits im Vorfeld einen möglichen Missbrauch der faktischen Monopolstellung zu verhindern.[577]

---

571 Vgl. hierzu die vorstehenden Ausführungen in diesem § 9 A I 2 a).

572 So schon die Gesetzesbegründung zu § 6 Verwertungsgesellschaftengesetz 1962, BT-Dr. IV/271, S. 15.

573 BGH ZUM 2009, 949 Rn. 10 f. – Seeing is Believing. Die Verwertungsgesellschaft darf einem Interessenten die Einräumung der von ihr wahrgenommenen Rechte aber dann verweigern, wenn dafür ein sachlich gerechtfertigter Grund besteht (vgl. BGH ZUM 2009, 949 Rn. 11 – Seeing is Believing).

574 §§ 75, 76 VGG setzen Art. 36 Abs. 1 VG-Richtlinie um. Art. 36 Abs. 1 VG-Richtlinie verlangt, dass Verwertungsgesellschaften durch eine Behörde überwacht werden.

575 Schulze, in: Dreier/Schulze, UrhG, VGG § 75, Rn. 2.

576 Mit der Aufrechterhaltung der Erlaubnispflichtigkeit der Tätigkeit einer Verwertungsgesellschaft geht das VGG über die VG-Richtlinie hinaus, was nach Erwägungsgrund 9 VG-Richtlinie zulässig ist.

577 Schulze, in: Dreier/Schulze, UrhG, VGG § 77, Rn. 1.

c) Verfolgen sozialer und kultureller Zwecke

Verwertungsgesellschaften sind nicht als reine „Wirtschaftsunternehmen" zu begreifen. Der Erwägungsgrund 3 der VG-Richtlinie stellt fest, dass Verwertungsgesellschaften als Förderer der Vielfalt kultureller Ausdrucksformen eine wichtige Rolle spielen. Sie sollen kleinsten und weniger populären Repertoires einen Zugang zum Markt verschaffen und im Interesse der Rechtsinhaber und der Öffentlichkeit soziale, kulturelle oder Bildungsleistungen erbringen. Auch nach dem Willen des deutschen Gesetzgebers sollen Verwertungsgesellschaften kulturelle und soziale Zwecke verfolgen und dadurch einen Beitrag zur kulturellen Entwicklung der Gesellschaft leisten, der über den rein wirtschaftlichen Zweck der Rechteverwertung hinausgeht.[578]

Um diese Zwecke zu erfüllen, gestatten es Art. 12 Abs. 4 und Erwägungsgrund 28 der VG-Richtlinie den Verwertungsgesellschaften, von ihren Einnahmen aus den wahrgenommenen Rechten einen Abzug für soziale, kulturelle oder Bildungszwecke zu tätigen. Der deutsche Gesetzgeber hat in § 32 VGG eine Regelung zur kulturellen Förderung von Werken und Leistungen sowie zur Einrichtung von Vorsorge- und Unterstützungseinrichtungen durch Verwertungsgesellschaften getroffen. Für diese Zwecke können gemäß § 32 Abs. 3 VGG Abzüge vorgenommen werden.

Auf Grundlage dieses § 32 Abs. 3 VGG sieht die GEMA in ihrem Verteilungsplan einen Abzug von 10 % der nach Abzug der Kosten zur Verfügung stehenden Einnahmen für soziale und kulturelle Zwecke vor.[579] Von den Aufnahmegebühren und Mitgliedsbeiträgen verwendet die GEMA ebenfalls jeweils 10 % für soziale und kulturelle Zwecke.[580]

d) Verteilung der Einnahmen

Um eine möglichst sorgfältige und korrekte Verteilung der Einnahmen im Sinne des Art. 13 Abs. 1 VG-Richtlinie sicherzustellen, haben Verwertungsgesellschaften einen Verteilungsplan gemäß § 27 VGG aufzustellen.[581] Die Einnahmen sind nach festen Regeln zu verteilen, die eine willkürliche Verteilung der Einnahmen ausschließen.

Durch die Aufstellung des Verteilungsplans sollen Verwertungsgesellschaften die Rechtsinhaber nach Möglichkeit mit dem Anteil an den Einnahmen beteiligen, der den Erlösen entspricht, die durch die Auswertung ihrer Rechte erzielt wur-

578 BT-Drs. 18/7223, S. 55, 57.
579 § 30 Abs. 1 Satz 1 GEMA-Verteilungsplan.
580 § 30 Abs. 2 GEMA-Verteilungsplan.
581 BT-Drs. 18/7223, S. 81.

den.[582] Nur soweit es nicht möglich ist, die Erlöse jeweils genau den Wiedergaben der einzelnen Werke zuzuordnen, dürfen Verwertungsgesellschaften beim Aufstellen der Regeln für die Verteilung der Erlöse in gewissem Umfang pauschalieren.[583] Dies schließt insbesondere Bonuszahlungen an besonders erfolgreiche Rechtsinhaber aus.

Dabei haben die Verwertungsgesellschaften die Einnahmen möglichst vollständig an die Rechtsinhaber auszuschütten. Daher dürfen Verwertungsgesellschaften von den Einnahmen neben den Abzügen für kulturelle und soziale Zwecke gemäß § 31 Abs. 2 VGG[584] nur die Verwaltungskosten abziehen, die gerechtfertigt und belegt sind.

e) Berichtspflichten

Die VG-Richtlinie betont, dass Verwertungsgesellschaften besondere Anforderungen an die Transparenz erfüllen müssen, um das Vertrauen der Nutzer und Rechtsinhaber zu stärken.[585] Die faktische Monopolstellung der Verwertungsgesellschaften führt zu dem Risiko einer ineffizienten Verwertung und einer mangelhaften Verwaltung von Rechten.[586] Den Rechtsinhabern drohen aufgrund fehlender Wettbewerber und Mängeln in der Funktionsweise der Verwertungsgesellschaften überhöhte Abzüge von den ihnen zustehenden Einnahmen für Verwaltungskosten und sonstige Zwecke, wie zum Beispiel für soziale und kulturelle Zwecke. Zur Verhinderung von ineffizienter Rechteverwaltung und einem möglichen Missbrauch ihrer faktischen Monopolstellung unterliegen die Verwertungsgesellschaften gegenüber den Rechtsinhabern und der Öffentlichkeit umfangreichen Transparenz- und Berichtspflichten, die in den §§ 53 bis 58 VGG geregelt sind.[587]

Verwertungsgesellschaften müssen den Rechtsinhaber gemäß § 53 Abs. 1 VGG vor dem Abschluss eines Wahrnehmungsvertrags über seine Rechte nach §§ 9 bis 12 VGG und die Abzüge von den Einnahmen informieren.[588] Nach § 54 VGG

---

582 BGH GRUR 2014, 479 Rn. 22 – Verrechnung von Musik in Werbefilmen.
583 BGH GRUR 2014, 479 Rn. 22f. – Verrechnung von Musik in Werbefilmen.
584 § 31 Abs. 2 VGG setzt Art. 12 Abs. 3 Unterabsatz 1 VG-Richtlinie um.
585 Erwägungsgrund 34 der VG-Richtlinie.
586 Erwägungsgrund 5 der VG-Richtlinie.
587 Die Regelungen beruhen auf Art. 5 Abs. 1, 8 und Art. 18 bis Art. 22 VG-Richtlinie.
588 § 53 Abs. 1 VGG setzt Art. 5 Abs. 8 sowie Art. 12 Abs. 1 VG-Richtlinie um. Die Verwertungsgesellschaft kann ihrer Informationspflicht bereits dadurch nachkommen, dass sie einen Rechtsinhaber auf die Satzung, die Wahrnehmungsbedingungen oder den aktuellen jährlichen Transparenzbericht (§ 58 VGG) verweist, sofern die offenzulegende Information in der jeweiligen Publikation enthalten ist (vgl. BT-Drs. 18/7223, S. 88).

müssen Verwertungsgesellschaften die Rechtsinhaber mindestens einmal jährlich über die ihnen im Geschäftsjahr zugewiesenen Einnahmen (§ 54 Nr. 2 VGG) und über die Abzüge, die im Geschäftsjahr für Verwaltungskosten oder für andere Zwecke, wie zum Beispiel für kulturelle und soziale Zwecke, vorgenommen wurden (§ 54 Nr. 5, 6 VGG), informieren.[589]

Verwertungsgesellschaften müssen die Öffentlichkeit über ihre Organisation und die Ausübung ihrer Tätigkeit informieren.[590] Dies umfasst nach § 56 VGG[591] beispielsweise Informationen über:

- ihr Statut (§ 56 Abs. 1 Nr. 1 VGG),
- ihre Tarife (§ 56 Abs. 1 Nr. 4 VGG),
- die von ihr geschlossenen Gesamtverträge (§ 56 Abs. 1 Nr. 5 VGG),
- ihre vertretungsberechtigten Personen (§ 56 Abs. 1 Nr. 6 VGG),
- ihren Verteilungsplan (§ 56 Abs. 1 Nr. 7 VGG) sowie
- über die allgemeinen Grundsätze der Abzüge von Einnahmen aus den Rechten, die für Verwaltungskosten oder für andere Zwecke, wie zum Beispiel für kulturelle und soziale Zwecke, vorgenommen werden (§ 56 Abs. 1 Nr. 8, 9 VGG).

Zudem haben Verwertungsgesellschaften nach § 57 Abs. 1 VGG[592] einen Jahresabschluss, der eine Bilanz sowie eine Gewinn- und Verlustrechnung enthält, zu erstellen und offenzulegen. Darüber hinaus ist nach § 58 VGG[593] ein jährlicher Transparenzbericht von den Verwertungsgesellschaften zu erstellen und zu veröffentlichen. Rechtsinhabern soll es ermöglicht werden, die Leistung der Verwertungsgesellschaften in der EU zu überwachen und miteinander zu vergleichen.[594]

---

589 § 54 VGG setzt Art. 18 Abs. 1 VG-Richtlinie um.

590 Erwägungsgrund 35 VG-Richtlinie.

591 § 56 Abs. 1 VGG setzt Art. 21 Abs. 1 VG-Richtlinie um.

592 § 57 VGG übernimmt die Regelungen des bisherigen § 9 UrhWahrnG und setzt zugleich Art. 22 VG-Richtlinie um, der einen Jahresabschuss als einen Bestandteil des jährlichen Transparenzberichts statuiert (vgl. BT-Drs. 18/7223, S. 89).

593 § 58 VGG setzt Art. 22 VG-Richtlinie um. Das bisherige UrhWahrnG enthielt keine Verpflichtung, einen Transparenzbericht aufzustellen und zu veröffentlichen (vgl. BT-Drs. 18/7223, S. 90).

594 Erwägungsgrund 36 der VG-Richtlinie.

3. Einordnung von Verwertungsgesellschaften in der EU

Die Verwertungsgesellschaften in der EU für Musikurheber haben zwar durch die VG-Richtlinie ein einheitliches Rechtsregime erfahren. Allerdings definieren sie ihren Tätigkeitsbereich jeweils unterschiedlich.[595] Dies hat keine Auswirkung auf ihre faktische Monopolstellung: In ihrem jeweiligen Tätigkeitsbereich bleiben Verwertungsgesellschaften in der EU faktische Monopolisten. Anhand ihrer Tätigkeitsbereiche lassen sich Verwertungsgesellschaften in drei Gruppen einordnen.

a) Bestehen einer einzigen Gesellschaft zur Rechtewahrnehmung

Bei der ersten Gruppe handelt es sich um Verwertungsgesellschaften, die sowohl Aufführungsrechte als auch mechanische Rechte wahrnehmen. Innerhalb dieser ersten Gruppe bestehen Verwertungsgesellschaften, die ausschließlich für Musikurheber und Musikverlage tätig sind. Hierzu zählen zum Beispiel die GEMA oder die schweizerische Verwertungsgesellschaft SUISA[596].

Einige Verwertungsgesellschaften nehmen Rechte nicht nur für Musikurheber und Musikverlage wahr, sondern vertreten darüber hinaus Urheber aus anderen Bereichen: Die spanische Verwertungsgesellschaft SGAE vertritt auch Drehbuchautoren, Regisseure, Bühnendichter und Choreografen.[597] Die belgische Verwertungsgesellschaft SABAM, die italienische Verwertungsgesellschaft SIAE und die portugiesische Verwertungsgesellschaft SPA nehmen Rechte für Urheber aus allen urheberrechtsrelevanten Bereichen wahr: Sie vertreten zum Beispiel auch Drehbuchautoren, Regisseure, Dramaturgen, Choreografen, Übersetzer, Dichter, Comic-Autoren, Journalisten oder Fotografen.[598]

b) Bestehen verschiedener Gesellschaften zur Rechtewahrnehmung

In einigen europäischen Ländern bestehen für die Wahrnehmung der Aufführungsrechte und mechanischen Rechte zugunsten der Musikurheber und Musikverlage jeweils eigenständige Verwertungsgesellschaften. Solche Systeme gibt es beispielsweise in Österreich und in Großbritannien.

---

595 Heine, Wahrnehmung von Online-Musikrechten, S. 100.

596 https://www.suisa.ch/de/suisa.html (abgerufen am 05.08.2019).

597 http://www.sgae.es/en-en/SitePages/corp-modelo.aspx (abgerufen am 05.08.2019).

598 https://www.sabam.be/de/over-sabam/uber-sabam, https://www.siae.it/en/about-us/siae/siae-s-mission und https://www.spautores.pt/spa/quem-somos (abgerufen jeweils am 05.08.2019).

In Österreich werden die Aufführungsrechte durch die AKM und die mechanischen Rechte durch die Austro Mechana wahrgenommen. Möchte ein Musikurheber seine Rechte vollumfänglich durch die AKM und die Austro Mechana wahrgenommen haben, muss er beiden Gesellschaften beitreten und zwei Wahrnehmungsverträge abschließen.[599] Die AKM und die Austro Mechana agieren nicht unabhängig voneinander, vielmehr ist die Austro Mechana eine Tochtergesellschaft der AKM.[600]

Auch in Großbritannien bestehen mit der PRS und der MCPS zwei eigenständige Gesellschaften. Die PRS hält die Aufführungsrechte und die MCPS hat die mechanischen Rechte inne; beide handeln ohne Gewinnerzielungsabsicht.[601] Die MCPS weist gegenüber der Austro Mechana die Besonderheit auf, dass die Anteile nicht von der PRS oder den MCPS Mitgliedern gehalten werden. Die MCPS ist vielmehr eine Tochtergesellschaft der britischen Music Publishers Association (MPA), die alle Anteile an der MCPS hält. Die MCPS wird damit vollständig von den Musikverlegern gehalten.[602] Die Rechte von PRS und MCPS werden von der PRS for Music (PRSfM) verwaltet. Die PRSfM ist eine 100 %ige Tochtergesellschaft und zugleich die operative Gesellschaft der PRS. Auf Grundlage einer vertraglichen Abrede zwischen MCPS und PRS verwaltet die PRSfM auch die von MCPS gehaltenen mechanischen Rechte.[603]

---

599 https://www.akm.at/mitglieder/mitglied-werden/fragen-antworten/#1468826804718-e85ab028-b66d (abgerufen am 05.08.2019).

600 Jahresbericht 2018 der Austro Mechana, S. 9 (abrufbar unter https://www.akm.at/ueber-uns/jahresberichte/; abgerufen am 05.08.2019).

601 Europäische Kommission, Sache M.6800, Rn. 11 – PRSfM / STIM / GEMA / JV. Musikurheber müssen sowohl PRS als auch MCPS beitreten, wenn beide Gesellschaften ihre Rechte wahrnehmen sollen (vgl. https://www.prsformusic.com/join/writer/join-prs und https://www.prsformusic.com/join/writer/join-mcps; abgerufen am 05.08.2019).

602 Heyde, Grenzüberschreitende Lizenzierung, S. 180. Die MPA behält sich auch den bestimmenden Einfluss im MCPS Board vor: Von den neun Direktoren werden sechs Direktoren vom MPA ernannt. Dem stehen zwei Urheber, ein externer Direktor und der Geschäftsführer der MCPS gegenüber. Darüber hinaus hat der Vorsitzende der MPA einen Beobachterstatus im MCPS Board (vgl. https://www.prsformusic.com/about-us/governance/mcps-board; abgerufen am 05.08.2019).

603 Europäische Kommission, Sache M.6800, Rn. 11 – PRSfM / STIM / GEMA / JV. Die Vereinbarung zwischen PRS und MCPS besteht seit 01.07.2013. Im Jahr 2016 wurde eine Verlängerung bis zum 30.06.2017 vereinbart und ein neuer Fünfjahresvertrag trat am 01.07.2017 in Kraft (vgl. PRS for Music Limited Annual Report & Financial Statements für 2017 (2017 PRS for Music Statutory accounts), S. 1; abrufbar unter https://www.prsformusic.com/about-us/track-record/2017; abgerufen am 05.08.2019).

c) Sonderformen zur Rechtewahrnehmung

Neben diesen beiden Grundformen bestehen zwei Sonderformen zur Rechtewahrnehmung in Frankreich sowie in Skandinavien und im Baltikum. Sie sind einander ähnlich.

In Frankreich bestehen für die Rechtewahrnehmung der Musikurheberrechte mit der SACEM und der SDRM zwei Organisationen. Allerdings räumen Musikurheber und Musikverlage ihre Rechte ausschließlich der SACEM zur Wahrnehmung ein. Sie schließen nur einen Wahrnehmungsvertrag mit der SACEM ab; es gibt keinen gesonderten Vertrag zwischen den Rechtsinhabern und der SDRM.[604] Die SDRM ist zwar als eine eigenständige Organisation für die Verwaltung der mechanischen Rechte zuständig.[605] Die Wahrnehmung der Rechte erfolgt auf Grundlage eines Vertrags zwischen SACEM und SDRM.[606] Die SDRM nimmt dabei nur das Inkasso für die mechanischen Rechte vor und leitet die Gelder vollständig an die SACEM weiter. Die SACEM nimmt die Abzüge und die Ausschüttung an die Berechtigten vor.[607]

Auch in Skandinavien und im Baltikum besteht mit der NCB eine Organisation, die die mechanischen Rechte eigenständig wahrnimmt.[608] Die jeweilige nationale Verwertungsgesellschaft administriert ausschließlich die Aufführungsrechte. Vergleichbar zur SDRM fließen die mechanischen Rechte vom Rechtsinhaber zunächst in die jeweilige nationale Verwertungsgesellschaft. Diese bringt die Rechte in die NCB ein.[609] Gegenwärtig wird die NCB durch die dänische

---

604 SACEM Membership Application Author Composer (for all rights and territories), S. 2 (abrufbar unter https://createurs-editeurs.sacem.fr/en/brochures-documents; abgerufen am 05.08.2019); Art. 1 und 4 SACEM Statuten 2018 (abrufbar unter https://createurs-editeurs.sacem.fr/en/brochures-documents; abgerufen am 05.08.2019).

605 Art. 5 SDRM Statuten 2017 (abrufbar unter https://sdrm.sacem.fr/pdf/statuts_et_rg_sdrm_2017.pdf; abgerufen am 05.08.2019). Gesellschafter der SDRM sind die SACEM und die Association of Publishers for the Exploitation of Mechanical Reproduction Rights (AEEDRM) (vgl. Art. 1 SDRM Statuten 2017).

606 SACEM Annual Report 2017, S. 64 (abrufbar unter https://societe.sacem.fr/repimg/en/live/anglais/ Sacem/Press_Resources/Annual_reports/Sacem_Annual_Review_2017_082018.pdf).

607 SACEM Annual Report 2017, S. 50.

608 NCB Annual Report 2018, S. 6 (abrufbar unter http://www.ncb.dk/index.php/about-ncb/). Die Anteile an der NCB halten die Verwertungsgesellschaften Koda (Dänemark), STEF (Island), Stim (Schweden), Teosto (Finnland) und TONO (Norwegen) (vgl. NCB Annual Report 2018, S. 6). Das Territorium der NCB umfasst die folgenden Länder: Dänemark, Estland, Finnland, Island, Lettland, Litauen, Norwegen und Schweden (vgl. NCB Transparency Report 2018, S. 16).

609 Beispielsweise muss nach § 4 lit. a) Koda Articles of Association (Stand 01.06.2017) jedes Mitglied der Koda das ausschließliche Recht übertragen, die Rechte an der öffentlichen Aufführung, Klangreproduktion, Vervielfältigung und Verbreitung seiner eigenen Werke zu verwalten (Die Koda Articles of Association sind abrufbar unter https://www.koda.dk/media/130223/

Verwertungsgesellschaft Koda verwaltet. Die Koda übernimmt damit die Lizenzierung der mechanischen Rechte im Namen der NCB.[610]

Bei der SDRM und bei der NCB handelt es sich damit jeweils nicht um eine Verwertungsgesellschaft im Sinne des § 2 VGG bzw. Art. 3 lit. a) VG-Richtlinie. Beide Organisationen werden nicht aufgrund einer unmittelbaren vertraglichen Vereinbarung mit den Rechtsinhabern tätig.[611] Die SDRM und die NCB erhalten die mechanischen Rechte vielmehr von Verwertungsgesellschaften eingeräumt. Da die SDRM und die NCB jeweils von Verwertungsgesellschaften gehalten werden, handelt es sich bei ihnen um abhängige Verwertungseinrichtungen im Sinne des § 3 VGG. Für die Praxis hat diese Abgrenzung eine eher untergeordnete Relevanz, da die Pflichten, die die VG-Richtlinie den Verwertungsgesellschaften auferlegt, unterschiedslos auch für abhängige Verwertungseinrichtungen gelten.[612]

d) Zusammenfassung

Die verschiedenen Formen von Verwertungsgesellschaften für Rechteinhaber an Kompositionen und Liedtexten lassen sich wie folgt zusammenfassen:

Tabelle 1. Formen von Verwertungsgesellschaften

Art	Inhalt	Beispiel
Eine Gesellschaft	Rechteinhaber sind mit einer Verwertungsgesellschaft verbunden. Diese Verwertungsgesellschaft nimmt sowohl Aufführungs- und Wiedergaberechte als auch Vervielfältigungs- und Verbreitungsrechte wahr.	GEMA
Verschiedene Gesellschaften	Rechteinhaber sind mit verschiedenen Verwertungsgesellschaften verbunden. Verschiedene Verwertungsgesellschaften nehmen Aufführungs- und Wiedergaberechte sowie Vervielfältigungs- und Verbreitungsrechte wahr.	AKM/Austro Mechana
Sonderform	Rechteinhaber sind mit einer Verwertungsgesellschaft verbunden. Verschiedene Verwertungsgesellschaften nehmen Aufführungs- und Wiedergaberechte sowie Vervielfältigungs- und Verbreitungsrechte wahr.	SACEM/ SDRM

koda_articles-of-association_01062017.pdf). Die Rechtsinhaber schließen keinen eigenen Vertrag mit der NCB ab.

610 http://www.ncb.dk/index.php/about-ncb/ (abgerufen am 05.08.2019).

611 Zu diesem Merkmal, vgl. zuvor unter § 9 A I 1 a). Verwertungsgesellschaften können nach § 5 Abs. 2 VGG bzw. Art. 3 lit. c) VG-Richtlinie keine Rechtsinhaber sein.

612 Ausführlich zur abhängigen Verwertungseinrichtung unter § 9 B.

II. Gesellschaften in USA

Während in der EU die Verwertungsgesellschaften mit der VG-Richtlinie einer umfangreichen spezialgesetzlichen Regulierung unterliegen, gibt es in den USA keine auf alle Verwertungsgesellschaften unterschiedslos anwendbare gesetzliche Regelung.[613] Verwertungsgesellschaften in den USA unterliegen vielmehr den allgemeinen Regelungen des Kartellrechts, die in vollem Umfang auf Verwertungsgesellschaften anwendbar sind. Maßgebliches Regelwerk ist der Sherman Act, der in 15 U.S.C. §§ 1–7 kodifiziert ist.[614]

Zuständige Behörde für die Durchsetzung des Sherman Acts ist die „Antitrust Division" des US-Justizministeriums.[615] Anders als Verwertungsgesellschaften in der EU unterliegen die US-amerikanischen Verwertungsgesellschaften damit keiner unmittelbaren institutionalisierten Kontrolle.[616] Vielmehr erfolgt eine Kontrolle durch eine Behörde, die gegenüber Organisationen, die eine dominante Position am Markt haben, generell misstrauisch eingestellt ist.[617] Dieses Misstrauen wird dadurch verstärkt, dass die Rechteinhaber Monopolrechte innehaben und ihre Monopolrechte in Gesellschaften zum Zweck einer kollektiven Wahrnehmung gezielt bündeln.[618]

Im Gegensatz zum Bundeskartellamt kann die „Antitrust Division" des US-Justizministeriums keine hoheitlichen Maßnahmen erlassen, sondern hat vielmehr ein gerichtliches Verfahren vor einem Bundesgericht zu betreiben.[619] Diese Verfahren enden häufig in einem „consent decree". Nach deutschem Rechtsverständnis handelt es sich bei einem „consent decree" am ehesten um einen gerichtlichen Vergleich.[620] Denn die Parteien einigen sich mit dem Gericht auf Regeln für die zukünftige Tätigkeit des beklagten Unternehmens, wobei es dem Gericht gestattet bleibt, alle Anordnungen zu treffen, um einen Kartellrechtsverstoß zu unterbinden.[621] Grund für die Verfahrensbeendigung mittels „consent

---

613 Löhr, Verwertungsgesellschaften, S. 79.

614 Goldmann, GRUR Int. 2001, 420, 425.

615 Korman, Journal of the Copyright Society of the USA, Volume 43 (1995), 158, 160. Neben der „Antitrust Division" des US-Justizministeriums kann auch die „Federal Trade Commission" (FTC) tätig werden. Im Falle einer Verletzung des Sherman Acts, kann die FTC auf der Grundlage des Federal Trade Commission Act (FTC Act) vorgehen, da jeder Verstoß gegen den Sherman Act zugleich einen Verstoß gegen den FTC Act darstellt (vgl. https://www.ftc.gov/tips-advice/competition-guidance/guide-antitrust-laws/antitrust-laws, abgerufen am 05.08.2019).

616 Löhr, Verwertungsgesellschaften, S.79.

617 Korman, Journal of the Copyright Society of the USA, Volume 43 (1995), 158, 160.

618 Goldmann, GRUR Int. 2001, 420, 423.

619 Goldmann, Kollektive Wahrnehmung, S. 126.

620 Löhr, Verwertungsgesellschaften, S. 85.

621 Goldmann, Kollektive Wahrnehmung, S. 131f.

decree“ ist zum einen, dass die Verfahren zu einem schnelleren Abschluss gebracht und die Kosten reduziert werden.[622] Zum anderen stellen sie auch kein bindendes Präjudiz nach dem US-amerikanischen Fallrecht dar.[623] Verwertungsgesellschaften sind daher in den USA entsprechend ihrer Marktmacht unterschiedlichen Bestimmungen unterworfen, die den rechtlichen Rahmen ihrer Tätigkeit definieren.

Vor diesem Hintergrund werden im Folgenden die US-amerikanischen Verwertungsgesellschaften und der für sie jeweils geltende rechtliche Rahmen dargelegt. Die nachfolgende Darstellung ist entsprechend des Tätigkeitsbereichs der jeweiligen Verwertungsgesellschaft unterteilt:

Unter Ziffer 1 werden die US Performing Rights Organizations (nachfolgend: US-PRO) dargestellt. Die Tätigkeit der US-PRO ist entsprechend ihrer Bezeichnung beschränkt auf die Wahrnehmung der „performing rights“.[624] Dabei werden die allgemeingültigen Merkmale einer US-PRO definiert und anschließend die drei größten US-PRO ASCAP, BMI und SESAC sowie die für sie geltenden Vorschriften vorgestellt. Außerdem wird kurz auf den Branchenneuling GMR eingegangen.

Unter Ziffer 2 wird anschließend „The Harry Fox Agency“ (nachfolgend: HFA) dargestellt. Die Tätigkeit von HFA beschränkt sich auf die Wahrnehmung der „mechanical rights“.[625] Wie die dortigen Ausführungen zeigen werden, ist HFA keine Verwertungsgesellschaft im eigentlichen Sinne.

1. Definition und rechtliche Stellung der US-PRO

a) Definition der US-PRO

Eine Definition der Verwertungsgesellschaften für die „performing rights“ findet sich in § 101 US Copyright Act:

> „A „performing rights society“ is an association, corporation, or other entity that licenses the public performance of nondramatic musical works on behalf of copyright owners of such works, such as the American Society of Composers, Authors and Publishers (ASCAP), Broadcast Music, Inc. (BMI), and SESAC, Inc.“

> In deutscher Übersetzung:

> „Eine „performing rights society“ ist eine Vereinigung, Gesellschaft oder andere Einrichtung, die die öffentliche Aufführung nichtdramatischer Musikwerke im Namen von Urheber-

622 Löhr, Verwertungsgesellschaften, S. 86.
623 Goldmann, Kollektive Wahrnehmung, S. 132.
624 Heyde, Grenzüberschreitende Lizenzierung, S. 168.
625 Heyde, Grenzüberschreitende Lizenzierung, S. 168.

rechtsinhabern solcher Werke lizenziert, wie zum Beispiel die American Society of Composers, Authors and Publishers (ASCAP), Broadcast Music, Inc. (BMI) und SESAC, Inc."

Aus dem gesetzlichen Leitbild des § 101 US Copyright Act lassen sich gegenüber Verwertungsgesellschaften in der EU zwei Besonderheiten ableiten:

Zum einen lizenzieren US-PRO ausschließlich die Aufführungs- und Wiedergaberechte nichtdramatischer Musikwerke. US-PRO nehmen grundsätzlich keine Vervielfältigungs-, Verbreitungs- und Synchronisationsrechte wahr. Auch die Verwaltung von Ansprüchen aus Zwangslizenzen oder gesetzlichen Lizenzen erfolgt nicht durch die US-PRO.[626]

Zum anderen sieht § 101 US Copyright Act ausdrücklich vor, dass es mehrere US-PRO gibt und benennt beispielhaft ASCAP, BMI und SESAC. Anders als in Europa stehen die US-PRO zueinander in direkter Konkurrenz und damit im Wettbewerb um die „performing rights" der einzelnen Urheber und Musikverlage.[627]

Allerdings schließt die Mitgliedschaft in einer US-PRO die gleichzeitige Mitgliedschaft in einer anderen US-PRO aus. Ein Rechteinhaber kann nur Mitglied einer US-PRO sein.[628] Um dennoch gleichzeitig Mitglied bei allen US-PRO sein zu können, gründen Musikverlage gesonderte Tochtergesellschaften, die jeweils Mitglied nur einer US-PRO werden.[629] Dadurch ist sichergestellt, dass sich die Repertoires der US-PRO nicht überschneiden.[630] Dies führt wiederum dazu, dass die US-PRO gegenüber den Rechteverwertern, wie zum Beispiel Online-Diensten, nicht im Wettbewerb zueinander stehen. Will ein Online-Dienst lückenlos die „performing rights" an Musikwerken von den US-PRO erwerben, ist dieser regelmäßig dazu gezwungen, mit allen US-PRO gesonderte Lizenzverträge über deren jeweiliges Repertoire abzuschließen.[631]

Zusammengefasst lassen sich folgende Unterschiede zwischen den US-PRO und den Verwertungsgesellschaften in der EU festhalten:

626 Goldmann, GRUR Int. 2001, 420, 422.
627 Goldmann, GRUR Int. 2001, 420, 422.
628 Passmann, Music Business, S. 242; Kohn, Music Licensing, S. 1220. Urheber können beispielsweise nicht gleichzeitig ein Mitglied von ASCAP und SESAC sein.
629 Korman, Journal of the Copyright Society of the USA, Volume 43 (1995), 158, 158.
630 Goldmann, GRUR Int. 2001, 420, 423.
631 Goldmann, GRUR Int. 2001, 420, 423. Alternativ kann ein Online-Dienst die Aufführungsrechte auch direkt vom Rechteinhaber erwerben (vgl. hierzu ausführlich unter § 9 A III 2 und § 11 B III 1).

Tabelle 2. Unterschiede zwischen US-PRO und Verwertungsgesellschaften in der EU

	US-PRO	Verwertungsgesellschaften in der EU
Rechtewahrnehmung	Nur „performing rights".	Neben Aufführungs- und Wiedergaberechten auch weitere Rechte (zum Beispiel Vervielfältigungs- und Verbreitungsrechte).
Zahl der Gesellschaften	Mehrere Gesellschaften, die im Wettbewerb zueinander stehen.	Eine monopolartige Gesellschaft je Territorium.

b) ASCAP

ASCAP wurde 1914 gegründet und ist damit die älteste US-PRO. Mit mehr als 720.000 Mitgliedern ist ASCAP die zweitgrößte der traditionellen US-PRO. Gleichzeitig ist ASCAP die einzige US-PRO, die von ihren Mitgliedern gehalten und verwaltet wird.[632] ASCAP schüttet die Einnahmen nach Abzug der Verwaltungskosten vollständig an seine Mitglieder aus und handelt ohne Gewinnerzielungsabsicht.[633] Die Struktur von ASCAP ist damit ähnlich zu den Strukturen der Verwertungsgesellschaften in der EU.

c) BMI

BMI wurde 1939 durch eine Gruppe von Vertretern der Radiostationen als Reaktion auf die Forderung von ASCAP nach einer Verdoppelung der Lizenzgebühren für Radiostationen gegründet.[634] Bis heute wird BMI von mehr als 300 Senderunternehmen gehalten.[635] Mit mehr als 900.000 Mitgliedern[636] ist BMI gegenwärtig die mitgliederstärkste US-PRO. BMI arbeitet wie ASCAP ohne eine eigene Gewinnerzielungsabsicht und schüttet die aus der Lizenzierung erzielten Einnahmen (nach Abzug von Betriebskosten und angemessener Rücklagen) vollständig an seine Mitglieder aus.[637]

632 https://www.ascap.com/about-us (abgerufen am 05.08.2019).
633 Passmann, Music Business, S. 241.
634 https://www.bmi.com/about/history (abgerufen am 05.08.2019).
635 Arnold, Temple Law Review, Volume 81 (2008), 1169, 1175. BMI schüttet an die Anteilseigner keine Dividende aus (vgl. Kohn, Music Licensing, S. 1218).
636 https://www.bmi.com/about (abgerufen am 05.08.2019).
637 BMI, Comments on Department of Commerce Copyright Green Paper (Nov. 13, 2013), S. 2.

d) Rechtliche Stellung von ASCAP und BMI

ASCAP und BMI sind den Bestimmungen jeweils eigenständiger „consent decrees“ unterworfen: ASCAP unterliegt gegenwärtig den Bestimmungen des „ASCAP consent decree 2001“.[638] Auf BMI finden zurzeit die Bestimmungen des „BMI consent decree 1994“ Anwendung.[639] Sowohl ASCAP als auch BMI unterliegen bereits seit dem Jahr 1941 verschiedenen „consent decrees“.[640]

Das „ASCAP consent decree 2001“ und das „BMI consent decree 1994“ stellen inhaltlich ähnliche Regelungen auf. Hintergrund ist, dass ASCAP und BMI ähnliche Marktanteile haben.[641] Die beiden größten US-PRO sollen möglichst ähnliche Wettbewerbsvoraussetzungen haben, die nicht durch unterschiedliche Bestimmungen in den „consent decrees“ verzerrt werden. Beide „consent decrees“ enthalten vor allem Bestimmungen zum Rechteerwerb von den Rechteinhabern und zur Lizenzierung an die Musiknutzer.[642] Aus beiden „consent decrees“ ergibt sich zugleich die grundsätzliche rechtliche Stellung von ASCAP und BMI, über die im Folgenden ein kurzer Überblick im Vergleich zur rechtlichen Stellung von Verwertungsgesellschaften in der EU gegeben wird.

---

638 United States of America v. American Society of Composers, Authors and Publishers, U.S. District Court for the Southern District of New York, Civil Action No. 41–1395, entered June 11, 2001 (nachfolgend: „ASCAP consent decree 2001“).

Die „Antitrust Division“ des US-Justizministeriums lehnte es im Jahr 2016 ab, das „ASCAP consent decree 2001“ zu modifizieren (vgl. Statement of the Department of Justice on the Closing of the Antitrust Division's Review of the ASCAP and BMI Consent Decrees from August 4, 2016, S. 3).

639 United States of America v. Broadcast Music. and RKO General, Inc., U.S. District Court for the Southern District of New York, Civil No. 64-Civ-3787, entered December 29, 1966 and amended November 18, 1994 (nachfolgend: „BMI consent decree 1994“).

Die „Antitrust Division“ des US-Justizministeriums lehnte es im Jahr 2016 ab, das „BMI consent decree 1994“ zu modifizieren (vgl. Statement of the Department of Justice on the Closing of the Antitrust Division's Review of the ASCAP and BMI Consent Decrees from August 4, 2016, S. 3).

640 Das ursprüngliche „ASCAP consent decree“ aus dem Jahr 1941 wurde in den Jahren 1950 und 1960 modifiziert. Das ursprüngliche „BMI consent decree“ aus dem Jahr 1941 wurde im Jahr 1966 überarbeitet. Eine ausführliche Darstellung dieser „consent decrees“ findet sich bei Goldmann, Kollektive Wahrnehmung, S. 142ff.

641 Memorandum of the United States in support of the joint motion to enter Second Amended Final Judgement, United States of America v. American Society of Composers, Authors and Publishers, Civil Action No- 41–1395, S. 42.

642 Vgl. zu den Bestimmungen des Rechteerwerbs ausführlich unter § 9 A III 2 a) aa) und § 9 A III 2 b) aa) sowie zu den Bestimmungen zur Lizenzierung unter § 11 B III 4.

aa) Doppelter Kontrahierungszwang

Das „ASCAP consent decree 2001" und das „BMI consent decree 1994" sehen jeweils einen doppelten Kontrahierungszwang vor, wie ihn in vergleichbarer Art und Weise auch §§ 9, 34 VGG für deutsche Verwertungsgesellschaften statuieren.[643]

Ein Wahrnehmungszwang ergibt sich für ASCAP aus Ziffer XI. A. des „ASCAP consent decree 2001" und für BMI aus Ziffer V. (A) des „BMI consent decree 1994". ASCAP und BMI müssen danach jeden Autor aufnehmen, der mindestens ein musikalisches Werk veröffentlicht hat, sowie jeden Musikverleger, dessen Veröffentlichungen von Musik seit mindestens einem Jahr im kommerziellen Umfang genutzt oder verbreitet werden und der das finanzielle Risiko der Veröffentlichung von Musikwerken übernimmt.

ASCAP und BMI unterliegen auch einem Abschlusszwang. Nach Ziffer VI. des „ASCAP consent decree 2001" hat ASCAP grundsätzlich allen Musiknutzern auf deren schriftliche Anfrage eine nicht-exklusive Lizenz an den „performing rights" der Werke im Repertoire von ASCAP einzuräumen. ASCAP kann die Erteilung der Lizenz nur dann verweigern, wenn der Lizenznehmer einen bestehenden Lizenzvertrag mit ASCAP dadurch verletzt, dass er eine Lizenzgebühr, die unstreitig ASCAP geschuldet ist, nicht zahlt.

Für BMI ist der Abschlusszwang in den Ziffern VIII. (B) und IX. (C) des „BMI consent decree 1994" festgeschrieben. Im Gegensatz zum „ASCAP consent decree 2001" differenziert das „BMI consent decree 1994" zwischen Rundfunk- bzw. Fernsehsendern und anderen Nutzern. Die Lizenzierungspflicht besteht für BMI aber gegenüber allen Diensten ohne Unterschied.[644]

bb) Aufsicht

ASCAP und BMI unterliegen faktisch einer Aufsicht der „Antitrust Division" des US Justizministeriums. Das Aufsichtsrecht ist auf die Kontrolle der Einhaltung des jeweiligen „consent decrees" beschränkt.

---

643 Vgl. zu §§ 9, 34 VGG die Ausführungen unter § 9 A I 2 a).

644 Für Rundfunk- und Fernsehsender schreibt Ziffer VIII. (B) des „BMI consent decree 1994" vor, dass BMI diese auf deren Anfrage hin lizenzieren muss. Hierfür kann BMI entweder eine Lizenz pro Programm oder pro Programmzeitraum vergeben.

Für andere Musiknutzer als Rundfunk- und Fernsehsender schreibt Ziffer IX (C) des „BMI consent decree 1994" vor, dass BMI sich nicht weigern darf, auf Anfrage der Musiknutzer eine Lizenz zu einem Preis anzubieten, der von BMI mit Zustimmung der Rechteinhaber festgelegt wurde.

Nach Ziffer XII. des „ASCAP consent decree 2001“ erhält die „Antitrust Division“ des US Justizministeriums ein Einsichtsrecht in die Unterlagen und Belege von ASCAP, ein Fragerecht gegenüber Mitgliedern und Mitarbeitern bzw. Vertreten von ASCAP und ein Recht zur Einholung eines schriftlichen Berichts von ASCAP, um die Einhaltung des „ASCAP consent decree 2001“ zu kontrollieren.

Nach Ziffer XI. des „BMI consent decree 1994“ erhält die „Antitrust Division“ des US Justizministeriums ein Einsichtsrecht in die Unterlagen und Bücher von BMI sowie ein Fragerecht gegenüber Vorständen und Mitarbeitern, um die Einhaltung des „BMI consent decree 1994“ zu kontrollieren. Anders als im Falle von ASCAP sieht Ziffer XI. des „BMI consent decree 1994“ nicht vor, dass die „Antitrust Division“ BMI Mitglieder befragen oder einen schriftlichen Bericht von BMI einholen darf.

cc) Verteilung der Einnahmen

Im Gegensatz zu Verwertungsgesellschaften in der EU sind ASCAP und BMI in der Verteilung der Einnahmen an ihre Mitglieder faktisch unreguliert und können die Einnahmen nach eigenem Ermessen verteilen. Insbesondere müssen ASCAP und BMI keinen Verteilungsplan aufstellen, anhand derer die Einnahmen unterschiedslos an alle Mitglieder verteilt werden. ASCAP und BMI ist es vielmehr gestattet, besonders erfolgreiche Mitglieder überproportional an den Einnahmen, beispielsweise auch durch Bonuszahlungen, zu beteiligen.

BMI muss nach Ziffer VII. (A) des „BMI consent decree 1994“ lediglich allen Mitgliedern eine Übersicht über die Leistungswerte zur Verfügung zu stellen, die BMI für alle Einstufungen von Aufführungen und von musikalischen Werken verwendet. BMI muss daher seinen Mitgliedern nur das aktuelle System zur Gewichtung von Aufführungen und Werken offenlegen.[645] BMI kann damit Musikwerken und ihren Aufführungen einen unterschiedlichen Wert für die Verteilung der Gesamteinnahmen zuweisen. Dieser Wert kann sich beispielsweise danach bemessen, wie häufig, auf welchem Verbreitungsweg oder zu welcher Uhrzeit ein Werk genutzt wurde.

ASCAP ist faktisch den gleichen Bestimmungen unterworfen, denen auch BMI unterliegt. ASCAP muss seinen Mitgliedern nur sein System zur Gewichtung von Aufführungen und Werken offenlegen.[646]

---

645 Korman, Journal of the Copyright Society of the USA, Volume 43 (1995), 158, 170.

646 ASCAP hat seine Regeln zur Verteilung in ASCAP's Survey and Distribution System: Rules & Policies as of September 2015 veröffentlicht (abrufbar unter: https://www.ascap.com/~/media/files/pdf/members/ payment/drd.pdf, abgerufen am 26.02.2019). Darin beschreibt ASCAP seine „Distribution Formula“ und einer „Weighting Formula“, anhand derer ASCAP die Verteilung der

Zwar sieht Ziffer XI. (B) des „ASCAP consent decree 2001" vor, dass ASCAP die aus der Vergabe von Lizenzen eingenommenen Gelder in erster Linie auf Grundlage der Anzahl der Wiedergaben der Werke seiner Mitglieder zu verteilen hat, wobei Bonuszahlungen an einzelne Mitglieder im Einzelfall zulässig sind. Allerdings steht Ziffer XI. (B) des „ASCAP consent decree 2001" unter dem Vorbehalt von Ziffer XI. (C) des „ASCAP consent decree 2001", wonach BMI die substantiell identischen Pflichten treffen muss. Dadurch soll sichergestellt werden, dass ASCAP keinem Wettbewerbsnachteil gegenüber BMI ausgesetzt ist.[647] Wie zuvor beschrieben, treffen BMI aber keine Pflichten, wie sie Ziffer XI. (B) des „ASCAP consent decree 2001" aufstellen.[648]

Seit dem Inkrafttreten des „ASCAP consent decree 2001" muss ASCAP keinen Verteilungsplan mehr aufstellen. Nach Ansicht der „Antitrust Division" des US Justizministeriums ist eine solche Vorschrift kostenintensiv und zudem ineffizient dahingehend, ASCAP vom Missbrauch einer Marktmacht abzuhalten.[649] Der Wettbewerb mit BMI und SESAC wirke sich auf ASCAP disziplinierender aus als das Erfordernis des Aufstellens eines Verteilungsplans, da ein mit der Verteilung unzufriedenes ASCAP-Mitglied jederzeit zu einer anderen US-PRO wechseln könne.[650]

ASCAP und BMI schütten die Einnahmen, die durch ein bestimmtes Werk erzielt wurden, jeweils hälftig an Urheber und an Musikverlage aus. Beide werden somit durch ASCAP und BMI an den Einnahmen paritätisch beteiligt. Der Anteil des Urhebers wird als „writer share" bezeichnet, der Anteil des Musikverlags als „publisher share".[651]

Einnahmen errechnet. Dabei sieht ASCAP nach Ziffer 2.2 der Verteilungsregeln vor, dass ASCAP spezielle Zuschläge an einzelne Urheber in einer Höhe gewähren kann, die 0,5 % der gesamten ausschüttungsfähigen Einnahmen nicht übersteigen.

647 Memorandum of the United States in support of the joint motion to enter Second Amended Final Judgement, United States of America v. American Society of Composers, Authors and Publishers, Civil Action No- 41–1395, S. 43.

648 Memorandum of the United States in support of the joint motion to enter Second Amended Final Judgement, United States of America v. American Society of Composers, Authors and Publishers, Civil Action No- 41–1395, S. 43.

649 Memorandum of the United States in support of the joint motion to enter Second Amended Final Judgement, United States of America v. American Society of Composers, Authors and Publishers, Civil Action No- 41–1395, S. 39.

650 Memorandum of the United States in support of the joint motion to enter Second Amended Final Judgement, United States of America v. American Society of Composers, Authors and Publishers, Civil Action No- 41–1395, S. 42.

651 Kohn, Music Licensing, S. 1223.

e) SESAC

SESAC wurde 1931 gegründet und ist damit die zweitälteste US-PRO. Im September 2015 erwarb SESAC HFA und wurde im Februar 2017 selbst von der Investmentgesellschaft Blackstone übernommen.[652] Mit rund 30.000 Mitgliedern[653] ist SESAC zugleich die mitgliederschwächste der drei traditionellen US-PRO.

Die geringe Zahl der Mitglieder erklärt sich dadurch, dass sich SESAC von ASCAP und BMI sowie von Verwertungsgesellschaften in der EU erheblich unterscheidet: So steht SESAC nicht allen Musikurhebern offen. Mitglied von SESAC kann nur werden, wer von SESAC als Mitglied akzeptiert wird.[654] Gleichzeitig ist SESAC auf Gewinnerzielung ausgerichtet und schüttet damit nicht sämtliche Erlöse aus den Rechten der Urheber nach Abzug der eigenen Kosten an die Urheber und Musikverlage aus.[655]

Da SESAC im Gegensatz zu ASCAP und BMI nicht Gegenstand einer kartellrechtlichen Entscheidung ist, finden die zu ASCAP oder BMI entwickelten Regeln auf SESAC keine Anwendung.[656] Damit unterliegt SESAC keinem allgemeinen Wahrnehmungszwang. SESAC darf die Verteilung seiner Einnahmen frei bestimmen und an Autoren und Musikverlage nach eigenem Ermessen Vorschüsse, Garantien oder Boni zahlen.

Wie ASCAP und BMI verteilt SESAC seine Einnahmen hälftig zwischen Musikverlag und Urheber und schüttet den jeweiligen „writer share“ an den Urheber und den jeweiligen „publisher share“ an den Musikverlag aus.[657]

f) Global Music Rights

Global Music Rights (GMR) wurde 2013 von Irving Azoff als Alternative zu den bisher bestehenden US-PRO gegründet.[658] Zwar soll GMR gegenwärtig nur etwa 74 Mitglieder haben,[659] aber ein Repertoire von 33.000 Werken administrieren.[660]

---

652 https://www.sesac.com/#/our-history (abgerufen am 05.08.2019).

653 https://www.sesac.com/#/our-history (abgerufen am 05.08.2019).

654 Passmann, Music Business, S. 241.

655 Passmann, Music Business, S. 241. Nach eigenen Angaben ist SESAC dennoch in der Lage, seinen Mitgliedern höhere Vergütungen für die Nutzung ihrer Werke als ASCAP und BMI zu bezahlen (vgl. Passmann, Music Business, S. 241).

656 Goldmann, GRUR Int. 2001, 420, 421 f.

657 https://www.royaltyexchange.com/blog/the-songwriter-and-music-publisher-relationship-pt-4#sthash. KUXXI9Ag.V2WAnwGw.dpbs (abgerufen am 05.08.2019).

658 https://globalmusicrights.com/about#who-we-are / (abgerufen am 05.08.2019).

659 https://www.hollywoodreporter.com/thr-esq/irving-azoff-song-licensing-outfit-gains-edge-antitrust-battle-radio-stations-1063013 (abgerufen am 05.08.2019).

In der Struktur ist GMR vergleichbar zu SESAC: GMR ist ebenfalls auf Gewinnerzielung ausgerichtet. GMR steht nicht allen Urhebern offen, sondern Mitglieder müssen von GMR akzeptiert werden. Außerdem unterliegt GMR keinem „consent decree".[661]

2. The Harry Fox Agency (HFA)

HFA wurde 1927 von der National Music Publishers' Association (NMPA)[662] als Agentur zur Lizenzierung mechanischer Rechte gegründet.[663] Seit 2015 ist HFA Teil des SESAC Konzerns und gehört seit dem Jahr 2017 ebenfalls zu Blackstone.[664] Gegenwärtig arbeitet HFA nach eigenen Angaben im Auftrag von mehr als 48.000 Musikverlagen.[665] Dabei ist HFA keine Verwertungsgesellschaft oder eine zu den US-PRO vergleichbare Gesellschaft. Es handelt sich vielmehr um eine „Agency": HFA wird im Auftrag der Musikverlage ähnlich eines Maklers tätig.[666]

Anders als die US-PRO können Urheber die HFA nicht mit der Wahrnehmung mechanischer Rechte beauftragen. HFA nimmt die Rechte ausschließlich im Auftrag der Musikverlage wahr und schüttet Einnahmen ausschließlich an Musikverlage aus.[667] Die Tätigkeit der HFA beschränkt sich auf die Wahrnehmung mechanischer Rechte, umfasst dabei aber eine Lizenzierung der Nutzung von

---

660 https://www.hollywoodreporter.com/thr-esq/bmi-demands-licensing-documents-irving-azoff-led-competitor-1142582 (abgerufen am 05.08.2019). Dieses eher kleine Repertoire umfasst aber Musikstücke, die von Adele, The Beatles, Jay-Z, Madonna, U2, Bruce Springsteen oder Jon Bon Jovi geschrieben oder gesungen wurden. GMR soll es mit diesem Repertoire gelingen, höhere Lizenzgebühren als BMI am Markt durchzusetzen (vgl. https://www.hollywoodreporter.com/thr-esq/bmi-demands-licensing-documents-irving-azoff-led-competitor-1142582 (abgerufen am 05.08.2019)).

661 https://www.christiancopyrightsolutions.com/blog/overview-ascap-bmi-sesac-gmr/ (abgerufen am 05.08.2019). Gegenwärtig ist über die Praxis der Rechteeinräumung und der Lizenzierung von GMR öffentlich nur wenig bekannt. Die weiteren Ausführungen in dieser Arbeit beschränken sich daher auf die Tätigkeit von ASCAP, BMI und SESAC.

662 Die NMPA ist der Dachverband der amerikanischen Musikverlage (vgl. http://nmpa.org/about/, abgerufen am 05.08.2019).

663 Arnold, Temple Law Review, Volume 81 (2008), 1169, 1169, 1170.

664 Vgl. die Ausführungen zuvor unter § 9 A II 1 e).

665 https://www.harryfox.com/#/history (abgerufen am 05.08.2019).

666 Vgl. hierzu näher die Ausführungen unter § 9 A III 3.

667 Goldmann, GRUR Int. 2001, 420, 422. Für die Beauftragung von HFA ist es nicht entscheidend, wer der Rechteinhaber ist, sondern wer der Beauftragende ist. Denn HFA nimmt in den USA auch die mechanischen Rechte von Urhebern wahr, die im Rahmen von Gegenseitigkeitsverträgen mit ausländischen Verwertungsgesellschaften der HFA eingeräumt werden.

Musikwerken sowohl bei physischen Produkten als auch durch Online-Dienste.[668] Obwohl HFA mechanische Rechte im Auftrag von mehr als 80 % aller US-amerikanischen Musikverlage wahrnimmt, ist die Tätigkeit von HFA bislang nicht durch ein „consent decree“ geregelt worden.[669]

III. Rechteeinräumung: Eigenes und fremdes Repertoire

Traditionell werden Verwertungsgesellschaften die Rechte zur Wahrnehmung auf zwei Wegen eingeräumt: entweder durch eine unmittelbare Einräumung der Rechte von den Rechteinhabern oder über Gegenseitigkeitsverträge mit einer anderen Verwertungsgesellschaften, die gleichartige Rechte in einem anderen Land verwalten.[670] Soweit Rechteinhaber Rechte an ihren Werken unmittelbar einer Verwertungsgesellschaft einräumen, bilden diese Rechte das „eigene Repertoire“ der Verwertungsgesellschaft. Soweit Verwertungsgesellschaften sich gegenseitig Rechte einräumen, bilden diese Rechte das „fremde Repertoire“ der Verwertungsgesellschaft. Zusammen bilden das eigene und das fremde Repertoire das „Gesamtrepertoire“.[671]

Im Folgenden wird unter Ziffer 1 bis 3 die Rechteeinräumung durch die Rechteinhaber an Verwertungsgesellschaften erläutert. Die Darstellung konzentriert sich auf einen Vergleich des rechtlichen Rahmens in der EU und in den USA und vergleicht die Rechteeinräumung an Gesellschaften in der EU und in den USA in der Praxis. Unter Ziffer 4 wird schließlich das System der Gegenseitigkeitsverträge skizziert.

1. Eigenes Repertoire von Verwertungsgesellschaften in der EU am Beispiel Deutschland

a) Gesetzliche Grundlagen

Gesetzliche Grundlage der Einbringung von Rechten in eine Verwertungsgesellschaft in der EU bildet Art. 5 Abs. 1 bis 7 VG-Richtlinie.[672] Art. 5 Abs. 2 VG-Richt-

668 https://www.harryfox.com/#/faq (abgerufen am 05.08.2019). Zu den möglichen Auswirkungen des MMA vgl. unter § 11 B IV 1.

669 Arnold, Temple Law Review, Volume 81 (2008), 1169, 1169.

670 Europäische Kommission, Sache COMP/C2/38.698 – CISAC, Rn. 43.

671 Europäische Kommission, Sache COMP/C2/38.698 – CISAC, Rn. 44.

672 Art. 5 Abs. 1 bis 7 VG-Richtlinie ist in Deutschland umgesetzt in §§ 9 bis 12 VGG. Art. 5 Abs. 8 VG-Richtlinie betrifft die Informationspflicht der Verwertungsgesellschaften und ist in § 53 Abs. 1 VGG umgesetzt.

linie gewährt den Rechtsinhabern verschiedene Wahlrechte bei der Einbringung von Rechten in eine Verwertungsgesellschaft. Dies beinhaltet:
- Bestimmung der Verwertungsgesellschaft,
- Bestimmung der Rechte zur Rechtewahrnehmung, und
- Bestimmung des Territoriums zur Rechtewahrnehmung

aa) Recht zur Wahl der Verwertungsgesellschaft für Rechtsinhaber

Die Rechtsinhaber bestimmen, in welche Verwertungsgesellschaft sie ihre Nutzungsrechte einbringen. Nach Art. 5 Abs. 2 VG-Richtlinie haben die Rechtsinhaber das Recht, „eine Organisation für die kollektive Rechtewahrnehmung ihrer Wahl (...) zu beauftragen". Nach Erwägungsgrund 19 sollen Rechtsinhaber eine Verwertungsgesellschaft frei wählen können. Sinn und Zweck ist es, einen diskriminierungsfreien Zugang der Rechtsinhaber zu den Verwertungsgesellschaften zu gewährleisten.

Eine Verwertungsgesellschaft darf daher keine Mitgliedschaftsbeschränkung auf Grund des Wohnsitzes oder der Staatsangehörigkeit des Rechtsinhabers vornehmen. Dies gilt sowohl für Rechtsinhaber mit Sitz in der EU als auch für Rechtsinhaber aus Drittstaaten, die gemäß Art. 3 Abs. 1, 9 Abs. 1 TRIPS i.V.m. Art. 5 Abs. 1 RBÜ gleich eines EU-Inländers zu behandeln sind.[673]

bb) Recht zur Beschränkung der wahrzunehmenden Rechte für Rechtsinhaber

Die Rechtsinhaber bestimmen zudem die Nutzungsrechte, die sie einer Verwertungsgesellschaft einräumen. Nach Art. 5 Abs. 2 VG-Richtlinie haben die Rechtsinhaber das Recht, eine Verwertungsgesellschaft „mit der Wahrnehmung von Rechten, Kategorien von Rechten oder Arten von Werken oder sonstigen Schutzgegenständen ihrer Wahl (...) zu beauftragen". In Art. 5 Abs. 4 VG-Richtlinie ist ausdrücklich vorgesehen, dass die Rechtsinhaber die Rechte zur Wahrnehmung teilweise entziehen und damit teilweise beschränken können. Das Wahrnehmungsverhältnis kann auch teilweise beendet werden.[674] Erwägungsgrund 19 der VG-Richtlinie sieht vor, dass Rechtsinhaber frei wählen können, ob Verwertungsgesellschaften für sie nur bestimmte Nutzungsformen wie die Sendung, die

---

673 Drexl, in: FS Vogel, 227, 243.

674 Schulze, in: Dreier/Schulze, UrhG, VGG § 12, Rn. 3. Art. 5 Abs. 4 VG-Richtlinie schreibt vor, dass der Rechtsinhaber mit einer maximalen Kündigungsfrist von sechs Monaten den Wahrnehmungsvertrag beenden kann. Allerdings kann die Verwertungsgesellschaft beschließen, dass der Rechteentzug nur zum Ende des Geschäftsjahres wirksam wird.

Filmvorführung oder die Vervielfältigung zur Verbreitung im Internet wahrnehmen sollen.

Daher sind die Rechtsinhaber nicht an den Standard-Katalog der Rechteeinräumung gebunden, den die Wahrnehmungsverträge der Verwertungsgesellschaften vorsehen. Die Rechtsinhaber können den Standard-Katalog nach freiem Belieben beschränken. Dadurch können Rechtsinhaber verschiedene Gesellschaften zur kollektiven Rechtewahrnehmung mit der Wahrnehmung unterschiedlicher Rechte betrauen: Beispielsweise kann sich ein Rechtsinhaber dafür entscheiden, seine Rechte für den Online-Bereich von einer anderen Gesellschaft wahrnehmen zu lassen, als seine übrigen Nutzungsrechte.

cc) Recht zur Beschränkung der wahrzunehmenden Territoriums für Rechtsinhaber

Die Rechtsinhaber bestimmen außerdem, in welchen Territorien die Verwertungsgesellschaft ihre Rechte wahrnimmt. Nach Art. 5 Abs. 2 VG-Richtlinie haben die Rechtsinhaber das Recht, eine Verwertungsgesellschaft „in den Gebieten ihrer Wahl (...) zu beauftragen". Die Rechtsinhaber legen fest, ob eine Verwertungsgesellschaft die eingeräumten Rechte weltweit, europaweit oder nur in einzelnen Territorien wahrnimmt.[675] Eine nach Gebieten geteilte Rechteeinräumung erscheint vor allem für im Ausland erfolgreiche Rechtsinhaber wirtschaftlich sinnvoll. Sie könnten bestimmte ausländische Gesellschaften in Gebieten, in denen sie erfolgreich sind, mit der Wahrnehmung ihrer Rechte betrauen.

Rechtsinhaber können einer Verwertungsgesellschaft auch lediglich bestimmte Rechte oder Kategorien von Rechten für bestimmte Territorien zur Wahrnehmung einräumen.[676] Dies bedeutet, dass Rechtsinhaber nicht nur ihre Rechte auf verschiedene Gesellschaften zur kollektiven Rechtewahrnehmung verteilen können. Sie können Rechte unterschiedlichen Gesellschaften auch für unterschiedliche Territorien zur Wahrnehmung einräumen. Beispielsweise kann ein Rechtsinhaber seine Rechte für den Online-Bereich in Frankreich einer anderen Gesellschaft einräumen, als in Deutschland.

---

675 Schaefer, in: Handbuch der Musikwirtschaft, § 26, Rn. 41.
676 Schulze, in: Dreier/Schulze, UrhG, VGG § 12, Rn. 3.

dd) Kein Recht zur Beschränkung der wahrzunehmenden Werke für Rechtsinhaber

Die Rechtsinhaber haben aber nicht das Recht, zu bestimmen, welche Werke sie in eine Verwertungsgesellschaft einbringen und welche nicht.[677] Für ein solches Wahlrecht gibt es im Wortlaut der Richtlinie keinen Anhaltspunkt: Nach Art. 5 Abs. 2 VG-Richtlinie haben die Rechtsinhaber nur das Recht, eine Verwertungsgesellschaft mit der Wahrnehmung von Rechten und Kategorien von Rechten ihrer Wahl zu beauftragen. Die „Wahl" der Rechtsinhaber bezieht sich ausschließlich auf die Rechte, die eingeräumt werden sollen, nicht aber zugleich auf die Werke. Auch Art. 5 Abs. 4 VG-Richtlinie sieht nur einen Entzug der Rechte oder Kategorien von Rechten vor, nicht aber von einzelnen Werken.

Auch dem Willen des Richtliniengebers kann nicht entnommen werden, dass den Rechtsinhabern ein Wahlrecht bezüglich der Einbringung von bestimmten Werken zustehen soll. Der Erwägungsgrund 19 der VG-Richtlinie bezieht das Wahlrecht nur auf die Rechte und Kategorien von Rechte, nicht aber auf die Werke. Zum Recht der Bestimmung der Werke trifft der Erwägungsgrund 19 der VG-Richtlinie hingegen keine Aussage.

ee) Recht zur Beschränkung der Einräumung exklusiver Rechte für Verwertungsgesellschaften

Die VG-Richtlinie gewährt den Rechtsinhabern auch kein Wahlrecht dahingehend, dass die Rechtsinhaber frei bestimmen könnten, ob sie einer Verwertungsgesellschaft einfache oder ausschließliche Nutzungsrechte zur Wahrnehmung einräumen.

Aus dem Umkehrschluss zu Art. 5 Abs. 3 VG-Richtlinie folgt vielmehr, dass es den Verwertungsgesellschaften gestattet ist, sich von den Rechtsinhabern ausschließliche Nutzungsrechte einräumen zu lassen. Art. 5 Abs. 3 VG-Richtlinie[678] sieht vor, dass die Rechtsinhaber auch bei der Einbringung ihrer Rechte in eine Verwertungsgesellschaft das Recht haben, Lizenzen für die nicht-kommerzielle

---

677 Staudt/Hendel, in: Heker/Riesenhuber, Kap. 7, Rn. 41. In ihrer Begründung stellen Staudt/Hendel auf die Entscheidung der Europäischen Kommission GEMA I (vgl. Europäische Kommission, Entscheidung vom 2. Juni 1971, Sache IV/26.760) und die EuGH-Entscheidung Sabam III (vgl. EuGH, GRUR Int. 1974, 342) ab, wonach ein „Rosinenpicken" dem Bedürfnis der GEMA entgegenstehe, das Weltrepertoire insgesamt zu vertreten. Darüber hinaus würde das „Prinzip der Solidarität" zwischen den GEMA-Mitgliedern ausgehöhlt werden, wenn Rechtsinhaber bestimmte, ertragreiche Werke aus dem kollektiven System der GEMA herausnehmen und gesondert lizenzieren könnten (vgl. Staudt/Hendel, in: Heker/Riesenhuber, Kap. 7, Rn. 41).

678 Art. 5 Abs. 3 VG-Richtlinie ist umgesetzt in § 11 VGG.

Nutzung ihrer Werke zu vergeben. Nur für Fälle der Lizenzierung nicht-kommerzieller Nutzung muss den Rechtsinhabern die Möglichkeit der Lizenzierung verbleiben. Für alle anderen Formen der Nutzung gestattet die VG-Richtlinie, dass sich die Verwertungsgesellschaften von den Rechtsinhabern mit der Rechtewahrnehmung nur aufgrund exklusiver Rechteeinräumung betrauen lassen.[679]

b) Rechteeinräumung an die GEMA

§ 1 GEMA-Berechtigungsvertrag sieht daher auch vor, dass die Rechtsinhaber der GEMA ausschließliche Nutzungsrechte einräumen.[680] Die GEMA lässt die Einräumung einfacher Nutzungsrechte durch einzelne Rechtsinhaber nicht zu. Jeder Rechtsinhaber, der seine Rechte der GEMA zur Wahrnehmung einräumen möchte, hat ausschließliche Rechte einzubringen.[681] Schließen Rechtsinhaber einen Wahrnehmungsvertrag mit der GEMA ab, so verlieren sie ihre Wahrnehmungsbefugnis vollständig, soweit es nicht um eine Lizenzierung nicht-kommerzieller Nutzungen geht.[682]

Die Rechtsinhaber können nicht frei entscheiden, an welchen Werken sie ihre Wahrnehmungsbefugnis verlieren. Die GEMA lässt sich die ausschließlichen Nutzungsrechte sowohl an allen bestehenden Werken wie auch an allen zukünftigen Werken der Rechtsinhaber einräumen. Die Rechtsinhaber verfügen damit über alle bestehenden und zukünftigen Rechte bei Abschluss des Wahrnehmungsvertrags.[683]

§ 1 GEMA-Berechtigungsvertrag sieht standardmäßig eine umfassende Einräumung aller Nutzungsrechte des Rechtsinhabers vor, die für eine vollständige Lizenzierung von Online-Diensten erforderlich sind:[684] Die Rechtsinhaber räumen

---

679 Die exklusive Rechteeinräumung als zulässig ansehend auch: Staudt/Hendel, in: Heker/Riesenhuber, Kap. 7, Rn. 39. Allerdings stellen Staudt/Hendel in ihrer Begründung auf die Entscheidung der Europäischen Kommission GEMA I (vgl. Europäische Kommission, Entscheidung vom 2. Juni 1971, Sache IV/26.760) und die EuGH-Entscheidung Sabam III (vgl. EuGH, GRUR Int. 1974, 342) ab.

680 Staudt/Hendel, in: Heker/Riesenhuber, Kap. 7, Rn. 39.

681 Staudt/Hendel, in: Heker/Riesenhuber, Kap. 7, Rn. 41.

682 Bäcker/Lausen, in: Handbuch der Musikwirtschaft, § 63, Rn. 24. Nach § 1a GEMA-Berechtigungsvertrag kann ein Berechtigter eine Lizenz für nicht-kommerzielle Nutzungen erwerben, um sein Werk selbst nicht-kommerziell zu nutzen oder einem Dritten eine vergütungsfreie Lizenz für die nicht-kommerzielle Nutzung einzuräumen.

683 Staudt/Hendel, in: Heker/Riesenhuber, Kap. 7, Rn. 42 ff.

684 Heyde, Grenzüberschreitende Lizenzierung, S. 48 f. Allerdings sieht § 10 Nr. 2 GEMA-Berechtigungsvertrag für die Einräumung der Nutzungsrechte für das Recht der Öffentlichen Zugänglichmachung nach § 19a UrhG und das hierfür erforderliche „Online-Vervielfältigungsrecht“

der GEMA die Senderechte für Hörfunk (§ 1 lit. b) und Fernsehen (§ 1 lit. d), das Recht der öffentlichen Zugänglichmachung (§ 1 lit. h Abs. 2, 3) und das Vervielfältigungsrecht (§ 1 lit. h Abs. 1) ausschließlich und unbedingt ein.[685]

Möchten Rechtsinhaber die Einräumung ihrer Nutzungsrechte auf bestimmte Nutzungsarten beschränken, so können sie gemäß § 16 Satz 1 GEMA-Berechtigungsvertrag mit der GEMA eine abweichende Vereinbarung treffen. In der Praxis werden am Ende des Berechtigungsvertrags die Nutzungsrechte, die die GEMA nicht wahrnehmen soll, gesondert aufgeführt. Die GEMA spricht insoweit von einer sog. „Spartenlizenzierung".[686] § 16 Satz 2 GEMA-Berechtigungsvertrag schränkt dieses Recht der Rechtsinhaber insoweit ein, als dass es sich nur auf alle Werke des Rechtsinhabers beziehen kann. Der Rechtsinhaber kann die Rechteeinbringung nicht individuell für einzelne Werke unterschiedlich ausgestalten.[687]

Die Rechtsinhaber räumen ihre Nutzungsrechte der GEMA zwar grundsätzlich zur weltweiten Verwertung ein. Allerdings können die Rechtsinhaber gemäß § 16 GEMA-Berechtigungsvertrag territoriale Beschränkungen nach freiem Belieben vornehmen. Die GEMA lässt dabei auch eine Kombination aus einer territorialen und einer nutzungsartbezogenen Beschränkung zu.[688]

Aufgrund des GEMA-Berechtigungsvertrags wird die GEMA damit formal zur Inhaberin der ausschließlichen Nutzungsrechte, soweit diese eingeräumt werden. Der bisherige Inhaber der Rechte kann über die Rechte nicht mehr verfügen, auch ein Dritter kann diese Rechte nicht mehr der GEMA einräumen. Die Rechtsinhaber räumen allerdings die Rechte lediglich „treuhänderisch zur Wahrnehmung" ein. Verwertungsgesellschaften sind nur Treuhänder der Berechtigten.[689] Dies bedeutet, dass die Nutzungsrechte wirtschaftlich weiterhin zum Eigentum der Berechtigten im Sinne des Art. 14 GG gehören, auch wenn die GEMA formal Inhaberin dieser Rechte ist.[690]

---

eine verkürzte Kündigungsfrist von drei Monaten zum Jahresende vor. § 10 Nr. 2 GEMA-Berechtigungsvertrag gilt aber nicht für die Kündigungen des Nutzungsrechts für Sendungen im Internet (vgl. Hendel, in: Heker/Riesenhuber, Kap. 7, Rn. 350).

685 Bäcker/Lausen, in: Handbuch der Musikwirtschaft, § 63, Rn. 46. Darüber hinaus räumen die Rechtsinhaber ihre Aufführungsrechte (§ 1 lit. a), ihre Rechte zur sonstigen öffentlichen Wiedergabe (§ 1 lit. c, e, g) und ihre Verbreitungsrechte (§ 1 lit. h Abs. 1) der GEMA ein und treten ihre gesetzlichen Vergütungsanspruche an die GEMA ab (§ 1 lit. m). Diese Rechte sind für die Lizenzierung von Online-Diensten aber nicht erheblich.

686 Hendel, in: Heker/Riesenhuber, Kap. 7, Rn. 358.

687 Hendel, in: Heker/Riesenhuber, Kap. 7, Rn. 361.

688 Hendel, in: Heker/Riesenhuber, Kap. 7, Rn. 362.

689 BT-Drs. 18/7223, S. 58; BGH ZUM 2016, 639 Rn. 30 – Verlegeranteil.

690 BVerfG NJW 1988, 1371, 1371. Daher kann eine Verwertungsgesellschaft nicht die Verletzung eigener Rechte aus Art. 14 GG geltend machen.

2. Eigenes Repertoire der US-PRO

Das eigene Repertoire der US-PRO ist geprägt durch den Wettbewerb zwischen den einzelnen US-PRO und durch die kartellrechtlichen Vorgaben der „consent decrees".

Die Urheber haben in den USA ein Wahlrecht dahingehend, welche US-PRO ihre Rechte wahrnehmen soll. Wie in der EU durch Art. 5 Abs. 2 VG-Richtlinie vorgesehen, können Urheber in den USA eine US-PRO ihrer Wahl mit der Wahrnehmung ihrer Rechte beauftragen und jederzeit wechseln. Die US-PRO stehen zueinander im Wettbewerb.[691] Allerdings schließen Urheber Wahrnehmungsverträge grundsätzlich nur mit einer US-PRO ab, sodass sich das Repertoire der US-PRO nicht überschneidet.[692]

Verbindliche Bestimmungen zur Rechteeinräumung bestehen nur für ASCAP und BMI in den jeweiligen „consent decrees". Die Rechteeinräumung in SESAC ist unreguliert.[693]

a) ASCAP

aa) Bestimmungen des „ASCAP consent decree 2001"

Nach Ziffer IV. (A) des „ASCAP consent decree 2001" darf ASCAP ausschließlich die „performing rights" an urheberrechtlich geschützten Musikwerken erwerben. ASCAP ist es untersagt, sich die mechanischen Rechte an Musikwerken einräumen zu lassen und diese wahrzunehmen. Dies gilt sowohl in den USA als auch außerhalb der USA.[694] Damit ist es ASCAP untersagt, Vervielfältigungs-, Verbreitungs- und Synchronisationsrechte an Online-Dienste zu lizenzieren.[695]

Außerdem darf ASCAP nach Ziffer IV. (A) des „ASCAP consent decree 2001" die „performing rights" nur auf nicht-exklusiver Basis von Urhebern und Musikverlagen erwerben. ASCAP ist es untersagt, sich exklusive Rechte einräumen zu lassen. Ziffer IV. (B) des „ASCAP consent decree 2001" erweitert diese Regelung dahingehend, dass ASCAP seine Mitglieder nicht davon abhalten oder darin be-

691 Memorandum of the United States in support of the joint motion to enter Second Amended Final Judgement, United States of America v. American Society of Composers, Authors and Publishers, Civil Action No- 41–1395, S. 42.

692 Vgl. hierzu die Ausführungen unter § 9 A II 1 a).

693 Vgl. hierzu die Ausführungen unter § 9 A II 1 b) bis e).

694 Memorandum of the United States in support of the joint motion to enter Second Amended Final Judgement, United States of America v. American Society of Composers, Authors and Publishers, Civil Action No- 41–1395, S. 19.

695 U.S. Copyright Office, Copyright and the Music Marketplace, A Report of the register of copyrights (February 2015), S. 37.

schränken darf, selbst nicht-exklusive Lizenzen an Musiknutzer zu vergeben. Allen ASCAP Mitgliedern muss die Möglichkeit der Direktlizenzierung oder der Lizenzierung durch einen Vertreter ohne Behinderung durch ASCAP offenstehen. Dies gilt unterschiedslos sowohl für die Lizenzierung in den USA als auch für die Lizenzierung außerhalb der USA.[696]

Für die „Antitrust Division" des US-Justizministeriums handelt es sich bei diesen Regelungen um ein Herzstück des „ASCAP consent decree 2001": Ziffer IV. (A) und (B) sollen den Nutzern eine Alternative zur Lizenzierung durch ASCAP bieten, nämlich die direkte Lizenzierung durch Urheber oder Musikverlage an einen Nutzer. Ist ein Nutzer, wie zum Beispiel ein Online-Dienst, der Meinung, dass die von ASCAP aufgerufene Lizenzgebühr zu hoch ist, soll er in der Lage sein, ASCAP zu umgehen, indem er einzelne Lizenzen direkt von bestimmten ASCAP-Mitgliedern erwirbt.[697]

Allerdings schließt der Wortlaut der Ziffer IV. (B) des „ASCAP consent decree 2001" nicht aus, dass ASCAP seine Mitglieder dahingehend beschränkt, dass diese keine andere Verwertungsgesellschaft mit der Wahrnehmung ihrer „performing rights" betrauen dürfen. Ein Vertreter im Sinne der Ziffer IV. (B) des „ASCAP consent decree 2001" ist nicht eine andere Verwertungsgesellschaft.[698] Ziffer 2.7.2 (c) Compendium of ASCAP Rules and Regulations legt daher fest, dass kein ASCAP Mitglied direkt oder indirekt einer anderen Person als einem Musiknutzer eine Lizenz erteilen darf. Ein Musiknutzer ist nach der Definition von ASCAP nur, wer ein Unternehmen betreibt, das Musikwerke öffentlich aufführt oder wiedergibt, oder anderweitig an der öffentlichen Aufführung oder Wiedergabe beteiligt ist.[699] Ein Musiknutzer in diesem Sinne ist damit ein Online-Dienst,

---

696 Memorandum of the United States in support of the joint motion to enter Second Amended Final Judgement, United States of America v. American Society of Composers, Authors and Publishers, Civil Action No- 41–1395, S. 19 f.

697 Memorandum of the United States in Support of United States' Unopposed Motion to Enter Proposed Settlement Agreement and Order (May 12, 2016), United States of America v. American Society of Composers, Authors and Publishers, Civil Action No- 41–1395, S. 3.

698 Memorandum of the United States in support of the joint motion to enter Second Amended Final Judgement, United States of America v. American Society of Composers, Authors and Publishers, Civil Action No- 41–1395, S. 19.

699 Ziffer 2.7.2 (c) Compendium of ASCAP Rules and Regulations (Stand 19.09.2014) lautet: „No Member of ASCAP may directly or indirectly grant, assign, or issue to anyone other than a Music User, a license to perform publicly any composition written, composed, published, owned or controlled by such Member (or authorize others to do so)." Die Definition des Musiknutzers lautet: „A „music user" means any person that (i) owns or operates an establishment or enterprise where copyrighted musical compositions are performed publicly, or (ii) is otherwise engaged in giving public performances of copyrighted musical compositions."

der Musikwerke auf seiner Plattform öffentlich wiedergibt, nicht aber eine Gesellschaft zur kollektiven Rechtewahrnehmung, die Musikrechte verwertet.

Diese Regelung gilt unterschiedslos in den USA und außerhalb der USA: Urheber und Musikverlage, die ASCAP Mitglieder sind, dürfen damit auch außerhalb der USA keine anderen Gesellschaften zur kollektiven Rechtewahrnehmung als ASCAP mit der Wahrnehmung der „performing rights" betrauen. Individuelle Lizenzen an Musiknutzer können sie außerhalb der USA entweder selbst oder durch ausländische Subverlage vergeben. Allerdings dürfen andere Gesellschaften der kollektiven Rechtewahrnehmung an der Lizenzierung der „performing rights" weder direkt noch indirekt beteiligt sein.[700]

Zusammengefasst darf ASCAP weltweit nur die nicht-exklusiven „performing rights" an den Werken ihrer Mitglieder halten. Den ASCAP Mitgliedern muss die Möglichkeit der Direktlizenzierung der „performing rights" an Musiknutzer weltweit offenstehen.[701] Nimmt ein ASCAP Mitglied dieses Recht wahr, so darf aber keine andere Gesellschaft zur kollektiven Rechtewahrnehmung an der Lizenzierung beteiligt sein.

bb) Rechteeinräumung an ASCAP

ASCAP verwendet getrennte Wahrnehmungsverträge für Urheber (ASCAP Writer Member Agreement) und Musikverlage (ASCAP Publisher Member Agreement).[702] In beiden Verträgen sind die Klauseln zur Rechteeinräumung identisch ausgestaltet:

Räumen Urheber oder Musikverlage ihre Rechte ASCAP zur Wahrnehmung ein, so erfolgt die Rechteeinräumung an ASCAP nach dem ausdrücklichen Wortlaut der Ziffer 1 des jeweiligen ASCAP Member Agreement ausschließlich nicht-exklusiv. Nach Ziffer 11 des jeweiligen ASCAP Member Agreement räumen ASCAP Mitglieder ihre Rechte weltweit zur Verwertung ein, soweit ASCAP mit

---

700 Heyde, Grenzüberschreitende Lizenzierung, S. 205f.

701 Allerdings hat ASCAP diese Vorgabe des „ASCAP consent decree 2001" zwischen 2008 und 2016 durch den Abschluss von etwa 150 Verträgen mit Komponisten, Textdichtern und Musikverlegern verletzt, da die Verträge eine exklusive Rechteeinräumung vorsahen. Es handelte sich jeweils um Rechteinhaber mit besonders umsatzträchtigen Werken, denen ASCAP Vorauszahlungen und Garantiezahlungen versprochen hatte (vgl. Memorandum of the United States in Support of United States' Unopposed Motion to Enter Proposed Settlement Agreement and Order (May 12, 2016), United States of America v. American Society of Composers, Authors and Publishers, Civil Action No- 41–1395, S. 3ff.).

702 Das ASCAP Writer Member Agreement und das ASCAP Publisher Member Agreement sind online abrufbar unter: https://www.ascap.com/about/join/membership-agreement (abgerufen am 05.08.2019).

Verwertungsgesellschaften im Ausland Gegenseitigkeitsverträge zur Zeit der Rechteeinräumung abgeschlossen hat. Anders als die GEMA hat ASCAP damit keine exklusiven und weltweiten Rechte.

Soweit es die öffentliche Wiedergabe der Musikwerke von ASCAP Mitgliedern betrifft, erhält ASCAP von seinen Mitgliedern alle für die Lizenzierung von Online-Diensten notwendigen Rechte: Nach Ziffer 1 (c) des jeweiligen ASCAP Member Agreement räumen Urheber und Musikverlage ihre Rechte für Sendungen im Radio, Übertragungen mittels Telekommunikation, drahtgebundene oder drahtlose Übertragungen sowie alle anderen Arten der Übertragung ein. Ziffer 1 (c) des jeweiligen ASCAP Member Agreement nimmt Sendungen im Fernsehen ausdrücklich von der Rechteeinräumung aus. Denn diese erfolgt gesondert nach Ziffer 1 (d) des jeweiligen ASCAP Member Agreement, der vor allem einzelne Sendungen im Bereich der Oper und der sonstigen dramatische Darbietungen von der Rechteeinräumung ausnimmt, was für die Lizenzierung von Musikrechten im Online-Bereich von eher untergeordneter Relevanz ist.

ASCAP lässt sich nach Ziffer 1 des jeweiligen ASCAP Membership Agreement von den Urhebern und Musikverlagen die Rechte sowohl an bestehenden als auch an allen zukünftigen Werken einräumen. Ein Urheber oder ein Musikverlag kann ASCAP nur mit der Wahrnehmung der Gesamtheit der gehaltenen Werke betrauen und nicht einzelne Werke von der Wahrnehmung durch ASCAP ausnehmen. Dies entspricht der Rechteeinräumung, wie sie auch die GEMA in ihrem Berechtigungsvertrag vorsieht.[703]

b) BMI

aa) Bestimmungen des „BMI consent decree 1994"

Die Regelungen des „BMI consent decree 1994" unterscheiden sich hinsichtlich der Bestimmungen zur Rechteeinräumung von denen des „ASCAP consent decree 2001":

So ist es BMI im Gegensatz zu ASCAP nicht ausdrücklich untersagt, sich exklusive Rechte von den Mitgliedern einräumen zu lassen. Allerdings muss BMI gewährleisten, dass alle Urheber und Musikverlage, die BMI Mitglieder sind, Direktlizenzen an Musiknutzer vergeben können. Nach Ziffer IV. (A) des „BMI consent decree 1994" ist es BMI untersagt, Urhebern und Musikverlagen auf deren schriftliche Anfrage nicht zu gestatten, einem Musiknutzer, der ein Werk öffentlich aufführt oder wiedergibt, eine nicht-exklusive Lizenz für die Aufführung oder Wiedergabe zu erteilen. BMI ist aber nicht dazu verpflichtet, Zahlungen im Zu-

703 Vgl. hierzu § 9 A III 1 b).

sammenhang mit der Erteilung einer solchen Direktlizenz durch Urheber oder Musikverlage vorzunehmen.

Die Möglichkeit der Direktlizenzierung muss BMI – anders als ASCAP – seinen Mitgliedern nur im Gebiet der USA gewähren. Nach Ziffer III. des „BMI consent decree 1994" gelten keine Bestimmungen des „BMI consent decree 1994" außerhalb des Gebiets der USA. Daher gibt das „BMI consent decree 1994" den BMI Mitgliedern nicht das Recht zur Einräumung von Direktlizenzen in einem Gebiet außerhalb der USA.

Im Gegensatz zu ASCAP ist BMI auch nicht vollständig auf die Wahrnehmung von „performing rights" beschränkt: Nach Ziffer IV. (B) des „BMI consent decree 1994" darf sich BMI nicht in der gewerblichen Vervielfältigung oder Aufnahme von Musik oder in dem kommerziellen Vertrieb von Noten oder Aufnahmen betätigen. Nach Meinung von BMI schließt diese Formulierung es nicht aus, dass BMI im Rahmen einer gebündelten Lizenz neben den „performing rights" auch die Vervielfältigungs-, Verbreitungs- oder Synchronisationsrechte an Online-Dienste lizenzieren könnte.[704] In der Praxis lizenziert BMI diese Rechte an Online-Dienste allerdings weder einzeln noch in Ergänzung zu Pauschallizenzen der „performing rights".[705]

bb) Rechteeinräumung an BMI

Wie ASCAP verwendet auch BMI getrennte Wahrnehmungsverträge für Urheber (BMI Writer Agreement) und Musikverlage (BMI Publisher Agreement).[706] In beiden Verträgen sind die Klauseln zur Rechteeinräumung nahezu identisch ausgestaltet:

Im Gegensatz zu ASCAP lässt sich BMI nach Ziffer 4 (a) des BMI Writer Membership Agreement bzw. nach Ziffer 3 A. des BMI Publisher Membership Agreement die „performing rights" von Urhebern bzw. Musikverlagen exklusiv zur weltweiten Verwertung einräumen. Dies folgt im Umkehrschluss aus der Regelung der Ziffer 5 (c) des BMI Writer Membership Agreement bzw. der Ziffer 4 C. des BMI Publisher Membership Agreement: Danach gewährt BMI seinen Mitgliedern das Recht, nicht-exklusive Lizenzen für Aufführungen und Wiedergaben im Gebiet der USA zu vergeben.[707] Voraussetzung ist aber, dass BMI innerhalb von zehn Tagen

704 BMI, Comments on Department of Commerce Copyright Green Paper (Nov. 13, 2013), S. 4.
705 BMI, Comments on Department of Commerce Copyright Green Paper (Nov. 13, 2013), S. 5.
706 Das BMI Writer Member Agreement und das BMI Publisher Member Agreement sind online abrufbar unter: https://www.bmi.com/join (abgerufen am 05.08.2019).
707 Ziffer 16 des BMI Publisher Agreement enthält noch eine weniger bedeutende Sonderregelung für Gebiete, in denen BMI die „performing rights" nicht durch nationale Verwertungsge-

nach Erteilung einer solchen Lizenz oder innerhalb von drei Monaten nach der Aufführung des lizenzierten Werks, je nachdem, was früher eintritt, schriftlich benachrichtigt wird und eine Kopie der Lizenz erhält.[708] Ausgeschlossen ist die Möglichkeit der Einräumung von Lizenzen an eine andere Verwertungsgesellschaft.

Durch diese Regelungen verbleibt den BMI Mitgliedern das nicht-exklusive Recht, im Gebiet der USA Lizenzen für die Aufführung und Wiedergabe ihrer Werke zu erteilen. Folglich kann BMI von seinen Mitgliedern nur nicht-exklusive Rechte zur Wahrnehmung für das Gebiet der USA erwerben. Damit erfolgt eine geteilte Rechtseinräumung an BMI: BMI erhält für das Gebiet der USA nur nicht-exklusive Rechte, für das Gebiet außerhalb der USA dagegen exklusive Rechte.[709] Im Gegensatz zu ASCAP kann BMI ausschließlich über die Verwertung der Rechte der BMI Mitglieder im Ausland bestimmen. Anders als den ASCAP Mitgliedern ist es den BMI Mitgliedern verwehrt, ihre Rechte an Musiknutzer in Gebieten außerhalb der USA direkt zu lizenzieren.[710]

Soweit es die öffentliche Wiedergabe der Musikwerke von BMI Mitgliedern betrifft, erhält BMI genau wie ASCAP von seinen Mitgliedern alle für die Lizenzierung von Online-Diensten notwendigen Rechte: Nach Ziffer 4 (a) des BMI Writer Membership Agreement bzw. nach Ziffer 3 A. des BMI Publisher Membership Agreement übertragen Urheber und Musikverlage an BMI alle Rechte zur öffentlichen Aufführung und Wiedergabe sowie das Recht, die Aufführung und Wiedergabe zu lizenzieren.[711]

---

sellschaften über Gegenseitigkeitsverträge wahrnehmen lässt. Auf schriftliche Anfrage eines Musikverlags erteilt BMI diesem die Erlaubnis, für diese Gebiete Lizenzen an den „performing rights“ individuell zu vergeben. Eine solche Regelung gibt es für Urheber im BMI Writer Agreement nicht.

708 Die Mitteilungspflicht folgt daraus, dass BMI keine Zahlungen für die Aufführung oder Wiedergabe eines Werks vornimmt, für die ein BMI Mitglied einem Musiknutzer eine Direktlizenz erteilt hat (vgl. Ziffer 6 (b) des BMI Writer Agreement bzw. Ziffer 5 B. des BMI Publisher Agreement).

709 Heyde, Grenzüberschreitende Lizenzierung, S. 206f.; unzutreffend daher Goldmann, Kollektive Wahrnehmung, S. 275, die bei BMI von einer weltweiten nicht-exklusiven Rechteeinräumung ausgeht.

710 Goldmann, Kollektive Wahrnehmung, S. 275.

711 Urheber und Musikverlage räumen BMI außerdem das nicht-exklusive Recht ein, einen Teil oder das gesamte Werk aufzuzeichnen und anderen zu lizenzieren, jedoch nur zum Zwecke der öffentlichen Aufführung dieses Werkes mittels Radio und Fernsehen oder zu Archiv- oder Probespiel-Zwecken (Ziffer 4 (b) des BMI Writer Membership Agreement bzw. Ziffer 3 B. des BMI Publisher Membership Agreement). Ein umfassendes mechanisches Recht oder Synchronisationsrecht ist darin nicht enthalten (vgl. Goldmann, Kollektive Wahrnehmung, S. 275f.).

Wie ASCAP lässt sich auch BMI nach Ziffer 1 (b) des BMI Writer Membership Agreement bzw. nach Ziffer 2 des BMI Publisher Membership Agreement von Urhebern und Musikverlagen die Rechte an bestehenden und allen zukünftigen Werken einräumen. Ein Urheber kann damit auch BMI nur mit der Wahrnehmung der Gesamtheit seiner Werke betrauen und nicht einzelne Werke von der Wahrnehmung durch BMI ausnehmen.

c) SESAC

aa) Bestimmungen in gerichtlichen Vergleichen aufgrund privater Kartellrechtsklagen

Anders als ASCAP und BMI unterliegt SESAC keinem „consent decree". Allerdings haben in der Vergangenheit die Fernseh- und Radiosender bzw. deren Interessenvertretungen immer wieder private Kartellrechtsklagen gegen SESAC angestrengt. Zwei Streitigkeiten wurden im Jahr 2015 jeweils durch gerichtliche Vergleiche (sog. „settlements") beigelegt. Die Verfahren waren zum einen von lokalen Fernsehsendern unterstützt von der TMLC, einer Interessenvertretung der Fernsehsender,[712] und zum anderen von der RMLC, einer Interessenvertretung der Radiosender,[713] betrieben worden.

In beiden Vergleichen verpflichtete sich SESAC gegenüber den Klägern dazu, dass SESAC es seinen Mitgliedern nicht verbietet und sie auch nicht anderweitig darin behindert, eine Direktlizenz an einen an dem Rechtsstreit beteiligten Radio- oder Fernsehsender einzuräumen. Die Sender erhalten die Möglichkeit, SESAC zu umgehen und Rechte von Urhebern oder Musikverlagen direkt zu lizenzieren. Zugleich muss SESAC seinen Mitgliedern vertraglich die Möglichkeit einräumen, an die am Rechtsstreit beteiligten Sender Direktlizenzen vergeben zu können.[714]

Damit unterwirft sich SESAC, zumindest gegenüber Fernseh- und Radiosendern, faktisch Regelungen, die auch auf BMI Anwendung finden: SESAC kann von den Rechteinhabern für das Gebiet der USA nur nicht-exklusive Rechte erwerben,

---

Darüber hinaus erhält BMI von Urhebern und Musikverlagen das nicht-exklusive Recht, einen Teil oder das gesamte Werk zu Aufführungszwecken zu bearbeiten oder anzupassen und anderen zu erlauben, dies zu tun (Ziffer 4 (c) des BMI Writer Membership Agreement bzw. Ziffer 3 C. des BMI Publisher Membership Agreement).

Aufgrund dieser Rechteeinräumung lizenziert BMI neben den „performing rights" auch ein eingeschränktes Synchronisationsrecht, das zur Erleichterung von Sendungen notwendig ist (vgl. BMI, Comments on Review of Consent Decree United States v. BMI (Aug. 6, 2014), S. 16).

712 https://tvmlc.com/ (abgerufen am 05.08.2019).

713 http://www.radiomlc.org/ (abgerufen am 05.08.2019).

714 Settlement Agreement RMLC-SESAC (2015), S. 9f.; Settlement Agreement TMLC-SESAC (2015), S. 13ff.

da SESAC andernfalls gegen die gerichtlichen Vergleiche verstoßen würde. Für das Gebiet außerhalb der USA kann SESAC dagegen exklusive Rechte erwerben. Die gerichtlichen Vergleiche haben nur Auswirkung auf US-amerikanische Radio- und Fernsehsender.

bb) Rechteeinräumung an SESAC

SESAC erwirbt Rechte im selben Umfang wie BMI: SESAC lässt sich von Urhebern und Musikverlagen die „performing rights" exklusiv zur weltweiten Verwertung einräumen, wodurch SESAC auch das Recht zur öffentlichen Wiedergabe der Werke der SESAC-Mitglieder im Internet hält. Gleichzeitig gestattet SESAC eine Direktlizenzierung durch Urheber und Musikverlage an Musiknutzer nur im Gebiet der USA, nicht aber außerhalb der USA. SESAC hält nicht-exklusive Rechte für das Gebiet der USA und exklusive Rechte für das Gebiet außerhalb der USA.[715] Die Rechteeinräumung an SESAC unterscheidet sich nicht von der Rechteeinräumung an BMI.

3. Tätigkeit der HFA

Anders als die US-PRO oder die Verwertungsgesellschaften in der EU hat HFA kein eigenes Repertoire im eigentlichen Sinne. Bei der Tätigkeit von HFA ist zwischen dem Gebiet der USA und außerhalb der USA zu unterscheiden:

Für das Gebiet der USA bietet HFA den US-amerikanischen Musikverlagen im Gegensatz zu den US-PRO kein „Affiliation Agreement" an, das eine Einräumung von Rechten an HFA vorsieht. Die Musikverlage räumen HFA keine Rechte zur Wahrnehmung für das Gebiet der USA ein. Rechtlich tritt HFA vielmehr nur als eine Vermittlerin bei der Einräumung einzelner Rechte der Musikverlage auf.[716] In allen Lizenzverträgen, die HFA mit Lizenznehmern abschließt, sind ausschließlich die beauftragenden Musikverlage die Lizenzgeber, auch wenn der Lizenzvertrag von HFA administriert wird.[717]

Die Tätigkeit von HFA für die Musikverlage umfasst den Abschluss von Lizenzverträgen, das Inkasso hieraus, die Buchführung über die Einnahmen hieraus sowie die Durchführung von Buchprüfungen (sog. Audits) bei lizenzierten Plattenfirmen und Online-Diensten. Gerade die Durchführung von Audits, deren

---

715 Heyde, Grenzüberschreitende Lizenzierung, S. 209. Das SESAC Writer Affiliation Agreement und das SESAC Publisher Affiliation Agreement sind nicht öffentlich abrufbar.

716 Goldmann, Kollektive Wahrnehmung, S. 94f.

717 Zur Lizenzierung der Vervielfältigungs- und Verbreitungsrechte im Online-Bereich vgl. unter § 11 B IV.

Kosten für einzelne Musikverlage häufig in keinem Verhältnis zu den hieraus resultierenden Einnahmen stehen, bietet für Musikverlage einen erheblichen Anreiz, ihre Rechte durch HFA administrieren zu lassen.[718] Im Gegenzug verlangt HFA von den Musikverlagen eine Provision von 11,5 % der Bruttoeinnahmen, die die Musikverlage aufgrund der von HFA vergebenen Lizenzen erzielen.[719]

Für das Gebiet außerhalb der USA räumen Musikverlage dagegen ihre Vervielfältigungs- und Verbreitungsrechte an HFA zur Wahrnehmung ein. HFA hält damit für das Gebiet außerhalb der USA eigene Rechte. HFA kann außerhalb der USA Lizenzen an Nutzer entweder selbst einräumen oder Dritte mit der Einräumung von Lizenzen an Nutzer betrauen. Dritte in diesem Sinne sind zum Beispiel ausländische Verwertungsgesellschaften, mit denen HFA Gegenseitigkeitsverträge abschließt.

4. Fremdes Repertoire: Rechteeinräumung durch Gegenseitigkeitsverträge

Traditionell nehmen Verwertungsgesellschaften ihr eigenes Repertoire beschränkt auf das eigene Territorium wahr. Damit das eigene Repertoire im Ausland wahrgenommen wird, schließen Verwertungsgesellschaften sog. „Gegenseitigkeitsverträge" ab.[720]

Dabei handelt es sich um bilaterale Verträge zwischen Verwertungsgesellschaften unterschiedlicher Territorien. In diesen Verträgen beauftragen sich Verwertungsgesellschaften gegenseitig damit, in ihrem Territorium das eigene Repertoire der jeweils anderen Verwertungsgesellschaft wahrzunehmen.[721] Die Verträge beinhalten die Ermächtigung, das Repertoire der mandatierenden Verwertungsgesellschaft zu lizenzieren, die Lizenzgebühren einzuziehen und an die mandatierende Verwertungsgesellschaft auszuschütten.[722]

In aller Regel werden Gegenseitigkeitsverträge getrennt für die Wahrnehmung der Aufführungsrechte und der „mechanischen Rechte" abgeschlossen. Hierfür stellen die CISAC[723] und das BIEM[724] jeweils eigene Musterverträge bereit.[725]

718 Passmann, Music Business, S. 250.

719 https://www.harryfox.com/#/faq (abgerufen am 05.08.2019).

720 Europäische Kommission, Sache M.6800, Rn. 21 – PRSfM / STIM / GEMA / JV.

721 Heine, Wahrnehmung von Online-Musikrechten, S. 109. Die GEMA nimmt in Deutschland beispielsweise für die italienische Gesellschaft SIAE deren eigenes Repertoire wahr und schüttet nach Abzug ihrer Kosten die Erlöse an die SIAE aus. Umgekehrt nimmt die SIAE das eigene Repertoire der GEMA in Italien wahr und schüttet nach Abzug ihrer Kosten die Erlöse an die GEMA aus.

722 Europäische Kommission, Sache M.6800, Rn. 22 – PRSfM / STIM / GEMA / JV.

723 CISAC ist die Kurzform für „Confédération Internationale des Sociétés d'Auteurs et Compositeurs", das 1926 gegründet wurde. Die CISAC bezeichnet sich selbst als ist das weltweit

Durch das weltumspannende Netz der Gegenseitigkeitsverträge verfügt jede am Netz der Gegenseitigkeitsverträge teilnehmende Monopol-Verwertungsgesellschaft über das Gesamtrepertoire aller teilnehmender Verwertungsgesellschaften und erhält damit für ihr Territorium ein Gesamtrepertoire, das dem „Weltrepertoire" entspricht.[726] Jede Verwertungsgesellschaft ist in ihrem Territorium berechtigt, nicht nur Lizenzen für das eigene Repertoire zu erteilen, sondern auch für das Repertoire aller mit ihr verbundenen Verwertungsgesellschaften.[727] In der Praxis werden nur selten Direktlizenzen vergeben, obwohl Verwertungsgesellschaften das Recht zustehen würde, Lizenzen zur Verwertung des eigenen Repertoires außerhalb ihres eigenen Territoriums zu erteilen.[728]

Die Verwertungsgesellschaften werden damit zu nationalen „One-Stop-Shops" für das Weltrepertoire und können Lizenznehmern für ihr Territorium Pauschallizenzen (sog. „blanket licenses") am Weltrepertoire einräumen.[729] Eine Ausnahme bildet teilweise die Lizenzierung im Online-Bereich.[730]

---

führende Netzwerk von Verwertungsgesellschaften, die Autorenrechte vertreten (vgl. http://www.cisac.org/Who-We-Are; abgerufen am 05.08.2019). Das Ziel der CISAC ist es, die Zusammenarbeit zwischen diesen Verwertungsgesellschaften zu verbessern (vgl. Euhus, Gegenseitigkeitsverträge, S. 29).

724 BIEM ist die Kurzform für „Bureau International des Sociétés Gérant les Droits d'Enregistrement et de Reproduction Mécanique", das 1929 gegründet wurde. Das BIEM vertritt als internationale Organisation die Interessen von Verwertungsgesellschaften, die mechanische Rechte wahrnehmen (vgl. Euhus, Gegenseitigkeitsverträge, S. 27).

Bis 1968 nahm das BIEM die mechanischen Rechte für die angeschlossenen Verwertungsgesellschaften ausschließlich selbst wahr und erlangte dadurch ein internationales Monopol über die mechanischen Rechte. Seit 1968 koordiniert das BIEM nur noch die Wahrnehmungstätigkeit der angeschlossenen Verwertungsgesellschaften (vgl. Euhus, Gegenseitigkeitsverträge, S. 28).

725 Die aktuellen CISAC und BIEM Musterverträge sind im GEMA Jahrbuch 2018/19 unter Kapitel C. II. 8 abgedruckt. Eine ausführliche Darstellung des Inhalts der Musterverträge findet sich bei Euhus, Gegenseitigkeitsverträge, S. 118 ff.

726 Schaefer, in: Handbuch der Musikwirtschaft, § 26, Rn. 25. Vgl. hierzu auch § 9 A I 2.

727 Europäische Kommission, Sache COMP/C2/38.698 – CISAC, Rn. 14.

728 Europäische Kommission, Sache COMP/C2/38.698 – CISAC, Rn. 16. Die veränderte Wahrnehmung des fremden Repertoires über die Gegenseitigkeitsverträge aufgrund der Direktlizenzierung im Online-Bereich wird näher unter § 11 A IV dargestellt.

729 Europäische Kommission, Sache M.6800, Rn. 22 – PRSfM / STIM / GEMA / JV.

730 Vgl. hierzu ausführlich § 11 A IV. Teilweise umgehen die anglo-amerikanischen Musikverlage die Gegenseitigkeitsverträge durch ein eigenes Subverlagssystem (vgl. Heyde, Grenzüberschreitende Lizenzierung, S. 93 und unter § 10 E). Für die Lizenzierung der Rechte im Online-Bereich spielt das Subverlagssystem nur noch eine untergeordnete Rolle.

a) Rechtlicher Rahmen in der EU

Die Stellung der Verwertungsgesellschaften in der EU als faktische Monopolisten am Weltrepertoire führte dazu, dass die Europäische Kommission die Praxis der Wahrnehmung des fremden Repertoires über die Gegenseitigkeitsverträge untersucht hat und im Jahr 2008 in der CISAC-Entscheidung die Verwendung einzelner Klauseln des CISAC-Mustervertrags untersagt hat.[731]

Die Untersagung betraf Klauseln, die aus Sicht der Europäischen Kommission Rechteinhaber an der freien Wahl einer Verwertungsgesellschaft hinderten, die eine ausschließliche Rechtewahrnehmung der Verwertungsgesellschaften im eigenen, nationalen Territorium vorsahen und die Mehrgebietslizenzen verhinderten.[732] Aus Sicht der Kommission handelte es sich bei den Regelungen im CISAC-Mustervertrag um kartellrechtswidrige Mitgliedschaftsbeschränkungen und Gebietsbeschränkungen.[733]

Mittlerweile ist die CISAC-Entscheidung durch den Erlass der VG-Richtlinie größtenteils überholt. Der zuvor unter § 9 A III 1 a) dargestellte Art. 5 Abs. 2 VG-Richtlinie zielt darauf, Mitgliedschaftsbeschränkungen durch Verwertungsgesellschaften zu verhindern. Titel III der VG-Richtlinie bezweckt die Förderung der Vergabe von Mehrgebietslizenzen für Online-Rechte an Kompositionen und Liedtexten durch Verwertungsgesellschaften und soll damit Gebietsbeschränkungen verhindern. Diese Regelungen gelten nach Art. 2 Abs. 1 VG-Richtlinie unterschiedslos für alle Verwertungsgesellschaften mit Sitz in der EU.

Die VG-Richtlinie gestattet nun europäischen Verwertungsgesellschaften ausdrücklich auch den Abschluss von sog. „Repräsentationsvereinbarungen".[734] Der in Art. 3 lit. j) VG-Richtlinie definierte Begriff der „Repräsentationsvereinbarung" umfasst zum einen die Gegenseitigkeitsverträge der Verwertungsgesellschaften.[735] Daneben sind von Art. 3 lit. j) VG-Richtlinie aber auch Verträge zur Vergabe von Mehrgebietslizenzen gemäß Titel III der VG-Richtlinie erfasst.[736]

---

731 Europäische Kommission, Sache COMP/C2/38.698 – CISAC. Eine ausführliche Darstellung der CISAC-Entscheidung findet sich bei Heyde, Grenzüberschreitende Lizenzierung, S. 114 ff.

732 Heyde, Grenzüberschreitende Lizenzierung, S. 115 f.

733 Europäische Kommission, Sache COMP/C2/38.698 – CISAC, Rn. 74. Das EuG hat die CISAC-Entscheidung der Kommission allerdings insoweit für nichtig erklärt, als dies den Vorwurf der Gebietsbeschränkung betraf (vgl. EuG ZUM-RD 2013, 293). Die Kommission habe das Vorliegen einer abgestimmten Verhaltensweise nicht hinreichend bewiesen (vgl. EuG ZUM-RD 2013, 293 Rn. 182).

734 Sinn und Zweck von Repräsentationsvereinbarungen ist es nach Erwägungsgrund 11 der VG-Richtlinie, die Verfahren zur Lizenzvergabe an Nutzer zu gleichen, diskriminierungsfreien und transparenten Bedingungen zu erleichtern.

735 Im Folgenden wird aus Gründen der Klarheit der Begriff der Repräsentationsvereinbarung verwendet, wenn Bezug auf die VG-Richtlinie genommen wird.

Gemäß Erwägungsgrund 11 der VG-Richtlinie sollen die Verwertungsgesellschaften nicht an einer Vereinbarung zur gegenseitigen Rechtewahrnehmung gehindert werden, sofern die kartellrechtliche Bestimmungen der Art. 101, 102 AEUV eingehalten werden. Nach Erwägungsgrund 30 der VG-Richtlinie sollen Verwertungsgesellschaften im Rahmen von Repräsentationsvereinbarungen auch die Rechte anderer Verwertungsgesellschaften wahrnehmen und die Einnahmen aus deren Verwertung einziehen können. Für Repräsentationsvereinbarungen gelten besondere Bestimmungen der VG-Richtlinie. Diese dienen nach Erwägungsgrund 30 der VG-Richtlinie dem Schutz der Mitglieder anderer Verwertungsgesellschaften und werden nachfolgend dargestellt.

aa) Diskriminierungsverbot, Art. 14 VG-Richtlinie

Die Bestimmung des Art. 14 VG-Richtlinie sieht ein „Diskriminierungsverbot" vor.[737] Eine Verwertungsgesellschaft darf keinen Rechtsinhaber, dessen Rechte sie auf Grundlage einer Repräsentationsvereinbarung wahrnimmt, diskriminieren.

Das Diskriminierungsverbot bezieht sich insbesondere auf die anwendbaren Tarife, die Verwaltungskosten und die Bedingungen für die Einziehung der Einnahmen und die Verteilung der den Rechtsinhabern zustehenden Beträge. Nach Erwägungsgrund 30 der VG-Richtlinie hat eine Verwertungsgesellschaft Rechte, die im Rahmen von Repräsentationsvereinbarungen wahrgenommen werden, und Rechte, die unmittelbar für die eigenen Rechtsinhaber wahrgenommen werden, unterschiedslos wahrzunehmen.

Art. 14 VG-Richtlinie schafft einen zentralen Grundsatz zum Schutz der Rechtsinhaber: Verwertungsgesellschaften in der EU dürfen bei der Rechtewahrnehmung nicht ohne sachlichen Grund zwischen eigenem und fremdem Repertoire zum Nachteil des fremden Repertoires unterscheiden.[738]

bb) Abzugsverbot, Art. 15 Abs. 1 VG-Richtlinie

Art. 15 Abs. 1 VG-Richtlinie statuiert ein über das Diskriminierungsverbot des Art. 14 VG-Richtlinie hinausgehendes „Abzugsverbot".[739] Danach dürfen Verwertungsgesellschaften von den Einnahmen aus den Rechten, die ihnen aus einer

736 Zudem sollen Verträge erfasst sein, in denen die Tätigkeitsbereiche der beteiligten Verwertungsgesellschaften nicht identisch sind. Als Repräsentationsvereinbarungen kommen damit zum Beispiel auch rein nationale Inkassovereinbarungen in Betracht (vgl. BT-Drs. 18/7223, S. 87).

737 Art. 14 VG-Richtlinie wurde in § 44 VGG umgesetzt.

738 BT-Drs. 18/7223, S. 87.

739 Art. 15 Abs. 1 VG-Richtlinie ist umgesetzt in § 45 VGG.

Repräsentationsvereinbarung zufließen, oder von Erträgen aus den Anlagen dieser Einnahmen keine anderen Beträge als die Verwaltungskosten abziehen, es sei denn, die andere Verwertungsgesellschaft, mit der die Repräsentationsvereinbarung geschlossen wurde, hat einem solchen Abzug ausdrücklich zugestimmt.

Üblicherweise nehmen Verwertungsgesellschaften in der EU dieselben Abzüge vom fremden Repertoire wie vom eigenen Repertoire vor. Bei diesen Abzügen handelt es sich um Abzüge für kulturelle und soziale Zwecke, wie sie Art. 12 Abs. 4 VG-Richtlinie den Verwertungsgesellschaften für die eigenen Mitglieder gestattet.[740] Höhere Abzüge beim fremden Repertoire schließt bereits Art. 14 VG-Richtlinie aus. Es ist daher üblich, dass die andere Verwertungsgesellschaft Abzügen für kulturelle und soziale Zwecke zustimmt. Die Zustimmung erfolgt schon deshalb, weil die andere Verwertungsgesellschaft selbst solche Abzüge vornehmen möchte. Daher sieht Art. 8 Abs. 2 des CISAC-Mustervertrags standardmäßig einen solchen Abzug von „höchstens 10 %" vor. Auch Art. 7 des BIEM-Mustervertrags sieht standardmäßig Kommissionen vor, zieht eine Höchstgrenze allerdings erst bei 25 % der Bruttoinkassosumme.

Zugleich rechtfertigt Art. 15 Abs. 1 VG-Richtlinie bei erfolgter Zustimmung der anderen Verwertungsgesellschaft eine Benachteiligung der Mitglieder der anderen Verwertungsgesellschaften dahingehend, dass diesen ein Zugang zu aus den Abzügen finanzierten sozialen, kulturellen oder Bildungsleistungen nicht gestattet wird. Bei Art. 15 Abs. 1 VG-Richtlinie handelt es sich insoweit um eine „lex specialis" gegenüber Art. 14 VG-Richtlinie. Andernfalls müsste den Mitgliedern der anderen Verwertungsgesellschaften nach dem Rechtsgedanken des Art. 12 Abs. 4[741] und des Erwägungsgrunds 28 der VG-Richtlinie ein diskriminierungsfreier Zugang zu aus ihren Abzügen finanzierten sozialen, kulturellen oder Bildungsleistungen und Einrichtungen gestattet werden.

cc) Verteilung von Einnahmen an die Rechtsinhaber

Art. 15 Abs. 2 und Abs. 3 VG-Richtlinie regeln die Verteilung der Einnahmen an die Rechtsinhaber.[742] Besonders relevant sind die Fristen des Art. 15 Abs. 3 VG-Richtlinie: Die beauftragte Verwertungsgesellschaft hat spätestens neun Monate nach Ablauf des Geschäftsjahres, in dem die Einnahmen aus den Rechten eingezogen wurden, die Einnahmen an die andere Verwertungsgesellschaft auszu-

---

740 Vgl. hierzu zuvor unter § 9 A I 2 c).
741 Art. 12 Abs. 4 VG-Richtlinie wurde umgesetzt in § 32 Abs. 3 VGG.
742 Art. 15 Abs. 2 und Abs. 3 VG-Richtlinie sind umgesetzt in § 46 VGG.

schütten. Diese hat die Einnahmen dann wiederum binnen sechs Monaten nach Erhalt an die Rechtsinhaber weiter zu verteilen. Diese Fristen gelten nur dann nicht, wenn „objektive Gründe" der Fristwahrung entgegenstehen. Solche objektiven Gründe können gemäß Art. 15 Abs. 2, 3 VG-Richtlinie beispielsweise die mangelnden Meldungen von Nutzern oder die Unmöglichkeit der Feststellung der Rechtsinhaber sein.

Dass ein Rechtsinhaber nicht festgestellt werden kann oder die vereinnahmten Gelder aus sonstigen Gründen einem Rechtsinhaber nicht zugeordnet werden können, ist in der Praxis durchaus recht häufig anzutreffen. Dies betrifft die Wahrnehmung sowohl des eigenen Repertoires wie auch des fremden Repertoires einer Verwertungsgesellschaft.[743] In der Folge entstehen bei den Verwertungsgesellschaften damit sog. „nicht-verteilbare Einnahmen".[744] Denn ist die Feststellung eines Rechtsinhabers für eine Verwertungsgesellschaft unmöglich, kann sie die eingenommenen Gelder nicht an den jeweiligen Rechteinhaber ausschütten. Die Gelder bleiben bei der Verwertungsgesellschaft liegen, ohne dass diese verteilt werden. Für die Rechtsinhaber bedeutet dies, dass ihnen Einnahmen vorenthalten werden, die ihnen eigentlich zustehen.

In diesem Zusammenhang haben die Regelungen der Art. 13 Abs. 4 bis 6 VG-Richtlinie Auswirkung auf die Gegenseitigkeitsverträge. Art. 13 Abs. 4 der VG-Richtlinie bestimmt, dass Einnahmen nach Ablauf von drei Jahren nach Ablauf des Geschäftsjahres, in dem die Einnahmen aus den Rechten eingezogen wurden, als nicht verteilbar gelten, wenn die Verwertungsgesellschaft alle notwendigen Maßnahmen ergriffen hat, um den jeweiligen Rechtsinhaber zu ermitteln. Bei der Grenze von drei Jahren handelt es sich um eine absolute Grenze. Art. 13 Abs. 5 und Abs. 6 VG-Richtlinie regeln zudem die Verwendung der nicht-verteilbaren Einnahmen.

In direkter Anwendung betreffen die Art. 13 Abs. 4 bis 6 VG-Richtlinie zwar nur die Verwaltung der Einnahmen im Innenverhältnis zu den eigenen Mitgliedern. Aufgrund des Diskriminierungsverbots des Art. 14 VG-Richtlinie gelten die Regelungen aber auch zugunsten der Mitglieder anderer Verwertungsgesellschaften. Die Mitglieder anderer, über Gegenseitigkeitsverträge verbundener Verwertungsgesellschaften dürfen bei der Verteilung von Einnahmen nicht schlechter gestellt werden, als die eigenen Mitglieder der Verwertungsgesellschaft. Dies gilt auch für nicht-verteilbare Einnahmen.

---

743 Die Feststellung von Rechtsinhabern ist häufig deshalb nicht möglich, weil Werke in den von Verwertungsgesellschaften verwendeten Datenbanken lückenhaft dokumentiert sind.

744 Diese Gelder werden teilweise auch als „Black Box"-Gelder bezeichnet.

Daher gelten gemäß Art. 13 Abs. 4 VG-Richtlinie auch die Einnahmen aus fremdem Repertoire nach Ablauf von drei Jahren nach Ablauf des Geschäftsjahres, in dem die Einnahmen aus den Rechten eingezogen wurden, als nicht verteilbar.

Beschließt nun die Mitgliederversammlung einer Verwertungsgesellschaft nach Art. 13 Abs. 5 VG-Richtlinie über die Verteilung der Einnahmen dergestalt, dass die Einnahmen den Mitgliedern zufließen sollen, so sind auch die Mitglieder der über Gegenseitigkeitsverträge verbundenen Verwertungsgesellschaften zu beteiligen. Würden die nicht-verteilbaren Einnahmen ausschließlich den eigenen Mitgliedern zufließen, würden die Mitglieder der anderen Verwertungsgesellschaften nach Art. 14 VG-Richtlinie ohne sachlichen Grund diskriminiert. Denn ein Teil dieser nicht-verteilbaren Einnahmen wurde aus den Rechten der Mitglieder der anderen Verwertungsgesellschaften generiert. Ein entsprechender Anteil ist an die andere Verwertungsgesellschaften auszuschütten. Diese haben die Gelder dann an ihre Mitglieder weiterzuleiten.

Dagegen hat die Mitgliederversammlung der GEMA beschlossen, dass nicht-verteilbare Einnahmen ausschließlich für soziale und kulturelle Zwecke bereitgestellt werden sollen. Der Beschluss wurde umgesetzt in § 30 Abs. 3 GEMA-Verteilungsplan.[745] Damit fließen die nicht-verteilbaren Einnahmen der GEMA unterschiedslos keinem Rechtsinhaber zu. Es erscheint fraglich, ob dieses Vorgehen der GEMA gegenüber Mitgliedern ausländischer Verwertungsgesellschaften, die über Gegenseitigkeitsverträge mit der GEMA verbunden sind, zulässig ist. Schließlich hat die GEMA einen Teil der nicht-verteilbaren Einnahmen aus Rechten der Mitglieder anderer Verwertungsgesellschaften generiert.

Jedenfalls handelt es sich nicht um Abzüge nach Art. 15 Abs. 1 VG-Richtlinie, denen die andere Verwertungsgesellschaft zustimmen könnte bzw. müsste. Denn die GEMA behält Einnahmen aus den Rechten, die über einen Gegenseitigkeitsvertrag mit anderen Verwertungsgesellschaften eingeräumt werden, schlicht vollständig ein. Diese Einnahmen werden überhaupt nicht an Dritte weiterverteilt. Es findet kein „Abzug“ im Sinne des Wortlauts des Art. 15 Abs. 1 VG-Richtlinie statt.

Damit müsste das Vorgehen der GEMA dem Diskriminierungsverbot des Art. 14 VG-Richtlinie standhalten. Soweit die GEMA an keinen Rechtsinhaber Gelder unmittelbar ausschüttet, handelt die GEMA diskriminierungsfrei. Allerdings erhalten die Mitglieder der GEMA nach dem Rechtsgedanken des Art. 12 Abs. 4 und des Erwägungsgrunds 28 der VG-Richtlinie diskriminierungsfrei Zugang zu den sozialen und kulturellen Einrichtungen und Leistungen der GEMA, die aus den nicht-verteilbaren Einnahmen finanziert werden. Für die Anwendung

745 Riemer, in: Heker/Riesenhuber, Kap. 8, Rn. 122.

des Rechtsgedankens des Art. 12 Abs. 4 und des Erwägungsgrunds 28 der VG-Richtlinie ist es unerheblich, dass es sich bei der Finanzierungsform nicht um Abzüge im Sinne der VG-Richtlinie handelt. Es kommt ausschließlich darauf an, dass die Verwertungsgesellschaft Einnahmen, die eigentlich den Rechtsinhabern zustehen, nicht an die Rechtsinhaber ausschüttet, sondern für sonstige Zwecke verwendet.

Der VG-Richtlinie liegt daher der grundsätzliche Gedanke zugrunde, dass derjenige, der kulturelle und soziale Einrichtungen und Leistungen finanziert, diskriminierungsfrei Zugang zu diesen erhalten sollte. Eine Rechtfertigung, keinen Zugang zu den finanzierten Einrichtungen und Leistungen zu erhalten, besteht nur ausnahmsweise im Fall des hier nicht einschlägigen Art. 15 Abs. 1 VG-Richtlinie. Finanziert eine Verwertungsgesellschaft dagegen mit anderweitigen Einnahmen aus den Rechten der Mitglieder ausländischer Verwertungsgesellschaften ihre sozialen und kulturellen Einrichtungen und Leistungen, so ist auch diesen Mitgliedern ein Zugang diskriminierungsfrei zu eröffnen.

Daher darf die GEMA nicht-verteilbare Einnahmen aus fremdem Repertoire nur dann für soziale und kulturelle Zwecke einbehalten, wenn die Mitglieder ausländischer Verwertungsgesellschaften, mit denen die GEMA Gegenseitigkeitsverträge geschlossen hat, ebenfalls Zugang zu den Einrichtungen und Leistungen der GEMA erhalten, die durch diese Einnahmen finanziert werden. Gewährt die GEMA nicht diskriminierungsfrei Zugang zu den so finanzierten Einrichtungen, liegt eine sachgrundlose Diskriminierung der Mitglieder ausländischer Verwertungsgesellschaften gemäß Art. 14 VG-Richtlinie vor.

dd) Informationspflichten, Art. 19 VG-Richtlinie

Gemäß Art. 19 VG-Richtlinie[746] trifft die Verwertungsgesellschaften in der EU die Pflicht, Verwertungsgesellschaften, mit denen sie Gegenseitigkeitsverträge geschlossen haben, mindestens einmal jährlich bestimmte Informationen bereitzustellen. Dies umfasst Informationen über zugewiesene, ausgeschüttete und nicht ausgeschüttete Einnahmen aus den wahrgenommenen Rechten, Abzüge für Verwaltungskosten und für sonstige Zwecke nach Art. 15 VG-Richtlinie, vergebene und verweigerte Lizenzen sowie Beschlüsse der Mitgliederhauptversammlung, sofern sie für die Wahrnehmung der unter die Repräsentationsvereinbarung fallenden Rechte maßgeblich sind.

Art. 19 VG-Richtlinie verpflichtet zwar wegen des Art. 2 Abs. 1 VG-Richtlinie grundsätzlich nur Verwertungsgesellschaften mit Sitz in der EU. Allerdings kann

746 Art. 19 VG-Richtlinie ist umgesetzt in § 47 VGG.

davon ausgegangen werden, dass Verwertungsgesellschaften mit Sitz in der EU bei zukünftigen Verhandlungen über Gegenseitigkeitsverträge mit Verwertungsgesellschaften mit Sitz außerhalb der EU versuchen werden, diese Informationspflichten auch Verwertungsgesellschaften mit Sitz außerhalb der EU aufzuerlegen. Ziel der Gegenseitigkeitsverträge ist, die Verpflichtungen der jeweiligen Gesellschaften möglichst reziprok auszugestalten. Dabei ist unerheblich, dass es sich um gesetzliche Verpflichtungen handelt. Es kann daher davon ausgegangen werden, dass die Regelung des Art. 19 VG-Richtlinie weltweit zu einer größeren Transparenz bei Verwertungsgesellschaften führt.

b) Rechtlicher Rahmen in den USA

Während die VG-Richtlinie in der EU mittlerweile rechtliche Rahmenbedingungen für die Gegenseitigkeitsverträge geschaffen hat, fehlt es an einer allgemeingültigen gesetzlichen Grundlage in den USA.

aa) Das „ASCAP foreign consent decree“ von 1950

Bereits weit vor der CISAC-Entscheidung der Europäischen Kommission war das System der Gegenseitigkeitsverträge Gegenstand einer Kartellrechtsklage der „Antitrust Division“ des US-Justizministeriums. Im Jahr 1947 verklagte die „Antitrust Division“ des US-Justizministeriums ASCAP aufgrund einer Beschwerde von BMI, wonach BMI der Zugang zu ausländischen Werken und Märkten aufgrund der Gegenseitigkeitsverträge von ASCAP mit ausländischen Verwertungsgesellschaften verweigert werde.[747]

Die „Antitrust Division“ des US-Justizministeriums kam zu dem Schluss, dass ASCAP durch den Beitritt zur CISAC und den Abschluss von Gegenseitigkeitsverträgen auf exklusiver Basis mit ausländischen Verwertungsgesellschaften dem Konkurrenten BMI den Zugang zur CISAC und dem Netz der Gegenseitigkeitsverträge verweigert habe. Dieser Zugang sei für BMI unerlässlich, um mit ASCAP in den Vereinigten Staaten konkurrieren zu können.[748] Nach Ansicht der „Antitrust Division“ des US-Justizministeriums handle es sich bei der CISAC um ein Kartell, das darauf zielte, BMI den Zugang zu internationalen Musikrechten zu versperren. Zum damaligen Zeitpunkt sprach sich die CISAC für Existenz nur einer Verwertungsgesellschaft je Territorium aus (sog. Ausschließlichkeitsprinzip) und

747 Korman, Journal of the Copyright Society of the USA, Volume 43 (1995), 158, 165.

748 Memorandum of the United States in support of the joint motion to enter Second Amended Final Judgement, United States of America v. American Society of Composers, Authors and Publishers, Civil Action No- 41–1395, S. 11.

verpflichtete ihre Mitglieder zum Abschluss exklusiver Gegenseitigkeitsverträge (sog. Exklusivitätsprinzip).[749]

Aufgrund dieses Verfahrens wurde am 14.03.1950 das „ASCAP foreign consent decree" erlassen.[750] Es befasste sich ausschließlich mit der Rechtewahrnehmung von ASCAP außerhalb der USA und im Verhältnis zu ausländischen Verwertungsgesellschaften.[751]

Das „ASCAP foreign consent decree 1950" verpflichtete ASCAP dazu, sämtliche Gegenseitigkeitsverträge mit ausländischen Verwertungsgesellschaften zu kündigen, da diese Exklusivitätsklauseln beinhalteten.[752] Außerdem wurde ASCAP ein Verbleib in der CISAC untersagt.[753] Erst als die CISAC ihr Ausschließlichkeitsprinzip aufgab, konnte ASCAP im Jahr 1968 seine CISAC Mitgliedschaft fortsetzen und BMI Mitglied der CISAC werden.[754]

Das „ASCAP foreign consent decree 1950" sah zudem vor, dass ASCAP keine Lizenzen für ausländische Verwertungsgesellschaften wahrnehmen durfte, denen ein Vertrag mit einer Laufzeit von mehr als zwölf Monaten zu Grunde lag.[755] ASCAP wurde es untersagt, ausländische Verwertungsgesellschaften davon abzuhalten, eine andere US-PRO als ASCAP mit der Wahrnehmung ihrer Rechte zu betrauen.[756] Gleichzeitig durfte ASCAP nicht die Erteilung einer Lizenz an ausländische Verwertungsgesellschaften verweigern, es sei denn, die ausländische Verwertungsgesellschaft verhielte sich vertragsbrüchig oder würde das ASCAP Repertoire nicht angemessen wahrnehmen.[757] Die Rechtewahrnehmung von ASCAP für eine ausländische Verwertungsgesellschaft musste sechs Monate länger andauern als die Rechtewahrnehmung der ausländischen Verwertungsgesellschaft für ASCAP.[758] Faktisch wurde ASCAP dazu gezwungen, zwei Verträge zu

---

749 Goldmann, Kollektive Wahrnehmung, S. 338.

750 Vgl. United States of America v. American Society of Composers, Authors and Publishers, U.S. District Court for the Southern District of New York, Civil Action No. 42–245, entered March 14, 1950 (nachfolgend: „ASCAP foreign consent decree 1950")

751 Korman, Journal of the Copyright Society of the USA, Volume 43 (1995), 158, 166.

752 Ziffer VI des ASCAP foreign consent decree 1950.

753 Ziffer V des ASCAP foreign consent decree 1950.

754 Goldmann, Kollektive Wahrnehmung, S. 339.

755 Ziffer IV (C) des ASCAP foreign consent decree 1950.

756 Ziffer IV (E) (1) des ASCAP foreign consent decree 1950. Entsprechend durften die Angebote zur Rechtewahrnehmung auch nicht unter die ausdrückliche oder stillschweigende Bedingung gestellt werden, dass die ausländische Verwertungsgesellschaft ASCAP ihre Rechte zur Wahrnehmung in den USA gewährt oder anbietet (vgl. Ziffer IV (F) des ASCAP foreign consent decree 1950).

757 Ziffer IV (D) (1) des ASCAP foreign consent decree 1950.

758 Ziffer IV (D) (2) des ASCAP foreign consent decree 1950.

schließen, wobei ASCAP zuerst die Rechte der ausländischen Verwertungsgesellschaft erwerben musste. Ausländische Verwertungsgesellschaften sollten vor einem Missbrauch der marktbeherrschenden Stellung ASCAPs bewahrt werden.[759]

Diese skizzierten Regelungen der Ziffern IV (C) bis (E) des „ASCAP foreign consent decree 1950" sind mit dem „ASCAP foreign consent decree 1997" entfallen.[760] Die weiteren Regelungen der Ziffern IV (A) und (B) des „ASCAP foreign consent decree 1950" sind seit dem Jahr 2001 im „ASCAP consent decree 2001" enthalten, das das „ASCAP foreign consent decree 1997" vollständig ersetzt.[761]

bb) Fortbestehende Regelungen im „ASCAP consent decree 2001"

Bei den fortbestehenden Bestimmungen des „ASCAP foreign consent decree 1950" handelt es sich um Regelungen, die eine Direktlizenzierung ermöglichen:

Nach Ziffer IV. (A) „ASCAP consent decree 2001" ist es ASCAP untersagt, andere Rechte an „performing rights" als nicht-exklusive Rechte zu halten, erwerben, lizenzieren, durchzusetzen oder hierüber zu verhandeln.[762] Dies bedeutet, dass ASCAP im Rahmen der Gegenseitigkeitsverträge ausschließlich nicht-exklusive Rechte am eigenen Repertoire vergeben darf und sich von ausländischen Verwertungsgesellschaften an deren eigenem Repertoire nur nicht-exklusive Rechte einräumen lassen darf. Dies ermöglicht auch ausländischen Rechteinhabern, in den USA Direktlizenzen zu vergeben.[763]

Außerdem ist es ASCAP nach Ziffer IV. (B) des „ASCAP consent decree 2001" untersagt, ihre Mitglieder daran zu hindern, nicht-exklusive Lizenzen an ihren „performing rights" in jedem Gebiet außerhalb der USA zu vergeben. ASCAP Mitglieder können ihre Rechte auch außerhalb der USA an einen Musiknutzer direkt lizenzieren.[764]

---

759 Korman, Journal of the Copyright Society of the USA, Volume 43 (1995), 158, 166.

760 Vgl. United States of America v. American Society of Composers, Authors and Publishers, U.S. District Court for the Southern District of New York, Civil Action No. 42–245, entered March 14, 1950, amended November 12, 1997 (nachfolgend: „ASCAP foreign consent decree 1997").

761 Memorandum of the United States in support of the joint motion to enter Second Amended Final Judgement, United States of America v. American Society of Composers, Authors and Publishers, Civil Action No- 41–1395, S. 3 in Fn. 3 und S. 46.

762 Gleichzeitig wird es ASCAP aber gestattet, gesetzliche Vergütungsansprüche, die im Ausland im Namen der ASCAP Mitglieder kassiert wurden, für ihre Mitglieder zu erhalten.

763 Goldmann, Kollektive Wahrnehmung, S. 340.

764 Vgl. hierzu die Ausführungen unter § 9 A III 2 a) aa).

cc) Regelungen für BMI

Die Regelungen des „BMI consent decree 1994“ gelten auch im Verhältnis zu ausländischen Rechteinhabern und Verwertungsgesellschaften. Nach Ziffer III. und IV. (A) des „BMI consent decree 1994“ darf BMI keine Direktlizenzierung im Gebiet der USA verhindern.[765] Auch von ausländischen Rechteinhabern und Verwertungsgesellschaften darf BMI im Rahmen der Gegenseitigkeitsverträge nur nicht-exklusive Rechte erwerben.

BMI Mitglieder haben aber im Gegensatz zu ASCAP nicht das Recht, ihre Rechte auch außerhalb der USA an einen Musiknutzer direkt lizenzieren. Dieses Recht wird ihnen durch das „BMI consent decree 1994“ nicht gewährt.[766]

c) SESAC und HFA

Für SESAC und HFA gelten die vorgenannten Bestimmungen der „consent decrees“ nicht. Allerdings verhielten sich auch SESAC und HFA wettbewerbswidrig, sollten sie versuchen, eine Direktlizenzierung in den USA durch ausländische Rechteinhaber und Verwertungsgesellschaften zu unterbinden. Es ist daher davon auszugehen, dass auch SESAC und HFA ein Mandat von ausländischen Verwertungsgesellschaften nur nicht-exklusiv erwerben.

Wie BMI kann SESAC seine eigenen Mitglieder darin beschränken, dass diese außerhalb der USA keine Lizenzen an Musiknutzer oder ausländische Verwertungsgesellschaften direkt selbst einräumen.

d) Praktische Rechteeinräumung in Gegenseitigkeitsverträgen

Im Rahmen der Gegenseitigkeitsverträge räumen Verwertungsgesellschaften einander die Rechte an ihrem Repertoire in der Regel nicht-exklusiv ein. Art. 1 Abs. 1 und Abs. 2 des CISAC-Mustervertrags und Art. 1 Abs. 5 des BIEM-Mustervertrags zeigen beispielhaft, dass sich Verwertungsgesellschaften mit der gegenseitigen Wahrnehmung ihrer Rechte lediglich auf nicht-exklusiver Basis betrauen. Am fremden Repertoire halten sie keine ausschließlichen Rechte. Verwertungs-

765 Vgl. hierzu die Ausführungen unter § 9 A III 2 b) aa).

766 Vgl. hierzu unter § 9 A III 2 b) aa) und zur Sonderregelung im BMI Publisher Membership Agreement zur Direktlizenzierung in Gebieten ohne Gegenseitigkeitsverträge unter § 9 A III 2 b) bb).

gesellschaften bleiben daher berechtigt, in dem Gebiet einer anderen Verwertungsgesellschaft Direktlizenzen zu erteilen.[767]

Ein Sonderproblem stellt sich für Verwertungsgesellschaften in der EU, wenn sie Gegenseitigkeitsverträge mit allen drei US-PRO über die Wahrnehmung des eigenen Repertoires abschließen.[768] Grundsätzlich betrauen sich Verwertungsgesellschaften gegenseitig mit der Wahrnehmung ihres gesamten eigenen Repertoires.[769] Eine solche Regelung ist ohne weiteres möglich, wenn sich zwei Monopolgesellschaften gegenseitig mit der Wahrnehmung ihrer Rechte betrauen. Ist aber eine der beteiligten Verwertungsgesellschaften in ihrem Gebiet keine Monopolgesellschaft, wie eine US-PRO, und sind alle im Wettbewerb zueinanderstehenden Gesellschaften in das Netz der Gegenseitigkeitsverträge eingebunden, so entstehen Probleme bei der Zuordnung des Repertoires.

Die Rechteeinräumung der US-PRO an Verwertungsgesellschaften in der EU ist dabei unproblematisch. Verwertungsgesellschaften in der EU sind in ihrem Gebiet Monopolgesellschaften. Umgekehrt besteht aber die Gefahr der unerwünschten Doppel- und Dreifachlizenzierung des eigenen Repertoires der Verwertungsgesellschaften in der EU an die US-PRO. Es ist daher anzunehmen, dass in den Gegenseitigkeitsverträgen zwischen Verwertungsgesellschaften in der EU und den US-PRO Regelungen getroffen werden, wie die jeweiligen Rechte den einzelnen US-PRO zugeordnet werden.

Im Falle der GEMA nimmt standardmäßig ASCAP sämtliche Rechte der GEMA in den USA wahr, es sei denn, dass die Rechte der GEMA bei BMI-Mitgliedern oder SESAC-Mitgliedern verlegt oder subverlegt werden. In diesen Fällen werden die Rechte der GEMA von BMI oder SESAC wahrgenommen.[770] Bei ASCAP handelt es sich damit gewissermaßen um die „voreingestellte" US-PRO der GEMA.

Ein alternativer Ansatzpunkt für die Zuordnung des Repertoires ist, dass die Rechtsinhaber selbst gegenüber ihrer jeweiligen Verwertungsgesellschaft bestimmen können, welche US-PRO ihre Rechte in den USA wahrnehmen soll. Dies kann insbesondere für Rechtsinhaber sinnvoll sein, die hohe Einnahmen aus den

---

767 Nr. 2 lit. a) des Protokolls zum CISAC-Mustervertrag verpflichtet die Verwertungsgesellschaft für den Fall der Direktlizenzierung dazu, die andere Verwertungsgesellschaft schriftlich zu benachrichtigen.

768 Beispielsweise hat die GEMA mit ASCAP, BMI und SESAC Gegenseitigkeitsverträge geschlossen (vgl. GEMA Jahrbuch 2018/19, S. 226 f.).

769 Vgl. Art. 1 Abs. 1, 2 des CISAC-Mustervertrags.

770 GEMA Jahrbuch 2018/19, S. 226 f. Ein GEMA-Autor kann dies aber dadurch umgehen, dass er seinen Wahrnehmungsvertrag mit der GEMA teilweise für die Rechtewahrnehmung der „performing rights" in den USA kündigt und seine Rechte bei einer US-PRO zur Wahrnehmung in den USA einbringt.

USA erhalten. Denn die einzelnen US-PRO schütten für dieselbe Nutzung eines Musikwerks eine unterschiedliche Lizenzgebühr an ihre Mitglieder aus. Dies hängt damit zusammen, dass sich die US-PRO unterschiedlicher Berechnungs- und Gewichtungsmethoden für die Ausschüttung der erzielten Einnahmen bedienen.[771]

B. Abhängige Verwertungseinrichtungen

Neben Verwertungsgesellschaften sieht Art. 2 Abs. 3 VG-Richtlinie abhängige Verwertungseinrichtungen vor. Im deutschen Recht ist Art. 2 Abs. 3 VG-Richtlinie in § 3 VGG umgesetzt. Anders als für Verwertungsgesellschaften und unabhängige Verwertungseinrichtungen verwendet die VG-Richtlinie keinen konkreten Begriff für die in Art. 2 Abs. 3 VG-Richtlinie und dem korrespondierenden Erwägungsgrund 17 der VG-Richtlinie vorgesehenen Einrichtungen.

I. Abhängigkeit von zumindest einer Verwertungsgesellschaft

Eine abhängige Verwertungseinrichtung liegt immer dann vor, wenn eine oder mehrere Verwertungsgesellschaft(en) an einer Einrichtung beteiligt sind. Unerheblich ist der Grad der Beteiligung an der Einrichtung: Zum einen kann es sich um hundertprozentige Tochtergesellschaften einer Verwertungsgesellschaft handeln. Zum anderen sind auch solche Einrichtungen erfasst, an denen eine Verwertungsgesellschaft lediglich indirekt oder teilweise Anteile hält bzw. die Einrichtung indirekt oder teilweise kontrolliert.[772] Maßgebliches Kriterium ist daher, ob die Einrichtung von zumindest einer Verwertungsgesellschaft kontrolliert wird.[773] Die Einrichtung muss einer Verwertungsgesellschaft wirtschaftlich zugeordnet sein.[774]

II. Ausüben der Tätigkeiten von Verwertungsgesellschaften

Art. 2 Abs. 3 VG-Richtlinie verlangt, dass die abhängigen Verwertungseinrichtungen die Tätigkeiten einer Verwertungsgesellschaft ausüben. Nur dann unterfallen sie den Bestimmungen der VG-Richtlinie.

---

771 Vgl. hierzu instruktiv: Passmann, Music Business, S. 244 f.
772 BT-Drs. 18/7223, S. 72.
773 Erwägungsgrund 17 der VG-Richtlinie.
774 Schulze, in: Dreier/Schulze, UrhG, VGG § 3, Rn. 3.

Die Tätigkeit kann sich auch lediglich auf einen einzigen Rechtsinhaber beziehen. Anders als bei einer Verwertungsgesellschaft ist nicht erforderlich, dass die abhängige Verwertungseinrichtung mehrere Rechtsinhaber vertritt oder sich treuhänderisch betätigt.[775] Sie kann auch ohne zusätzliche Voraussetzungen auf Gewinnerzielung zugunsten des jeweiligen Rechtsinhabers ausgerichtet sein.

Als mögliche Tätigkeiten benennt Erwägungsgrund 17 der VG-Richtlinie beispielhaft die Fakturierung und die Verteilung der Einnahmen aus den Rechten an die Rechtsinhaber. Letztlich kommt aber das gesamte Spektrum der Rechtewahrnehmung von der Vergabe von Nutzungsrechten über die Rechnungsstellung und das Inkasso bis hin zur Verteilung der Einnahmen in Betracht. Verwertungsgesellschaften können auch ganze Tätigkeitsbereiche, wie beispielsweise die gebietsübergreifende Vergabe von Online-Rechten an Musikwerken, an abhängige Verwertungseinrichtungen auslagern.[776]

III. Rechtsfolge: Geltung der Vorschriften für Verwertungsgesellschaften

Rechtsfolge ist nach Art. 2 Abs. 3 VG-Richtlinie, dass abhängige Verwertungseinrichtungen, soweit sie die Tätigkeit einer Verwertungsgesellschaft ausüben, den Bestimmungen der VG-Richtlinie zu den Verwertungsgesellschaften unterworfen sind.[777] Verwertungsgesellschaften sollen sich durch die Auslagerung von Tätigkeiten in abhängige Verwertungseinrichtungen nicht ihren gesetzlichen Pflichten entziehen können.[778] Die unter § 9 A I 2 getätigten Ausführungen hinsichtlich der rechtlichen Pflichten von Verwertungsgesellschaften gelten daher für abhängige Verwertungseinrichtungen entsprechend.

Im deutschen Recht enthalten §§ 3 Abs. 2 Satz 3, 90 VGG eine Sonderregel lediglich zur Erlaubnispflicht der abhängigen Verwertungseinrichtungen: Eine Erlaubnis ist nach §§ 90 Abs. 1 Satz 1, 77 Abs. 2 VGG nur dann notwendig, wenn die Ansprüche bzw. Rechte der §§ 49 Abs. 1, 50, 51 UrhG von der abhängigen Verwertungseinrichtung wahrgenommen werden. Verfügen alle Verwertungsgesellschaften, die Anteile an der abhängigen Verwertungseinrichtung halten oder diese beherrschen, über eine Erlaubnis, so entfällt die Erlaubnispflicht nach § 90 Abs. 1 Satz 2 VGG. Die Aufnahme der Tätigkeit kann aber gemäß § 90 Abs. 2 VGG anzeigepflichtig sein. Die übrigen Vorschriften zur Aufsicht sind gemäß § 90 Abs. 3 VGG auf abhängige Verwertungseinrichtungen entsprechend anwendbar.

---

775 Kling, Gebietsübergreifende Vergabe von Online-Rechten, S. 143 f.

776 BT-Drs. 18/7223, S. 72. Die gebietsübergreifende Vergabe von Online-Rechten an Kompositionen und Liedtexten ist ein Hauptanwendungsfall des § 3 VGG.

777 § 3 Abs. 2 VGG setzt damit die intendierte Rechtsfolge des § 2 Abs. 3 VG-Richtlinie um.

778 BT-Drs. 18/7223, S. 72.

Aus dem Bestehen der Sonderregelung zur Aufsicht und dem Zweck des § 3 Abs. 2 VGG, wonach sich Verwertungsgesellschaften durch die Auslagerung bestimmter Tätigkeiten ihren Pflichten nicht entziehen dürfen, folgt, dass keine weiteren Einschränkungen bezüglich der Anwendbarkeit der Pflichten des VGG auf abhängige Verwertungseinrichtungen zu machen sind. Auch abhängige Verwertungseinrichtungen unterliegen damit einem doppelten Kontrahierungszwang (§§ 9, 34 VGG) und den Regelungen zu Berichts- und Transparenzpflichten (§§ 53 ff. VGG).[779]

IV. Zusammenfassung

Zusammengefasst hat die Anerkennung der abhängigen Verwertungseinrichtung zwei Ziele: Verwertungsgesellschaften soll es gestattet sein, ihre Tätigkeiten umfassend an von ihnen kontrollierte Einrichtungen auszulagern. Lagern Verwertungsgesellschaften ihre Tätigkeiten aus, sollen sie sich damit aber nicht den nicht-abdingbaren Regelungen der VG-Richtlinie entziehen können.

Abhängige Verwertungseinrichtungen haben in der Praxis der Rechtewahrnehmung im Online-Musikbereich bei der Lizenzierung von Rechten an Kompositionen und Liedtexten eine herausgehobene Stellung inne. Beispielsweise sind die Gesellschaften ARESA und ICE Licensing, die Rechte an Kompositionen und Liedtexten an Online-Dienste lizenzieren,[780] abhängige Verwertungseinrichtungen.[781]

C. Unabhängige Verwertungseinrichtungen

Die dritte Gruppe der Gesellschaften zur kollektiven Rechtewahrnehmung ist die unabhängige Verwertungseinrichtung nach Art. 2 Abs. 4 und Art. 3 lit. b) VG-Richtlinie. Im deutschen Recht sind die Regelungen in § 4 VGG umgesetzt.

I. Sinn und Zweck

Erwägungsgrund 15 der VG-Richtlinie betont, dass Rechtsinhaber unabhängige Verwertungseinrichtungen mit der Wahrnehmung ihrer Rechte betrauen können sollen. Unabhängige Verwertungseinrichtungen treten in direkte Konkurrenz zu

779 Kling, Gebietsübergreifende Vergabe von Online-Rechten, S. 156 f.

780 Vgl. zu ARESA die Ausführungen unter § 11 A IV 2 b) bb) und zu ICE Licensing die Ausführungen unter § 11 A IV 4.

781 Kling, Gebietsübergreifende Vergabe von Online-Rechten, S. 155.

Verwertungsgesellschaften um einzelne Rechtsinhaber. Bislang räumen Rechtsinhaber ihre Rechte in der Regel Verwertungsgesellschaften zur Wahrnehmung ein. Verfolgt die VG-Richtlinie nun den Zweck, dass Urheber zukünftig unabhängige Verwertungseinrichtungen mit der Wahrnehmung ihrer Rechte betrauen, so konkurrieren unabhängige Verwertungseinrichtungen automatisch mit Verwertungsgesellschaften um Rechtsinhaber. Dies betrifft sowohl Rechtsinhaber, die bereits ihre Rechte in Verwertungsgesellschaften eingebracht haben, als auch Rechtsinhaber, die zukünftig ihre Rechte in Verwertungsgesellschaften einbringen wollen.

Sinn und Zweck der Art. 2 Abs. 4 und Art. 3 lit. b) VG-Richtlinie ist daher, Organisationen am europäischen Markt zuzulassen, die in Konkurrenz zu Verwertungsgesellschaften treten und deren faktisches Monopol aufbrechen.

II. Definition der unabhängigen Verwertungseinrichtung

Es bedarf einer tauglichen Organisation im Sinne des Art. 3 lit. b) Hs. 1 VG-Richtlinie. Zudem muss die Organisation von ihren Berechtigten unabhängig sein und kumulativ auch auf eine Gewinnerzielung ausgerichtet sein (Art. 3 lit. b) i) und ii) VG-Richtlinie).

1. Taugliche Organisation

Die unabhängige Verwertungseinrichtung muss eine nach Art. 3 lit. b) Hs. 1 VG-Richtlinie taugliche Organisation sein. Hierzu muss die Organisation die Voraussetzungen erfüllen, die auch für Verwertungsgesellschaften gelten. Die Ausführungen unter § 9 A I 1 a) finden auf unabhängige Verwertungseinrichtung entsprechend Anwendung. Wie Verwertungsgesellschaften müssen unabhängige Verwertungseinrichtungen damit insbesondere Rechte wahrnehmen und für fremde Rechnung von mehreren Rechtsinhabern und zu deren kollektiven Nutzen tätig werden.

Wie Erwägungsgrund 16 der VG-Richtlinie klarstellt, scheiden somit die Agenten und Manager von Urhebern als unabhängige Verwertungseinrichtung aus. Sie sind nicht mit der Wahrnehmung von Rechten betraut, da sie keine Tarife aufstellen, keine Lizenzen vergeben und keine Vergütung einziehen.

Auch Produzenten, Sendeunternehmen und Musikverlage sind nach Erwägungsgrund 16 der VG-Richtlinie keine unabhängigen Verwertungseinrichtungen. Sie handeln nicht im kollektiven Interesse der Urheber sondern ausschließlich im eigenen Interesse und für die eigene Rechnung. Das maßgebliche Kriterium der Abgrenzung ist bei Verwertungsgesellschaften wie bei unabhängigen Verwertungseinrichtungen, ob die Wahrnehmung der Rechte für fremde Rechnung der Rechtsinhaber erfolgt.[782]

2. Doppelte Unabhängigkeit

Eine unabhängige Verwertungseinrichtung liegt nur dann vor, wenn die Organisation „doppelt" unabhängig ist.

Nach Art. 3 lit. b) i) VG-Richtlinie muss die Organisation unabhängig von jeglichem Einfluss der Berechtigten sein. Die Organisation darf von den Berechtigten in keiner Weise gehalten oder beherrscht werden. Es zeichnet die Organisation gerade aus, dass sie nicht von den Rechtsinhabern kontrolliert wird.[783] Beherrschen die Berechtigten die Organisation auch nur indirekt oder teilweise, so ist die Organisation gemäß Art. 3 lit. a) i) VG-Richtlinie als Verwertungsgesellschaft zu qualifizieren. Es gelten die Ausführungen unter § 9 A I 1 b) entsprechend.

Zudem muss die Organisation unabhängig von jeglichem Einfluss einer Verwertungsgesellschaft sein. Die Organisation darf von einer Verwertungsgesellschaft in keiner Weise gehalten oder beherrscht werden. Dies normiert zwar Art. 3 lit. b) VG-Richtlinie nicht ausdrücklich. Allerdings folgt dies aus dem Umkehrschluss des Art. 2 Abs. 3 VG-Richtlinie. Ist eine Verwertungsgesellschaft an der Organisation auch nur indirekt oder teilweise beteiligt, so ist die Organisation gemäß Art. 2 Abs. 3 VG-Richtlinie als abhängige Verwertungseinrichtung zu qualifizieren. Es gelten die Ausführungen unter § 9 B I entsprechend.

3. Ausrichtung auf Gewinnerzielung

Zusätzlich zur doppelten Unabhängigkeit verlangt Art. 3 lit. b) ii) VG-Richtlinie, dass die Organisation auf Gewinnerzielung ausgerichtet ist. Andernfalls wäre die Organisation als Verwertungsgesellschaft nach Art. 3 lit. a) ii) VG-Richtlinie zu qualifizieren.[784] Die Ausrichtung auf Gewinnerzielung ist das entscheidende Merkmal der unabhängigen Verwertungseinrichtung. Erwägungsgrund 15 der VG-Richtlinie hebt hervor, dass es sich bei den unabhängigen Verwertungseinrichtungen um eine „kommerzielle Einrichtung" handelt. Die Organisation soll gerade gewinnorientiert sein.[785]

---

782 Freudenberg, in: Möhring/Nicolini, UrhR, VGG § 4, Rn. 7.

783 Erwägungsgrund 15 der VG-Richtlinie.

784 Freudenberg, in: Möhring/Nicolini, UrhR, VGG § 4, Rn. 6.

785 Hiervon geht auch die Gesetzesbegründung zum VGG aus (vgl. BT-Drs 18/7223, S. 73). Sie betont, dass sich unabhängige Verwertungseinrichtungen von Verwertungsgesellschaften gerade

Eine Gewinnerzielung liegt vor, wenn die Organisation die Erlöse aus der Wahrnehmung der Rechte nicht vollständig an die Berechtigten ausschüttet, sondern über die üblichen Verwaltungskosten und Abzüge für soziale und kulturelle Einrichtungen hinaus einen Teil der Erlöse für sich einbehält.[786] Weder die VG-Richtlinie noch das VGG machen in ihren Begründungen zum Merkmal der Gewinnerzielung Vorgaben. Es ist davon auszugehen, dass es dem Markt überlassen bleiben soll, verschiedene Modelle zu entwickeln.

III. Rechtsfolge: Stark eingeschränkte Anwendbarkeit des VGG

Art. 2 Abs. 4 VG-Richtlinie regelt die auf unabhängige Verwertungseinrichtungen anwendbaren Vorschriften. Anders als auf abhängige Verwertungseinrichtungen ist das VGG nur sehr eingeschränkt auf unabhängige Verwertungseinrichtungen anwendbar. Erwägungsgrund 15 der VG-Richtlinie bestimmt, dass unabhängige Verwertungseinrichtungen vor allem bestimmte Informationen zur Verfügung stellen müssen.

Art. 2 Abs. 4 VG-Richtlinie verweist unter anderem auf die folgenden vier Vorschriften:

- Art. 16 Abs. 1 VG-Richtlinie: Die Organisation führt die Verhandlungen über die wahrgenommenen Rechte nach Treu und Glauben und bietet deren Einräumung an.
- Art. 18 Abs. 1 VG-Richtlinie: Die Organisation informiert wie eine Verwertungsgesellschaft unter anderem über Einnahmen und Abzüge spätestens 12 Monate nach Ablauf eines jeden Geschäftsjahres.
- Art. 20 VG-Richtlinie: Die Organisation informiert wie eine Verwertungsgesellschaft auf qualifizierte Nachfrage über ihr Repertoire.
- Art. 21 lit. a, b, c, e, f und g VG-Richtlinie: Die Organisation informiert die Allgemeinheit wie eine Verwertungsgesellschaft über ihr Statut, ihre Wahrnehmungsbedingungen, Standardnutzungsverträge, Tarife sowie ihren Verteilungsplan und über die vorgenommenen Abzüge.

Unabhängige Verwertungseinrichtungen unterliegen, anders als die Verwertungsgesellschaften und abhängige Verwertungseinrichtungen, vor allem nicht:

- einem Wahrnehmungszwang, in Deutschland nach § 9 VGG,
- einem Abschlusszwang, in Deutschland nach § 34 VGG,

---

dadurch unterscheiden, dass es sich bei den unabhängigen Verwertungseinrichtungen um gewinnorientierte Einrichtungen handle.

786 Schulze, in: Dreier/Schulze, UrhG, VGG § 2, Rn. 17.

- dem Erfordernis des Aufstellens eines Verteilungsplans, in Deutschland nach § 27 VGG und
- weitergehenden Berichts- und Transparenzpflichten nach Art. 21 d), h)-j) und Art. 22 VG-Richtlinie.

Durch die eingeschränkte Anwendung der VG-Richtlinie bleiben unabhängige Verwertungseinrichtungen im Gegensatz zu Verwertungsgesellschaften und abhängigen Verwertungseinrichtungen größtenteils unreguliert. Dies ist auch gerechtfertigt: Unabhängige Verwertungseinrichtungen bilden keine faktischen Monopole, die reguliert werden müssten. Im Gegenteil bezweckt die VG-Richtlinie mit der Zulassung von unabhängigen Verwertungseinrichtungen Wettbewerb auf dem Markt um Rechtsinhaber. Daher hält die VG-Richtlinie die Marktzutrittsschwelle für Konkurrenten der Verwertungsgesellschaften bewusst niedrig. Die potentielle Konkurrenz soll sich am Markt entfalten können.

Wie für abhängige Verwertungseinrichtungen besteht im deutschen Recht eine Sonderregelung zur Aufsicht gemäß §§ 4 Abs. 2 Satz 2, 91 VGG: Anders als die Tätigkeit einer Verwertungsgesellschaft ist die Tätigkeit einer unabhängigen Verwertungseinrichtung nicht erlaubnispflichtig; § 91 Abs. 1 VGG verweist nicht auf § 77 VGG.[787] Zwar unterliegen die unabhängigen Verwertungseinrichtung ebenfalls der Aufsicht des DPMA (§§ 91 Abs. 1, 75, 76 VGG). Die Aufsicht bezieht sich aber nur auf die eingeschränkten Pflichten, die die VG-Richtlinie und folglich auch das VGG einer unabhängigen Verwertungseinrichtung auferlegt.[788] Nach §§ 91 Abs. 1, 86 VGG unterliegen unabhängige Verwertungseinrichtungen der deutschen Aufsicht sogar überhaupt nicht, wenn diese ihren Sitz in einem anderen Staat innerhalb der EU oder des EWR haben.

§ 86 Abs. 1 VGG setzt das durch Art. 37 VG-Richtlinie vorgegebene „Sitzstaatprinzip" um. Die nationalen Aufsichtsbehörden kontrollieren nur die Gesellschaften zur kollektiven Rechteeinräumung, die im eigenen Land ansässig sind oder ihren Sitz außerhalb der EU und des EWR haben.[789] Stellt das DPMA dagegen Pflichtverletzungen bei Gesellschaften mit Sitz in einem anderen Staat innerhalb der EU oder des EWR fest, so kann es gemäß § 86 Abs. 1 VGG nur die zuständige Behörde des jeweiligen Mitgliedstaats informieren und um geeignete Maßnahmen ersuchen.[790] Maßstab der Überprüfung einer Pflichtverletzung ist der nationale Maßstab des jeweiligen Mitgliedstaats.[791]

---

787 Freudenberg, in: Möhring/Nicolini, UrhR, VGG § 91, Rn. 4.
788 Freudenberg, in: Möhring/Nicolini, UrhR, VGG § 91, Rn. 7.
789 Freudenberg, in: Möhring/Nicolini, UrhR, VGG § 86, Rn. 1
790 BT-Drs. 18/7223, S. 97.

Unabhängige Verwertungseinrichtungen können aber gemäß § 91 Abs. 2 Satz 1 VGG verpflichtet sein, ihre Tätigkeit schriftlich beim DPMA anzuzeigen. Voraussetzung ist es, dass der Sitz im Inland liegt oder Rechte aus dem UrhG wahrgenommen werden. Eine Anzeigepflicht besteht damit nur dann, wenn ein hinreichender Inlandsbezug vorliegt.[792]

In der Lizenzierung von Rechten an Kompositionen und Liedtexten im Online-Musikbereich sind derzeit nur wenige unabhängige Verwertungseinrichtungen aktiv. Ein Beispiel für eine im Online-Musikbereich aktive unabhängige Verwertungseinrichtung ist die SESAC Digital Licensing. Die SESAC Digital Licensing ist eine Tochtergesellschaft der US-PRO SESAC.[793]

§ 10 Musikverlage

Musikverlagen kommt bei der Online-Lizenzierung von Kompositionen und Liedtexten eine Schlüsselrolle zu. Sie sind die Verbindung zwischen den Gesellschaften zur kollektiven Rechtewahrnehmung und den Urhebern. Ein besonderes Gewicht haben die sog. „Majors", die unter A definiert werden. Die unterschiedliche rechtliche Stellung der Musikverlage in Deutschland und in den USA wird unter B und C erläutert. Sie steht in direktem Zusammenhang zu den Unterschieden in der Lizenzierung von Online-Diensten in Europa und in den USA. Darüber hinaus sind Musikverlage in ein Netz von Subverlagsverträgen eingebunden (vgl. unter E) und führen durch ihre Beteiligungen an den Kompositionen und Liedtexten in besonderem Maße zum Phänomen des „Split Copyrights" (vgl. unter F).

A. Situation am Markt weltweit

Üblicherweise werden Musikverlage in „Major"-Verlage und „Independent"-Verlage unterteilt. Major-Verlage sind durch mehr als 300 Mitarbeiter, lokale Standorte in den wichtigsten Territorien, einem weltweiten Jahresumsatz von über 400 Millionen US-Dollar und einer konzernbedingten Verbindung zu einem Major-Label gekennzeichnet.[794]

791 Gerlach, ZUM 2016, 85, 87.

792 Freudenberg, in: Möhring/Nicolini, UrhR, VGG § 91, Rn. 11.

793 https://www.suisa.ch/de/suisa/mint/mint-digital-services.html (abgerufen am 08.04.2020).

794 Strauch/Poche, in: Handbuch der Musikwirtschaft, § 13, Rn. 1.

Weltweit gibt es gegenwärtig drei „klassische" Major-Verlage: Sony/ATV Music Publishing, Universal Music Publishing und Warner/Chappel Music.[795] Ihre führende Stellung auf dem Markt der Musikverlage zeigen die jeweiligen Umsatzzahlen für das Jahr 2018: Im Jahr 2018 erzielten weltweit Universal Music Publishing einen Umsatz von 941 Millionen Euro[796], Sony/ATV Music Publishing zusammen mit der Verlagssparte Sony Music Japan einen Umsatz von etwa 875 Millionen Euro (106,7 Milliarden Yen)[797] und Warner/Chappel Music Publishing einen Umsatz von etwa 581 Millionen Euro (653 Millionen US-Dollar).[798] Neben diesen drei Major-Verlagen bestehen zahlreiche kleinere und konzernunabhängige Musikverlage. Sie werden als Independent-Verlage bezeichnet.[799] Beispielsweise gibt es in Deutschland derzeit mehr als 400 Musikverlage, die im „Deutschen Musikverleger Verband" (DMV) organisiert sind.[800]

Die Unterteilung in Major-Verlage und Independent-Verlage erscheint mittlerweile zu kurz gegriffen. Zum Kreis der großen Musikverlage sollten auch die zum Bertelsmann-Konzern gehörende BMG Rights Management sowie der Kobalt-Verlag gezählt werden. Es erscheint naheliegend, von den „Big 5" der Musikverlage zu sprechen: In Deutschland kontrollieren die „Big 5" circa 70 % der Musik in den Top 100 Single und Radio-Charts.[801] In den USA waren die „Big 5" an den „Top 10 Radio Songs" des ersten Quartals 2019 sogar zu insgesamt 77 % beteiligt.[802]

B. Rechtliche Stellung der deutschen Musikverlage

I. Gesetzliches Leitbild

Ausgangspunkt zu den weiteren Überlegungen zur rechtlichen Stellung der Musikverlage ist das gesetzliche Leitbild, das in § 1 VerlG niedergelegt ist. Dieser lautet wie folgt:

---

795 Strauch/Poche, in: Handbuch der Musikwirtschaft, § 13, Rn. 2.

796 https://www.digitalmusicnews.com/2019/02/14/umg-full-year-2018-revenue/ (abgerufen am 18.07.2019).

797 https://www.billboard.com/articles/business/8508903/sony-music-financials-2018-earnings-recorded-physical-streaming (abgerufen am 18.07.2019).

798 https://www.billboard.com/articles/business/8491104/warner-music-group-revenue-financial-results-2018 (abgerufen am 18.07.2019).

799 Budde, in: Handbuch der Musikwirtschaft, § 14, Rn. 2

800 Budde, in: Handbuch der Musikwirtschaft, § 14, Rn. 12.

801 Strauch/Poche, in: Handbuch der Musikwirtschaft, § 13, Rn. 3.

802 https://www.billboard.com/articles/business/8510805/music-publishers-quarterly-q1-sonyatv-hot-100-radio (abgerufen am 18.07.2019).

> „Durch den Verlagsvertrag über ein Werk der Literatur oder der Tonkunst wird der Verfasser verpflichtet, dem Verleger das Werk zur Vervielfältigung und Verbreitung für eigene Rechnung zu überlassen. Der Verleger ist verpflichtet, das Werk zu vervielfältigen und zu verbreiten."

§ 1 VerlG gilt auch für Musikverlage.[803] Denn Werke der Tonkunst meint das Werk des Komponisten in Form der Noten und das Werk des Liedtexters in Form des Liedtexts.[804] Für das Bestehen eines Verlagsvertrags im Sinne des VerlG ist Voraussetzung, dass den Urheber eine Pflicht zur Überlassung seines Werks trifft und den Verleger eine Pflicht zur Auswertung dahingehend, das Werk auf eigene Rechnung zu vervielfältigen und zu verbreiten.[805] § 1 VerlG geht vom Musikverleger als Vervielfältiger und Verbreiter von Erzeugnissen des Notendrucks aus.[806]

Der Notendruck stellt im Bereich der Unterhaltungsmusik für Musikverlage gegenwärtig ein Verlustgeschäft dar und hat daher kaum mehr Relevanz.[807] Wirtschaftlich bedeutsam sind die Nutzungsrechte des Urhebers für die Aufführung, Sendung, Öffentliche Zugänglichmachung und Vervielfältigung. Diese Rechte werden häufig als „Nebenrechte" bezeichnet.[808] Dagegen wird das Verlagsrecht als „Hauptrecht" bezeichnet.[809] Das VerlG findet ausschließlich auf die Auswertung des „Hauptrechts" Anwendung, nicht aber auf die Auswertung der „Nebenrechte".[810] Ein eigenes Leistungsschutzrecht steht den Musikverlagen mangels gesetzlicher Regelung nicht zu.[811]

803 Schricker, Verlagsrecht, VerlG § 1, Rn. 82.

804 Ulmer-Eilfort, in: Ulmer-Eilfort/Obergfell, Verlagsrecht, VerlG § 1, Rn. 10.

805 Schricker, Verlagsrecht, VerlG § 1, Rn. 7.

806 Moser, in: Handbuch der Musikwirtschaft, § 15, Rn. 10. *Lichte/Landfermann* gehen aufgrund der wirtschaftlichen Bedeutungslosigkeit davon aus, dass die Vereinbarung einer Druckverzichtsklausel im Verlagsvertrag sinnvoll sein kann (vgl. Lichte/Landfermann, in: Handbuch der Musikwirtschaft, § 64, Rn. 31). Die Verzichtsklausel bedeutet rechtstechnisch, dass der Urheber auf die Ausübung des graphischen Vervielfältigungsrechts durch den Musikverlag verzichtet. Das graphische Recht wird dem Musikverlag weiterhin vertraglich eingeräumt (vgl. Rossbach/Joos, in: Festgabe für Schricker zum 60. Geburtstag, 2. Teil C. Musikverwertung, 333, 344).

807 Ahlberg, in: Festschrift für Raue, 353, 354.

808 Ulmer-Eilfort, in: Ulmer-Eilfort/Obergfell, Verlagsrecht, Allgemeiner Teil, Kap. B, Rn. 49. Die Bezeichnung der Verwertungsrechte des Urhebers als „Nebenrechte" erscheint aufgrund der wirtschaftlichen Bedeutung als irreführend.

809 Rossbach/Joos, in: Festgabe für Schricker zum 60. Geburtstag, 2. Teil C. Musikverwertung, 333, 340.

810 Nordemann-Schiffel, in: Fromm/Nordemann, Urheberrecht, VerlG § 1, Rn. 9.

811 BGH ZUM 2016, 639 Rn. 39, 41 – Verlegeranteil; KG ZUM 2017, 160, 164.

II. Musikverlagsverträge zwischen Musikverlagen und Urhebern

Musikverlage schließen mit Komponisten und Textdichtern Musikverlagsverträge ab und leiten hieraus ihre rechtliche Stellung ab. Ein Musikverlagsvertrag wird entweder für ein bestimmtes Werk (sog. „Titelvertrag")[812] oder für eine bestimmte Laufzeit, während der der Urheber exklusiv an den Musikverlag gebunden ist (sog. „Exklusivautorenvertrag"),[813] abgeschlossen. In Exklusivautorenverträgen verpflichten sich Musikverlage gegenüber erfolgreichen Urhebern zu Vorauszahlungen. Darüber hinaus erhalten erfolgreiche Urheber eine Beteiligung am im GEMA-Verteilungsplan vorgesehenen „Verlagsanteil" über sog. „Refundierungen".[814]

1. Nutzungsrechte für die Nutzung mittels Streaming und Download

Im Rahmen der Rechteeinräumung sieht ein Musikverlagsvertrag unter anderem vor, dass der Urheber dem Musikverlag weltweit die ausschließlichen Nutzungsrechte für Sendungen (Hörfunk und Fernsehen), das Einbringen in Datenbanken oder ähnlichen Speichern und die elektronische oder ähnliche Übermittlung (wie zum Beispiel zur Internetnutzung) „zur gemeinsamen Wahrnehmung durch die GEMA" einräumt.[815] Zwar beinhaltet diese Rechteeinräumung die für eine Online-Verwertung nötigen Nutzungsrechte, die ein Streaming und einen dauerhaften oder vorübergehenden Download gestatten. Allerdings räumen die Urheber diese Nutzungsrechte zugleich auch exklusiv der GEMA im Rahmen des Berechtigungsvertrags ein.[816] Dadurch entsteht ein Konflikt zwischen der Rechteeinräumung an die GEMA und an die Musikverlage.

Die meisten Musikurheber haben zeitlich vor dem Abschluss eines Musikverlagsvertrags bereits einen Wahrnehmungsvertrag mit der GEMA abgeschlossen.[817] Haben Urheber die Nutzungsrechte bereits der GEMA nach §§ 398, 413 BGB analog eingeräumt, so ist die folgende Abtretung der an die GEMA eingeräumten Nutzungsrechte an die Musikverlage nach dem Prioritätsprinzip unwirksam.[818]

---

812 Rossbach/Joos, in: Festgabe für Schricker zum 60. Geburtstag, 2. Teil C. Musikverwertung, 333, 342.

813 Lichte/Landfermann, in: Handbuch der Musikwirtschaft, § 64, Rn. 9.

814 Czychowski, in: Loewenheim, § 68, Rn. 39.

815 Vgl. Muster-Musikverlagsvertrag bei Ventroni, in: Handbuch der Musikwirtschaft, § 65, Rn. 17.

816 Vgl. zu den in die GEMA eingebrachten Rechten unter § 9 A III 1 b).

817 Ventroni/Poll, MMR 2002, 648, 652.

818 V. Ungern-Sternberg, in: FS Büscher, S. 267; BGH GRUR 2009, 939 Rn. 29 – Mambo No. 5; KG ZUM 2017, 160, 164; a.A. Ventroni ZUM 2017, 187, 190 ff.

Bei einer nochmaligen Abtretung handeln die Urheber als Nichtberechtigte.[819] Ein gutgläubiger Erwerb von Nutzungsrechten ist nicht möglich.[820] Daher geht die in Musikverlagsverträgen vorgesehene Rechteeinräumung an Musikverlage insoweit ins Leere, als die Musikurheber diese Rechte bereits der GEMA eingeräumt haben.[821]

Es ist das Wesen eines ausschließlichen Nutzungsrechts, wie es der GEMA durch den Urheber eingeräumt wurde, dass dieses Recht nur einem zustehen kann.[822] Eine gemeinsame Inhaberschaft von ausschließlichen Nutzungsrechten durch Urheber und Musikverlage ist aufgrund des Prioritätsprinzips rechtlich unmöglich.[823] Die Annahme einer gemeinsamen Rechteeinbringung in die GEMA durch Urheber und Musikverlage, wie dies beispielsweise *Ventroni* annimmt,[824] ist rechtlich unmöglich, da der Musikverlag regelmäßig über kein Nutzungsrecht verfügt, das dieser der GEMA einräumen könnte.[825]

2. Nutzungsrechte für weitere Nutzungen

Musikverlage können einzelne Nutzungsrechte selbst wahrnehmen, die überhaupt nicht oder zunächst auflösend bedingt im Sinne des § 158 Abs. 2 BGB bei der GEMA liegen. Die zeitlich vorgelagerte Rechteeinräumung der Urheber an die GEMA hat hierauf keinen Einfluss. Voraussetzung für die individuelle Rechtewahrnehmung durch die Musikverlage ist es, dass Urheber den Musikverlagen diese Nutzungsrechte an ihren Werken über Regelungen in den Musikverlagsverträgen auch tatsächlich eingeräumt haben.[826]

Bei den Musikverlagen liegen zunächst die sog. „graphischen Rechte". Diese umfassen die gedruckte oder digitale Darstellung des Noten- oder Textbilds eines Musikwerks.[827] § 1 h) (6) GEMA-Berechtigungsvertrag nimmt aus der Rechteein-

---

819 V. Ungern-Sternberg, ZGE 2017, 1, 3.

820 Schunke, in: Bisges, Kap. 4, Rn. 449.

821 Ventroni/Poll, MMR 2002, 648, 652.

822 V. Ungern-Sternberg, GRUR 2017, 217, 234.

823 Schunke, in: Bisges, Kap. 4, Rn. 449; V. Ungern-Sternberg, ZGE 2017, 1, 5.

824 Ventroni, ZUM 2017, 187, 193 f. *Ventroni* verkennt, dass das Prioritätsprinzip nicht abdingbar ist. Dingliche Rechte können im deutschen Recht generell durch Vertrag nur insoweit begründet werden, als dies die Rechtsordnung vorsieht (vgl. Ellenberger, in: Palandt, BGB, BGB Einf v § 145, Rn. 13).

825 Hiervon ging auch das Kammergericht in seiner Entscheidung zur Verlegerbeteiligung durch die GEMA aus (vgl. KG ZUM 2017, 160, 164).

826 Den Ausführungen liegt der Musikverlagsvertrag von *Ventroni* zugrunde (abgedruckt bei Ventroni, in: Handbuch der Musikwirtschaft, § 65, Rn. 17).

827 Bäcker/Lausen, in: Handbuch der Musikwirtschaft, § 63, Rn. 62.

räumung durch den Urheber die graphischen Rechte ausdrücklich aus.[828] Außerdem zählen zu den Nutzungsrechten, die unbedingt bei den Musikverlagen liegen, folgende Nutzungsrechte:[829]

- Gestattung und Verwertung von Bearbeitungen und Veränderungen des Werks,
- Verbindung des Werks mit einer anderen Musik bzw. einem anderen Text sowie die Verwertung dieser Werkverbindung, und
- Gestattung der Benutzung und Verwertung des Werks als Bühnenstück (sog. „Großes Recht").

Eine Sondersituation erfährt das Synchronisationsrecht. Die Wahrnehmung erfolgt teilweise kollektiv durch die GEMA und teilweise individuell durch die Urheber bzw. die Musikverlage. Hintergrund ist, dass der für die GEMA geltende Kontrahierungszwang des § 34 Abs. 1 VGG den persönlichkeitsrechtlichen Aspekten des Synchronisationsrechts nicht hinreichend Rechnung trägt. Der Urheber soll selbst über die Herstellung einer Synchronisation entscheiden können, da sein Werk mit der Synchronisation in Verbindung gebracht wird.[830] Auch den wirtschaftlichen Aspekten wird nicht hinreichend Rechnung getragen: Der Urheber soll die Lizenzvergütung individuell verhandeln können, um eine Vergütung oberhalb der GEMA-Tarife erzielen zu können.[831] Im Ergebnis gilt für Synchronisationen Folgendes:

- Das Herstellungsrecht wird vom Urheber der GEMA auflösend bedingt nach § 1 i) (1) GEMA-Berechtigungsvertrag eingeräumt.[832] Die Bedingung tritt ein, wenn der Urheber der GEMA mitteilt, das Herstellungsrecht selbst wahrzunehmen.[833] Der Urheber entscheidet selbst, ob er das Herstellungsrecht individuell wahrnimmt. In der Praxis vergeben die Musikverlage das Herstellungsrecht.[834]

---

828 Eine Einschränkung ist insoweit vorzunehmen, als die GEMA den gesetzlichen Vergütungsanspruch nach § 27 Abs. 2 UrhG wahrnimmt (vgl. Staudt/Welp, in: Heker/Riesenhuber, Kap. 7, Rn. 204, 206).

829 Vgl. Muster-Musikverlagsvertrag bei Ventroni, in: Handbuch der Musikwirtschaft, § 65, Rn. 17; Rossbach/Joos, in: Festgabe für Schricker zum 60. Geburtstag, 2. Teil C. Musikverwertung, 333, 350.

830 Staudt/Welp, in: Heker/Riesenhuber, Kap. 7, Rn. 215.

831 Staudt/Welp, in: Heker/Riesenhuber, Kap. 7, Rn. 215.

832 Der GEMA-Berechtigungsvertrag unterscheidet in § 1 i) (1) die Nutzung eines Musikwerks zur Herstellung von Filmen und Multimedia. Die getroffene Rechtsfolge ist jedoch identisch.

833 Staudt/Welp, in: Heker/Riesenhuber, Kap. 7, Rn. 208.

834 Nordemann, in: Fromm/Nordemann, Urheberrecht, UrhG Vor 88, Rn. 110. Gehen bei der GEMA entsprechende Nutzungsanfragen ein, leitet die GEMA diese Anfragen an den Urheber

– Die Auswertungsrechte nimmt die GEMA unbedingt wahr.[835]

C. Rechtliche Stellung der US-amerikanischen Musikverlage

In Ermangelung gesetzlicher Regelungen ist die ausschließliche Grundlage für die Stellung der Musikverlage in den USA der zwischen einem Musikverlag und einem Urheber geschlossene Musikverlagsvertrag. Dieser bestimmt die Inhaberschaft des Copyrights am Musikwerk[836] bzw. den Umfang der auf den Musikverlag übertragenen Rechte.

In den USA werden unterschiedliche Typen von Musikverlagsverträgen geschlossen. Die Verträge können in vier Kategorien eingeteilt werden:
- Exklusivvertrag Komponist / Textdichter
- „Single Song"-Vertrag
- Co-Verlagsvertrag
- Administrationsvertrag

I. Exklusivvertrag Komponist / Textdichter

Der „Exklusivvertrag Komponist / Textdichter" stellt die gebräuchlichste Form des Musikverlagsvertrags dar.[837] Darin erwirbt ein Musikverlag das Copyright des Musikwerks vollständig und für die Dauer des Bestehens des Copyrights. Der Urheber überträgt dem Musikverlag unwiderruflich sämtliche Rechte, Ansprüche und Beteiligungen, einschließlich des Copyrights, an allen Musikwerken, die der Urheber während der Laufzeit des Musikvertrages schreibt oder sonst kontrolliert.[838]

---

weiter. Der Urheber hat vier Wochen und bei subverlegten Werken drei Monate Zeit, zu entscheiden, ob er das Herstellungsrecht selbst wahrnehmen möchte (vgl. Bäcker/Lausen, in: Handbuch der Musikwirtschaft, § 63, Rn. 50).

Dies gilt nicht für das Herstellungsrecht von Eigen- oder Auftragsproduktionen der Sendeunternehmen und deren Werbegesellschaften. Dieses Recht verbleibt bei der GEMA nach § 1 i) (2) GEMA-Berechtigungsvertrag, wobei die Einwilligung des Urhebers bei der Beteiligung von Dritten nötig ist (vgl. ausführlich zum sog. „Senderprivileg": Staudt/Welp, in: Heker/Riesenhuber, Kap. 7, Rn. 220 ff.).

835 Nordemann, in: Fromm/Nordemann, Urheberrecht, UrhG Vor 88, Rn. 110.

836 Nimmer, Copyright, § 30.02.

837 Leavens, Music Law, S. 62.

838 Nimmer, Copyright, § 30.02[B].

Eine solche Rechteeinräumung bedeutet für den Umfang der vertragsgegenständlichen Musikwerke und den Umfang der Rechte, die ein Musikverlag an diesen Werken erwirbt, im Grundsatz Folgendes:

Ein Musikverlag erwirbt das Copyright eines Musikwerks vollständig und nicht lediglich einzelne Rechte.[839] Durch den vollständigen Erwerb des Copyrights gehen auf den Musikverlag aber zugleich sämtliche Verwertungsrechte des § 106 US Copyright Act sowie das Synchronisationsrecht über. Dem Urheber verbleibt weder ein Anteil am Copyright noch ein Verwertungsrecht. Der Musikverlag wird alleiniger Inhaber des Copyrights und der Verwertungsrechte.

Ein Musikverlag erwirbt das Copyright an sämtlichen Werken, die der Urheber während der Vertragslaufzeit schafft.[840] Außerdem erwirbt der Musikverlag das Copyright an bereits geschaffenen Werken, wenn dieses dem Urheber während der Vertragslaufzeit zufällt. Dies betrifft insbesondere auch vor Vertragsbeginn geschaffene Werke, an denen das Copyright während der Vertragslaufzeit an den Urheber zurückfällt.

Zum Teil ist in Verträgen geregelt, dass die Übertragung des Copyrights nur vorbehaltlich eines bestehenden Vertrags mit einer US-PRO erfolgt. Eine solche Klausel trägt der vorherigen Einräumung bzw. Übertragung des Rechts zur öffentlichen Aufführung durch den Urheber auf ASCAP, BMI oder SESAC Rechnung.[841] Hat eine US-PRO bereits das Recht zur öffentlichen Aufführung vom Urheber erworben, erwirbt der Musikverlag eine nicht-exklusive Lizenz am Recht zur öffentlichen Aufführung für das Gebiet der USA unabhängig von der US-PRO.[842] Für das Gebiet außerhalb der USA steht dem Musikverlag im Fall von ASCAP ein nicht-exklusives Recht und im Fall von BMI und SESAC kein Recht zu.[843]

---

839 Kohn, Music Licensing, S. 118.

840 Leavens, Music Law, S. 62. Die Laufzeit ist typischerweise so strukturiert, dass sie eine anfängliche Vertragslaufzeit von ein bis zwei Jahren vorsieht und dem Musikverlag die mehrfache Möglichkeit einräumt, den Vertrag nach Belieben um bestimmte Zeiträume von ein bis zwei Jahren zu verlängern (vgl. Gordon, Future of the Music Business, S. 22).

841 Kohn, Music Licensing, S. 118. Die Musterklausel bei *Kohn* bezieht sich zwar auf einen „Single-Song"-Vertrag (vgl. Kohn, Music Licensing, S. 118), die Rechteklausel könnte aber auch in einem „Exklusivvertrag Komponist / Textdichter" Anwendung finden (vgl. Kohn, Music Licensing, S. 148, der schreibt, dass viele Vertragsklauseln des „Single-Song"-Vertrags identisch mit den Klauseln im einem „Exklusivvertrag Komponist / Textdichter" sind). Dagegen sieht der Mustervertrag bei *Nimmer* keine Regelung für eine vorherige Einbringung in eine US-PRO vor (vgl. Nimmer, Copyright, § 30.02[B]).

842 Alle US-PRO erwerben im Rahmen des Wahrnehmungsvertrags grundsätzlich nur nicht-exklusive Rechte für das Gebiet der USA (vgl. hierzu die Ausführungen unter § 9 A III 2).

843 Vgl. hierzu die Ausführungen unter § 9 A III 2.

Im Gegenzug steht dem Urheber ein Anteil an den Einnahmen aus der Verwertung der Musikwerke durch den Musikverlag zu. Typischerweise sieht der Vertrag eine Verteilung der Einnahmen im Verhältnis 50/50 vor, wobei die Anteile in der Praxis als „writer share" und als „publisher share" bezeichnet werden.[844] Außerdem zahlen Musikverlage den Urhebern bei Abschluss des Musikverlagsvertrags regelmäßig einen Vorschuss für die zukünftigen Lizenzeinnahmen.[845]

II. „Single Song"-Vertrag

Der „Single Song"-Vertrag stellt eine Abwandlung des „Exklusivvertrag Komponist / Textdichter" im Hinblick auf die vertragsgegenständlichen Werke dar: Im Unterschied zum „Exklusivvertrag Komponist / Textdichter" beinhaltet der „Single Song"-Vertrag keine vertraglich festgeschriebene Laufzeit. Der Vertrag bezieht sich entweder auf ein vertraglich bestimmtes Musikwerk oder auf eine Gruppe bestimmter Musikwerke.[846] Analog zum „Exklusivvertrag Komponist / Textdichter" überträgt der Urheber im Rahmen eines „Single Song"-Vertrags das Copyright der vertragsgegenständlichen Werke auf den Musikverlag vollständig.[847] Der Musikverlag ist daher entsprechend der vorstehenden Ausführungen dazu berechtigt, das übertragene Musikwerk zu verwerten.

III. Co-Verlagsvertrag

Im Unterschied zum „Exklusivvertrag Komponist / Textdichter" erwirbt ein Musikverlag im Rahmen eines Co-Verlagsvertrags nur einen Anteil am Copyright des Musikwerks.[848] Der Urheber überträgt typischerweise einen Anteil in Höhe von 50 % am Copyright auf den Musikverlag und behält das Copyright im Übrigen.[849] Allerdings erwirbt der Musikverlag das ausschließliche Recht zur Verwertung der vertragsgegenständlichen Musikwerke, hinsichtlich des Rechts zur öffentlichen Aufführung vorbehaltlich der Einräumung an eine US-PRO durch den Urheber.[850]

---

844 Passmann, Music Business, S. 236.

845 U.S. Copyright Office, Copyright and the Music Marketplace, A Report of the register of copyrights (February 2015), S. 19.

846 Leavens, Music Law, S. 53.

847 Leavens, Music Law, S. 53. Wie der „Exklusivvertrag Komponist / Textdichter" sieht auch der „Single Song"-Vertrag eine Verteilung der Einnahmen im Verhältnis 50/50 und eine Vorauszahlung des Musikverlags an den Urheber vor (vgl. Leavens, Music Law, S. 53 f.).

848 Nimmer, Copyright, § 30.02[C].

849 Gordon, Future of the Music Business, S. 23.

850 Nimmer, Copyright, § 30.02[C].

Dies bedeutet für das Copyright und die Verwertungsrechte Folgendes: Das Copyright halten der Musikverlag und der Urheber gemeinsam.[851] Der Musikverlag erwirbt das Copyright der vertragsgegenständlichen Musikwerke nur in der vertraglich vereinbarten Höhe und der Urheber bleibt anteiliger Inhaber des Copyrights. Dagegen gehen die Verwertungsrechte insoweit auf den Musikverlag vollständig über, als Rechte nicht bereits bei einer US-PRO liegen. Soweit ein Wahrnehmungsvertrag zwischen dem Urheber und einer US-PRO bereits bestand, kann auf die vorstehenden Ausführungen unter Ziffer I verwiesen werden.

Im Rahmen des Co-Verlagsvertrags steht dem Urheber ein höherer Anteil an den erzielten Erlösen zu als im Rahmen eines „Exklusivvertrag Komponist / Textdichter": Der Co-Verlagsvertrag weist dem Urheber eine Beteiligung von 50 % am „publisher share" zu, sodass er im Ergebnis 75 % der Einnahmen aus der Verwertung des Musikwerks erhält.[852]

IV. Administrationsvertrag

Im Rahmen eines Administrationsvertrags behält der Urheber das Copyright der vertragsgegenständlichen Musikwerke vollständig. Der Musikverlag erwirbt das exklusive Recht, die vertragsgegenständlichen Musikwerke zu lizenzieren und zu verwerten.[853] Die Rechteübertragung beinhaltet eine exklusive Übertragung aller Verwertungsrechte an den Musikverlag, wobei das Recht zur öffentlichen Aufführung ausgenommen ist, wenn es von einer US-PRO gehalten wird.[854]

Auch unter einem Administrationsvertrag wird der Musikverlag damit zum exklusiven Inhaber der Verwertungsrechte. Am Recht zur öffentlichen Aufführung erwirbt der Musikverlag nur ein nicht-exklusives Recht, soweit es der Urheber bereits einer US-PRO übertragen hat. Der beauftragte Musikverlag erhält diese Rechte nur für eine bestimmte Zeit. Der Administrationsvertrag hat typischerweise eine Laufzeit von drei bis fünf Jahren.[855] Nach Ablauf der Vertragslaufzeit fallen die Verwertungsrechte vollständig an den Beauftragenden zurück.

Der Lizenzgeber eines Administrationsvertrags kann ein Urheber sein, der einen eigenen Musikverlag unterhält.[856] Selbst verlegte Urheber behalten das Copyright an ihren Musikwerken und beauftragen einen anderen Musikverlag mit

---

851 https://www.ascap.com/help/music-business-101/200809 (abgerufen am 21.08.2019).

852 Gordon, Future of the Music Business, S. 23.

853 Nimmer, Copyright, § 30.02[E].

854 Vgl. Klausel 2 des Mustervertrags „Administration Agreement" bei Nimmer, Copyright, § 30.02[E].

855 Passmann, Music Business, S. 331.

856 Leavens, Music Law, S. 69.

der Administration und der Verwertung ihrer Musikwerke.[857] Für gewöhnlich handelt es sich bei selbst verlegten Urhebern um solche Urheber, die Singer/ Songwriter sind und/oder bekannte Musikwerke geschrieben haben und keine Werbung und sonstige Förderung benötigen.[858]

Der Administrator erhält für seine Dienstleistung einen Prozentsatz an den Einnahmen aus der Verwertung der Musikwerke. Dieser Prozentsatz beträgt typischerweise 10 – 15 % der Einnahmen in den USA und 15 – 20 % der Einnahmen außerhalb der USA.[859]

D. Zusammenfassung

Für die Stellung der Musikverlage im Hinblick auf die Lizenzierung von Musikwerken im Online-Bereich lässt sich Folgendes zusammenfassend feststellen:

An die US-amerikanischen Musikverlage räumen die Urheber das Vervielfältigungsrecht ausschließlich ein. Die Musikverlage erhalten die vollständige Kontrolle über die Lizenzierung des Vervielfältigungsrechts.[860] Dagegen steht den Musikverlagen das Recht der öffentlichen Aufführung nur eingeschränkt zu, wenn dieses Recht vom Urheber bereits einer US-PRO eingeräumt wurde. Soweit die Musikverlage das Recht der öffentlichen Aufführung dennoch uneingeschränkt erlangen, räumen auch sie es einer US-PRO ein.[861] Daher erhalten bzw. behalten sie über das Recht der öffentlichen Aufführung keine vollständige Kontrolle.

Dagegen räumen Urheber in Deutschland, wie im weiteren kontinentaleuropäischen Raum, den Musikverlagen überhaupt keine Nutzungs- oder Verwertungsrechte ein, die zur Lizenzierung von Online-Diensten erforderlich sind. Die Kontrolle über diese Nutzungsrechte verbleibt bei den Urhebern bzw. der jeweiligen Verwertungsgesellschaft, der der jeweilige Urheber die Rechte eingeräumt hat. Den Musikverlagen steht lediglich ein Anspruch auf Beteiligung an den Lizenzeinnahmen zu.[862]

---

857 Passmann, Music Business, S. 238.

858 Leavens, Music Law, S. 69 f. Die Lizenzgeber eines Administrationsvertrags sind daher vor allem sehr erfolgreiche Musikurheber (vgl. Gordon, Future of the Music Business, S. 23).

859 https://www.ascap.com/help/career-development/whats-the-deal-michael-eames-pen-music (abgerufen am 21.08.2019).

860 Europäische Kommission, Sache COMP/M.4404, Rn. 167 – Universal / BMG Music Publishing.

861 Vgl. hierzu die Ausführungen unter § 9 A III 2 und § 11 B III 6.

862 Europäische Kommission, Sache COMP/M.4404, Rn. 155 – Universal / BMG Music Publishing.

Tabelle 3. Rechteinhaberschaft

	Deutschland	USA
Inhaberschaft von Rechten zur Aufführung und Wiedergabe	Verwertungsgesellschaft	US-PRO / Musikverlag
Inhaberschaft von Rechten zur Vervielfältigung	Verwertungsgesellschaft	Musikverlag

E. „Subverlagsverträge"

Im Ausland verwerten Musikverlage die in den Verlag genommenen Werke traditionell nicht selbst, sondern über Subverlage. Dies gilt sowohl für deutsche Musikverlage[863] als auch für US-amerikanische Musikverlage. [864] Hierfür schließt der jeweilige Musikverlag (nachfolgend: Originalverlag) mit dem lokalen Subverlag einen Subverlagsvertrag ab, wonach der Subverlag den Originalverlag in dem jeweiligen Gebiet vertritt und in dessen Auftrag Einnahmen aus der Verwertung der im Vertrag festgelegten Musikwerke erzielt bzw. einzieht.[865] Der Originalverlag räumt dem Subverlag Nutzungsrechte an dem Werk für das Territorium des Subverlegers ein.[866] Bei dem Subverlagsvertrag handelt es sich damit um einen Lizenzvertrag: Der Originalverlag ist der Lizenzgeber und der Subverleger ist der Lizenznehmer.[867] Folgendes Schaubild verdeutlicht diese Struktur:

863 Rossbach/Joos, in: Festgabe für Schricker zum 60. Geburtstag, 2. Teil C. Musikverwertung, 333, 361.

864 Kohn, Music Licensing, S. 195.

865 Kohn, Music Licensing, S. 195. Die Verwertung der Rechte erfolgt regelmäßig über die nationale Verwertungsgesellschaft. Der Subverleger zieht lediglich für den Originalverlag den Verlagsanteil an den Lizenzeinnahmen ein und leitet den Verlagsanteil an den Originalverlag weiter (vgl. Europäische Kommission, Sache COMP/M.4404, Rn. 158 – Universal / BMG Music Publishing).

866 Gorščak, Verlagsvertrag, S. 91.

867 Baierle, in: Handbuch der Musikwirtschaft, § 16, Rn. 7. Für deutsche Musikverlage erscheint die Zulässigkeit dieser Praxis fraglich, da sie regelmäßig keine Nutzungsrechte für die wirtschaftlich relevanten Nutzungen der Aufführung, Sendung, Öffentlichen Wiedergabe und Vervielfältigung halten.

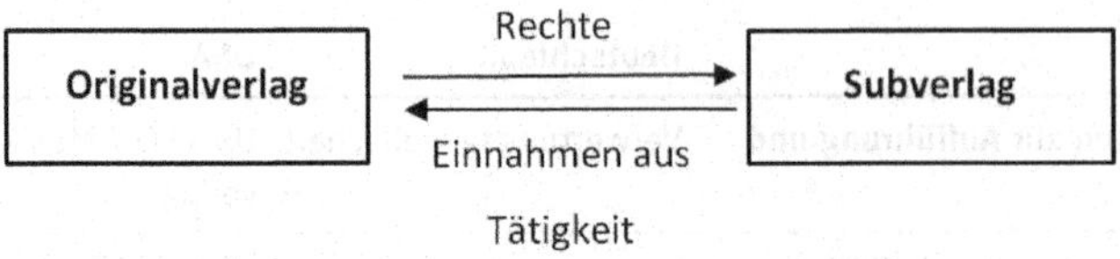

Zumindest im Gebiet der EU und für die Online-Vervielfältigungsrechte haben die US-amerikanischen Musikverlage die Subverlagsverträge gekündigt.[868] Sie nehmen ihre Online-Vervielfältigungsrechte gegenüber einem Teil der Online-Dienste selbst wahr.[869]

F. Split Copyrights

In der Praxis sind mehrere Urheber und Musikverlage an einem Musikwerk bzw. Liedtext beteiligt. Dieses Phänomen lässt sich unter dem Begriff des „Split Copyrights" zusammenfassen. Hinsichtlich der Bedeutung des Begriffs ist jedoch aufgrund der zuvor in Teil 1 dargestellten Rechtestrukturen zwischen Deutschland und den USA zu unterscheiden.

I. „Split-Copyrights" in Deutschland

In Deutschland meint der Begriff des „Split Copyrights", dass jeder Berechtigte aus den Lizenzeinnahmen einen eigenen, konkret zu ermittelnden Anteil erhält.[870] Der Begriff des „geteilten Urheberrechts" ist allerdings irreführend: Denn anders als das Copyright steht das deutsche Urheberrecht den Miturhebern gemeinschaftlich zu und ist nicht teilbar. Nur Nutzungsrechte können auf verschiedene Dritte aufgeteilt werden.[871] Auf Grund der kollektiven Wahrnehmung der betroffenen Nutzungsrechte durch die GEMA geht es gegenwärtig für die Lizenzierung im Online-Bereich letztlich nur um die Ermittlung von schuldrechtlich Berechtigten.

In der Praxis können eine Vielzahl von Urhebern und Musikverlagen einen Anspruch auf anteilige Beteiligung an den Lizenzeinnahmen haben. Dabei kann

868 Kling, Gebietsübergreifende Vergabe von Online-Rechten, S. 102.
869 Vgl. hierzu die Ausführungen unter § 11 A IV 2.
870 Evert, in: Handbuch der Musikwirtschaft, § 32, Rn. 70 in Fn. 22.
871 Vgl. hierzu die Ausführungen unter § 8 B I.

die Zahl der beteiligten Musikverlage die Anzahl der Urheber übersteigen. Beispielsweise sind an dem von Helene Fischer interpretierten Musikstück „Herzbeben" mit Alexander Petrow Rethwisch, Stephanie Stumph und Thorsten Broetzmann drei Komponisten sowie mit Stephanie Stumph und Lukas Hainer zwei Textdichter beteiligt, wobei im Hinblick auf eine Komponistin und Textdichterin Personenidentität besteht. Zugleich sind in Deutschland an „Herzbeben" insgesamt neun verschiedene Musikverlage und Subverlage beteiligt.[872]

II. „Split Copyrights" in den USA

In den USA bedeutet der Begriff „Split Copyright", dass das Copyright an einem Musikwerk von mehr als einer Person gehalten wird.[873] Ein geteiltes Copyright entsteht zum einen aufgrund der Schaffung eines Werks im Wege der Miturheberschaft, wodurch die Miturheber einen bestimmten Anteil am Copyright erhalten, und zum anderen durch die Übertragung eines Anteils am Copyright auf Musikverlage.[874] Probleme verursacht ein auf mehrere Personen aufgeteiltes Copyright im Rahmen der Lizenzierung immer dann, wenn nicht einem Copyrightinhaber oder einem Inhaber ausschließlicher Rechte die alleinige Befugnis zur Administration des Musikwerks übertragen wurde. Denn dann muss jeder einzelne Copyrightinhaber aufgesucht und seine Erlaubnis zur Nutzung eingeholt werden.[875]

Die Beteiligung mehrerer Urheber und Musikverlage an einem Musikwerk hat im Laufe der Zeit immer weiter zugenommen: Eine Auswertung von „Musicreports" aus dem Jahr 2017 zeigt, dass an einem „Billboard Top 10"-Hit in den 1980er Jahren im Schnitt 1,95 Urheber und 2,06 Musikverlage beteiligt waren, während es in den 2010er Jahren im Schnitt 4,07 Urheber und 6 Musikverlage sind.[876] Diese zunehmende Aufteilung des Copyrights verdeutlicht das von „Panic

872 GEMA Repertoire-Suche vom 02.07.2019. Folgende Musikverlage sind beteiligt: Elephanten Edition Hartmut Krech und Mark Nissen GbR, One Two Media Publishing Holger Kurschat, Heu Edition, Zett Records Produktion und Verlag GmbH, Hookwerk Records GmbH, Kobalt Music Services LTD, Kobalt Music Publishing LTD, TB Music Publishing Thorsten Broetzmann, BMG Rights Management GmbH.

873 Kohn, Music Licensing, S. 267.

874 Kohn, Music Licensing, S. 267 f.

875 Kohn, Music Licensing, S. 267.

876 https://www.musicreports.com/?rt=c7&article=music_reports_songdex_analysis (abgerufen am 02.07.2019).

at the Disco“ interpretierte Musikstück „High Hopes“: An der Komposition und dem Liedtext sind in den USA 10 Urheber[877] und 19 Musikverlage[878] beteiligt.

§ 11 Praxis der Rechtewahrnehmung im Online-Musikbereich in Deutschland und in den USA

In den bisherigen Abschnitten dieser Arbeit wurde aufgezeigt, wem welche Rechte an Kompositionen und Liedtexten zustehen und welche rechtliche Stellung Gesellschaften zur kollektiven Rechtewahrnehmung und Musikverlage innehaben. Diese Ausführungen bilden die Grundlage für die in diesem § 11 erläuterte Lizenzierung von Online-Diensten. In diesem § 11 wird das in der EU bestehende System der Rechtewahrnehmung im Online-Bereich am Beispiel Deutschland dem gegenwärtigen System in den USA gegenübergestellt. Die Ausführungen konzentrieren sich auf die Lizenzierung des Musik-Streamings und des Musik-Downloads. Die Lizenzierung von Synchronisationen und der grafischen Darstellung von Liedtexten werden nur gestreift.

A. Rechtewahrnehmung in der EU am Beispiel Deutschland

Im Rahmen der Lizenzierung von Rechten an Liedtexten und Kompositionen für das Gebiet der Bundesrepublik Deutschland hat ein Online-Dienst mehrere Fragen zu klären:

Zunächst hat der Online-Dienst zu klären, welche Nutzungsrechte er erwerben muss (vgl. Ziffer I), für welches Gebiet er die Nutzungsrechte benötigt (vgl. Ziffer II) und von wem er diese Rechte erlangt (vgl. Ziffer III). Eng verbunden mit der Frage, von wem der Online-Dienst die benötigten Rechte erwerben kann, ist die Frage nach der „multi-territorialen Lizenzierung“ von Rechten an Kompositionen und Liedtexten. Deutschland ist Teil eines komplexen Systems zur Lizen-

877 Vgl. ASCAP Repertory Suche vom 22.07.2019. Die dort aufgeführten Urheber sind: Samuel Hollander, Jonas Jeberg, Ilsey Juber, Ernest William Bean Lobban, Monet Taylor Parks, Lauren Pritchard, Jacob S Sinclair, Boyd Brendon Urie und Owen Jenny Youngs.

878 Vgl. HFA Songfile Suche vom 22.07.2019. Die dort aufgeführten Musikverlage sind: BMG Platinum Songs, BMG Rights Management (UK) Ltd., SONY/ATV Songs LLC, Warner-Tamerlane Pub Corp, Kobalt Music Pub America, Words & Music Worldwide, Words & Music International, Taylor Monet Music, Lolopritch Music, Sparko Phone Music, Listen To This Shhh, Slushie Fund, Big Deal Notes, Girls Raised By Wolves, Sinclair Empire, Big Deal Beats, A Song Can Be About Anything M, Artist 101 Publishing Group, Songs By Cook Classic.

zierung von Rechten für mehrere Gebieten im Rahmen eines Lizenzvertrags, des Systems der multi-territorialen Lizenzierung (vgl. Ziffer IV).

Daran anschließend stellt sich für den Online-Dienst die Frage, in welchem Umfang er vom jeweiligen Lizenzgeber Nutzungsrechte an den Werken erwerben kann. Dies berührt die Frage, wie viele weitere Lizenzverträge der Online-Dienst abschließen muss (vgl. Ziffer V). Zuletzt ist die Art der Tarifierung zu klären: Die Tarife bilden die Grundlage, damit der Online-Dienst die Kosten für den Betrieb des Angebots einschätzen kann (vgl. Ziffer VI).

I. Welche Rechte benötigen die Online-Dienste?

Wie unter § 8 B näher erläutert, haben Online-Dienste Nutzungsrechte an Kompositionen und Liedtexten zu erwerben.[879] Der Umfang der zu erwerbenden Nutzungsrechte hängt vom jeweiligen Geschäftsmodell ab, je nachdem ob Download, Streaming, Webradio oder audio-visuelle Angebote getätigt werden. Beispielsweise erwirbt ein Musik-Streaming-On-Demand-Anbieter von der GEMA das Recht die Musikwerke im GEMA-Repertoire, in Datenbanken oder sonstigen Speichern einzubringen, öffentlich zugänglich zu machen, an Endnutzer zu übermitteln, auf einem Wiedergabemedium des Endnutzers zur einmaligen Wiedergabe zu vervielfältigen und auf einem Wiedergabemedium beim Endnutzer als eingeschränkte Kopie zum privaten Gebrauch abzuspeichern.[880]

Will ein Online-Dienst darüber hinaus eine Komposition und einen Liedtext mit visuellem Material verbinden, benötigt er hierfür ein Recht zur Herstellung einer Synchronisation.[881] Blendet ein Online-Dienst den Liedtext während des Abspielens eines Musikstücks auf dem Bildschirm des Nutzers ein, so hat der Online-Dienst ein Recht zur grafischen Nutzung des Liedtexts zu erwerben.

II. Für welches Territorium benötigen die Online-Dienste Rechte?

Für welche Territorien ein Online-Dienst Nutzungsrechte zu lizenzieren hat, ist für diesen vor allem dann relevant, wenn er sein Angebot den Nutzern in mehr als einem Land zugänglich macht. Dabei ist von dem zuvor unter § 4 dargestellten Territorialitätsprinzip auszugehen.

---

879 Ferner haben Online-Dienste auch Rechten an den Leistungsschutzrechten von Tonträgerherstellern und ausübenden Künstlern zu erwerben. Diese werden im Rahmen dieser Arbeit nicht näher beleuchtet.

880 GEMA Tarif VR-OD 8 (Musik & Musikvideo Streaming Abonnement, Stand: 01.01.2019), S. 4.

881 Vgl. hierzu die Ausführungen unter § 7 A V und § 8 B IV.

1. Vervielfältigungsrecht

Für Nutzungshandlungen, die eine Vervielfältigung des Liedtexts und der Komposition betreffen, kommt es auf den Ort der Vervielfältigungshandlung an.[882]

Findet die Vervielfältigung an verschiedenen Orten statt, sind mehrere Rechtsordnungen anwendbar: Nimmt ein Online-Dienst einen Upload auf den Server vor, ist das Recht des Staates anwendbar, in dem der Upload auf einen Server stattfindet. Dies ist der Standort des Servers.[883] Downloadet oder streamt ein Nutzer ein Werk, ist das Recht des Staates anwendbar, in dem die beim Download oder Streaming erzeugte Kopie des Werks erstellt wird. Dies ist das Recht des Staates, in dem sich der Nutzer aufhält.[884] Findet ein Zwischenspeichern von Werken auf Servern statt, ist das Recht des Staates anwendbar, in dem ein Zwischenspeichern auf Servern stattfindet.[885]

Im Ergebnis hat ein Online-Dienst Nutzungsrechte, die die Vervielfältigung der Liedtexte und Kompositionen betreffen, für alle Territorien zu lizenzieren, in denen der Online-Dienst aktiv ist.[886]

2. Recht der öffentlichen Zugänglichmachung

Für Nutzungshandlungen, die das Recht der öffentlichen Zugänglichmachung betreffen, benötigt ein Online-Dienst Nutzungsrechte für die Länder, in dem der Online-Dienst gezielt Personen anspricht, die sich in diesem Land befinden.[887] Macht ein Online-Dienst Werke öffentlich zugänglich und richtet sein Angebot auf mehrere Territorien aus, so hat der Online-Dienst gesondert für jedes einzelne

882 Dreier, in: Dreier/Schulze, UrhG, UrhG Vor §§ 120 ff., Rn. 33.

883 Hoeren, in: Hoeren/Sieber/Holznagel, Hdb. MultimediaR, Teil 7.8, Rn. 16.

884 Hoeren, in: Hoeren/Sieber/Holznagel, Hdb. MultimediaR, Teil 7.8, Rn. 17.

885 Dreier, in: Dreier/Schulze, UrhG, UrhG Vor §§ 120 ff., Rn. 33.

886 In der Praxis kommt dieser Frage derzeit allerdings eine geringe Relevanz zu: Nutzungsrechte, die das Vervielfältigungsrecht betreffen, werden zusammen mit Nutzungsrechten, die das Recht der öffentlichen Zugänglichmachung und das Senderecht betreffen, als Einheit lizenziert (vgl. hierzu die Ausführungen unter § 11 A V 1und zur Lizenzierung des Vervielfältigungsrechts an den öffentlich-rechtlichen Rundfunk: Kähler, ZUM 2016, 417, 419).

887 EuGH GRUR 2012, 1245 Rn. 39 – Football Dataco; LG Hamburg ZUM 2016, 887, 890; Nordemann-Schiffel, in: Fromm/Nordemann, Urheberrecht, UrhG Vor 120 ff., Rn. 70. In diese Richtung tendieren auch die Ausführungen von Katzenberger/Metzger, in: Schricker/Loewenheim, UrhR, UrhG Vor §§ 120 ff., Rn. 146.

Nach anderer Ansicht benötigt der Online-Dienst Nutzungsrechte für alle Territorien, in denen die Werke abrufbar sind und damit auf sie zugegriffen werden kann (vgl. Von Welser, in: Wandtke/Bullinger, UrhR, UrhG Vor §§ 120 ff., Rn. 19; Schack, Urheberrecht, Rn. 1060 und Hoeren, in: Hoeren/Sieber/Holznagel, Hdb. MultimediaR, Teil 7.8, Rn. 23).

Territorium, auf das der Online-Dienst sein Angebot ausgerichtet hat, die zur öffentlichen Zugänglichmachung nötigen Nutzungsrechte zu erwerben.[888]

3. Senderecht

Für alle Nutzungshandlungen, die das Online-Senderecht betreffen, ist es umstritten, für welche Territorien ein Online-Dienst Nutzungsrechte lizenzieren muss.[889] Nach dem Sendelandprinzip ist das Land maßgeblich, von dem aus die Sendung ausgestrahlt wird.[890] Nach der „Bogsch"-Theorie ist nicht nur das Recht des Sendelands anwendbar, sondern auch das Recht der Länder anwendbar, auf die sich die Sendung ausrichtet.[891] Die Anwendung der „Bogsch"-Theorie erscheint überzeugend:

Andernfalls entstünde ein nicht zu rechtfertigender Wertungswiderspruch zwischen dem Recht der öffentlichen Zugänglichmachung und dem Senderecht. Beide Rechte sind Unterfälle der öffentlichen Wiedergabe des Art. 3 Abs. 1 RL 2001/29/EG.[892] Die Rechte sind vollständig harmonisiert, sodass das unionsrechtlich vorgegebene Schutzniveau weder unterschritten noch überschritten werden darf.[893] Würde man allein das Sendeland als maßgebliches Schutzland ansehen, hätte das Senderecht gegenüber dem Recht der öffentlichen Zugänglichmachung einen schwächeren Schutz. Hiervon geht Art. 3 Abs. 1 RL 2001/29/EG nicht aus. Vielmehr soll nach Erwägungsgrund 9 der RL 2001/29/EG ein allgemein hohes Schutzniveau gesichert werden. Daher hat der Schutz von Werken bei der

---

888 Stieper, GRUR 2015, 1145, 1146. Der britische High Court hat sich in dem Verfahren Sony Music / Warner Music gegen TuneIn mit einer ähnlichen Frage beschäftigt (vgl. High Court, Warner Music and Sony Music v TuneIn [2019] EWHC 2923 (Ch), 1 November 2019): Sony Music und Warner Music klagten unter anderem gegen die Weiterleitung von bereits im Ausland lizenzierten Radiosendern über das Internet im Vereinigten Königreich durch TuneIn. Der englische High Court stellte fest, dass es sich bei der Weiterleitung von im Ausland lizenzierten Radiosendern durch TuneIn um eine öffentliche Wiedergabe im Vereinigten Königreich handle. Die Weiterleitung durch TuneIn richte sich an ein neues Publikum, nämlich an die Nutzer im Vereinigten Königreich. Für diese öffentliche Wiedergabe verfüge TuneIn nicht über die notwendigen Lizenzen und handle daher rechtswidrig (vgl. High Court, [2019] EWHC 2923 (Ch), Rn. 135–142).

889 Vgl. zum Meinungsstand ausführlich: Handig, GRUR Int. 2007, 206, 212 ff.

890 Handig, GRUR Int. 2007, 206, 212.

891 ÖOGH GRUR Int. 2017, 535, 537. In diese Richtung tendiert auch der britische High Court (vgl. High Court, [2019] EWHC 2923 (Ch), Rn. 133). Die „Bogsch"-Theorie ist benannt nach dem ehemaligen Generaldirektor der WIPO (vgl. Katzenberger/Metzger, in: Schricker/Loewenheim, UrhR, UrhG Vor §§ 120 ff., Rn. 138).

892 Vgl. hierzu § 7 A II und III.

893 BGH GRUR 2019, 813 Rn. 37 – Cordoba II; GRUR 2018, 1239 Rn. 15 – uploaded; GRUR 2017, 514 Rn. 17 – Cordoba I.

Sendung dem Schutz von Werken im Rahmen der öffentlichen Zugänglichmachung zu entsprechen.

Gleichzeitig zeigen Art. 3 Abs. 1 der Richtlinie (EU) 2019/789[894] und die auf der Richtlinie 93/83/EWG basierende Sonderregelung des § 20a UrhG für Satellitensendungen, dass bei Sendungen grundsätzlich nicht von der Geltung des Sendelandprinzip auszugehen ist. Andernfalls bedürfte es dieser Sonderregelungen nicht.[895] Beide Regelungen normieren nur für die dort geregelten Ausnahmefälle die Geltung des Sendelandprinzips.

Zudem entstünde durch die gezielte Verlagerung von Sendungen ins Ausland die Gefahr, dass der Urheberrechtsschutz unterwandert wird.[896] Die Ubiquität des Internets führt dazu, dass nahezu von jedem Winkel der Erde aus eine Sendung in ein bestimmtes Land gesendet werden könnte. Der Sendende könnte seine Tätigkeit in das Land verlagern, in dem es den niedrigsten Urheberrechtsschutz gibt. Dadurch könnte der Sendende eine Vergütung der Urheber umgehen und sich gegenüber anderen Sendeunternehmen einen Wettbewerbsvorteil verschaffen.

Wenig überzeugend ist das Vorbringen von *Handig* hiergegen, wonach sich die über das Internet Sendenden im Falle der Anwendung der „Bogsch"-Theorie mit einer Vielzahl an Rechtsordnungen beschäftigen müssen und die Rechteinhaber in über 150 Staaten weltweit klagen könnten.[897] Dies betrifft in gleichem Maße die Anbieter, die Werke über das Internet öffentlich zugänglich machen. Machen sie ihr Angebot weltweit öffentlich zugänglich, müssen auch sie sich mit zahlreichen Rechtsordnungen weltweit beschäftigen. Es ist unverständlich, warum die Sendung gegenüber der öffentlichen Zugänglichmachung insoweit privilegiert werden sollte. Dies verdeutlicht das Beispiel des Musik-On-Demand-Streaming-Diensts Apple Music: Dessen Angebot beinhaltet sowohl eine Sendung mit dem Radioprogramm „Beats 1" als auch eine öffentliche Zugänglichmachung von Kompositionen und Liedtexten.[898] Es ist nicht erklärbar, warum das Radioprogramm „Beats 1" gegenüber dem sonstigen Angebot privilegiert sein sollte, obwohl der Online-Dienst identisch ist. Apple Music muss sich sowieso mit den Rechtsordnungen befassen, in denen der Dienst aktiv ist.

---

894 Vgl. hierzu die Ausführungen sogleich unter § 11 A II 4.

895 Im Hinblick auf § 20a UrhG in diese Richtung Katzenberger/Metzger, in: Schricker/Loewenheim, UrhR, UrhG Vor §§ 120 ff., Rn. 140 und LG Stuttgart GRUR Int. 1995, 412, 413; a.A. Handig, GRUR Int. 2007, 206, 216, der Richtlinie 93/83/EWG als eine „eindeutige Normierung des Sendelandprinzips" sieht.

896 LG Stuttgart GRUR Int. 1995, 412, 413.

897 Handig, GRUR Int. 2007, 206, 213 f.

898 Vgl. hierzu die Ausführungen in der Einleitung unter § 3 A II.

Daher erscheint es überzeugend, dass ein Online-Dienst, der sein Programm in mehrere Territorien sendet, für all die Territorien eine Lizenz zu erwerben hat, auf die dieser sein Angebot ausrichtet.

4. Sonderfall: Online-SatCab-Richtlinie

Eine Ausnahme von den zuvor dargestellten Grundsätzen gilt für öffentliche Zugänglichmachungen und Sendungen, die Art. 3 Abs. 1 der Richtlinie (EU) 2019/789 (sog. „Online-SatCab-Richtlinie") betreffen. Dieser legt für über das Internet verbreitete Hörfunk- und Fernsehprogramme fest, dass die Nutzung von Werken in den dort spezifizierten Formen als nur in dem Mitgliedstaat erfolgt gilt, in dem das Sendeunternehmen seine Hauptniederlassung hat. In den in Art. 3 Abs. 1 der Richtlinie (EU) 2019/789 geregelten Fällen hat das Sendeunternehmen nur am Ort der Hauptniederlassung eine Lizenz zu erwerben.

Voraussetzung für die Anwendbarkeit des Art. 3 Abs. 1 der Richtlinie (EU) 2019/789 ist es, dass es sich bei dem Angebot des jeweiligen Sendeunternehmens um einen „ergänzenden Online-Dienst" handelt sowie ein „qualifiziertes Programm" verbreitet wird.

a) Ergänzender Online-Dienst

Zunächst muss es sich um einen „ergänzenden Online-Dienst" im Sinne des Art. 2 Nr. 1 der Richtlinie (EU) 2019/789 handeln. Erwägungsgrund 8 der Richtlinie (EU) 2019/789 legt fest, dass hiervon nur zwei Arten von Angeboten erfasst sind:

Zum einen sind nur solche Angebote erfasst, die Fernseh- und Hörfunkprogramme zeitgleich mit ihrer Übertragung ausschließlich linear zugänglich machen.[899] Dies stellt klar, dass nur Sendungen, die bereits im Wege des „Simulcasting" verbreitet werden, dem Art. 2 Nr. 1 der Richtlinie (EU) 2019/789 unterfallen. Ausgeschlossen sind Sendungen, die ausschließlich im Wege des Webcasting verbreitet werden.

Zum anderen sind nur solche Angebote erfasst, die vom Sendeunternehmen bereits übertragene Fernseh- und Hörfunkprogramme für einen begrenzten Zeitraum nach ihrer Übertragung zugänglich machen.[900] Die Programme in sog. „Catch-Up"-Diensten sind von Art. 2 Nr. 1 der Richtlinie (EU) 2019/789 nur unter zwei Voraussetzungen erfasst: Das Programm wurde vom Sendeunternehmen

899 Erwägungsgrund 8 der Richtlinie (EU) 2019/789.
900 Erwägungsgrund 8 der Richtlinie (EU) 2019/789.

bereits vor der Zugänglichmachung im „Catch-Up"-Dienst linear verbreitet.[901] Außerdem steht das Programm dem Nutzer nur für einen begrenzten Zeitraum und damit vorübergehend zur Verfügung. Dieser Zeitraum, der von der Richtlinie nicht näher definiert wird, beträgt regelmäßig nicht mehr als einen Monat nach linearer Ausstrahlung, da jedenfalls nach Ablauf eines Monats keine Verbindung zum linearen Angebot mehr besteht. Insoweit stellt der Erwägungsgrund 8 der Richtlinie (EU) 2019/789 auch klar, dass Sendungen und öffentliche Zugänglichmachungen, die nicht mit einem von dem Sendeunternehmen übertragenen Programm in Verbindung stehen, wie etwa Video-On-Demand-Dienste, vom Anwendungsbereich des Art. 2 Nr. 1 der Richtlinie (EU) 2019/789 ausgeschlossen sind.

b) Qualifiziertes Programm

Darüber hinaus bedarf es einen „qualifizierten Programms" im Sinne des Art. 3 Abs. 1 der Richtlinie (EU) 2019/789. Ein solches Programm sind alle Hörfunkprogramme (vgl. Art. 3 Abs. 1 lit. a) der Richtlinie (EU) 2019/789). Fernsehprogramme sind nach Art. 3 Abs. 1 lit. b) der Richtlinie (EU) 2019/789 nur dann ein qualifiziertes Programm, wenn es sich um Nachrichtensendungen und Sendungen zum aktuellen Geschehen oder von dem Sendeunternehmen vollständig finanzierte Eigenproduktionen handelt. Eigenproduktionen sind nach Erwägungsgrund 10 der Richtlinie (EU) 2019/789 nur solche Produktionen, die von Sendeunternehmen mit eigenen Mitteln produziert werden, nicht aber Produktionen und Koproduktionen, die Sendeunternehmen bei von ihnen unabhängigen Produzenten in Auftrag gegeben haben. Keine Eigenproduktionen sind zudem Sportveranstaltungen, die nach dem Wortlaut des Art. 3 Abs. 1 lit. b) der Richtlinie (EU) 2019/789 vom Anwendungsbereich des Art. 3 Abs. 1 lit. b) der Richtlinie (EU) 2019/789 ausgeschlossen sind.

III. Wer lizenziert welche Rechte?

Bei der Lizenzierung von Nutzungsrechten, die das Vervielfältigungsrecht, das Senderecht und das Recht der öffentlichen Zugänglichmachung an Musikwerken und Kompositionen betreffen, ist gegenwärtig zwischen der mono-territorialen und multi-territorialen Lizenzierung zu unterscheiden:

---

901 Darüber hinaus ist auch die Zugänglichmachung solcher Materialien erfasst, die die vom Sendeunternehmen übertragenen Fernseh- und Hörfunkprogramme ergänzen oder anderweitig erweitern, etwa durch Vorschauen, Erweiterungen, Beilagen oder Besprechungen zum jeweiligen Programminhalt (vgl. Erwägungsgrund 8 der Richtlinie (EU) 2019/789).

Auf mono-territorialer Ebene lizenzieren die Verwertungsgesellschaften die Nutzungen, die diese Rechte betreffen. Auf multi-territorialer Ebene lizenzieren neben den Verwertungsgesellschaften auch weitere Gesellschaften zur kollektiven Rechtewahrnehmung und – soweit es um das anglo-amerikanische Repertoire geht – Musikverlage diese Nutzungen. Darüber hinaus können auf multi-territorialer Ebene die Lizenzierung der Nutzungsrechte und die Administration der Lizenzverträge von unterschiedlichen Personen vorgenommen werden. Auf die Besonderheiten der multi-territoriale Lizenzierung wird sogleich unter Ziffer IV näher eingegangen.

Soweit es um die Herstellung von Synchronisationen oder die grafische Darstellung von Liedtexten geht, werden diese Nutzungen regelmäßig von den Musikverlagen lizenziert. Die Urheber räumen diese Rechte den Musikverlagen im Musikverlagsvertrag ein.[902]

IV. Die multi-territoriale Lizenzierung von Online-Diensten

Im Folgenden wird ein Überblick über das gegenwärtige System der multi-territorialen Lizenzierung von Online-Diensten gegeben. Dabei wird zunächst unter Ziffer 1 geklärt, welche Online-Dienste ausschließlich auf nationaler Ebene durch die nationalen Verwertungsgesellschaften lizenziert werden. Diese Online-Dienste erhalten von den nationalen Verwertungsgesellschaften als „One-Stop-Shop" eine Lizenz am gesamten Weltrepertoire. Sie sind gegenwärtig nicht Teil der multi-territorialen Lizenzierung, sondern werden nach dem traditionellen Modell der mono-territorialen Lizenzierung durch die nationalen Verwertungsgesellschaften lizenziert.

Die folgende Darstellung der multi-territorialen Lizenzierung von Online-Diensten unterscheidet sich nach dem lizenzierten Repertoire: Unter Ziffer 2 wird zunächst die Lizenzierung des sog. „anglo-amerikanischen Repertoires" näher erläutert. Das anglo-amerikanische Repertoire ist dadurch gekennzeichnet, dass Musikverlage die Online-Vervielfältigungsrechte an Musikwerken halten. Die Lizenzierung und die Administration ihrer Rechte beauftragen die Musikverlage bei Verwertungsgesellschaften, sog. „Option 3"-Gesellschaften und Lizenzierungsplattformen. Die Ausführungen in dieser Arbeit konzentrieren sich auf Musikwerke, deren Online-Vervielfältigungsrechte von den Major-Verlagen und weiteren US-amerikanischen Musikverlagen gehalten werden und deren „performing rights" ein Teil des eigenen Repertoires der US-PRO sind.

902 Vgl. hierzu die Ausführungen unter § 10 B II 2.

Unter Ziffer 3 folgt eine Darstellung der Lizenzierung des nicht-anglo-amerikanischen Repertoires. Dabei konzentriert sich die Darstellung auf das Repertoire der kontinentaleuropäischen Verwertungsgesellschaften. Das Repertoire der kontinentaleuropäischen Verwertungsgesellschaften ist dadurch gekennzeichnet, dass die Verwertungsgesellschaften ausschließlich selbst über die Lizenzierung und Administration bestimmen. Denn mit Ausnahme des Rechts zur Herstellung von Synchronisationen und des Rechts zur grafischen Darstellung des Liedtexts halten die Musikverlage keine Nutzungsrechte, die zur Lizenzierung von Online-Diensten nötig sind.

Abschließend wird unter Ziffer 4 auf die von Verwertungsgesellschaften gegründeten Lizenzierungsplattformen am Beispiel der Plattform „ICE" eingegangen. Diese Plattformen dienen der Bündelung sowie der gemeinschaftlichen Lizenzierung und Administration des anglo-amerikanischen und des kontinentaleuropäischen Repertoires.

1. Welche Online-Dienste werden nicht multi-territorial lizenziert?

Nur ein Teil der in der Einleitung näher beschriebenen Online-Dienste, die Musik auf ihren Plattformen zum Abruf bereithalten oder deren Angebot Musik beinhaltet, werden multi-territorial durch andere Gesellschafen zur kollektiven Rechtewahrnehmung als durch die jeweiligen nationalen Verwertungsgesellschaften lizenziert. Nachfolgend wird ein kurzer Überblick über die Online-Dienste gegeben, die ihre Nutzungsrechte weiterhin ausschließlich von den nationalen Verwertungsgesellschaften erwerben.

a) Rundfunksender: Hörfunk und Fernsehen

Rundfunksender (Hörfunk und Fernsehen) werden auf nationaler Ebene durch die lokalen Verwertungsgesellschaften wie die GEMA lizenziert. In der Praxis verlangt die GEMA von den Rundfunksendern für deren Musiknutzungen eine Beteiligung am Umsatz. Die direkte Lizenzierung von Musik in Sendungen hat für die GEMA eine herausragende Bedeutung, da die GEMA dadurch etwa ein Viertel ihrer Gesamterträge erwirtschaftet.[903]

Die GEMA räumt den nationalen Rundfunksendern im Sendevertrag die Nutzungsrechte sowohl für deren lineares Angebot als auch deren nicht-lineares Angebot ein: Die GEMA lizenziert auch alle Sendungen, die über das Internet im

903 Langhoff, in: Heker/Riesenhuber, Kap. 12, Rn. 49.

Wege des „Simulcasting" und des „Webcasting" übertragen werden,[904] sowie das Angebot der Rundfunksender in deren Mediatheken und damit deren programmbegleitende Online-Nutzung.[905]

Die GEMA kann Rundfunksendern eine Pauschallizenz (sog. blanket license) am „Weltrepertoire" einräumen:[906] Die hierfür notwendigen Rechte erwirbt die GEMA von ihren Mitgliedern über die GEMA-Berechtigungsverträge und von ausländischen Verwertungsgesellschaften über die Gegenseitigkeitsverträge.[907] Soweit Musikverlage ihre Online-Vervielfältigungsrechte am anglo-amerikanischen Repertoire der GEMA entzogen haben, erwirbt die GEMA diese Rechte für die Lizenzierung der Rundfunksender von den Musikverlagen wieder zurück.[908]

Die nationale Lizenzierung des Online-Angebots der Rundfunksender entspricht auch der Intention der VG-Richtlinie: Art. 32 VG-Richtlinie[909] sieht vor, dass Verwertungsgesellschaften, die Mehrgebietslizenzen für Musikwerke an Sendeunternehmen erteilen, nicht den Regelungen der Art. 23 ff. VG-Richtlinie unterliegen. Die VG-Richtlinie erkennt damit für die Lizenzierung von Sendern eine multi-territoriale Lizenzierung außerhalb der Voraussetzungen der Art. 23 ff. VG-Richtlinie an. Die Bereichsausnahme bezieht sich nur auf Sendeunternehmen, die auch im klassischen Sinne „senden", nicht aber auf Online-Dienste, die ausschließlich im Wege des Webcasting verbreitet werden.[910]

Nach Erwägungsgrund 48 der VG-Richtlinie ist die Ausnahmeregel restriktiv auszulegen: Art. 32 VG-Richtlinie soll nur den Online-Zugang zu Hörfunk- und Fernsehprogrammen sowie zu Material zu ermöglichen, das in einem klaren und untergeordneten Verhältnis zu der ursprünglichen Sendung steht und die Funktion einer Ergänzung, einer Vorschau oder einer Wiederholung hat. Die Bereichsausnahme erfasst daher nur die Rechte, die die Sendeunternehmen benö-

---

904 Langhoff, in: Heker/Riesenhuber, Kap. 12, Rn. 55, 68 ff. Die GEMA räumt den Rundfunksendern keine umfassenden Nutzungsrechte ein, sondern beschränkt auf die Art ihres tatsächlichen Sendevorgangs (vgl. Langhoff, in: Heker/Riesenhuber, Kap. 12, Rn. 55).

905 Langhoff, in: Heker/Riesenhuber, Kap. 12, Rn. 64.

906 Vgl. hierzu bereits die Ausführungen unter § 9 A III 4. Für das „Webcasting" und das „Simulcasting" stellt sich aufgrund der Geltung der „Bogsch"-Theorie die Frage, ob die GEMA auch über die Rechte für eine öffentliche Wiedergabe von Sendungen für das Gebiet außerhalb der Bundesrepublik Deutschland verfügt. Diese Frage kann nicht abstrakt beantwortet werden, sondern hängt davon ab, wie die Verträge der GEMA mit den Rechteinhabern – insbesondere ausländischen Rechteinhabern – ausgestaltet sind.

907 Vgl. hierzu unter § 9 A III 1 b) und § 9 A III 4.

908 Langhoff, in: Heker/Riesenhuber, Kap. 12, Rn. 64 in Fn. 73. Vgl. zum Rechteentzug am anglo-amerikanischen Repertoire die Ausführungen nachfolgend unter § 11 A IV 2.

909 Art. 32 VG-Richtlinie ist umgesetzt in § 74 VGG.

910 BT-Drs. 18/7223, S. 94.

tigen, um ihre Hörfunk- oder Fernsehprogramme begleitend zur ersten Sendung oder danach sowie sonstige Online-Inhalte, einschließlich Vorschauen, die ergänzend zur ersten Sendung von dem oder für das Sendeunternehmen produziert wurden, öffentlich wiedergeben oder zugänglich machen zu können.

Sinn und Zweck der Norm ist es, dass Sendeunternehmen von Verwertungsgesellschaften gemeinsam mit dem Senderecht auch die Nutzungsrechte erhalten, die sie zur Verbreitung ihres Programms über das Internet benötigen.[911] Dadurch soll die Lizenzierung von sendungsbezogenen Online-Rechten erleichtert werden.[912] Im Ergebnis verfestigt der Art. 32 VG-Richtlinie für die gebietsübergreifende Rechtevergabe die gegenwärtig bestehende Lizenzierungspraxis der Verwertungsgesellschaften gegenüber Rundfunksendern zur programmbegleitenden Online-Nutzung.[913]

Sollten die nationalen Sendeunternehmen ihre Mediatheken beispielsweise im Bereich von Filmen und Serien zukünftig weiter ausbauen, um in Konkurrenz zu reinen VoD-Diensten wie Netflix zu treten, so findet auf diese Online-Angebote die Bereichsausnahme des Art. 32 VG-Richtlinie keine Anwendung. Die Geschäftsmodelle von Rundfunksendern und VoD-Diensten und die Nutzung von Musik in den Angeboten unterscheiden sich dann nicht mehr. Dadurch entfällt die Rechtfertigung zur Besserstellung von Rundfunksendern gegenüber anderen Online-Diensten.[914]

b) Video-On-Demand Dienste

Video-On-Demand Dienste werden durch die nationalen Verwertungsgesellschaften für das jeweilige Territorium der Verwertungsgesellschaft lizenziert. Die GEMA hat für das Gebiet der Bundesrepublik Deutschland einen Gesamtvertrag mit dem Branchenverband BITKOM für den Bereich des Video-On-Demand abgeschlossen.[915] Wie Rundfunksender erhalten Video-On-Demand Dienste von den nationalen Verwertungsgesellschaften die erforderlichen Nutzungsrechte am Weltrepertoire eingeräumt.[916]

---

911 Schulze, in: Dreier/Schulze, UrhG, VGG § 74, Rn. 1.

912 Freudenberg, in: Möhring/Nicolini, UrhR, VGG § 74, Rn. 4.

913 Grewenig, ZUM 2016, 98, 100; Kähler, ZUM 2016, 417, 424.

914 Kling, Gebietsübergreifende Vergabe von Online-Rechten, S. 234f.

915 Schmidt, in: Heker/Riesenhuber, Kap. 12, Rn. 202.

916 Im Muster-Einzelvertrag zum Gesamtvertrag „Subcription Video-on-Demand“ zwischen GEMA und BITKOM vom 28.06.2018 heißt es auf Seite 3: „Dennoch gehen die GEMA und die Lizenznehmerin davon aus, dass für den Gegenstand und die Laufzeit dieses Vertrages eine Re-Aggregation der entzogenen Online-Musikrechte erreicht werden kann, sodass die GEMA für den

c) Nationale Musik-Dienste

Zudem erhalten Online-Dienste, die nicht multi-territorial, sondern nur rein national tätig sind, die Rechte von den nationalen Verwertungsgesellschaften eingeräumt. Es handelt sich um solche Online-Dienste, deren Tätigkeit auf das Wahrnehmungsgebiet der Verwertungsgesellschaft beschränkt ist.[917] Für diese Online-Dienste wäre eine multi-territoriale Lizenzierung ihres Angebots nicht sinnvoll.

d) Zusammenfassung: Was bleibt für die multi-territoriale Lizenzierung?

Zusammengefasst lässt sich feststellen, dass gegenwärtig Rundfunksender und Video-On-Demand Dienste auf nationaler Ebene lizenziert werden. Darüber hinaus werden solche Online-Dienste auf nationaler Ebene lizenziert, bei denen eine multi-territoriale Lizenzierung wegen ihrer territorial beschränkten Tätigkeit nicht sinnvoll wäre. Diese Online-Dienste erwerben von der GEMA eine Pauschallizenz am „Weltrepertoire" für das Gebiet der Bundesrepublik Deutschland. Andere Gesellschaften zur kollektiven Rechtewahrnehmung beziehungsweise Musikverlage lizenzieren keine Rechte im Zusammenhang mit der öffentlichen Wiedergabe oder Vervielfältigung von Kompositionen und Liedtexten.

Alle anderen Online-Diensten, die in der Einleitung dargestellt wurden und die auf multi-territorialer Ebene aktiv sind, werden multi-territorial lizenziert. Das System der multi-territorialen Lizenzierung von Rechten an Kompositionen und Liedtexten ist Gegenstand der nachstehenden Ausführungen.

2. Multi-territoriale Lizenzierung des anglo-amerikanischen Repertoires

Die Major-Verlage waren die ersten Rechteinhaber, die sich für eine multi-territoriale Lizenzierung ihres anglo-amerikanischen Repertoires entschieden haben. Andere US-amerikanische Musikverlage haben es ihnen gleichgetan. Sie haben das ursprüngliche System der rein mono-territorialen Lizenzierung aufgebrochen.

Zweck und im Rahmen dieses Vertrages das sogenannte Weltrepertoire lizenzieren kann und die Lizenznehmerin nur gegenüber der GEMA administrative Verpflichtungen hat (z. B. Abrechnungen und Nutzungsmeldungen)".

917 Europäische Kommission, Sache M.6800, Rn. 47 – PRSfM / STIM / GEMA / JV. Die Lizenzierungseinheit von ICE, die auch Rechte für die GEMA wahrnimmt (vgl. unter § 11 A IV 4), lizenziert Rechte in der Praxis ausschließlich an solche Online-Dienste, die ihr Angebot in mehr als einem Land in Europa zum Abruf bereithalten (vgl. Radloff/Schmidt, in: Heker/Riesenhuber, Kap. 12, Rn. 244).

Die Hintergründe und die Folgen der Entscheidung der Musikverlage werden im Folgenden näher dargestellt.

a) „Online-Vervielfältigungsrecht" als Schlüssel

Die Möglichkeit, eine multi-territoriale Lizenzierung zu etablieren und voranzutreiben, gibt den Major-Verlagen und den US-amerikanischen Musikverlagen das Online-Vervielfältigungsrecht: Denn in den USA lassen sich die Musikverlage von den US-amerikanischen Urhebern die Vervielfältigungsrechte am Musikwerk zur weltweiten Verwertung einräumen. Die US-amerikanischen Musikverlage sind Inhaber des Online-Vervielfältigungsrechts.[918] Das Online-Vervielfältigungsrecht ist auch ein selbständiges Nutzungsrecht, das vom Recht der öffentlichen Zugänglichmachung abtrennbar ist. Beide Rechte können nach den Erwägungsgründen 19 und 37 der VG-Richtlinie von unterschiedlichen Rechtsinhaber gehalten werden und getrennt voneinander verwertet werden.[919] Den Musikverlagen steht daher die selbständige Lizenzierung des Online-Vervielfältigungsrechts offen.

b) Lizenzierung durch die Major-Verlage

Im Anschluss an die Empfehlung der Europäischen Kommission vom 18. Oktober 2005 über die grenzüberschreitende kollektive Wahrnehmung von Urheberrechten für die Online-Nutzung (nachfolgend „2005-Empfehlung") haben zunächst alle Major-Verlage die Art und Weise, wie Lizenzen am anglo-amerikanischen Repertoire für Online-Nutzungen vergeben und administriert werden, neu organisiert.[920] Unter den Begriff Major-Verlage fallen in diesen Zusammenhang Universal Music, Warner Chappell Music, BMG Rights Management und Sony/ATV Music, das EMI Music übernommen hat.[921]

aa) „2005-Empfehlung" der Europäischen Kommission

Die „2005-Empfehlung" basiert auf einer Studie der Europäischen Kommission, die drei Alternativen zur Vergabe EU-weiter Lizenzen an Online-Rechten für Musikwerke aufzeigte: „Option 1" sah vor, das bestehende System der Lizenzierung

918 Vgl. hierzu ausführlich die Ausführungen unter § 10 C.

919 Vgl. hierzu ausführlich die Ausführungen unter § 8 B II.

920 Europäische Kommission, Sache COMP/M.6459, Rn. 148 – SONY / MUBADALA DEVELOPMENT / EMI MUSIC PUBLISHING.

921 Europäische Kommission, Sache M.6800, Rn. 27 in Fn. 23 – PRSfM / STIM / GEMA / JV.

nicht zu verändern. „Option 2" sah vor, dem Online-Dienst das Recht zu gewähren, eine Verwertungsgesellschaft seiner Wahl auszuwählen, die dem Dienst multi-territorial das Weltrepertoire einräumt. „Option 3" sah vor, dem Rechteinhaber das Recht zu gewähren, seine Rechte an eine Verwertungsgesellschaft seiner Wahl für die multi-territorialen Lizenzierung einzuräumen.[922]

Die Europäische Kommission favorisierte das Geschäftsmodell, bei dem die Rechteinhaber die freie Wahl zwischen Verwertungsgesellschaften haben sollten, die ihre Werke europaweit verwalten (sog. Option-3-Modell).[923] Die „2005-Empfehlung" lautet in Ziffer 5 lit. c):

> „c) Die Rechteinhaber sollten, nach Ankündigung ihres Vorhabens innerhalb einer angemessenen Frist, das Recht haben, alle Online-Rechte herauszunehmen und die Wahrnehmung dieser Rechte für ein geografisches Gebiet ihrer Wahl einer Verwertungsgesellschaft ihrer Wahl zu übertragen; der Sitzstaat oder die Staatsangehörigkeit der Verwertungsgesellschaft bzw. des Rechteinhabers sollte hierfür keine Rolle spielen.

Das Wahlrecht nach Ziffer 5 lit. c) der „2005-Empfehlung" führt mit Blick auf das anglo-amerikanische Repertoire der Major-Verlage dazu, dass Verwertungsgesellschaften sowie weitere Gesellschaften zur kollektiven Rechtewahrnehmung in den Wettbewerb um die Wahrnehmung und die Administration dieser Rechte treten.[924] Denn die Major-Verlage bestimmen die Gesellschaft, die die Online-Vervielfältigungsrechte wahrnehmen und administrieren soll. Es ist naheliegend, dass dieser Wettbewerb in Zukunft zu niedrigeren Verwaltungskosten und größerer Transparenz bei der Rechteverwaltung führt.[925]

bb) Vorgehen der Major-Verlage

In Folge der „2005-Empfehlung" haben alle Major-Verlage ihre Online-Vervielfältigungsrechte an Werken des anglo-amerikanischen Repertoires bei den nationalen Verwertungsgesellschaften herausgenommen.[926] Hierfür haben die Major-Verlage die bislang bestehenden Subverlagsverträge insoweit gekündigt, als das Online-Vervielfältigungsrecht dem Subverlag zur Wahrnehmung eingeräumt

---

922 Evert, in: Heker/Riesenhuber, Kap. 12, Rn. 254.

923 Europäische Kommission, Sache COMP/M.6459, Rn. 148 – SONY / MUBADALA DEVELOPMENT / EMI MUSIC PUBLISHING.

924 Kohn, Music Licensing, S. 209.

925 Kohn, Music Licensing, S. 209.

926 Europäische Kommission, Sache M.8018, Rn. 26 – SONY CORPORATION OF AMERICA / SONY-ATV MUSIC PUBLISHING.

worden war.[927] Die Major-Verlage lizenzieren multi-territorial ihre Online-Vervielfältigungsrechte an Werken des anglo-amerikanischen Repertoires nun in Zusammenarbeit mit einer oder mehreren Gesellschaft(en) zur kollektiven Rechtewahrnehmung. Die Gesellschaften zur kollektiven Rechtewahrnehmung fungieren als Dienstleister für den jeweiligen Major-Verlag.[928]

In der Praxis geht jeder Major-Verlag gegenwärtig einen eigenen Weg: Beispielsweise kooperiert Universal Music ausschließlich mit der französischen Verwertungsgesellschaft SACEM. Warner Chappell Music bedient sich je nach Lizenzvertrag wechselnder Dienstleister.[929] Für Sony/ATV und BMG haben die GEMA bzw. die PRS for Music spezielle Lizenzierungsinitiativen ausgegründet, die auch als „Option-3-Gesellschaften" bezeichnet werden.[930] Das anglo-amerikanische Repertoire der BMG Rights Management lizenziert und administriert ARESA (Anglo-American Rights European Service Agency), die eine 100% Tochter der GEMA ist.[931] Das anglo-amerikanische Repertoire von Sony/ATV Music lizenziert und administriert SOLAR, die eine Tochtergesellschaft der GEMA und der PRS for Music ist.[932]

Tabelle 4. Kooperationspartner von Musikverlagen

Musikverlag	Gegenwärtiger Kooperationspartner
BMG Rights Management	ARESA
Sony/ATV Music	SOLAR
Universal Music	SACEM
Warner Chappel Music	Wechselnde Kooperationspartner

c) Vorgehen der Nicht-Major-Verlage

Neben den Major-Verlagen haben auch viele weitere US-amerikanische Musikverlage ihre Online-Vervielfältigungsrechte bei den lokalen Verwertungsgesellschaften gekündigt. Sie lassen ihre Rechte von Gesellschaften zur kollektiven

927 Kling, Gebietsübergreifende Vergabe von Online-Rechten, S. 102.
928 Europäische Kommission, Sache M.6800, Rn. 28 – PRSfM / STIM / GEMA / JV.
929 Kohn, Music Licensing, S. 217.
930 Kling, Gebietsübergreifende Vergabe von Online-Rechten, S. 102.
931 Vgl. http://www.aresa-music.com/ (abgerufen am 31.07.2019).
932 Vgl. https://www.presseportal.de/pm/35830/4101825 (abgerufen am 31.07.2019)

Rechtewahrnehmung lizenzieren und administrieren.[933] „Option-3-Gesellschaften“ wurden für sie nicht gegründet. Im Übrigen gibt es keine Unterschiede zur Wahrnehmung der Rechte der Major-Verlage.

d) System der „Matching Performing Rights“

Die Musikverlage haben am anglo-amerikanischen Repertoire eine freie Verfügungsmacht nur über das Online-Vervielfältigungsrecht, nicht aber über das „performing right“ am Musikwerk. BMI und SESAC halten die „performing rights“ außerhalb der USA auf exklusiver Basis.[934] ASCAP hält diese Rechte zwar nur nicht-exklusiv, hat aber seine Mitglieder dahingehend beschränkt, dass diese keine andere Verwertungsgesellschaft mit der Administration der „performing rights“ betrauen dürfen.[935] In Europa können damit die Musikverlage die „performing rights“ ohne Zustimmung der jeweiligen US-PRO nicht von einer anderen Gesellschaft zur kollektiven Rechtewahrnehmung lizenzieren und administrieren lassen.

Allerdings ist es das Ziel der Musikverlage, einen „One-Stop-Shop“ für ihr gesamtes Repertoire zu bilden. Sie wollen die Nutzung der Musikwerke, an denen sie Online-Vervielfältigungsrechte halten, einem Online-Dienst möglichst als Ganzes lizenzieren. Dies umfasst neben der Vervielfältigung auch die Wiedergabe der Musikwerke auf dem Online-Dienst. Um dieses Ziel zu erreichen, benötigen die Musikverlage aber das von den US-PRO gehaltene „performing right“.[936]

Daher fragen die Musikverlage bzw. deren Lizenzierungseinheiten bei den US-PRO und den weiteren anglo-amerikanischen Verwertungsgesellschaften an, um von diesen die Ermächtigung zur Lizenzierung der „performing rights“ zu erhalten, die zum Online-Vervielfältigungsrecht an einem Musikwerk im Repertoire des Musikverlags passen.[937] Die „performing rights“ werden insoweit aggregiert, als die übereinstimmenden Vervielfältigungsrechte lizenziert werden. Das „performing right“ an einem Musikwerk wird mit dem „mechanical right“ am selben Musikwerk zusammengeführt. Diese „performing rights“ werden daher auch als „Matching Performing Rights“ bezeichnet.

---

933 Europäische Kommission, Sache M.6800, Rn. 27 f. – PRSfM / STIM / GEMA / JV. Vgl. zu den Lizenzierungsplattformen nachfolgend unter § 11 A IV 4.

934 Vgl. hierzu die Ausführungen unter § 9 A III 2 b) und c).

935 Vgl. hierzu die Ausführungen unter § 9 A III 2 a).

936 Europäische Kommission, Sache M.6800, Rn. 207 – PRSfM / STIM / GEMA / JV. Vgl. zum gescheiterten Versuch des Entzugs der „performing rights“ für Online-Nutzungen durch die Major-Verlage in den USA die Ausführungen unter § 11 B III 6.

937 Europäische Kommission, Sache M.6800, Rn. 28 in Fn. 25 – PRSfM / STIM / GEMA / JV.

Die Folge dieses Zusammenführens der Rechte ist es, dass ein Werk aus dem Katalog der Musikverlage an einen Online-Dienst als Gesamtheit lizenziert wird.[938] Die „Matching Performing Rights" der Verwertungsgesellschaften unterliegen damit den gleichen Lizenzbedingungen, die auch für die Online-Vervielfältigungsrechte der Musikverlage gelten.[939] Auf beide Rechte finden insbesondere dieselben Tarife Anwendung.

Durch das gegenwärtige Lizenzierungssystem gelingt es den Musikverlagen, die Kontrolle über die Lizenzierung der Rechte an Musikwerken des anglo-amerikanischen Repertoires in der EU zu erhalten. Im Ergebnis lizenzieren die Musikverlage ihre Kataloge derzeit so, als ob sie auch außerhalb der USA zu einer Direktlizenzierung von „performing right" und „mechanical right" befugt wären. Dieses System ist abhängig davon, dass sich die anglo-amerikanischen Verwertungsgesellschaften nicht dafür entscheiden, die „performing rights" selbst multi-territorial zu lizenzieren. Die Gesellschaften hätten die hierfür nötigen Rechte. Die Folge einer solchen Entscheidung wäre, dass die Musikverlage keinen „One-Stop-Shop" mehr für Werke, an denen sie die Online-Vervielfältigungsrechte halten, anbieten können. Gleichzeitig würden die Musikverlage die Kontrolle über das Lizenzgeschäft der Musikwerke in den Gebieten außerhalb der USA verlieren.

e) Gründe für die Zusammenarbeit von Musikverlagen und Gesellschaften zur kollektiven Rechtewahrnehmung

Auf den ersten Blick verwundert es, dass die Musikverlage ihre Online-Vervielfältigungsrechte bei den Verwertungsgesellschaften gekündigt haben, um sie anschließend wieder in Zusammenarbeit mit Verwertungsgesellschaften oder anderen Gesellschaften zur kollektiven Rechtewahrnehmung im Rahmen der multi-territorialen Lizenzierung wahrzunehmen. Es wäre naheliegend, dass die Musikverlage ihre Rechte ohne Beteiligung von Gesellschaften zur kollektiven Rechtewahrnehmung an Online-Dienste multi-territorial lizenzieren. Allerdings sind die Musikverlage in einigen Bereichen von den Gesellschaften zur kollektiven Rechtewahrnehmung abhängig:

Erstens benötigen sie von den anglo-amerikanischen Verwertungsgesellschaften die sog. „Matching Performing Rights".[940] Ohne diese Rechte sind sie

---

938 Europäische Kommission, Sache M.6800, Rn. 208 – PRSfM / STIM / GEMA / JV.
939 Europäische Kommission, Sache M.6800, Rn. 208, 235 – PRSfM / STIM / GEMA / JV.
940 Europäische Kommission, Sache M.6800, Rn. 193 – PRSfM / STIM / GEMA / JV. Vgl. zu dem „Matching Performing Rights" zuvor unter § 11 A IV 2 d).

nicht in der Lage, den Online-Diensten einen „One-Stop-Shop“ für ihren Werkkatalog anzubieten.

Zweitens verfügen ausschließlich Gesellschaften zur kollektiven Rechtewahrnehmung über umfassende Datenbanken, die Musikwerke und ihre Rechteinhaber dokumentieren. Insbesondere haben nur die Verwertungsgesellschaften einen Zugang zur Datenbank von CISAC, die die Rechte an Musikwerken weltweit abbildet.[941]

Drittens verfügen die Gesellschaften zur kollektiven Rechtewahrnehmung im Gegensatz zu den Musikverlagen über die zur multi-territorialen Rechteverwaltung notwendige technische Infrastruktur:

Zum einen führt die Größe des zu verwaltenden Repertoires zu einer Komplexität der Verwaltung von Online-Rechten. Für die Verwaltung der Rechte werden zuverlässige IT-Systeme, leistungsfähige Server, die in der Lage sind, große Datenmengen zu verarbeiten, und qualifiziertes Personal zur Bedienung dieser Systeme benötigt.[942]

Zum anderen ist in der Praxis die Abrechnung der Online-Dienste komplex: Die Berechnungsgrundlage für die von einem Online-Dienst geschuldete Lizenzgebühr ist der von einem Online-Dienst bereitgestellte Nutzungsbericht. Dieser Nutzungsbericht enthält eine vollständige Übersicht über die tatsächliche Nutzung der Musikwerke durch die Nutzer des jeweiligen Online-Diensts. Jeder Rechnung, die an einen Online-Dienst versandt wird, liegt der zuvor vom Online-Dienst übersandte Nutzungsbericht zugrunde.[943] Folglich erstellt beispielsweise Spotify für jedes Gebiet, in dem Spotify tätig ist, eine vollständige Liste über jede Nutzung jedes Musikwerks auf Spotify und schickt diese Liste an die Gesellschaften zur kollektiven Rechtewahrnehmung für die Abrechnung.

Die Gesellschaften zur kollektiven Rechtewahrnehmung, die Rechte multiterritorial an Online-Dienste lizenzieren, müssen diese Berichte auswerten und daher in der Lage sein, sehr große Datenmengen in ihren Datenbanken und Lizenzsystemen zu verarbeiten.[944] Die Musikverlage verfügen über solche IT-Systeme nicht und bauen sich diese derzeit – wohl aus Kostengründen – auch nicht selbst auf.[945]

Folglich beauftragen die Musikverlage bestimmte Gesellschaften zur kollektiven Rechtewahrnehmung mit der Wahrnehmung des anglo-amerikanischen Repertoires.

---

941 Europäische Kommission, Sache M.6800, Rn. 193 – PRSfM / STIM / GEMA / JV.
942 Europäische Kommission, Sache M.6800, Rn. 84 – PRSfM / STIM / GEMA / JV.
943 Europäische Kommission, Sache M.6800, Rn. 81 – PRSfM / STIM / GEMA / JV.
944 Europäische Kommission, Sache M.6800, Rn. 82 – PRSfM / STIM / GEMA / JV.
945 Europäische Kommission, Sache M.6800, Rn. 193 – PRSfM / STIM / GEMA / JV.

3. Multi-territoriale Lizenzierung des Repertoires kontinentaleuropäischer Verwertungsgesellschaften

Am Repertoire der kontinentaleuropäischen Verwertungsgesellschaften halten die Verwertungsgesellschaften die zur Lizenzierung von Online-Diensten nötigen Rechte an Kompositionen und Liedtexten mit Ausnahme des Rechts zur Herstellung von Synchronisationen und des Rechts zur grafischen Darstellung des Liedtexts. Traditionell nehmen Verwertungsgesellschaften ihr Repertoire aber nur begrenzt auf ihr eigenes Territorium wahr. Für die Wahrnehmung ihres Repertoires in einem anderen Territorium haben sie mit anderen Verwertungsgesellschaften Gegenseitigkeitsverträge abgeschlossen.[946] Dies hat sich teilweise geändert.

a) Zweiteilung der kontinentaleuropäischen Verwertungsgesellschaften

Einige europäische Verwertungsgesellschaften wie GEMA, SACEM, STIM oder SUISA haben mittlerweile ihre Gegenseitigkeitsverträge teilweise gekündigt, soweit dies die Wahrnehmung der „Online-Rechte" betrifft. Diese Verwertungsgesellschaften vergeben multi-territoriale Lizenzen an ihrem Repertoire selbst oder beauftragen damit andere Verwertungsgesellschaften oder Lizenzierungsplattformen.[947]

Um die multi-territoriale Lizenzierung des Repertoires der kontinentaleuropäischen Verwertungsgesellschaften weiter zu fördern, hat der Unionsgesetzgeber die Art. 23 ff. VG-Richtlinie eingeführt: Danach können Verwertungsgesellschaften, die ihr Repertoire nicht selbst multi-territorial lizenzieren können oder wollen, eine andere Verwertungsgesellschaft oder eine abhängige Verwertungseinrichtung[948] mit der multi-territorialen Lizenzierung ihres Repertoires beauftragen.[949]

In der Praxis benachrichtigt eine Verwertungsgesellschaft oder die für sie handelnde Gesellschaft zur kollektiven Rechtewahrnehmung die Schwester-Ver-

---

946 Vgl. hierzu ausführlich unter § 9 A III 4.

947 Europäische Kommission, Sache M.6800, Rn. 23 – PRSfM / STIM / GEMA / JV. Vgl. zu den Lizenzierungsplattformen sogleich unter § 11 A IV 4.

948 Die Möglichkeit der Beauftragung einer abhängigen Verwertungseinrichtung folgt aus Art. 2 Abs. 3 VG-Richtlinie (vgl. Kling, Gebietsübergreifende Vergabe von Online-Rechten, S. 206 ff., die allerdings auf die Anwendbarkeit des Wahrnehmungszwangs auf deutsche abhängige Verwertungseinrichtungen abstellt.).

949 Erwägungsgrund 40 der VG-Richtlinie. Die Gesellschaft, die mit der Wahrnehmung beauftragt werden soll, muss die Voraussetzungen an die Leistungsfähigkeit der Art. 24–28 VG-Richtlinie erfüllen.

wertungsgesellschaften davon, sobald für deren Gebiet an einen bestimmten Online-Dienst eine multi-territoriale Lizenz erteilt wird. Dadurch soll eine ungewollte Doppellizenzierung eines Online-Diensts vermieden werden.[950]

Zahlreiche kontinentaleuropäische Verwertungsgesellschaften haben von der Möglichkeit der Teilkündigung der Gegenseitigkeitsverträge keinen Gebrauch gemacht.[951] Sie nutzen auch weiterhin das System der Gegenseitigkeitsverträge. Ihre Rechte können nur auf mono-territorialer Basis erworben werden.

b) Folge der Zweiteilung für die Lizenzierungspraxis

Diese Zweiteilung des Vorgehens europäischer Verwertungsgesellschaften bei der Lizenzierung von multi-territorial aktiven Online-Diensten führt gegenwärtig dazu, dass Online-Dienste einerseits multi-territoriale Lizenzen am Repertoire der Verwertungsgesellschaften erwerben müssen, die ihre Rechte den lokalen Verwertungsgesellschaften entzogen haben. Diese Verwertungsgesellschaften, die multi-territorial lizenzieren, räumen einem Online-Dienst allerdings zusätzlich zur multi-territorialen Lizenz am eigenen Repertoire für das eigene Territorium eine mono-territoriale Lizenz am fremden Repertoire ein. Dies umfasst die Rechte am Repertoire der Verwertungsgesellschaften, die ihr Repertoire nicht selbst multi-territorial lizenzieren bzw. multi-territorial lizenzieren lassen. Ein Online-Dienst schließt in diesem Fall einen einheitlichen Vertrag mit der multi-territorial lizenzierenden Verwertungsgesellschaft.[952]

Dies lässt sich am Beispiel der GEMA verdeutlichen, deren Rechte ein Teil der „ICE Core Licence" sind:[953]

Tabelle 5. Territoriale Reichweite des GEMA Repertoires

Repertoire	Territorium
Eigenes Repertoire[954]	Multi-territorial
Fremdes Repertoire[955], soweit dieses nicht entzogen wurde.	Bundesrepublik Deutschland

Andererseits müssen multi-territorial aktive Online-Dienste mono-territoriale Lizenzen von den jeweiligen nationalen Verwertungsgesellschaften, die nicht multi-

950 Europäische Kommission, Sache M.6800, Rn. 24 – PRSfM / STIM / GEMA / JV.
951 Europäische Kommission, Sache M.6800, Rn. 29 – PRSfM / STIM / GEMA / JV.
952 Europäische Kommission, Sache M.6800, Rn. 25 – PRSfM / STIM / GEMA / JV.
953 Auf die Lizenzierung der Rechte der GEMA über „ICE" wird sogleich eingegangen.
954 Vgl. zum Begriff des eigenen Repertoires die Ausführungen unter § 9 A III 1.
955 Vgl. zum Begriff des fremden Repertoires die Ausführungen unter § 9 A III 4.

territorial lizenzieren, am Repertoire der Verwertungsgesellschaften erwerben, das nicht multi-territorial lizenziert wird. Voraussetzung ist, dass der Online-Dienst im Territorium dieser Verwertungsgesellschaften aktiv ist.

Im Ergebnis hat der Online-Dienst zusätzlich zu seinen multi-territorialen Lizenzen auch mono-territoriale Lizenzen für das nicht-multi-territorial lizenzierte Repertoire von den jeweiligen nationalen Verwertungsgesellschaften zu erwerben.

4. Lizenzierungsplattformen am Beispiel „ICE"

Einige Verwertungsgesellschaften haben Lizenzierungsplattformen gegründet, die das Repertoire verschiedener Rechteinhaber und Verwertungsgesellschaften bündeln. Das Ziel solcher Plattformen ist es, die multi-territoriale Lizenzierung effizienter zu gestalten und durch eine genauere Datenverarbeitung und eine verbesserte Abrechnung der Online-Dienste höhere Einnahmen zugunsten der Rechteinhaber zu generieren.[956]

Gegenwärtig bestehen mit ARMONIA, ICE und MINT drei große Lizenzierungsplattformen in Europa. Ihre Strukturen und Tätigkeiten werden nachfolgend am Beispiel von ICE vorgestellt: ICE wurde im Jahr 2015 als Zusammenschluss von GEMA, PRS for Music und STIM gegründet[957] und besteht aus drei getrennten Geschäftseinheiten:

Die erste Geschäftseinheit ist „ICE Licensing" (sog. „front office"), das vor allem für die Lizenzierung der in ICE gebündelten Rechte an Online-Dienste zuständig ist.[958] Die in ICE gebündelten Rechte werden im Rahmen der „ICE Core Licence" vergeben. Die „ICE Core Licence" umfasst das Repertoire von GEMA, PRS und STIM sowie das Repertoire weiterer Verwertungsgesellschaften und Rechteinhaber, die ICE mit der Wahrnehmung ihrer Rechte beauftragt haben.[959] ICE fungiert damit als eine einheitliche Lizenzierungsplattform sowohl für Verwertungsgesellschaften als auch für Musikverlage, die ihre Online-Vervielfältigungsrechte am anglo-amerikanischen Repertoire multi-territorial lizenzieren lassen wollen.[960] Online-Dienste können die „ICE Core Licence" nur multi-terri-

956 Europäische Kommission, Sache M.6800, Rn. 132 – PRSfM / STIM / GEMA / JV.

957 https://www.gema.de/die-gema/organisation/ice-international-copyright-enterprise/ (abgerufen am 31.07.2019).

958 Schmidt, in: Heker/Riesenhuber, Kap. 12, Rn. 226 f.

959 Europäische Kommission, Sache M.6800, Rn. 19, 44 – PRSfM / STIM / GEMA / JV. Solche Rechteinhaber sind vor allem die US-amerikanischen Nicht-Major-Verlage (vgl. hierzu zuvor unter § 11 A IV 2 c)).

960 Europäische Kommission, Sache M.6800, Rn. 19, 34, 46 – PRSfM / STIM / GEMA / JV.

torial und nur vollständig erwerben. Dies schließt den Erwerb einer mono-territorialen Lizenz sowie den Erwerb nur eines Teils der „ICE Core Licence" aus.[961]

Die zweite Geschäftseinheit ist „ICE Service" (sog. „middle office"), das für die Administration von Lizenzverträgen mit Online-Diensten zuständig ist.[962] Die Tätigkeit von „ICE Service" umfasst das Stellen von Rechnungen an Online-Dienste, das Betreiben des Inkassos und die Auszahlung der Lizenzeinnahmen. Die Administration erfolgt derzeit zum einen für Lizenzverträge, die „ICE Licensing" abgeschlossen hat, und zum anderen für Lizenzverträge, die Major-Verlage abgeschlossen haben.[963] „ICE Service" wird damit auch im Auftrag jener Rechteinhaber tätig, die ihr Repertoire nicht als Teil der „ICE Core Licence" lizenzieren möchten, sondern die Lizenzierung gegenüber Online-Diensten selbstständig vornehmen.[964] Das Ziel des Joint Ventures ist die Administration der „ICE Core Licence", der von GEMA, PRS und STIM national vergebenen Lizenzen, sowie die Administration der von ICE Kunden vergebenen Lizenzen. Kunden können Major-Verlage oder andere Verwertungsgesellschaften sein.[965]

Die dritte Geschäftseinheit ist „ICE Operations" (sog. „back office"), das die sog. „ICE Datenbank" betreibt. Die Tätigkeit beinhaltet eine Dokumentation von Musikwerken sowie die Verarbeitung von Nutzungsmeldungen der Online-Dienste über die auf einem Dienst genutzten Werke.[966] „ICE Operations" zielt darauf, eine umfassende Datenbank für urheberrechtlich geschützte Musikwerke aufzubauen.[967] Hierfür sollen auch andere als die an ICE beteiligten Verwertungsgesellschaften ihre Daten in die neue ICE Datenbank einbringen. Dies würde dazu führen, dass ICE eine stark ausgeprägte Marktmacht erhält: Die sich beteiligenden Verwertungsgesellschaften würden ihre eigenen Datenbanken nicht weiter pflegen, sich auf die ICE Datenbank verlassen und letztlich von ihr vollständig abhängig sein.[968]

Die Geschäftseinheiten sind als eigenständige Einrichtungen zu begreifen: Ein Kunde muss „ICE Licensing" nicht beauftragen, um die Dienste von „ICE Service" oder „ICE Operations" in Anspruch nehmen zu können. Major-Verlage sowie andere Verwertungsgesellschaften können von ICE die Dienstleistungen für

961 Europäische Kommission, Sache M.6800, Rn. 19 – PRSfM / STIM / GEMA / JV.
962 Schmidt, in: Heker/Riesenhuber, Kap. 12, Rn. 226.
963 Schmidt, in: Heker/Riesenhuber, Kap. 12, Rn. 228.
964 Europäische Kommission, Sache M.6800, Rn. 43 – PRSfM / STIM / GEMA / JV.
965 Europäische Kommission, Sache M.6800, Rn. 20 – PRSfM / STIM / GEMA / JV.
966 Schmidt, in: Heker/Riesenhuber, Kap. 12, Rn. 226.
967 Europäische Kommission, Sache M.6800, Rn. 41 – PRSfM / STIM / GEMA / JV.
968 Europäische Kommission, Sache M.6800, Rn. 223 – PRSfM / STIM / GEMA / JV.

die Administration und Dokumentation unabhängig von einer Lizenzierung durch ICE in Anspruch nehmen.[969]

Da ICE vollständig von Verwertungsgesellschaften gehalten wird, handelt es sich rechtlich um eine abhängige Verwertungseinrichtung nach § 3 VGG.[970] ICE treffen die zuvor unter § 9 B III dargestellten Rechtsfolgen. Außerdem ist ICE nach Art. 29, 30 VG-Richtlinie dazu verpflichtet, das Repertoire anderer Verwertungsgesellschaften im Rahmen einer multi-territorialen Lizenzierung zu vertreten und dieses Repertoire diskriminierungsfrei in das eigene Lizenzangebot aufzunehmen.[971]

5. Zusammenfassung

Erklärtes Ziel der Europäischen Kommission in der „2005-Empfehlung“ war es eigentlich, die Lizenzierung für multi-territoriale Online-Dienste zu erleichtern und die Rechtssicherheit zu erhöhen. In den Erwägungsgründen 7 und 8 der „2005-Empfehlung“ heißt es:

> „(7) Lizenzen sind oft auf ein Territorium beschränkt, und das zwingt gewerbliche Nutzer, für jedes in der Online-Nutzung benötigte Recht in jedem Mitgliedstaat von jeder jeweiligen Verwertungsgesellschaft eine Lizenz zu erwerben.
>
> (8) Im Zeitalter der Online-Nutzung von Musikwerken brauchen gewerbliche Nutzer aber ein multiterritorial ausgelegtes Lizenzierungssystem, das der Grenzenlosigkeit der Onlinewelt gerecht wird. Es sollte daher für eine multiterritoriale Lizenzierung gesorgt werden, um für gewerbliche Nutzer mehr Rechtssicherheit für ihre Aktivität zu fördern und das Wachstum legaler Online-Dienste zu fördern, wodurch sich wiederum die Einnahmen der Rechteinhaber erhöhen würden.“

In der Praxis ist das genaue Gegenteil eingetreten. Die „2005-Empfehlung“ und die VG-Richtlinie haben zu einer für alle Beteiligten nur schwer durchschaubaren Zersplitterung des Lizenzierungsmarkts geführt.

Es werden bereits nicht alle Online-Dienste auf multi-territorialer Ebene lizenziert: Rundfunksender, VOD-Dienste und rein nationale Online-Dienste erhalten weiterhin auf nationaler Ebene von den Verwertungsgesellschaften eine Pauschallizenz (sog. blanket license) am Weltrepertoire. Der Vorteil für diese Online-Dienste ist, dass sie Rechtssicherheit dahingehend erhalten, von den

---

969 Europäische Kommission, Sache M.6800, Rn. 34 – PRSfM / STIM / GEMA / JV.
970 Europäische Kommission, Sache M.6800, Rn. 48 – PRSfM / STIM / GEMA / JV.
971 Europäische Kommission, Sache M.6800, Rn. 52 – PRSfM / STIM / GEMA / JV.

Verwertungsgesellschaften als „One-Stop-Shop" auf mono-territorialer Ebene die für ihr Angebot notwendigen Rechte vollständig erwerben zu können.

Für Online-Dienste, die multi-territorial lizenziert werden, ist es dagegen schwierig geworden, die notwendigen Rechte vollständig zu lizenzieren:[972]

> Musikwerke, an denen Musikverlage die Online-Vervielfältigungsrechte halten (sog. anglo-amerikanisches Repertoire), werden von Musikverlagen, „Option 3"-Gesellschaften, Verwertungsgesellschaften oder Lizenzierungsplattformen lizenziert beziehungsweise administriert.
>
> Musikwerke, an denen Musikverlage die Online-Vervielfältigungsrechte nicht halten, sondern diese Rechte ausschließlich von kontinentaleuropäischen Verwertungsgesellschaften gehalten werden (sog. kontinentaleuropäisches Repertoire), werden abhängig von der jeweiligen Verwertungsgesellschaft teilweise multi-territorial oder mono-territorial lizenziert.

Dem Vorbringen von PRS, GEMA und STIM im Kartellverfahren vor der Europäischen Kommission im Zusammenhang mit der Plattform „ICE", wonach Online-Dienste, die ihren Dienst pan-europäisch anbieten wollen, gegenwärtig erheblicher Rechtsunsicherheit und hohen Transaktionskosten ausgesetzt seien,[973] ist daher uneingeschränkt zuzustimmen. Faktisch müssen diese Online-Dienste zusätzlich zu den multi-territorialen Lizenzen von Gesellschaften zur kollektiven Rechtewahrnehmung und Musikverlagen auch mono-territoriale Lizenzen von den Verwertungsgesellschaften in der EU erwerben.

Online-Dienste können kaum erkennen, welcher Musikverlag oder welche Gesellschaft zur kollektiven Rechtewahrnehmung die Rechte für welches Musikwerk einräumen kann. Vor allem für das anglo-amerikanische Repertoire stellt sich zudem wegen des „Copyright Splits" und den zahlreichen Musikverlagen die Frage, ob die Rechte vollständig oder nur anteilig eingeräumt werden. Online-Dienste können nicht auf die Lizenzierung eines bestimmten Repertoires einzelner Gesellschaften zur kollektiven Rechtewahrnehmung verzichten, ohne sich der Gefahr von Urheberrechtsverletzungen auszusetzen.[974]

---

972 Europäische Kommission, Sache M.6800, Rn. 29 – PRSfM / STIM / GEMA / JV.
973 Europäische Kommission, Sache M.6800, Rn. 29 – PRSfM / STIM / GEMA / JV.
974 Europäische Kommission, Sache M.6800, Rn. 275 f. – PRSfM / STIM / GEMA / JV. Verkompliziert wird die Situation für die Online-Dienste dadurch, dass sie daneben auch die notwendigen Nutzungsrechte an den Leistungsschutzrechten der ausübenden Künstler und Tonträgerhersteller zu lizenzieren haben.

V. Umfang der eingeräumten Lizenzen

Online-Dienste sind bei dem Erwerb einer Lizenz von Verwertungsgesellschaften, Musikverlagen oder Lizenzierungsplattformen (nachfolgend: Lizenzgeber) vor allem am Umfang der Lizenz interessiert. Dies betrifft zum einen die Frage, welche Nutzungen von der Lizenz abgedeckt sind, und damit die Frage des Umfangs der eingeräumten Rechte (vgl. Ziffer 1). Zum anderen sind für Online-Dienste der Umfang des Repertoires (vgl. Ziffer 2) und das von der Lizenz abgedeckte Territorium (vgl. Ziffer 3) relevant.

1. Rechte

In Europa bezieht sich die Rechteeinräumung in Lizenzverträgen zwischen Lizenzgebern und Online-Diensten auf das Recht zur öffentlichen Zugänglichmachung nach § 19a UrhG, gegebenenfalls auf das Senderecht nach § 20 UrhG und auf das Vervielfältigungsrecht nach § 16 UrhG.[975] Ein Lizenzvertrag zwischen einem Lizenzgeber und einem Musik-On-Demand-Streaming-Dienst gewährt dem Dienst die für diese Nutzungen notwendigen Nutzungsrechte einheitlich. Lediglich Nutzungsrechte für die Herstellung von Synchronisationen und für die grafische Darstellung von Liedtexten sind nicht Teil der einheitlichen Lizenz der Gesellschaften zur kollektiven Rechtewahrnehmung. Sie sind regelmäßig gesondert von den Musikverlagen zu erwerben.

2. Repertoire

Die Lizenzgeber bieten ihr Repertoire Online-Diensten nur zur vollständigen Lizenzierung und damit im Wege einer Pauschallizenz am Gesamtrepertoire an: Beispielsweise kann ein Online-Dienst die „ICE Core Licence" nur vollständig erwerben.[976] Auch die GEMA bietet Lizenznehmern ausschließlich eine Lizenz am Gesamtrepertoire an.[977] Eine Lizenzierung nur des tatsächlich genutzten Teils des Repertoires wird nicht gestattet.

---

975 Vgl. beispielsweise den GEMA Tarif VR-OD 8 (Musik & Musikvideo Streaming Abonnement, Stand: 01.01.2019), S. 4.

976 Europäische Kommission, Sache M.6800, Rn. 19 – PRSfM / STIM / GEMA / JV.

977 Die GEMA definiert das national lizenzierte GEMA-Repertoire als die Kombination aus dem „Originalrepertoire" ihrer Mitglieder und dem „Gegenseitigkeitsvertragsrepertoire" der ausländischen Schwester-Verwertungsgesellschaften (vgl. Schmidt, in: Heker/Riesenhuber, Kap. 12, Rn. 173).

3. Territorium

Zuletzt stellt sich für Online-Dienste, die eine multi-territoriale Lizenz erwerben, die Frage nach dem von der Lizenz abgedeckten Territorium. In der Praxis sind die Lizenzgeber bei der Einräumung des Territoriums flexibel und passen sich an den jeweiligen Bedarf eines Online-Diensts an. Denn nicht alle Dienste sind flächendeckend in allen Ländern aktiv, die der Lizenzgeber zur multi-territorialen Lizenzierung anbietet.[978]

Gleichzeitig darf der Begriff „multi-territorial" nicht mit dem Begriff „paneuropäisch" gleichgesetzt werden: Das multi-territorial lizenzierte Gebiet kann auch Länder außerhalb des Europäischen Wirtschaftsraums (EWR) und der Schweiz umfassen, sofern eine multi-territoriale Lizenzierung nicht aufgrund der jeweiligen nationalen Gesetzgebung rechtlich unmöglich ist.[979]

VI. Gesetzliche Regelungen zur Lizenzeinräumung unter besonderer Berücksichtigung der Tarifierung von Lizenzen

Mit der VG-Richtlinie sind einige Grundsätze zur Lizenzierung durch die Gesellschaften zur kollektiven Rechtewahrnehmung unionsrechtlich festgeschrieben worden. Art. 16 und Art. 17 VG-Richtlinie regeln die gegenseitigen Pflichten im Verhältnis zwischen den Gesellschaften zur kollektiven Rechtewahrnehmung und den Online-Diensten vor und nach Vertragsschluss. Diese werden nachfolgend unter Ziffer 1 und 2 dargestellt.

Die Darstellung unter Ziffer 1 und 2 erfolgt unter besonderer Berücksichtigung der Auswirkung der Art. 16, 17 VG-Richtlinie auf die Tarifierung durch die Gesellschaften zur kollektiven Rechtewahrnehmung. Die konkreten Tarife sind für Online-Dienste in aller Regel das wichtigste Element der Lizenzbedingungen, da von diesen der wirtschaftliche Erfolg ihres Geschäftsmodells abhängt. Daher wird unter Ziffer 3 überblicksartig das System und die rechtlichen Grundsätze der Tarifierung europäischer Gesellschaften zur kollektiven Rechtewahrnehmung am Beispiel der GEMA in Deutschland dargestellt.

1. Regelungen zur Lizenzierung nach Art. 16 VG-Richtlinie

Art. 16 VG-Richtlinie regelt das Verhältnis der Gesellschaften zur kollektiven Rechtewahrnehmung als Lizenzgeber zu den Online-Diensten als Lizenznehmer. Nach Art. 2 Abs. 4 VG-Richtlinie gilt Art. 16 Abs. 1 VG-Richtlinie für alle Gesell-

978 Schmidt, in: Heker/Riesenhuber, Kap. 12, Rn. 245.

979 Schmidt, in: Heker/Riesenhuber, Kap. 12, Rn. 240 f.

schaften zur kollektiven Rechtewahrnehmung und damit auch für unabhängige Verwertungseinrichtungen. Die weiteren Regelungen der Art. 16 Abs. 2 bis 4 VG-Richtlinie sind dagegen nur auf Verwertungsgesellschaften und abhängige Verwertungseinrichtungen anwendbar.

a) Führen der Verhandlungen, Art. 16 Abs. 1 VG-Richtlinie

Nach Art. 16 Abs. 1 VG-Richtlinie[980] haben Gesellschaften zur kollektiven Rechtewahrnehmung und Online-Dienste nach Treu und Glauben über die Lizenzierung von Nutzungsrechten zu verhandeln und müssen sich alle notwendigen Informationen zur Verfügung zu stellen. Art. 16 Abs. 1 VG-Richtlinie bezieht sich auch hinsichtlich der Bereitstellung der Informationen nur auf den Zeitraum der Verhandlungen über einen Lizenzvertrag, nicht auf den Zeitraum des laufenden Lizenzvertrags.[981] Für die Bereitstellung von Informationen nach Vertragsschluss trifft der Art. 17 VG-Richtlinie eine speziellere Regelung.

Bei Art. 16 Abs. 1 VG-Richtlinie handelt es sich nicht um eine einseitige Verpflichtung der Gesellschaften zur kollektiven Rechtewahrnehmung. Vielmehr legt der Art. 16 Abs. 1 VG-Richtlinie beiden Vertragsparteien Verpflichtungen auf: Beide Vertragsparteien haben sich proaktiv in die Verhandlungen einzubringen, um den Lizenzvertrag möglichst rasch zum Abschluss zu bringen. Beide Vertragsparteien haben alle erforderlichen Informationen offenzulegen, die für den Abschluss eines Lizenzvertrags erforderlich sind.[982] Aufgrund des gesetzlich bestehenden Anspruchs auf Bereitstellung von Informationen haben potentielle Lizenznehmer gegen Gesellschaften zur kollektiven Rechtewahrnehmung auch keinen Anspruch auf Abschluss einer Geheimhaltungsvereinbarung.

Beide Vertragsparteien haben jeweils einen einklagbaren Anspruch auf Offenlegung von solchen Informationen, die nur der anderen Vertragspartei zugänglich sind und die für den Abschluss eines Lizenzvertrags relevant sind: Online-Dienste haben beispielsweise einen Anspruch darauf, zu erfahren, ob Verfahren vor Gerichten oder Schiedsstellen laufen, die die Tarife der Gesellschaften zur kollektiven Rechtewahrnehmung für die konkrete Nutzung betreffen.[983] Gesellschaften zur kollektiven Rechtewahrnehmung haben zum Beispiel einen Anspruch gegen bereits aktive Online-Dienste auf Herausgabe von Nut-

---

980 Art. 16 Abs. 1 VG-Richtlinie ist in § 36 Abs. 1 VGG umgesetzt.

981 Hiervon geht auch der deutsche Gesetzgeber aus, der in § 36 Abs. 1 Satz 2 VGG den Art. 16 Abs. 1 Satz 2 VG-Richtlinie dahingehend konkretisiert, dass sich die Beteiligten gegenseitig alle „für die Verhandlungen notwendigen Informationen" zur Verfügung stellen.

982 Freudenberg, in: Möhring/Nicolini, UrhR, VGG § 36, Rn. 4.

983 Freudenberg, in: Möhring/Nicolini, UrhR, VGG § 36, Rn. 3.

zungsdaten, um zu erfahren, in welchem Umfang ihr Repertoire durch den Online-Dienst genutzt wird und in welcher Höhe Lizenzeinnahmen zu erwarten sind.

b) Lizenzbedingungen, Art.16 Abs. 2 VG-Richtlinie

Art. 16 Abs. 2 VG-Richtlinie ist die in der Praxis der Lizenzierung relevanteste Vorschrift. Anhand dieser Vorgaben müssen Verwertungsgesellschaften und abhängige Verwertungseinrichtungen ihre Lizenzbedingungen ausrichten. Unabhängige Verwertungseinrichtungen können dagegen ihre Lizenzbedingungen nach freiem Belieben aufstellen, da auf sie Art. 16 Abs. 2 VG-Richtlinie nicht anwendbar ist.

aa) Diskriminierungsverbot

Nach Art. 16 Abs. 2 Unterabsatz 1 Satz 1 VG-Richtlinie[984] müssen die Lizenzbedingungen objektiv und nichtdiskriminierend sein.

Verwertungsgesellschaften und abhängige Verwertungseinrichtungen haben Tarife anzubieten und anzuwenden, die sie anhand objektiver und diskriminierungsfreier Kriterien festlegen.[985] Zudem haben sie gleiche Sachverhalte nach gleichen Maßstäben zu beurteilen.[986] Verwertungsgesellschaften und abhängige Verwertungseinrichtungen treffen eine Pflicht zur Gleichbehandlung aller Online-Dienste, die gleiche Angebote bereithalten. Sie dürfen einem Online-Dienst dieselben Nutzungsrechte nicht zu günstigeren Konditionen einräumen als einem vergleichbaren anderen Online-Dienst.[987]

Der Gleichbehandlungsgrundsatz wirkt sich besonders auf die Verhandlungen über die Höhe der Tarife aus: Verwertungsgesellschaften und abhängige Verwertungseinrichtungen haben Online-Diensten mit gleichen Nutzungshandlungen nicht nur die gleichen Tarife anzubieten. Sie haben in den Lizenzverträgen auch die gleichen Tarife anzuwenden. Dies bedeutet, dass die gegenüber Online-Diensten aufgerufenen Tarife nicht das Ergebnis individueller Verhandlungen sein dürfen. Verwertungsgesellschaften und abhängige Verwertungseinrichtungen dürfen von unterschiedlichen Musik-Streaming-On-Demand-Diensten für die Nutzung ihres Repertoires in einem gleichartigen Angebot keine unterschiedlichen Tarife verlangen.

---

984 Art. 16 Abs. 2 Unterabsatz 1 Satz 1 VG-Richtlinie ist umgesetzt in § 34 Abs. 1 Satz 2 VGG.
985 Erwägungsgrund 31 der VG-Richtlinie.
986 Schulze, in: Dreier/Schulze, UrhG, VGG § 34, Rn. 11.
987 Freudenberg in: Möhring/Nicolini, UrhR, VGG § 34, Rn. 26.

bb) Ausnahme vom Diskriminierungsverbot

Eine Ausnahme vom Diskriminierungsverbot besteht nach Art. 16 Abs. 2 Unterabsatz 1 Satz 2 VG-Richtlinie[988] für Anbieter neuartiger Online-Dienste. Neuartig ist ein Online-Dienst, wenn dieser seit weniger als drei Jahren der Öffentlichkeit in der Europäischen Union oder im EWR zur Verfügung steht.

Verwertungsgesellschaften und abhängigen Verwertungseinrichtungen soll es nach Erwägungsgrund 32 der VG-Richtlinie ermöglicht werden, schnell auf den Einzelfall zugeschnittene Lizenzen für innovative Online-Dienste bereitzustellen, ohne dass diese Lizenzbedingungen als Präzedenzfall für andere Lizenzen angesehen werden. Ziel ist, dass solchen Diensten individuelle Nutzungsbedingungen angeboten werden können.[989]

Der Wortlaut des Art. 16 Abs. 2 Unterabsatz 1 Satz 2 VG-Richtlinie ist dabei misslich: Es wird nicht eindeutig geklärt, worauf sich der Begriff „neuartiger Online-Dienst“ bezieht. Möglich wäre es, darunter einen Dienst an sich zu verstehen (wie zum Beispiel Spotify) oder das konkrete Angebot eines Diensts (wie zum Beispiel „Spotify Premium“).

Der Wortlaut legt nahe, hierunter nur den Online-Dienst an sich zu verstehen. Der Richtlinientext knüpft nicht an das konkrete Angebot eines Online-Diensts, sondern ausschließlich an den Online-Dienst an. Die Richtlinie versteht den Online-Dienst ihrem Wortlaut nach als Einheit. Nicht jedes neue Angebot ist ein neuer Online-Dienst. Vielmehr ist ein neues Angebot ein zusätzlicher Bestandteil eines bestehenden Online-Diensts.

Dies ist auch nach dem Sinn und Zweck der Ausnahmevorschrift gerechtfertigt: Zum einen sollen neue Formen der Verwertung und neue Geschäftsmodelle gefördert werden, sodass ihr Zugang zum Markt nicht verhindert wird. Gerade innovative Start-Ups stehen mit ihrem Angebot bei Markteintritt regelmäßig vor der Herausforderung, dass sie über keinen Kundenstamm und nur ein geringes Budget verfügen. Tarife, wie sie die seit Jahren bestehende Konkurrenz zahlt, oder nicht auf ihre Nutzungsform zugeschnittene Tarife können sich solche Online-Dienste schlicht nicht leisten.

Online-Dienste, die seit mehr als drei Jahren bestehen, haben dagegen typischerweise bestehende Kontakte zu Lizenzgebern. Sie können neue Lizenzmodelle mit ihnen frühzeitig besprechen und gegebenenfalls bestehende Lizenzverträge anpassen.

Zugleich sollen auch die Rechteinhaber hinreichend davor geschützt werden, dass sie trotz Nutzung ihrer Werke über Jahre hinweg keine Einnahmen aufgrund

---

988 Art. 16 Abs. 2 Unterabsatz 1 Satz 1 VG-Richtlinie ist umgesetzt in § 34 Abs. 2 VGG.
989 BT-Drs. 18/7223, S. 83.

fehlender Tarife erhalten.[990] Bei neuen Online-Diensten bestehen mit Verwertungsgesellschaften bzw. abhängigen Verwertungseinrichtungen noch keine Lizenzverträge. Nur der schnelle Abschluss eines Lizenzvertrags schützt die Rechteinhaber vor Einnahmeausfällen aus der Nutzung ihrer Werke, die ihnen bei Liquiditäts- oder Solvenz-Problemen eines neuen Online-Diensts drohen.

Rechteinhaber müssen dagegen Zahlungsausfälle von Online-Diensten, die seit mehr als drei Jahren bestehen, in geringerem Maße befürchten. Typischerweise haben bestehende Online-Dienste ein geringes Insolvenzrisiko, da sie über einen Kundenstamm und andere Assets verfügen. Führen solche Online-Dienste ein neues Angebot ein und stellen fest, dass es sich für sie wirtschaftlich nicht lohnt, ist regelmäßig ihre Liquidität aufgrund ihrer bestehenden Angebote gesichert. In solchen Fällen erscheint es nicht gerechtfertigt, dass die Rechteinhaber über verbilligte Tarife einen Teil des wirtschaftlichen Risikos eines Online Diensts, hinter dem Konzerne wie Amazon oder Google stehen, übernehmen.

Daher erscheint es überzeugend, dass neuartige Angebote eines seit mehr als drei Jahren auf dem Markt bestehenden Online-Diensts von der Ausnahmevorschrift nicht erfasst sind. Die Neuartigkeit des Art. 16 Abs. 2 Unterabsatz 1 Satz 2 VG-Richtlinie bezieht sich alleine auf den Online-Dienst.

cc) Angemessenheit der Tarife

Nach Art. 16 Abs. 2 Unterabsatz 2 Satz 1 VG-Richtlinie[991] erhalten die Rechtsinhaber eine angemessene Vergütung für die Nutzung ihrer Rechte.

Nach Art. 16 Abs. 2 Unterabsatz 2 Satz 2 VG-Richtlinie ist die Angemessenheit der Tarife im Verhältnis zu sehen: zum einen im Verhältnis zum wirtschaftlichen Wert der Nutzung der Rechte, wobei Art und Umfang der Nutzung des Werks zu berücksichtigen sind, und zum anderen im Verhältnis zum wirtschaftlichen Wert der erbrachten Leistungen der Verwertungsgesellschaft bzw. der abhängigen Verwertungseinrichtung. Es ist nach dem Wortlaut der Richtlinie („unter anderem") zulässig, die Tarife zusätzlich ins Verhältnis zu anderen Kriterien zu setzen, um ihre Angemessenheit festzustellen.[992]

Nach Erwägungsgrund 31 der VG-Richtlinie sollen die Lizenzgebühren und die Nutzung der Rechte durch einen Online-Dienst gerade in einem vernünftigen Verhältnis stehen. Dadurch entsteht eine Grenze der Höhe der Tarife nach oben

---

990 Freudenberg, in: Möhring/Nicolini, UrhR, VGG § 34, Rn. 38.

991 Auch wenn der Wortlaut nicht übernommen wurde, ist Art. 16 Abs. 2 Unterabsatz 1 Satz 1 VG-Richtlinie in § 34 Abs. 1 Satz 1 VGG umgesetzt (vgl. BT-Drs. 18/7223, S. 83).

992 Art. 16 Abs. 2 Unterabsatz 2 Satz 2 VG-Richtlinie ist umgesetzt in § 39 VGG. Genauer zur Tarifgestaltung sogleich unter § 11 A VI 3.

wie nach unten: Verwertungsgesellschaften und abhängigen Verwertungseinrichtungen ist es verwehrt, einen unangemessen hohen Tarif zu verlangen. Gleichzeitig dürfen sie die Tarife nicht beliebig nach unten absenken. Urheber haben einen Anspruch auf eine angemessene finanzielle Beteiligung an der wirtschaftlichen Nutzung ihrer Werke.[993] Verwertungsgesellschaften und abhängige Verwertungseinrichtungen sind nicht verpflichtet, Nutzungsrechte zu jedem, beliebig niedrigen Preis an Online-Dienste einzuräumen. Leistung und Gegenleistung müssen vielmehr in einem angemessenen Verhältnis zueinanderstehen.[994]

dd) Informationspflicht über Berechnungsgrundlage der Tarife

Nach Art. 16 Abs. 2 Unterabsatz 2 Satz 3 VG-Richtlinie[995] haben die Verwertungsgesellschaften und abhängigen Verwertungseinrichtungen die Online-Dienste über die Kriterien zu informieren, die den aufgestellten Tarifen zugrunde liegen. Dadurch erhalten Online-Dienste die Möglichkeit, die Angemessenheit und die Objektivität der Tarife zu kontrollieren. Online-Dienste haben gegen Verwertungsgesellschaften und abhängige Verwertungseinrichtungen einen einklagbaren Anspruch darauf, zu erfahren, nach welchen Kriterien die geforderten Tarife zustande gekommen sind.

c) Schnelle Abwicklung, Art. 16 Abs. 3 VG-Richtlinie

Art. 16 Abs. 3 VG-Richtlinie[996] verlangt eine unverzügliche Antwort der Verwertungsgesellschaften und der abhängigen Verwertungseinrichtungen auf Lizenz-

---

993 Freudenberg, in: Möhring/Nicolini, UrhR, VGG § 34, Rn. 16. In Deutschland gelten insoweit die bereits zu § 11 Abs. 1 UrhWahrnG entwickelten Grundsätze fort (vgl. BT-Drs. 18/7223, S. 83). Der BGH beurteilte unter Geltung des UrhWahrnG die Angemessenheit der Tarife der GEMA nach dem Verhältnis von Leistung und Gegenleistung. Berechnungsgrundlage für die Tarife sollten die geldwerten Vorteile sein, die durch die Verwertung der Werke erzielt werden (vgl. BGH GRUR 2012, 711 Rn. 20 – Barmen Live). Zusätzlich zum wirtschaftlichen Erfolg des Verwerters ist bei der Bemessung der Tarifhöhe zu berücksichtigen, dass die Verwertungsgesellschaft die finanziellen Möglichkeiten erhält, um ihre Aufgaben ordnungsgemäß zu erfüllen (vgl. Reinbothe, in: Schricker/Lowenheim, UrhR, UrhWahrnG § 11, Rn. 5).

994 Schulze, in: Dreier/Schulze, UrhG, VGG § 34, Rn. 10.

995 Art. 16 Abs. 2 Unterabsatz 2 Satz 3 VG-Richtlinie ist umgesetzt in § 39 Abs. 4 VGG.

996 Art. 16 Abs. 3 VG-Richtlinie ist in § 36 Abs. 2 VGG umgesetzt. Nach § 4 Abs. 2 VGG ist § 36 VGG im Gesamten auf unabhängige Verwertungseinrichtungen anwendbar, also auch § 36 Abs. 2 VGG. Diese Regelung ist aber unionsrechtskonform dahingehend auszulegen, dass nur § 36 Abs. 1 VGG erfasst ist. Denn nach Art. 2 Abs. 4 VG-Richtlinie gilt nur Art. 16 Abs. 1 VG-Richtlinie für unabanfragen der Online-Dienste. Außerdem haben sie nach Erhalt aller Unterlagen ein Angebot abzugeben oder zu begründen, warum sie kein Angebot unterbreiten.

Einerseits legt Art. 16 Abs. 3 VG-Richtlinie Verwertungsgesellschaften und abhängigen Verwertungseinrichtungen die Pflicht auf, über die Einräumung von Nutzungsrechten zügig zu verhandeln.[997] Online-Dienste haben ein legitimes Interesse daran, möglichst schnell Rechtssicherheit über das Bestehen und die Konditionen einer Lizenz zu erhalten. Nur auf der gesicherten Grundlage eines Lizenzvertrags können sie die Preise gegenüber ihren Endkunden kalkulieren.

Andererseits sind Online-Dienste dadurch verpflichtet, Verwertungsgesellschaften und abhängigen Verwertungseinrichtungen alle erforderlichen Informationen für die beabsichtigte Nutzung bereitzustellen.[998] Dies beinhaltet die Art der Nutzung, den Zeitraum der Nutzung und einen Überblick über die Musikstücke, die genutzt werden sollen.[999] Stellt ein Online-Dienst keine hinreichenden Informationen zur Verfügung, können Verwertungsgesellschaften und abhängige Verwertungseinrichtungen die Erstellung eines Angebots mit der Begründung mangelnder Informationen ablehnen.[1000]

Art. 16 Abs. 3 VG-Richtlinie gewährt Verwertungsgesellschaften und abhängigen Verwertungseinrichtungen das Recht, die Einräumung einer Lizenz für den Zeitraum der mangelnden Bereitstellung der Informationen zu verweigern. Dies stellt eine Ausnahme vom Abschlusszwang dar. Rechtstechnisch handelt es sich dabei um ein vorübergehendes Leistungsverweigerungsrecht.

2. Bereitstellung von Informationen durch Online-Dienste gemäß Art. 17 VG-Richtlinie

Nach Art. 17 VG-Richtlinie haben die Mitgliedstaaten sicherzustellen, dass Online-Dienste die ihnen verfügbaren Informationen über die Nutzung des lizenzierten Repertoires an Verwertungsgesellschaften und abhängige Verwertungseinrichtungen in den branchenüblichen Standards zur Verfügung stellen, soweit diese die Informationen für die Einziehung, Verteilung und Ausschüttung der Einnahmen benötigen.[1001]

---

hängige Verwertungseinrichtungen. Eine andere Auslegung des § 4 Abs. 2 VGG wäre unionsrechtswidrig.

997 BT-Drs. 18/7223, S. 85.

998 Schulze, in: Dreier/Schulze, UrhG, VGG § 36, Rn. 5.

999 Schulze, in: Dreier/Schulze, UrhG, VGG § 36, Rn. 4.

1000 Schulze, in: Dreier/Schulze, UrhG, VGG § 36, Rn. 5.

1001 Art. 17 VG-Richtlinie ist umgesetzt in § 41 VGG.

Im Rahmen bestehender Lizenzverträge haben Verwertungsgesellschaften und abhängige Verwertungseinrichtungen gegenüber Online-Diensten einen einklagbaren Anspruch auf Auskunft über die Nutzung des lizenzierten Repertoires. Der Auskunftsanspruch ist auf die von der Verwertungsgesellschaft bzw. abhängigen Verwertungseinrichtung lizenzierten Rechte begrenzt.[1002]

Art. 17 VG-Richtlinie ist das Gegenstück zum Auskunftsanspruch des Art. 16 Abs. 2 Unterabsatz 2 Satz 3 VG-Richtlinie. Dieser stellt sicher, dass die Rechtsinhaber in angemessener Weise an der Nutzung ihrer Werke beteiligt werden und verlangt von den Online-Diensten eine volle Transparenz über die Nutzung des lizenzierten Repertoires. Art. 17 VG-Richtlinie verpflichtet Online-Dienste insbesondere dazu, ihre Nutzungs- und Zugriffszahlen offenzulegen. Damit können Online-Dienste gegenüber Verwertungsgesellschaften und abhängigen Verwertungseinrichtungen ihre Nutzungs- und Zugriffszahlen nicht geheim halten, soweit deren Repertoire betroffen ist.

3. Grundsätze der Tarifierung in Deutschland

Die in Deutschland auf Grundlage des § 13 Abs. 3 UrhWahrnG entstandenen Grundsätze der Tarifierung fügen sich in den zuvor beschriebenen rechtlichen Rahmen der Art. 16 und 17 VG-Richtlinie ein. Der deutsche Gesetzgeber entschied sich daher bei Erlass des VGG dafür, den § 13 Abs. 3 UrhWahrnG in § 39 VGG zu übernehmen.[1003] Die bisher zu § 13 Abs. 3 UrhWahrnG entwickelten Leitlinien für die Tarifierung von Online-Diensten können damit unverändert angewandt werden.

Dabei wird die angemessene Beteiligung des Urhebers an der wirtschaftlichen Verwertung seiner Werke durch zwei alternative Vergütungsmodelle sichergestellt: Der Urheber erhält entweder eine Regelvergütung in Form einer prozentualen Beteiligung am Umsatz des Online-Diensts oder eine Mindestvergütung.[1004]

1002 BT-Drs. 18/7223, S. 86.
1003 BT-Drs. 18/7223, S. 85.
1004 Beispielsweise verwendet die GEMA diese Vergütungsstruktur für ihre Tarife im Online-Bereich (vgl. Schmidt, in: Heker/Riesenhuber, Kap. 12, Rn. 199). Über die Höhe und die Struktur der Vergütung einigt sich die GEMA häufig in Gesamtverträgen mit Nutzervereinigungen wie Bitkom. Auf nationaler Ebene hat die GEMA für nahezu alle wichtigen Nutzungsformen im Online-Bereich Gesamtverträge abgeschlossen (vgl. Schmidt, in: Heker/Riesenhuber, Kap. 12, Rn. 202, 204).

a) Prozentuale Beteiligung

Nach § 39 Abs. 1 VGG ist Berechnungsgrundlage für die Tarife in der Regel der durch die Verwertung erzielte geldwerte Vorteil, sodass der Urheber am wirtschaftlichen Nutzen seines Werks beteiligt wird. Maßstab hierfür ist der wirtschaftliche Erfolg des Verwerters, soweit der Erfolg in unmittelbarem Zusammenhang mit der Nutzung des Werks steht.[1005] Daher führt in aller Regel eine prozentuale Beteiligung des Urhebers an den durch die Verwertung des Werks erzielten Erlösen zu einer angemessenen Vergütung.[1006]

Die prozentuale Beteiligung des Urhebers ist auf Basis der Bruttoumsätze zu berechnen, die der Verwerter durch die Nutzung der eingeräumten Rechte erzielt. Eine Berechnung auf Basis des vom Verwerter erzielten Gewinns scheidet aus, da der Urheber nicht am wirtschaftlichen Risiko des Verwerters beteiligt werden darf.[1007] Dies führt dazu, dass alle Einnahmen und Zuwendungen des Verwerters zu berücksichtigen sind, nicht aber dessen Kosten und Verluste.[1008]

Die konkrete Höhe der prozentualen Beteiligung ist im Einzelfall zu bestimmen.[1009] Einen festen Grenzwert gibt es nicht, auch wenn sich die Schiedsstelle am Vergütungssatz von 10 % der Bruttoeinnahmen orientiert.[1010] Eine angemessene prozentuale Beteiligung der Musikurheber kann sowohl oberhalb als auch unterhalb einer 10-prozentigen Beteiligung an den Bruttoeinnahmen liegen.[1011] Im Online-Bereich ist dieser Richtwert aufgrund der fehlenden Vertriebsstrukturen des klassischen Einzelhandels und des beim Streaming nicht stattfinden dauerhaften Erwerbs der Musik generell als zu niedrig anzusehen.[1012] Die Höhe der prozentualen Beteiligung hat sich vielmehr daran zu orientieren, dass der Beteiligungsgrundsatz nicht zu Lasten des Verwerters in einem unangemessenen Verhältnis überschritten wird. Dabei ist zu berücksichtigen, ob der Verwerter

---

1005 Schiedsstelle, Einigungsvorschlag vom 12.12.2018, Az. Sch-Urh 08/15; Einigungsvorschlag von 17.07.2018, Az. Sch-Urh 19/15; ZUM 2010, 546, 550; OLG München, Urteil vom 27.09.2012, Az. 6 Sch 14/10 WG.

1006 BGH GRUR 2013, 717 Rn. 25 – Covermount.

1007 Schiedsstelle, Einigungsvorschlag vom 12.12.2018, Az. Sch-Urh 08/15; Einigungsvorschlag von 17.07.2018, Az. Sch-Urh 19/15; ZUM 2010, 546, 550; Freudenberg, in: Möhring/Nicolini, UrhR, VGG § 39, Rn. 6; Reinbothe, in: Schricker/Lowenheim, UrhR, UrhWahrnG § 13, Rn. 7; Schulze, in: Dreier/Schulze, UrhG, VGG § 39, Rn. 5.

1008 Freudenberg, in: Möhring/Nicolini, UrhR, VGG § 39, Rn. 7.

1009 Schricker, GRUR 2002, 737, 743.

1010 Schiedsstelle, ZUM 2007, 77, 81; ZUM 2007, 243, 245.

1011 BGH GRUR 2015, 61 Rn. 66 – Gesamtvertrag Tanzschulkurse.

1012 Schricker, GRUR 2002, 737, 741 f. *Schricker* bezieht seine Ausführungen zwar auf Sendeunternehmen, der Gedanke kann jedoch auf den gesamten Online-Bereich übertragen werden.

neben den Ansprüchen der Musikurheber zusätzlich Ansprüchen von ausübenden Künstlern und sonstigen Leistungsschutzberechtigten ausgesetzt ist.[1013]

b) Mindestvergütung

Neben der prozentualen Beteiligung ist es nach der Rechtsprechung des *BGH* zulässig, eine Mindestvergütung zugunsten der Urheber zu vereinbaren. Dies dient dem Schutz der Urheber vor einer möglichen Entwertung ihrer Rechte.[1014] Der Anspruch des Urhebers auf eine angemessene Beteiligung wird bereits durch die Tatsache ausgelöst, dass der Verwerter das Werk nutzt. Die Vergütung des Urhebers hängt nicht von dem wirtschaftlichen Erfolg oder Misserfolg der Verwertung ab.[1015]

Daher ist es unerheblich, dass der Verwerter mit seiner wirtschaftlichen Nutzung keinen oder nur einen geringfügigen Vorteil erzielt. Denn in diesen Fällen liefe eine prozentuale Beteiligung des Urhebers leer und wäre unzureichend. Nur eine feste Mindestvergütung kann den Urheber vor einer Entwertung seiner Rechte schützen.[1016] Der Urheber hat einen Anspruch auf die Mindestvergütung damit auch dann, wenn dem Verwerter finanzielle Verluste bei der Verwertung der Rechte entstehen.[1017]

Die Mindestvergütung darf nur nicht so weit gehen, dass der Beteiligungsgrundsatz zu Lasten des Verwerters in einem unangemessenen Verhältnis überschritten wird.[1018] Hiervon ist nicht allein deshalb auszugehen, weil der mit der Verwertung des Werks erzielte Erlös durch eine Mindestvergütung zu einem erheblichen Teil aufgezehrt wird.[1019] Es ist mit der Eigentumsgarantie des Art. 14 Abs. 1 GG nicht zu vereinbaren, dass der Verwerter über den Wert des Urheberrechts entscheidet.[1020] Dabei ist es auch unerheblich, dass der Verwerter einem

---

1013 BGH GRUR 2015, 61 Rn. 65 – Gesamtvertrag Tanzschulkurse.

1014 BGH GRUR 2013, 717 Rn. 26 – Covermount; GRUR 2012, 715 Rn. 26 – Bochumer Weihnachtsmarkt; GRUR 2012, 711 Rn. 20 – Barmen Live; GRUR 2011, 720 Rn. 31 – Multimediashow.

1015 Scheuermann/Strittmatter, ZUM 1990, 338, 339.

1016 BGH GRUR 2013, 717 Rn. 26 – Covermount.

1017 Scheuermann/Strittmatter, ZUM 1990, 338, 339.

1018 BGH GRUR 2013, 717 Rn. 40 – Covermount; BGH GRUR 2012, 715 Rn. 26 – Bochumer Weihnachtsmarkt; GRUR 2012, 711 Rn. 20 – Barmen Live ; GRUR 2011, 720 Rn. 31 – Multimediashow.

1019 BGH GRUR 2013, 717 Rn. 40 – Covermount; Schiedsstelle, Einigungsvorschlag von 17.07. 2018, Az. Sch-Urh 19/15.

1020 BGH GRUR 2013, 717 Rn. 41 – Covermount.

starken Konkurrenzkampf am Markt ausgesetzt ist. Der BGH führt hierzu in der *Covermount*-Entscheidung aus:[1021]

> „Es kommt auch nicht darauf an, ob der Verwerter einem starken Preiskampf ausgesetzt ist und deshalb nur geringe Erlöse erzielt und auf Grund der geringen Erlöse allein die Mindestvergütungsregelung anwendbar ist."

Die Mindestvergütung führt damit dazu, dass der Preiswettbewerb der Rechteverwerter, und damit insbesondere auch der Online-Dienste, in der EU begrenzt wird.[1022] Online-Dienste können nicht beliebig die Preise senken, ohne das unternehmerische Risiko der Unwirtschaftlichkeit ihres Produkts zu tragen. Es ist ihnen verwehrt, den Kostendruck des Markts an die Urheber weiterzugeben. Der Urheber erhält über die Mindestvergütung seine Beteiligung an der wirtschaftlichen Verwertung unabhängig davon, ob der Online-Dienst profitabel ist oder überhaupt Umsatz generiert.

Zweck der Mindestvergütung ist, einen Mindestschutz des Urhebers zu bewirken.[1023] Daraus folgt zum einen, dass Online-Dienste nicht verlangen können, dass die Mindestvergütung an die prozentuale Beteiligung gekoppelt bzw. mit ihr ins Verhältnis gesetzt wird. Die prozentuale Beteiligung am Bruttoumsatz und die Mindestvergütung bestehen unabhängig voneinander. Zum anderen ist dem Mindestschutz immanent, dass dieser lediglich zu einer Grundsicherung des Urhebers führt. Verwertungsgesellschaften und abhängige Verwertungseinrichtungen ist es dadurch verwehrt, die Mindestvergütung nach Belieben heraufzusetzen, um einen höheren Anteil am Umsatz vom Online-Dienst zu erhalten. Der Anteil am Umsatz bestimmt sich allein über die prozentuale Beteiligung.

c) Lizenzgebühren gegenüber Musik-On-Demand Diensten in der Praxis

In der Praxis berechnen die Gesellschaften zur kollektiven Rechtewahrnehmung die Lizenzgebühren gegenüber Musik-On-Demand-Streaming-Diensten und Musik-On-Demand-Download-Diensten in aller Regel anhand der obigen Ausführungen. Die Gesellschaften zur kollektiven Rechtewahrnehmung erhalten entweder eine prozentuale Beteiligung am Umsatz oder eine Mindestvergütung (sog. Minimum).

Sowohl sie prozentuale Umsatzbeteiligung als auch das Minimum werden unter allen Rechteinhabern anteilig berechnet. Der jeweilige Anteil basiert darauf,

1021 BGH GRUR 2013, 717 Rn. 42 – Covermount.
1022 Heine, GRUR-Prax 2013, 229, 229.
1023 Heine, GRUR-Prax 2013, 229, 229.

wie oft Kompositionen und Liedtexte aus dem Repertoire des Lizenzgebers in einem bestimmten Territorium im Rahmen eines bestimmten Angebots eines Online-Diensts abgerufen wurden. Faktisch werden die Rechteinhaber damit nach Marktanteil bezahlt.[1024]

Das Minimum ist entweder ein „per Stream"-Minimum oder ein „per Subscriber"-Minimum: Ein „per Stream"-Minimum wird vereinbart, wenn das Angebot des Online-Diensts werbefinanziert ist und kein kostenpflichtiges Abonnement voraussetzt. Dies bedeutet, dass die Gesellschaften zur kollektiven Rechtewahrnehmung eine Mindestentschädigung pro abgerufenen Stream erhalten. Ein „per Subscriber"-Minimum wird vereinbart, wenn das Angebot des Online-Diensts ein kostenpflichtiges Abonnement voraussetzt. Die bedeutet, dass die Gesellschaften zur kollektiven Rechtewahrnehmung eine Mindestentschädigung pro zahlenden Nutzer erhalten.

VII. Zusammenfassung

Die Lizenzierung von Kompositionen und Liedtexten in der EU ist einerseits durch eine Fragmentierung der Art der Lizenzierung sowie des Repertoires und andererseits durch eine einheitliche Lizenzierung der Nutzungsrechte zur Vervielfältigung und öffentlichen Zugänglichmachung geprägt.

Eine Fragmentierung der Lizenzierung von Kompositionen und Liedtexten in der EU findet sich auf drei Ebenen:

Erstens werden zahlreiche Online-Dienste ausschließlich mono-territorial lizenziert. Die Online-Dienste erhalten über das traditionelle System der Gegenseitigkeitsverträge von der nationalen Verwertungsgesellschaft eine Lizenz am „Weltrepertoire".

Zweitens wird kein Online-Dienst, der einen großen Katalog an Musikwerken anbietet, ausschließlich multi-territorial lizenziert. Lediglich ein Teil der kontinentaleuropäischen Verwertungsgesellschaften lizenziert sein Repertoire multiterritorial. Im Übrigen halten Verwertungsgesellschaften das traditionelle System der Lizenzierung über die Gegenseitigkeitsverträge aufrecht. Ihr Repertoire kann nur mono-territorial von der jeweiligen nationalen Verwertungsgesellschaft erworben werden.

1024 Dies stellt keinen Widerspruch zu dem zuvor dargelegten Sinn und Zweck der Mindestvergütung dar. Die aus der Mindestvergütung folgende Beteiligung aller Rechteinhaber wird lediglich anteilig auf die einzelnen Rechteinhaber verteilt. Die Verteilung erfolgt entsprechend der Nutzung des jeweiligen Repertoires. Es handelt sich mithin um ein Verteilungsprinzip. Das Prinzip der Verteilung „nach Nutzung" ist beispielsweise auch im GEMA-Verteilungsplan (Stand: 16. und 17. Mai 2018) in § 11 Abs. 3 anerkannt.

Drittens ist das anglo-amerikanische Repertoire auf verschiedene Lizenzgeber aufgeteilt, wobei die Lizenzgeber teilweise nur Anteile an den Werken halten und die Werke nur anteilig lizenzieren können. Die Lizenzierung erfolgt entweder direkt durch den jeweiligen Major-Verlag oder durch eine beauftragte Gesellschaft zur kollektiven Rechtewahrnehmung. Dabei müssen jeweils die „Matching Performing Rights" von den US-PRO sowie den weiteren anglo-amerikanischen Verwertungsgesellschaften aggregiert werden, da die Musikverlage nur über die Online-Vervielfältigungsrechte verfügen können. Sollten diese Rechte nicht mehr eingeräumt werden, droht das gesamte Lizenzierungssystem für das anglo-amerikanische Repertoire zu zerfallen.

Der fragmentierten Art der Lizenzierung und dem fragmentierten Repertoire steht eine einheitliche Lizenzierung der Nutzungsrechte an Kompositionen und Liedtexten gegenüber. Die Nutzungsrechte sind nicht auf verschiedene Lizenzgeber aufgeteilt, sondern der jeweilige Lizenzgeber tritt als „One-Stop"-Shop für die in seinem Repertoire befindlichen Werke auf. Anders ist dies nur für die Nutzung der Werke bei der Herstellung von Synchronisationen und für die grafische Darstellung von Liedtexten: Unabhängig vom Lizenzgeber für die sonstige Nutzung der Werke räumen typischerweise ausschließlich die Musikverlage die Nutzungsrechte hierfür ein. Die Online-Dienste haben hierfür eine gesonderte Vergütung an die Musikverlage zu zahlen, die unabhängig von den zuvor unter Ziffer VI 3 dargestellten Tarifen ist.

Die unter Ziffer VI 3 dargestellten Tarife lassen auf Ebene der multi-territorialen Lizenzierung auch die Gesellschaften zur kollektiven Rechtewahrnehmung mit einem kleineren Repertoire finanziell angemessen an der Nutzung von Musik auf Online-Diensten partizipieren. Denn die Tarife auf multi-territorialer Ebene bestehen typischerweise nicht gesondert für jeden Lizenzgeber, sondern übergeordnet für alle Lizenzgeber zusammen, die Kompositionen und Liedtexte an einen Online-Dienst lizenzieren. Dies bedeutet beispielsweise, dass nicht für jeden Lizenzgeber ein bestimmtes „per Subscriber"-Minimum festgelegt ist. Vielmehr erhält der Lizenzgeber von einem „per Subscriber"-Minimum für alle Lizenzgeber einen Anteil, der sich faktisch nach dem Marktanteil seines Repertoires bemisst. Denn der Marktanteil bemisst sich danach, wie häufig Werke aus dem lizenzierten Repertoire im Rahmen eines bestimmten Angebots in einem bestimmten Territorium auf dem Online-Dienst abgerufen werden.

Diese nutzungsbezogene Tarifierung führt dazu, dass auch ein kleines Repertoire eine angemessene Vergütung erhält. Voraussetzung ist aber, dass die Lizenzgeber kleiner Repertoires ihr Repertoire vollständig dokumentiert haben und die Nutzungsberichte der Online-Dienste vollständig und genau auswerten. Der Erfolg eines kleineren Repertoires hängt von der Administration der Lizenzverträge durch den Lizenzgeber ab.

B. Rechtewahrnehmung in den USA

Obwohl der Markt für die Lizenzierung von Musikwerken in den USA unreguliert ist, ist das Gebiet der USA derzeit nicht Bestandteil multi-territorialer Lizenzverträge. Vielmehr erwerben Online-Dienste die Rechte an Musikwerken mono-territorial für das Gebiet der USA. Dies verwundert auf den ersten Blick, lässt sich aber durch die US-amerikanischen Besonderheiten bei der Lizenzierung von Rechten an Musikwerken erklären. Diese werden im Folgenden dargestellt.

Hierfür wird zunächst ein Überblick über die Rechte gegeben, die der jeweilige Online-Dienst für sein Angebot benötigt (vgl. Ziffer I). Sodann erfolgt ein Überblick darüber, wer diese Rechte an die Online-Dienste lizenziert (vgl. Ziffer II). Anschließend wird auf die konkrete Lizenzierung von Online-Diensten getrennt nach „performing rights" und nach „mechanical rights" eingegangen: Es besteht ein gesonderter rechtlicher Rahmen und die Lizenzierungspraxis der jeweiligen Rechte ist vollkommen unterschiedlich ausgestaltet (vgl. Ziffer III und IV). Dabei fokussieren sich die nachstehenden Ausführungen auf die Lizenzierung von Sendern (Fernsehen und Radio), Musik-On-Demand-Streaming-Diensten sowie Musik-On-Demand-Download-Diensten. Andere Angebote werden nachfolgend nur am Rande behandelt.

I. Welche Rechte benötigen die Online-Dienste?

Für die Lizenzgeber wie für die Lizenznehmer stellt sich auf erster Ebene die Frage, welche Rechte ein Online-Dienst für sein konkretes Angebot erwerben muss.

Fernseh- und Radiosender sowie alle weiteren Musik-On-Demand-Streaming-Dienste, die Musik lediglich „nicht interaktiv" und damit linear streamen, erwerben ausschließlich eine Lizenz an den „performing rights". Dies ist gegenwärtig der Branchenstandard in den USA. Obwohl das Vervielfältigungsrecht nach § 106(1) US Copyright Act im Online-Bereich auch durch Sender und durch nicht-interaktive Musik-On-Demand-Streaming-Dienste berührt sein kann, findet eine Lizenzierung der „mechanical rights" in der Praxis nicht statt.[1025]

Dagegen erwerben Musik-On-Demand-Streaming-Dienste, die Musik „interaktiv" und damit nicht-linear an ihre Nutzer streamen, eine Lizenz sowohl an den „performing rights" als auch eine Lizenz an den „mechanical rights".[1026]

1025 Passmann, Music Business, S. 273 f.

1026 Passmann, Music Business, S. 274.

Die Musik-On-Demand-Download-Dienste erwerben nur eine Lizenz an den „mechanical rights“.[1027] Ein Musik-On-Demand-Download-Dienst, der Musikwerke zum dauerhaften Download anbietet, berührt ausschließlich die Vervielfältigungs- und Verbreitungsrechte, nicht aber das Recht zur öffentlichen Aufführung.[1028]

Unabhängig von der Art des Angebots hat ein Online-Dienst, der einen Liedtext begleitend zur Musik einblendet und keine weitere „Bebilderung“ der Musik vornimmt, eine Lizenz zur Vervielfältigung und Darstellung des Liedtexts (sog. „reprint license“) zu erwerben. Verbindet ein Online-Dienst dagegen den Liedtext oder das Musikwerk mit fortlaufendem Bildmaterial und gibt diese Verbindung anschließend wieder, benötigt der Online-Dienst hierfür eine Synchronisationslizenz.[1029]

II. Wer lizenziert welche Rechte?

Hinsichtlich der Frage, wer welche Rechte lizenziert, ist zwischen „performing rights“, „mechanical rights“ und den im Rahmen dieser Arbeit nur am Rande behandelten Rechten zur Synchronisation sowie zur Verwendung des Liedtexts zu differenzieren:

Lizenzen an „performing rights“ räumen den Online-Diensten US-PRO oder Musikverlage ein. Anders als in der EU sehen sich Online-Dienste in den USA keinem monopolistischen Anbieter bezüglich der „performing rights“ ausgesetzt. Einem Online-Dienst steht ein Wahlrecht zu, von welchem Anbieter (US-PRO oder Musikverlag) dieser die notwendigen Lizenzen an den „performing rights“ erwerben möchte.[1030]

Lizenzen an „mechanical rights“ räumen bislang nur die Musikverlage ein, wobei diese sich zum Teil der Hilfe der HFA bedienen. Bislang können Online-Dienste für Angebote, die in den Anwendungsbereich des § 115 US Copyright Act fallen, eine Zwangslizenz für jedes einzelne Werk erwerben, wobei die Höhe der Lizenzgebühr durch das Copyright Royalty Board festgelegt wird. In der Praxis erwerben Online-Dienste bisher fast ausschließlich freiwillige Lizenzen von den

---

1027 Passmann, Music Business, S. 273.

1028 Vgl. hierzu ausführlich unter § 7 B III 1.

1029 EMI Entertainment World v. Priddis Music, 505 F. Supp. 2d 1217, 1220 – 1223 (United States District Court, D. Utah, 2007). In der Praxis räumen die Musikverlage einem Karaoke-Dienst eine Lizenz ein, die sowohl eine „digital print license“ als auch eine Synchronisationslizenz enthält. Die Lizenz steht unter der Bedingung, dass der Karaoke-Dienst eine „performance license“ von der jeweiligen US-PRO erwirbt (vgl. Kohn, Music Licensing, S. 654).

1030 Vgl. hierzu sogleich ausführlich unter § 11 B III 1.

Musikverlagen. Eine Besonderheit besteht bei der Lizenzierung von Musik-On-Demand-Download-Diensten: An diese Dienste räumen bislang die Plattenfirmen auch die „mechanical rights" an den Musikwerken ein und lizenzieren den Online-Dienst vollständig. Zukünftig werden Online-Dienste die Möglichkeit erhalten, für Angebote im Anwendungsbereich des § 115 US Copyright Act eine Zwangslizenz an den „mechanical rights" als „blanket license" zu erwerben.[1031]

Außerhalb des Anwendungsbereichs des § 115 US Copyright Act haben Online-Dienste nicht die Möglichkeit, eine Zwangslizenz zu erwerben. In diesen Fällen räumen die Musikverlage die Rechte an den „mechanical rights", gegebenenfalls unter Inanspruchnahme der HFA, nach freiem Ermessen ein.[1032] Auch die Lizenzen für die Vervielfältigung und Darstellung von Liedtexten räumen ausschließlich die Musikverlage ein. Darüber hinaus räumen die Musikverlage die Rechte für die Herstellung und Verbreitung von Synchronisationen ein.[1033] Es bestehen jeweils keine speziellen gesetzlichen Vorschriften für die Einräumung dieser Rechte.

III. Lizenzierung der „performing rights"

Die Lizenzierung der „performing rights" erfolgt in den USA einerseits durch die US-PRO, die – vergleichbar zu Verwertungsgesellschaften in der EU – Online-Diensten nicht-exklusive Lizenzen an ihrem Gesamtrepertoire einräumen. Andererseits ist es Rechteinhabern gestattet, ihre Rechte „direkt" an Online-Dienste zu lizenzieren. Die in diesem Zusammenhang relevanten Rechteinhaber sind die Musikverlage.

1. Möglichkeit der Direktlizenzierung durch die Musikverlage

Die Musikverlage können in den USA uneingeschränkt die von den Urhebern erworbenen „performing rights" direkt an Online-Dienste lizenzieren.[1034] Die Möglichkeit der Direktlizenzierung ist durch die „consent decrees" gegenüber ASCAP und BMI sichergestellt. Auch SESAC gestattet seinen Mitgliedern eine Direktlizenzierung nach den Bestimmungen des SESAC Affiliation Agree-

---

1031 Vgl. hierzu sogleich ausführlich unter § 8 B IV 1.

1032 Vgl. hierzu sogleich ausführlich unter § 8 B IV 1.

1033 Ein kurzer Überblick über die Lizenzierung von Synchronisationsrechten in der Praxis findet sich bei Passmann, Music Business, S. 265 ff.

1034 U.S. Copyright Office, Copyright and the Music Marketplace, A Report of the register of copyrights (February 2015), S. 33.

ments.[1035] Zumindest gegenüber Radio- und Fernsehsendern hat sich SESAC hierzu auch in zwei gerichtlichen Vergleichen verpflichtet.[1036]

Der Begriff der „Direktlizenzierung" bedeutet in diesem Zusammenhang, dass ein Musikverlag als Copyright- oder sonstiger Rechteinhaber das Recht, ein Werk öffentlich aufzuführen, an Online-Dienste lizenzieren kann.[1037] Nach Ansicht der Rechtsprechung fördert die Direktlizenzierung der Musikverlage eine faire Preisgestaltung für Musiklizenzen und den Wettbewerb auf dem Musiklizenzmarkt.[1038] Denn Online-Dienste haben ein Wahlrecht, ob sie eine Lizenz vom Rechteinhaber oder von den US-PRO erwerben. Dies schafft faktisch eine Konkurrenzsituation zwischen US-PRO und Musikverlagen dahingehend, wer letztlich einem Online-Dienst eine Lizenz am „performing right" einräumt. Das Wahlrecht der Online-Dienste bedeutet zugleich, dass Musikverlage einen Online-Dienst nicht zu einer Direktlizenzierung zwingen können. Online-Dienste haben die Möglichkeit, sich für eine Lizenzierung von den US-PRO anstelle der Direktlizenzierung von den Musikverlagen zu entscheiden.[1039]

2. „Fractional Licensing"

Unabhängig davon, ob ein Musikverlag oder eine US-PRO die „performing rights" einräumt, stellt sich bei Gemeinschaftswerken die Frage, ob ein Lizenzgeber nur den ihm zustehenden Anteil an einem Gemeinschaftswerk lizenziert (sog. „fractional licensing") oder das Gemeinschaftswerk vollständig lizenziert (sog. „full work licensing").[1040] Denn bei Gemeinschaftswerken kann jeder Mitinhaber des Copyrights eine nicht-exklusive Lizenz am Gesamtwerk einräumen, es sei denn, dies ist vertraglich ausgeschlossen. Zugleich ist das Copyright teilbar und Rechte an einem Musikwerk können beliebig vielen Rechteinhabern eingeräumt wer-

---

1035 Brabec, Mitchell Hamline Law Review, Volume 42 (2016), 16, 28.

1036 Vgl. hierzu ausführlich die Ausführungen unter § 9 A III 2 c) aa).

1037 U.S. Copyright Office, Copyright and the Music Marketplace, A Report of the register of copyrights (February 2015), S. 33 f.

1038 Broadcast Music, Inc. v. DMX INC., 683 F. 3d 32, 48 (United States Court of Appeals, 2nd Circuit, 2012).

1039 Ein entsprechender Versuch der Musikverlage gegenüber dem Online-Dienst „Pandora" scheiterte, vgl. hierzu die Ausführungen unter § 11 B III 6.

1040 Diese Frage stellt sich ausschließlich bei Gemeinschaftswerken, da nur bei Gemeinschaftswerken eine sog. „tenancy in common" entsteht. Bei allen anderen Werkverbindungen entsteht dagegen keine „tenancy in common" und die jeweiligen Inhaber des Copyrights haben von vornherein kein Recht zur Gesamtlizenzierung des Werks. Die US-PRO und die Musikverlage können in diesen Fällen ausschließlich den Copyright-Anteil lizenzieren (vgl. hierzu ausführlich unter § 6 D II).

den.[1041] Daher halten an einem Musikwerk regelmäßig mehrere Musikverlage und mehrere US-PRO die Rechte.[1042]

Für den Lizenznehmer macht es einen erheblichen Unterschied, ob er eine „fractional license" oder eine „full work license" eingeräumt bekommt: Bei der „fractional license" handelt es sich um eine Lizenz, die den Lizenznehmer vor einer Verletzungsklage allein durch den lizenzierenden Mitinhaber des Copyrights schützt. Der Lizenznehmer ist nicht vor einer Verletzungsklage eines nicht-lizenzierenden Mitinhabers des Copyrights geschützt. Dagegen bietet eine „full work license" dem Lizenznehmer einen umfassenden Schutz vor Rechtsverletzungen des Copyrights eines jeden Mitinhabers des Copyrights, auch vor einer Verletzung der Rechte eines nicht-lizenzierenden Mitinhabers.[1043]

Traditionell lizenzieren die US-PRO nur im Wege des „fractional licensing" und damit nur den Anteil an den Rechten, den ihre Mitglieder halten. Die US-PRO berechnen die Lizenzgebühren nur für die Anteile an einem Musikwerk, die ihnen ihre Mitglieder eingeräumt haben. Im Gegenzug erwarten sie von den Lizenznehmern, Lizenzgebühren auch nur für diese Anteile zu erhalten.[1044] Grund für das „fractional licensing" ist, dass im Falle der Erteilung einer „full work license" der lizenzierende Rechteinhaber oder die lizenzierende US-PRO die erzielten Lizenzeinnahmen an alle weiteren Rechteinhaber zu verteilen hätte.[1045] In der Praxis gibt es aber kein System, um eine solche Verteilung, insbesondere an Mitglieder einer anderen US-PRO, vorzunehmen.[1046]

Für die Lizenzierung von Online-Diensten durch BMI bedeutet dies in der Praxis: Hält BMI nur einen Anteil am Copyright, da nur ein Teil der Rechteinhaber

---

1041 Vgl. hierzu näher unter § 8 C I.

1042 Vgl. hierzu näher unter § 10 F.

1043 Public Comments of Sony/ATV Music Publishing LLC on the Review of the ASCAP and BMI Consent Decree „Split Works" (November 20, 2015), S. 8.

1044 Public Comments of SESAC on PRO Licensing of Jointly Owned Works (November 20, 2015), S. 1, 3 f.; Public Comments of Sony/ATV Music Publishing LLC on the Review of the ASCAP and BMI Consent Decree „Split Works", S. 11; Public Comments of ASCAP regarding PRO Licensing of Jointly Owned Works (November 20, 2015), S. 8.

Die anteilige Inhaberschaft am Copyright spiegelt sich auch in der Verteilung der Einnahmen durch die US-PRO wieder: ASCAP, BMI und SESAC verteilen die Einnahmen, von kleineren Ausnahmen abgesehen, proportional zum Anteil der Inhaberschaft an einem Musikwerk (vgl. Public Comments of SESAC on PRO Licensing of Jointly Owned Works (November 20, 2015), S. 5 f.; Public Comments of Broadcast Music, Inc. on Review of Consent Decree in United States v. Broadcast Music, Inc. (November 20, 2015), S. 13; Public Comments of ASCAP regarding PRO Licensing of Jointly Owned Works (November 20, 2015), S. 10)).

1045 Vgl. hierzu näher unter § 6 D II 3 b).

1046 Public Comments of SESAC on PRO Licensing of Jointly Owned Works (November 20, 2015), S. 6.

Mitglied bei BMI ist und ein anderer Teil der Rechteinhaber seine Rechte einer anderen US-PRO eingeräumt hat, räumt BMI einem Lizenznehmer nur eine Lizenz an dem von BMI gehaltenen Anteil eines Werks ein (sog. „fractional license"). BMI räumt einem Lizenznehmer eine Lizenz am gesamten Werk (sog. „full work licenses") nur dann ein, wenn alle Rechteinhaber eines Werks auch Mitglied bei BMI sind.[1047]

Der Auffassung des US Justizministeriums, wonach ASCAP und BMI aufgrund der jeweiligen „consent decrees" dazu gezwungen seien, allen Lizenznehmern „full work licenses" anzubieten,[1048] sind der District Court, SD New York und der Court of Appeals, 2nd Circuit in einem von BMI angestrengten Verfahren entgegengetreten. Dem „BMI consent decree 1994" sei nicht zu entnehmen, dass BMI auch dann zu einer „full work"-Lizenzierung verpflichtet sei, wenn BMI die Rechte an einem Werk nicht vollständig hält.[1049] Daher besteht das System des „fractional licensing" auch zukünftig fort.

Das System des „fractional licensing" wird von den Rechteinhabern und damit auch von Musikverlagen im Rahmen der Direktlizenzierung von Online-Diensten übernommen. Sie lizenzieren nur den Anteil eines Werks, der ihnen übertragen wurde bzw. an dem ihnen Rechte eingeräumt wurden.[1050] Es ist anzunehmen, dass der Grund hierfür derselbe ist wie für die US-PRO: Auch die Musikverlage verfügen über kein System, um Gelder an Urheber und Musikverlage weiterzuleiten, die ebenfalls Rechte an einem von ihnen lizenzierten Werk halten und nicht von ihnen vertreten werden.

3. Übersicht über die von US-PRO angebotenen Lizenztypen

Im Wesentlichen bieten die US-PRO vier Typen von Lizenzen an, die im „ASCAP consent decree 2001" näher definiert sind: Pauschallizenzen (sog. „blanket licenses"), „Pro-Programm"-Lizenzen (sog. „per-program licenses"), „Pro-Bereich"-Lizenzen (sog. „per-segment licenses") und „Through-to-the-audience"-

1047 United States v. Broadcast Music, Inc., Case No. 16–3830-cv (United States Court of Appeals, 2nd Circuit, 2017).

1048 Statement of the Department of Justice on the Closing of the Antitrust Division's Review of the ASCAP and BMI Consent Decree (August 4, 2016), S. 3.

1049 United States v. Broadcast Music, Inc., Case No. 16–3830-cv (United States Court of Appeals, 2nd Circuit, 2017); United States v. Broadcast Music, Inc., 207 F. Supp. 3d 374, 376–377 (United States District Court, SD New York, 2016).

1050 Beispielsweise hat Sony/ATV an den Online-Dienst Pandora nur die Anteile an Musikwerken lizenziert, die Sony/ATV kontrolliert (vgl. https://www.billboard.com/articles/business/6760578/sonyatv-martin-bandier-letter-pandora-deal, abgerufen am 16.08.2019).

Lizenzen. Die folgende Darstellung orientiert sich daher an den Bestimmungen des „ASCAP consent decree 2001“.[1051]

a) Pauschallizenz

In der Praxis räumen die US-PRO den Lizenznehmern ganz überwiegend Pauschallizenzen (sog. blanket license) an ihrem gesamten Repertoire ein.[1052] Historisch gesehen hat sich der Markt weitgehend auf die Vergabe von Pauschallizenz an „performing rights“ ausgerichtet. Denn die Pauschallizenz bietet dem Lizenznehmer einerseits einen uneingeschränkten Zugang zum Gesamtrepertoire einer US-PRO und andererseits einen zuverlässigen Schutz vor Rechtsverletzungen.[1053]

aa) Gegenstand einer Pauschallizenz

Das „ASCAP consent decree 2001“ definiert eine Pauschallizenz als eine nicht-exklusive Lizenz, die einen Musiknutzer dazu berechtigt, ASCAP-Musik aufzuführen und deren Preis nicht davon abhängt, inwieweit der Musiknutzer tatsächlich ASCAP-Musik aufführt.[1054] Die Pauschallizenz beinhaltet damit zwei Elemente: die unbeschränkte Nutzung des gesamten Repertoires einer US-PRO und eine Pauschalvergütung unabhängig von der tatsächlichen Nutzung des Repertoires. Die Pauschalvergütung erfolgt für die Möglichkeit der Nutzung eines zum Repertoire gehörenden Musikwerks.

In der Praxis spiegeln die Pauschallizenzen diese Elemente wider: Sie sehen häufig vor, dass ein Lizenznehmer eine jährliche, pauschal festgelegte Lizenzgebühr (sog. „flat fee“) an die jeweilige US-PRO zu zahlen hat, unabhängig davon, in

---

1051 ASCAP und BMI ist es aus kartellrechtlichen Gründen nicht gestattet, ihr Repertoire ausschließlich im Wege einer Pauschallizenz zu lizenzieren. Die „consent decrees“ enthalten entsprechende Bestimmungen (vgl. hierzu die Ausführungen unter § 11 B III 4 a) und b)). SESAC hat sich zumindest gegenüber der Radio- und Fernsehindustrie dazu verpflichtet, verschiedene Lizenztypen anzubieten (vgl. hierzu die Ausführungen unter § 11 B III 4 d)).

1052 Memorandum of the United States in Support of United States' Unopposed Motion to Enter Proposed Settlement Agreement and Order (May 12, 2016), United States of America v. American Society of Composers, Authors and Publishers, Civil Action No- 41–1395, S. 2.

1053 Broadcast Music, Inc. v. Columbia Broadcasting System, Inc., 441 US 1, 20 – 21 (United States Supreme Court, 1979).

1054 Die Definition im „ASCAP consent decree 2001“ lautet: „"Blanket License“ means a non-exclusive license that authorizes a music user to perform ASCAP music, the fee for which does not vary depending on the extent to which the music user in fact perform ASCAP music“.

welchem Umfang der Lizenznehmer das Repertoire der jeweiligen US-PRO tatsächlich nutzt.[1055]

bb) Legalität der Pauschallizenz

Der US Supreme Court hat im Jahr 1979 in der Entscheidung *BMI v. CBS* die lang umstrittene Frage geklärt, ob das Anbieten einer Pauschallizenz durch ASCAP und BMI per se eine unzulässige Preisabsprache von Wettbewerbern, nämlich den Inhabern von Rechten an Musikwerken, darstellt. Der US Supreme Court hat festgestellt, dass das Angebot einer Pauschallizenz nicht per se eine verbotene Preisabsprache ist und daher nicht per se als Verstoß gegen Kartellrecht gewertet werden kann.[1056]

Das Gericht sieht die Möglichkeit der Vergabe einer Pauschallizenz als eine Notwendigkeit aufgrund der Situation am Musikmarkt an: Es gibt eine Vielzahl an Nutzern und eine Vielzahl an Rechteinhabern. Die meisten Nutzer wünschen sich einen ständigen, schnellen und von Ansprüchen freigestellten Zugriff auf das gesamte Repertoire an Musikwerken und die Rechteinhaber wünschen sich eine verlässliche Methodik zur Eintreibung einer Vergütung für die Nutzung ihrer Rechte. Individuelle Rechtetransaktionen wären ebenso wie eine individuelle Rechteüberwachung und -durchsetzung ziemlich teuer und etwa für einzelne Radiostationen geradezu prohibitiv.[1057]

Der US Supreme Court betrachtet die Pauschallizenz einer US-PRO zudem als ein anderes Produkt als eine Individuallizenz: Denn die Pauschallizenz setzt sich aus den einzelnen Musikwerken und dem die Rechte aggregierenden Service der US-PRO zusammen. Der Pauschallizenz kommen damit zwei Alleinstellungsmerkmale zu: Dem Lizenznehmer wird die sofortige Nutzung der lizenzierten Musikwerke ohne Verzögerung durch individuelle Verhandlungen und eine große Flexibilität in der Auswahl von Musik ermöglicht.[1058] Daraus schließt der US Su-

---

1055 Broadcast Music, Inc. v. DMX INC., 683 F. 3d 32, 36 (United States Court of Appeals, 2nd Circuit, 2012).

1056 Broadcast Music, Inc. v. Columbia Broadcasting System, Inc., 441 US 1, 24–25 (United States Supreme Court, 1979).

1057 Broadcast Music, Inc. v. Columbia Broadcasting System, Inc., 441 US 1, 20 (United States Supreme Court, 1979).

1058 Broadcast Music, Inc. v. Columbia Broadcasting System, Inc., 441 US 1, 21–22 (United States Supreme Court, 1979).

preme Court, dass ASCAP auf einem Markt tätig ist, auf dem die Rechteinhaber nicht vollständig konkurrieren können.[1059]

Außerdem hatten sich im Fall *BMI v. CBS* die Rechteinhaber nicht dazu verabredet, eine Individuallizenz nicht zu verkaufen oder die Pauschallizenz dazu zu nutzen, um eine Preisfestsetzung auf dem Markt der Individuallizenzen zu verbergen. Durch die Beschränkungen im „ASCAP consent decree" ist für Lizenznehmer zudem die Möglichkeit sichergestellt, notwendigen Lizenzen auch von einem anderen Lizenzgeber als ASCAP erwerben zu können.[1060]

An diese Entscheidung des US Supreme Court anknüpfend hat der Court of Appeals, 2nd Circuit in der Entscheidung *Buffalo Broadcasting v. ASCAP* festgestellt, dass ASCAP keinen Kartellrechtsverstoß dadurch begangen hatte, indem ASCAP den klagenden lokalen Fernsehstationen eine „blanket license" angeboten hat. Nach den Feststellungen des Gerichts standen den klagenden lokalen Fernsehstationen realistische Alternativen zum Erwerb einer „blanket license" zur Verfügung.[1061]

Aus beiden Entscheidungen folgt, dass die US-PRO Lizenznehmern eine „blanket license" anbieten dürfen. Allerdings muss potenziellen Lizenznehmern eine realistische Alternative zur „blanket license" zur Verfügung stehen. Sowohl Rechteinhaber als auch US-PRO dürfen eine alternative Lizenzierung nicht bewusst verhindern.

cc) Pauschallizenz mit „Carve-Outs"

Nach der Rechtsprechung haben Lizenznehmer gegenüber ASCAP und BMI einen Anspruch auf Pauschallizenzen mit „Carve-Outs".[1062] Dabei handelt es sich um Pauschallizenzen mit einem eingeschränkten Umfang, da aus der Pauschallizenz direkt von den Rechteinhabern lizenzierte Werke ausgenommen sind. Durch das verringerte Repertoire reduziert sich zugleich die von einem Lizenznehmer ge-

---

1059 Broadcast Music, Inc. v. Columbia Broadcasting System, Inc., 441 US 1, 22–23 (United States Supreme Court, 1979).

1060 Broadcast Music, Inc. v. Columbia Broadcasting System, Inc., 441 US 1, 23–24 (United States Supreme Court, 1979).

1061 Buffalo Broadcasting v. ASCAP, 744 F. 2d 917, 924–933 (United States Court of Appeals, 2nd Circuit, 1984).

1062 Broadcast Music, Inc. v. DMX INC., 683 F. 3d 32, 44 (United States Court of Appeals, 2nd Circuit, 2012); United States v. Broadcast Music, Inc., 275 F. 3d 168, 171 (United States Court of Appeals, 2nd Circuit, 2001); WPIX, INC. v. Broadcast Music, Inc., Case No. 09 Civ. 10366 (LLS) (United States District Court, SD New York, 2011).

schuldete Lizenzgebühr.[1063] Für das Bestehen des Anspruchs ist unerheblich, ob der Lizenznehmer ein Sender oder ein anderer Online-Dienst ist. Der Anspruch eines Lizenznehmers gegen ASCAP und BMI auf Einräumung einer Pauschallizenz mit „Carve-Outs" besteht unabhängig davon, auf welche Art und Weise der Lizenznehmer die Musikwerke später aufführt.[1064]

Die „consent decrees" gegenüber ASCAP und BMI stehen der Vergabe von Pauschallizenzen mit „Carve-Outs" nicht entgegen. Es handelt sich nicht um eine neue Art von Lizenz, zu deren Vergabe ASCAP und BMI mangels Erwähnung in den „consent decrees" nicht gezwungen wären, sondern um eine Pauschallizenz mit einer anderen Grundlage für die Bemessung der Lizenzgebühr.[1065]

Letztlich sind Pauschallizenzen mit „Carve-Outs" eine von der Rechtsprechung entwickelte Lizenzierungsform, die als Ergänzung zu von Rechteinhabern erworbenen Direktlizenzen dient. Dies ermöglicht es Online-Diensten, eine Direktlizenz von Musikverlagen mit einem großen Repertoire und von den US-PRO eine Pauschallizenz am verbleibenden Repertoire mit einer gegenüber der vollen „blanket license" verringerten Lizenzgebühr zu erwerben. Online-Dienste können Direktlizenzierung und Pauschallizenzierung nach freiem Belieben kombinieren.

b) Pro-Programm-Lizenz

Das „ASCAP consent decree 2001" definiert die „Pro-Programm"-Lizenz als eine nicht-exklusive Lizenz, die einen Sender dazu berechtigt, ASCAP-Musik in allen Programmen des Senders aufzuführen und deren Lizenzgebühr davon abhängt, welche Programme ASCAP-Musik enthalten, die nicht anderweitig für eine öffentliche Aufführung lizenziert ist.[1066]

Wie die Pauschallizenz berechtigt auch die „Pro-Programm"-Lizenz zur Nutzung des Gesamtrepertoires einer US-PRO. Im Unterschied zur Pauschallizenz ist die Zahlung einer Lizenzgebühr aber von der tatsächlichen Nutzung der Musikwerke abhängig. Die Pro-Programm-Lizenz soll Lizenznehmern ermöglichen,

---

1063 United States v. Broadcast Music, Inc., 275 F. 3d 168, 173 (United States Court of Appeals, 2nd Circuit, 2001).

1064 WPIX, INC. v. Broadcast Music, Inc., Case No. 09 Civ. 10366 (LLS) (United States District Court, SD New York, 2011).

1065 Broadcast Music, Inc. v. DMX INC., 683 F. 3d 32, 44 (United States Court of Appeals, 2nd Circuit, 2012); United States v. Broadcast Music, Inc., 275 F. 3d 168, 171 (United States Court of Appeals, 2nd Circuit, 2001).

1066 Die Definition im „ASCAP consent decree 2001" lautet: „"Per-Program license" means a non-exclusive license that auhorizes a broadcaster to perform ASCAP music in all of the broadcaster's programs, the fee for which varies depending upon which programs contain ASCAP music not otherwise licensed for public performance."

ihre Lizenzgebühren zu senken, indem sie die Musik aus dem Repertoire einer US-PRO durch die Musik aus dem Repertoire einer anderen US-PRO ersetzen oder Lizenzen direkt von den Rechteinhabern erwerben. Dadurch soll der Wettbewerb bei Musiklizenzen angeregt werden.[1067]

c) Pro-Bereich-Lizenz

Das „ASCAP consent decree 2001" definiert die „Pro-Bereich"-Lizenz als eine nicht-exklusive Lizenz, die einen Musiknutzer dazu berechtigt, ein einzelnes Werk oder alle Werke aus dem ASCAP-Repertoire in allen Bereichen der Tätigkeit des Musiknutzers innerhalb einer einzigen Branche aufzuführen und deren Lizenzgebühr davon abhängt, in welchen Bereichen ASCAP-Musik enthalten ist, die nicht anderweitig für eine öffentliche Aufführung lizenziert ist.[1068]

Wie bei Erwerb einer „Pro-Programm"-Lizenz ist die Zahlung einer Lizenzgebühr von der tatsächlichen Nutzung der Musikwerke abhängig. Der „Bereich", in dem die Lizenznehmer aktiv sein können, ist bewusst nicht durch das „ASCAP consent decree 2001" definiert. Dadurch soll eine hinreichende Flexibilität gewahrt werden. Jedenfalls sollen solche Lizenznehmer, die Musik im Internet verwenden (z. B. zur Nutzung als Hintergrundmusik auf einer Internetseite) und deren Geschäftsmodelle sich noch entwickeln, eine „Pro-Bereich"-Lizenz erwerben können.[1069]

Die „Pro-Bereich"-Lizenz setzt die tatsächliche Aufführung von Musik voraus und bezieht sich nicht auf den konkreten Inhalt des ASCAP-Repertoires. Die „Pro-Bereich"-Lizenz ist im Zusammenhang mit der „Pro Programm"-Lizenz zu sehen: Sie erweitert den Anwendungsbereich auf Dienste, die vom Anwendungsbereich der „Pro Programm"- Lizenz ausgeschlossen sind. Der Bereich muss mit einer Aufführung durch den nutzenden Dienst in Verbindung gebracht werden. Daher

---

1067 Memorandum of the United States in support of the joint motion to enter Second Amended Final Judgement (September 5, 2000), United States of America v. American Society of Composers, Authors and Publishers, Civil Action No- 41–1395, S. 23 f.

1068 Die Definition im „ASCAP consent decree 2001" lautet: „"Per-segment license" means a non-exclusive license that authorizes a music user to perform any or all works in the ASCAP repertory in all segments of the music user's activities in a single industry, the fee for which varies depending upon which segments contain ASCAP music not otherwise licensed for public performance."

1069 Memorandum of the United States in support of the joint motion to enter Second Amended Final Judgement (September 5, 2000), United States of America v. American Society of Composers, Authors and Publishers, Civil Action No- 41–1395, S. 26 f.

ist der Katalog eines Musikverlags kein „Bereich" im Sinne der Definition des „ASCAP consent decree 2001".[1070]

d) „Through-to-the-Audience"-Lizenz

Das „ASCAP consent decree 2001" definiert die „Through-to-the-Audience"-Lizenz als eine Lizenz, die die gleichzeitige oder so genannte „verzögerte" Aufführung von ASCAP-Musik autorisiert, die in Inhalten enthalten ist, die von einem Musiknutzer an einen anderen Musiknutzer übertragen oder übermittelt werden, mit dem der Lizenznehmer eine wirtschaftliche Beziehung bezüglich dieses Inhalts unterhält.[1071]

Die „Through-to-the-Audience"-Lizenz ist vor dem Hintergrund zu sehen, dass die Weitersendung einer Fernseh- oder Radiosendung das Recht zur öffentlichen Aufführung gemäß § 106(4) US Copyright Act berührt.[1072] Ursprünglich war die Lizenz darauf ausgelegt, dass es Fernseh- und Radiosendern als Lizenznehmern der „Through-to-the-audience"-Lizenz gestattet ist, Musikwerke in ihren Sendungen an Kabel- und Satellitenunternehmen zu übertragen. Gleichzeitig sollte mit dieser Lizenz den Kabel- und Satellitenunternehmen gestattet werden, die Musikwerke weiter an die Öffentlichkeit zu übertragen.[1073] Dieses Konzept wurde mittlerweile auf Verbreitungsplattformen im Internet wie YouTube ausgeweitet: Diese Dienste können auf ihren Seiten eingebettete Inhalte nutzen und Einnahmen generieren, ohne gesondert Rechte erwerben zu müssen.[1074]

Die „Through-to-the-Audience"-Lizenz wird aufgrund ihrer Einräumung und ihrer Wirkung auch als „Lizenzierung an der Quelle" und als „Lizenzierung bis zum Zuschauer" bezeichnet: Zum einen wird die Lizenz dem Unternehmen eingeräumt, das der Ursprung und damit die Quelle des Programms ist. Zum anderen

---

1070 United States v. ASCAP, 309 F. Supp. 2d 566, 572–574 (United States District Court, SD New York, 2004).

1071 Die Definition im „ASCAP consent decree 2001" lautet: „"Through-to-the-Audience License" means a license that authorizes the simultaneous or so-called „delayed" performances of ASCAP music that are contained in content transmitted or delivered by a music user to another music user with whom the licensee has an economic relationship relating to that content."

1072 Vgl. hierzu die Ausführungen unter § 7 B III.

1073 US v. Broadcast Music, Inc., 316 F. 3d 189, 191 (United States Court of Appeals, 2nd Circuit, 2003).

1074 U.S. Copyright Office, Copyright and the Music Marketplace, A Report of the register of copyrights (February 2015), S. 132 in Fn. 742.

bewirkt die Lizenz, dass das Programm bis zum Zuschauer bzw. Zuhörer lizenziert ist.[1075]

e) Zusammenfassung

Bei der Pauschallizenz ohne Carve-Outs, der „Pro-Programm"-Lizenz und der „Pro-Bereich"-Lizenz handelt es sich um Kategorien von Lizenzen, die sich nur in der Berechnung der gegenüber der jeweiligen US-PRO geschuldeten Lizenzgebühren unterscheiden. Der Umfang des Repertoires einer US-PRO, das einem Lizenznehmer zur Verfügung steht, wird nicht beeinflusst. Alle drei Lizenzkategorien sehen vor, dass der Nutzer Zugriff auf das gesamte Repertoire einer US-PRO hat.[1076] Eine „Through-to-the-audience"-Lizenz kann zusammen mit jeder Lizenzkategorie eingeräumt werden.[1077]

4. Rechtlicher Rahmen der Lizenzierung durch die US-PRO

Die zuvor vorgestellten Lizenztypen sind Varianten, wie die US-PRO ihr Repertoire lizenzieren können. Inwieweit die US-PRO zum Angebot solcher Lizenzen auch verpflichtet sind, ist für ASCAP und BMI durch die „consent decrees" sowie das hieran anknüpfende Fallrecht vorgegeben. Die „consent decrees" geben zudem den rechtlichen Rahmen für das Zustandekommen von Lizenzgebühren vor (vgl. a) bis c)).

Dagegen unterliegt SESAC zwar keinem „consent decree". Allerdings unterliegt SESAC zumindest gegenüber der Radio- und Fernsehindustrie aufgrund von gerichtlichen Vergleichen mit der Radio- und Fernsehindustrie einem gewissen rechtlichen Rahmen, innerhalb dessen SESAC die Rechte der SESAC Mitglieder lizenziert (vgl. d)).

1075 US v. American Society of Composers, Authors & Publisher, 782 F. Supp. 778, 781 (United States District Court, SD New York, 1991).

1076 In re Pandora Media, Inc., No. 12 CIV. 8035(DLC), 2013 WL 5211927 (United States District Court, SD New York, September 17, 2013). Der Umfang des Repertoires ist dagegen bei der Pauschallizenz mit Carve-Outs eingeschränkt.

1077 In re Pandora Media, Inc., No. 12 CIV. 8035(DLC), 2013 WL 5211927 (United States District Court, SD New York, September 17, 2013).

a) ASCAP: Angebot verschiedener Lizenztypen gemäß ASCAP consent decree 2001

ASCAP hat potenziellen Lizenznehmern aufgrund des „ASCAP consent decrees 2001" alle vier unter Ziffer 3 beschriebenen Lizenztypen anzubieten:

Ziffer VI. des „ASCAP consent decree 2001" verpflichtet ASCAP dazu, eine Lizenz am gesamten Repertoire, und damit eine „blanket license", zu erteilen.[1078] Ziffer VII.(A)(1) des „ASCAP consent decree 2001" verpflichtet ASCAP dazu, „Pro-Programm"-Lizenzen an Sender einzuräumen, wobei sowohl klassische Radio- und Fernsehprogramme als auch reine Online-Sender darunter fallen.[1079] Nach Ziffer VII.(A)(2) des „ASCAP consent decree 2001" hat ASCAP unter bestimmten Voraussetzungen anderen Online-Diensten „Pro-Bereich"-Lizenzen anzubieten.

Das „ASCAP consent decree 2001" will sicherstellen, dass der Lizenznehmer eine echte Wahlmöglichkeit zwischen den drei Lizenzarten hat. Nach Ansicht der „Antitrust Division" des US-Justizministeriums hat ASCAP wiederholt versucht, Lizenznehmern von der Erlangung anderer Lizenzen als einer „blanket license" abzuhalten.[1080] Daher verlangt etwa Ziffer VIII.(A) des „ASCAP consent decree 2001" von ASCAP, jede Diskriminierung zwischen den verschiedenen Arten von Lizenzen nach Möglichkeit zu vermeiden. Zudem schreibt die Ziffer VIII.(B) des „ASCAP consent decree 2001" vor, dass die Gesamtlizenzgebühr für eine „Pro-Programm"- oder „Pro-Bereich"-Lizenz für einen typischen Musiknutzer ungefähr der Lizenzgebühr für eine „blanket license" zum Zeitpunkt der Festlegung der Lizenzgebühren entsprechen muss.

ASCAP muss darüber hinaus gemäß Ziffer V. des „ASCAP consent decree 2001" eine „Through-to-the-audience"-Lizenz an Sender, Online-Dienste oder sonstige Dienste auf deren Verlangen hin anbieten, um deren Inhalte an Nutzer zu übertragen, mit denen die Dienste eine wirtschaftliche Beziehung haben.[1081]

1078 Memorandum of the United States in support of the joint motion to enter Second Amended Final Judgement (September 5, 2000), United States of America v. American Society of Composers, Authors and Publishers, Civil Action No- 41–1395, S. 22.

1079 Memorandum of the United States in support of the joint motion to enter Second Amended Final Judgement (September 5, 2000), United States of America v. American Society of Composers, Authors and Publishers, Civil Action No- 41–1395, S. 25 f.

1080 Memorandum of the United States in support of the joint motion to enter Second Amended Final Judgement (September 5, 2000), United States of America v. American Society of Composers, Authors and Publishers, Civil Action No- 41–1395, S. 28.

1081 Bereits vor den Neuregelungen des „ASCAP consent decree 2001" war ASCAP durch die Entscheidungen im sog. „Turner"-Verfahren dazu gezwungen, eine „Through-to-the-audience"-Lizenz an Fernsehsender anzubieten, damit diese ihr Programm über die Kabelnetzbetreiber an die Zuschauer übertragen können (vgl. United States v. ASCAP, 782 F. Supp. 778 (United States

ASCAP ist verpflichtet, eine „Through-to-the-audience"-Lizenz an jeden berechtigten Lizenznehmer einzuräumen, die ASCAP-Musik in den USA öffentlich aufführen möchten. Beispielsweise kann ein Radiosender, der Musik an verschiedene unabhängige Stationen in den USA überträgt, die Einräumung einer „Through-to-the-audience"-Lizenz verlangen, um die öffentlichen Aufführungen aller Stationen abzudecken, die seine Programme übertragen.[1082]

Hat ein Lizenznehmer, der den die Musik enthaltenden Inhalt bereitstellt bzw. überträgt, von ASCAP eine „Through-to-the-audience"-Lizenz erworben, kann ASCAP von einem dieses lizenzierte Signal weiterleitenden Sender oder sonstigen Sendesignalübermittler (wie zum Beispiel einem Internetanbieter) keine zweite Zahlung verlangen.[1083] ASCAP kann für eine Übermittlung eines Musikwerks keine „zwei" Lizenzgebühren verlangen.[1084]

b) BMI: Angebot verschiedener Lizenztypen gemäß BMI consent decree 1994

Das „BMI consent decree 1994" unterscheidet sich hinsichtlich der Verpflichtung von BMI, bestimmte Lizenzen zu erteilen, erheblich vom „ASCAP consent decree 2001":

Das „BMI consent decree 1994" erwähnt die Verpflichtung zur Einräumung einer „blanket license" nicht ausdrücklich. Vielmehr setzt Ziffer XIV.(A) des „BMI consent decree 1994" die Erteilung einer „blanket license" auf Antrag voraus.[1085] Ziffer VIII.(B) des „BMI consent decree 1994" verpflichtet BMI dazu, „Pro Programm"-Lizenzen an Sender einzuräumen, wobei sich der Wortlaut nur auf Sender im traditionellen Sinne bezieht. Dagegen sieht das „BMI consent decree 1994" keine Vorschrift vor, wonach BMI zur Erteilung einer „Pro-Bereich"-Lizenz verpflichtet ist.[1086] Trotz dieser fehlenden Verpflichtung hat BMI in der Praxis eine „Pro-Bereich"-Lizenz an Online-Dienste eingeräumt.[1087]

District Court, SD New York, 1991); bestätigt durch United States v. ASCAP, 956 F. 2d 21 (United States Court of Appeals, 2nd Circuit, 1992)).

1082 ASCAP v. MobiTV, Inc., 681 F. 3d 76, 79 (United States Court of Appeals, 2nd Circuit, 2012).

1083 United States v. ASCAP, 607 F. Supp. 2d 562, 570–571 (United States District Court, SD New York, 2009).

1084 Brenner, Berkley Technology Law Journal, Volume 28 (2013), 1167, 1195.

1085 US v. Broadcast Music, Inc., 275 F. 3d 168, 177 (United States Court of Appeals, 2nd Circuit, 2001).

1086 United States v. ASCAP, 562 F. Supp. 2d 413, Rn. 57 (United States District Court, SD New York, 2008).

1087 United States v. ASCAP, 627 F. 3d 64, 83 in Fn. 23 (United States Court of Appeals, 2nd Circuit 2010: „The district court concluded that the royalty rates used in the BMI-Yahoo! license are not probative of what the market would yield for Yahoo!'s license in this case because, it concluded,

Das „BMI consent decree 1994" enthält auch keine mit Ziffer VIII. des „ASCAP consent decree 2001" vergleichbare Vorschrift, die die Wahlmöglichkeit des Lizenznehmers zwischen einzelnen Lizenztypen gegenüber BMI sicherstellt.

Eine Verpflichtung zur Einräumung einer „Through-to-the-audience"-Lizenz lässt sich der Ziffer IX.(A) des „BMI consent decree 1994" entnehmen: Zwar bezieht sich der Wortlaut nur darauf, dass es BMI „Stationen" ermöglichen muss, durch den Erwerb einer einzigen Lizenz das Programm über lokale Stationen an die Öffentlichkeit zu senden. Der District Court, District of Columbia entnimmt der Regelung aber, dass auch Kabelnetzbetreiber „Stationen" im Sinne der Vorschrift sind.[1088] Daher kann von einem Gleichlauf der Vorschrift mit Ziffer V. des „ASCAP consent decree 2001" ausgegangen werden.

c) ASCAP und BMI: Festsetzung der Lizenzgebühren

Sowohl das „ASCAP consent decree 2001" in Ziffer IX.(A) als auch das „BMI consent decree 1994" in Ziffer XIV.(B) sehen vor, dass die Lizenznehmer zunächst mit ASCAP bzw. BMI über die Höhe der Lizenzgebühren verhandeln. Können die Parteien keine Einigung im Rahmen der Verhandlungen erzielen, beinhalten beide Consent Decrees einen sog. „Rate Court"-Mechanismus: Danach legt der District Court for the Southern District of New York als „Rate Court" nach der Anrufung durch eine Partei eine „angemessene Lizenzgebühr" fest.[1089] In dem Verfahren tragen ASCAP bzw. BMI die Beweislast für die Angemessenheit der von ihnen geforderten Lizenzgebühren.[1090]

---

the BMI-Yahoo! license is a „per-segment" license that confers a different set of rights than the „blanket" license Yahoo! seeks from ASCAP.").

1088 National Cable Television v. Broadcast Music, Inc., 772 F. Supp. 614, 646 – 650 (United States District Court, District of Columbia, 1991).

1089 Broadcast Music, Inc. v. DMX INC., 683 F. 3d 32, 37 (United States- Court of Appeals, 2nd Circuit 2012).

„Rate Courts" bestehen für ASCAP seit 1950 und für BMI seit 1994 (vgl. Brabec, Mitchell Hamline Law Review, Volume 42 (2016), 16, 19). Bisher wurden die Verfahren vor dem „ASCAP Rate Court" und dem „BMI Rate Court" zwar von unterschiedlichen Richtern durchgeführt. Diese Richter behielten aber ihre Zuständigkeit für die Verfahren vor dem „Rate Court" dauerhaft. Daher gab es in der Praxis einen für ASCAP zuständigen Richter und einen für BMI zuständigen Richter (vgl. U.S. Copyright Office, Copyright and the Music Marketplace, A Report of the register of copyrights (February 2015), S. 41). Der „Music Modernization Act" (MMA) hat diese Zuständigkeit beim District Court, SD New York geändert: Die Zuständigkeit ist nun auf mehrere Richter verteilt und der Geschäftsverteilungsplan entscheidet über den jeweils zuständigen Richter (vgl. Hieber, ZUM 2019, 161, 170).

1090 Ziffer IX.(B) „ ASCAP consent decree 2001"; Ziffer XIV.(A) „BMI consent decree 1994".

Der „Rate Court" legt die Höhe der Lizenzgebühren nach den gleichen Maßstäben fest, unabhängig davon, ob ASCAP oder BMI an dem konkreten Verfahren beteiligt ist.[1091] Der „Rate Court" muss bei der Festlegung einer „angemessenen Lizenzgebühr" versuchen, den „fairen Marktwert" einer Lizenz zu ermitteln. Der „faire Marktwert" ist die Lizenzgebühr, die ein Lizenznehmer bei einem Geschäft zu üblichen Marktbedingungen zahlen würde.[1092] Die Bestimmung des „fairen Marktwerts" wird oft durch die Verwendung eines Richtwerts erzielt. Dabei werden zur Bestimmung der Höhe der Lizenzgebühr andere Lizenzverträge herangezogen, die nach Verhandlungen zwischen Parteien in gleicher Situation bei marktüblichen Bedingungen erzielt wurden.[1093]

Eine Einschränkung bei der Bestimmung der Lizenzgebühren für Musikwerke durch den „Rate Court" sah bislang § 114(i) US Copyright Act vor: Danach durfte der „Rate Court" die für die Lizenzierung der Tonträger vereinbarten Lizenzge-

1091 US v. Broadcast Music, Inc., 316 F. 3d 189, 194 (United States Court of Appeals, 2nd Circuit, 2003).

1092 ASCAP v. MobiTV, Inc., 681 F. 3d 76, 82 (United States Court of Appeals, 2nd Circuit, 2012); United States v. ASCAP, 627 F. 3d 64, 76 (United States Court of Appeals, 2nd Circuit, 2010); United States v. Broadcast Music, Inc., 316 F. 3d 189, 194 (United States Court of Appeals, 2nd Circuit, 2003); In re Pandora Media, Inc., 6 F. Supp. 3d 317, 353 (United States District Court, SD New York, 2014); Broadcast Music, Inc. v. DMX, INC., 726 F. Supp. 2d 355, 356–357 (United States District Court, SD New York, 2010).

Die Herausforderung hinter der Bestimmung des Marktwerts ist es, dass es für eine „blanket license" keinen „wettbewerbsorientierten Markt" gibt. Der US Supreme Court hat in *BMI v. CBS* festgestellt, dass die „blanket license" ein einzigartiges, nicht substituierbares Produkt darstellt (vgl. Korman, Journal of the Copyright Society of the USA, Volume 43 (1995), 158, 176 und zur Entscheidung *BMI v. CBS* zuvor unter § 11 B III 3 a) bb).

1093 United States v. ASCAP, 627 F. 3d 64, 76 (United States Court of Appeals, 2nd Circuit, 2010); United States v. Broadcast Music, Inc., 426 F. 3d 91, 94 (United States Court of Appeals, 2nd Circuit, 2005) United States v. Broadcast Music, Inc., 316 F. 3d 189, 194 (United States Court of Appeals, 2nd Circuit, 2003); In re Pandora Media, Inc., 6 F. Supp. 3d 317, 354 (United States District Court, SD New York, 2014); Broadcast Music, Inc. v. DMX, INC., 726 F. Supp. 2d 355, 356–357 (United States District Court, SD New York, 2010).

In der Praxis bedeutet dies, dass der District Court, SD New York Lizenzverträge von Dritten heranzieht, zum Beispiel Verträge zwischen SESAC oder einem Musikverlag und dem am Verfahren beteiligten Lizenznehmer. Anhand dieser Verträge legt das Gericht dann eine marktangemessene Lizenzvergütung für ASCAP und BMI fest. Dabei kann ein Hauptstreitpunkt sein, inwieweit bestimmte Verträge als Maßstab für das Verhältnis von ASCAP bzw. BMI und dem jeweiligen Lizenznehmer herangezogen werden können (vgl. zur Bestimmung der Lizenzgebühren durch den District Court, SD New York beispielsweise: In re Pandora Media, Inc., 6 F. Supp. 3d 317 (United States District Court, SD New York, 2014) und In re THP Capstar Acquisition Corp., 756 F. Supp. 2d 516 (United States District Court, SD New York, 2010)).

bühren nicht berücksichtigen.[1094] Dadurch waren ASCAP, BMI und Musikverlage daran gehindert, die Tarife, die Online-Dienste an Plattenfirmen zahlen, als Vergleichsmaßstab in das Verfahren vor dem „Rate Court" einzuführen.[1095] Zweck der Regelung des § 114(i) US Copyright Act war, die Tarife für Musikwerke vor einem erheblichen Absinken zu schützen.[1096] In der Praxis sind jedoch die Lizenzgebühren, die Online-Dienste an Plattenfirmen zahlen, deutlich höher als die Lizenzgebühren, die Online-Dienste an Musikverlage und US-PRO zahlen.[1097]

§ 114(i) US Copyright Act ist durch den Music Modernization Act (MMA) im Oktober 2018 gestrichen worden: Der Gesetzgeber begründet die Streichung damit, dass Urheber von Musikwerken bislang für ihre Beiträge nicht angemessen vergütet worden seien und der § 114(i) US Copyright Act ein Hindernis darstelle, potenziell relevante Beweise in einem Verfahren vor dem „Rate Court" einzuführen.[1098]

Sowohl die Verhandlungen zwischen ASCAP bzw. BMI und potenziellen Lizenznehmern als auch die Verfahren vor dem „Rate Court" können langwierig sein. Daher sehen Ziffer IX.(F) des „ASCAP consent decree 2001" und Ziffer XIV.(B) des „BMI consent decree 1994" vor, dass beide Parteien beim „Rate Court" beantragen können, dass das Gericht übergangsweise eine Lizenzgebühr für die Zeit der Verhandlungen und/oder des Verfahrens vor dem „Rate Court" festlegt (sog. „interim fee"). Diese Lizenzgebühr gilt solange, bis eine endgültige Entscheidung über die Höhe der Lizenzgebühren getroffen ist. Eine in einem „Rate Court"-Verfahren festgelegte Lizenzgebühr gilt rückwirkend.[1099] Die endgültig festgelegte Lizenzgebühr tritt rückwirkend anstelle der übergangsweise festgelegten Lizenzgebühr.

d) SESAC: Regelungen in gerichtlichen Vergleichen mit der Fernseh- und Radioindustrie

Anders als ASCAP und BMI unterliegt SESAC zwar keinem „consent decree". Allerdings enthalten gerichtlichen Vergleiche aus dem Jahr 2015 zur Beilegung kartellrechtlicher Privatklagen, die die Fernseh- und Radioindustrie gegen SESAC

1094 In re Pandora Media, Inc., 6 F. Supp. 3d 317, 366 (United States District Court, SD New York, 2014).

1095 LaFrance, The Business, Entrepreneurship & Tax Law Review, Volume 2 (2018), 310, 318.

1096 Englund/Stein/Mcalpin, Communications Lawyer, Volume 34 (2019), 17, 19.

1097 LaFrance, The Business, Entrepreneurship & Tax Law Review, Volume 2 (2018), 310, 317 f.

1098 House Report, Report No. 115–651, S. 14.

1099 U.S. Copyright Office, Copyright and the Music Marketplace, A Report of the register of copyrights (February 2015), S. 41 f.

angestrengt hatte, einige Regelungen zur Lizenzierung von Rechten an Musikwerken durch SESAC.

Zur Beilegung des von lokalen Fernsehsendern angestrengten Verfahrens *Meredith Corp v. SESAC, LLC* verpflichtete sich SESAC für den Zeitraum von 2016 bis 2035 gegenüber den beteiligten lokalen Fernsehstationen dazu, den Sendern eine Pauschallizenz sowie eine geeignete Alternative hierzu anzubieten. Außerdem verpflichtete sich SESAC, einem verbindlichen Schiedsverfahren beizutreten, wenn sich die TMLC und SESAC nicht auf branchenweite Lizenzgebühren einigen können.[1100] Zudem verpflichtet sich SESAC, den Fernsehsendern eine „Through-to-the-audience"-Lizenz einzuräumen.[1101]

In dem von der RMLC angestrengten Verfahren *RMLC v. SESAC, Inc.* verpflichtete sich SESAC für den Zeitraum von 2016 bis Juni 2036 ebenfalls dazu, einem verbindlichen Schiedsverfahren beizutreten, wenn sich die RMLC und SESAC nicht auf branchenweite Lizenzgebühren einigen können.[1102] Darüber hinaus sieht der Vergleich vor, dass SESAC den beteiligten Radiostationen als Alternative zur Pauschallizenz eine sog. „All Talk"-Lizenz anbieten muss, wobei die RMLC verlangen kann, dass die „All Talk"-Lizenz durch eine Programmlizenz ersetzt wird.[1103] Zudem verpflichtet sich SESAC, den Radiosendern eine „Through-to-the-audience"-Lizenz einzuräumen.[1104]

Im Gegenzug verpflichteten sich die TMLC, die RMLC und ihre jeweiligen Mitglieder dazu, SESAC während der Dauer des Bestehens der Vergleiche weder in Verhandlungen noch in gerichtlichen Verfahren oder in Schiedsverfahren vorzuwerfen, dass sich SESAC kartellrechtswidrig verhalten würde, soweit SESAC seinen auferlegten Pflichten nachkommt.[1105]

1100 Meredith Corp. v. SESAC, LLC, 87 F. Supp. 3d 650, 657–658 (United States District Court, SD New York, 2015).

1101 Settlement Agreement Meredith Corp. – SESAC (2015), S. 12 (abrufbar unter: https://tvmlc.com/pros/ sesac/sesac-settlement/).

1102 Settlement Agreement RMLC – SESAC (2015), S. 11ff. (abrufbar unter: http://www.radiomlc.org/sesac/).

1103 Settlement Agreement RMLC – SESAC (2015), S. 10f. SESAC bietet gegenwärtig im Rahmen eines „All-Talk Amendments" Radiostationen, die im Wesentlichen nur Nachrichten und Dialoge ohne Musik und Musik nur in Verbindung mit Werbung oder im Hintergrund einer Übertragung senden, eine reduzierte Lizenzgebühr an. Gegenwärtig beträgt die Lizenzgebühr für solche Radiostationen 22,5% der regulären Radio-Lizenzgebühren, auf die sich SESAC und die RMLC einigen (vgl. SESAC Radio Broadcast All-Talk Amendment for RMLC-Represented Stations, abrufbar unter http://www.radiomlc.org/forms/, abgerufen am 25.04.2019).

1104 Settlement Agreement RMLC-SESAC (2015), S. 8.

1105 Settlement Agreement TMLC-SESAC (2015), S. 21f.; Settlement Agreement RMLC-SESAC (2015), S. 21ff.

5. Lizenzierung und Tarifierung der US-PRO in der Praxis

Wie nachfolgend am Beispiel der Fernseh- und Radiosender sowie der Musik-On-Demand-Streaming-Dienste näher dargestellt wird, ist das System der Lizenzierung und Tarifierung der US-PRO in der Praxis recht ähnlich. Anders als in Deutschland gibt es für keine US-PRO konkrete Vorgaben zur Gestaltung ihrer Tarife.

a) Fernseh- und Radiosender

Fernsehsender und Radiosender, die hauptsächlich auf das Senden von Musik ausgelegt sind, erwerben von den US-PRO häufig eine „blanket license". Der Erwerb einer Direktlizenz von den Musikverlagen in Kombination mit einer „Pro-Programm"-Lizenz von den US-PRO stellt eher die Ausnahme dar. Denn die „Pro-Programm"-Lizenz erfordert im Vergleich zur „blanket license" detailliertere Informationen über die Nutzung, wie zum Beispiel den Programmtitel, die verwendete Musikauswahl und das Nutzungsdatum. Dies macht die Verwaltung der Lizenz für den Lizenznehmer umständlicher.[1106]

Im Rahmen des Lizenzvertrags über eine „blanket license" erwerben die Fernseh- und Radiosender von den US-PRO zugleich eine „Through-to-the-audience"-Lizenz.[1107] Dies bedeutet, dass die Lizenz zwischen einem Sender und den US-PRO jede Übertragung des Programms bis zum Zuschauer vollständig abdeckt. Damit ist von der Lizenz jede Art des Programmempfangs durch den Zuschauer abgedeckt, sei es über Fernseher, Tablet, Handy oder Computer.[1108] Alle Lizenzverträge der US-PRO mit Sendern räumen den Sendern ein Recht zum Streaming, zur Nutzung von Musik auf Internetseiten, in Apps oder über sonstige Plattformen ein.[1109]

Gegenwärtig unterscheiden sich die Berechnungsmethoden der Lizenzgebühren zwischen Fernseh- und Radiosendern: Während es für Fernsehsender üblich ist, einen Pauschalbetrag an die US-PRO zu bezahlen, bezahlen die Radiosender einen Prozentsatz von ihren Einnahmen an die US-PRO.[1110]

1106 U.S. Copyright Office, Copyright and the Music Marketplace, A Report of the register of copyrights (February 2015), S. 33.

1107 Vgl. beispielsweise für Fernsehsender: „Blanket license"-Lizenzvertrag TMLC-BMI für den Zeitraum 2005–2017, S. 4 (abrufbar unter https://tvmlc.com/pros/bmi/, abgerufen am 16.08.2019) und „Blanket license"-Lizenzvertrag TMLC-SESAC für den Zeitraum 2016–2019, S. 1, 4 (abrufbar unter https://tvmlc.com/pros/sesac/, abgerufen am 16.08.2019).

1108 Brenner, Berkley Technology Law Journal, Volume 28 (2013), 1167, 1195.

1109 Brabec, Mitchell Hamline Law Review, Volume 42 (2016), 16, 25.

1110 Kohn, Music Licensing, S. 1231.

b) Musik-On-Demand-Streaming-Dienste

Musik-On-Demand-Streaming-Dienste erwerben in der Praxis gegenwärtig entweder eine „blanket license" von den US-PRO, wodurch sie das vollständige Repertoire einer US-PRO lizenzieren. Alternativ erwerben sie von den Major-Verlagen Rechte an deren Repertoire und von den US-PRO die Rechte am nicht direkt-lizenzierten Repertoire über eine „blanket license with carve-out". In diesem Fall lizenzieren Musik-On-Demand-Streaming-Dienste von den US-PRO nur den Teil des Repertoires der US-PRO, der noch nicht von den Musikverlagen lizenziert ist.

Die Lizenzgebühren werden von den Parteien privatautonom verhandelt und unterliegen der Verschwiegenheit, sodass diese nicht öffentlich einsehbar sind. Allerdings lässt sich den im *Pandora*-Verfahren vor dem „ASCAP Rate Court"[1111] offengelegten Verträgen entnehmen, dass sich die gegenüber Pandora aufgerufenen Lizenzgebühren anhand des konkreten Umsatzes von Pandora berechnet haben. Die Musikverlage und ASCAP riefen einen branchenweit geltenden Prozentsatz vom Umsatz von Pandora auf. Aus der hieraus errechneten Lizenzsumme erhielten die Lizenzgeber einen Anteil entsprechend ihres konkreten Marktanteils.[1112]

Der Entscheidung des „ASCAP Rate Courts" in einem anderen Verfahren lässt sich entnehmen, dass BMI gegenüber dem Lizenznehmer eine „Per Stream"-Lizenzgebühr aufrief.[1113] Dies bedeutet, dass die Höhe der Lizenzgebühr sich daraus errechnet, wie oft das Repertoire von BMI auf dem Dienst tatsächlich durch die Nutzer gestreamt wurde.

Es lässt sich festhalten, dass es gegenüber Musik-On-Demand-Streaming-Diensten kein einheitliches System der Berechnung der Lizenzgebühren gibt. Die Parteien einigen sich in den Vertragsverhandlungen auf die konkrete Berechnungsmethode.

1111 In re Pandora Media, Inc., 6 F. Supp. 3d 317 (United States District Court, SD New York, 2014).

1112 In re Pandora Media, Inc., 6 F. Supp. 3d 317, 339 – 351 (United States District Court, SD New York, 2014). Beispielsweise verlangten ASCAP und der Musikverlag EMI von Pandora 1,85 %, während der Musiverlag UMPG von Pandora 8 % verlangte (vgl. In re Pandora Media, Inc., 6 F. Supp. 3d 317, 339 – 347 (United States District Court, SD New York, 2014).

1113 United States v. ASCAP, 559 F. Supp. 2d 332, 391 (United States District Court, SD New York, 2008). Die Höhe der „Per Stream"-Vergütung ist in der Entscheidung nicht veröffentlicht worden.

6. Gescheiterter Versuch der Teilkündigung der ASCAP und BMI Wahrnehmungsverträge

In der jüngeren Vergangenheit haben einige Major-Verlage versucht, ASCAP und BMI die „performing rights" für die Lizenzierung von Musik-On-Demand-Streaming-Dienste zu entziehen. Allerdings wurden die Teilkündigungen der Musikverlage von den für die ASCAP und BMI „consent decrees" zuständigen Richtern am District Court, SD New York für unzulässig erklärt.[1114] Der Court of Appeals, 2nd Circuit hat die Entscheidung in Bezug auf die Teilkündigungen des ASCAP-Wahrnehmungsvertrags bestätigt.[1115] In den nachfolgenden Ausführungen werden die Hintergründe der Teilkündigungen durch die Major-Verlage und die Gründe für die Entscheidungen der Gerichte anhand des ASCAP-Verfahrens näher dargestellt.

a) Vorgeschichte zu den Teilkündigungen durch die Major-Verlage

Im September 2010 drohte der Musikverlag EMI ASCAP damit, dass er die vollständige Kündigung seiner „performing rights" bei ASCAP in Betracht ziehe. EMI wollte durch die Kündigung in der Lage sein, die Rechte an Musikwerken zusammen mit den Rechten an Tonträgern zu lizenzieren. Außerdem zeigte sich EMI mit „Verzögerungen" in den Abläufen von ASCAP und den „hohen Betriebskosten" von ASCAP unzufrieden.[1116]

Tatsächlich störten sich EMI sowie weitere Musikverlage vor allem daran, dass Online-Dienste an die Plattenfirmen für die „performing rights" an Tonträgern deutlich höhere Lizenzgebühren zahlten als an die US-PRO für die „performing rights" an Musikwerken. Den Grund für die deutlich niedrigeren Lizenzgebühren sahen sie im „ASCAP consent decree 2001" statuierten Abschlusszwang und der Möglichkeit der Anrufung des „rate courts". Durch die Direktlizenzierung ihrer „performing rights" an Musikwerken hofften die Musikverlage, höhere Lizenzeinnahmen von den Online-Diensten zu erzielen.[1117]

1114 In re Pandora Media, Inc., No. 12 CIV. 8035(DLC), 2013 WL 5211927 (United States District Court, SD New York, September 17, 2013); Broadcast Music, Inc. v. Pandora, No. 13 Civ. 4037(LLS) (United States District Court, SD New York, December 19, 2013).

1115 Pandora Media, Inc. v. ASCAP, 785 F. 3d 73, 75 (United States Court of Appeals, 2nd Circuit, 2015).

1116 In re Pandora Media, Inc., 6 F. Supp. 3d 317, 333 (United States District Court, SD New York 2014).

1117 In re Pandora Media, Inc., 6 F. Supp. 3d 317, 333 – 334 (United States District Court, SD New York 2014).

Der ASCAP-Chef Paul Williams zeigte sich offen für das Vorgehen der Musikverlage. Er hoffte, auch für ASCAP höhere Lizenzgebühren gegenüber den Online-Diensten durchsetzen zu können. Der Hintergedanke war: Wenn die Musikverlage durch direkte Verhandlungen mit Online-Diensten außerhalb von ASCAP höhere Lizenzgebühren erzielen könnten, könnten diese Lizenzgebühren in Verfahren vor dem „Rate Court" auch zur Erhöhung der ASCAP-Lizenzgebühren verwendet werden.[1118]

b) Teilkündigungen durch Major-Verlage

Im April 2011 änderte ASCAP seine Regularien und gestattete seinen Mitgliedern, die „performing rights" für die Lizenzierung von bestimmten Online-Diensten zu entziehen. Das Recht zur Teilkündigung bezog sich nur auf solche Online-Dienste, die Musikwerke der Öffentlichkeit ausschließlich online über Internet, Mobilfunk und/oder Computernetzwerke zur Verfügung stellen oder zugänglich machen.[1119] Infolge dieser Änderungen kündigten die Musikverlage EMI, Sony und Universal ihre ASCAP-Wahrnehmungsverträge insoweit, als dies das Mandat für die Lizenzierung dieser Online-Dienste betraf.[1120]

c) Entscheidung der Gerichte

Der District Court, SD New York und der Court of Appeals, 2nd Circuit erklärten die Teilkündigungen der Musikverlage für unwirksam. Die Rechte der Major-Verlage blieben trotz Teilkündigung Teil des ASCAP-Repertoires.[1121]

Beide Gerichte stützen ihre Entscheidung auf die Auslegung der Definition des „ASCAP Repertoires" im „ASCAP consent decree 2001": Das „ASCAP-Repertory" umfasse alle Werke, an denen ASCAP das Recht hat oder das Recht später zum maßgeblichen Zeitpunkt haben wird, das „performing right" zu lizenzie-

1118 In re Pandora Media, Inc., 6 F. Supp. 3d 317, 336 (United States District Court, SD New York 2014).

1119 In re Pandora Media, Inc., 6 F. Supp. 3d 317, 336 – 337 (United States District Court, SD New York 2014).

1120 Pandora Media, Inc. v. ASCAP, 785 F. 3d 73, 76 (United States Court of Appeals, 2nd Circuit, 2015).

1121 Pandora Media, Inc. v. ASCAP, 785 F. 3d 73, 77 – 78 (United States Court of Appeals, 2nd Circuit, 2015); In re Pandora Media, Inc., No. 12 CIV. 8035(DLC), 2013 WL 5211927 (United States District Court, SD New York, September 17, 2013). Die Rechte der Major-Verlage, die ASCAP eigentlich entzogen werden sollten, wurden daher Pandora im Rahmen der Pauschallizenz mit ASCAP als Teil des ASCAP-Repertoires eingeräumt.

ren.[1122] Der Begriff des „ASCAP-Repertory" sei im Sinne von „Werken" und nicht im Sinne von „individuellen Rechten an Werken" bezüglich potenzieller Lizenznehmer definiert. Das Repertoire sei als Einheit in Bezug auf die Musikwerke und nicht in Bezug auf das Recht von ASCAP, Musikwerke an bestimmte Gruppen von Lizenznehmern zu lizenzieren, zu verstehen. Der District Court, SD New York stützt sich dabei vor allem auf den Wortlaut der Definition, der von „Werken" und nicht von „Rechten" spricht, sowie auf das Fallrecht des Court of Appeals, 2nd Circuit, das den Begriff „Werk" mit dem Begriff „Komposition" gleichsetzt.[1123]

Nach Ansicht des Court of Appeals, 2nd Circuit, sei ASCAP verpflichtet, grundsätzlich gleichwertige Rechte an allen Musikwerken im ASCAP Repertoire zu halten. Das Gericht fasst die Situation für die Rechteinhaber wie folgt zusammen:[1124]

> „The licensing of works through ASCAP is offered to publishers on a take-it-or-leave-it basis."
>
> In deutscher Übersetzung:
>
> „Die Lizenzierung von Werken über ASCAP wird den Verlagen auf einer „take-it-or-leave-it"-Grundlage angeboten."

Daher ist den Musikverlagen untersagt, Werke an ASCAP zu lizenzieren, damit ASCAP sie an einige berechtigte Nutzer lizenziert, nicht aber an andere ebenfalls berechtigte Nutzer. ASCAP ist es verboten, Teilkündigungen zu akzeptieren.[1125]

Der District Court, SD New York erkennt in diesem Vorgehen keine Ausdehnung des „ASCAP consent decree 2001" auf die Musikverlage: Das „ASCAP consent decrees 2001" schränke direkt nur ASCAP und nicht die Rechteinhaber ein. Diese Einschränkung habe lediglich einen Nebeneffekt auf die Art und Weise, wie Rechteinhaber ASCAP nutzen dürfen. Dieser Nebeneffekt sei dem Wesen eines „consent decree" immanent.[1126]

1122 Pandora Media, Inc. v. ASCAP, 785 F. 3d 73, 77–78 (United States Court of Appeals, 2nd Circuit, 2015); In re Pandora Media, Inc., No. 12 CIV. 8035(DLC), 2013 WL 5211927 (United States District Court, SD New York, September 17, 2013).

1123 In re Pandora Media, Inc., No. 12 CIV. 8035(DLC), 2013 WL 5211927 (United States District Court, SD New York, September 17, 2013).

1124 Pandora Media, Inc. v. ASCAP, 785 F. 3d 73, 77 (United States Court of Appeals, 2nd Circuit, 2015).

1125 Pandora Media, Inc. v. ASCAP, 785 F. 3d 73, 77 (United States Court of Appeals, 2nd Circuit, 2015); In re Pandora Media, Inc., No. 12 CIV. 8035(DLC), 2013 WL 5211927 (United States District Court, SD New York, September 17, 2013).

1126 In re Pandora Media, Inc., No. 12 CIV. 8035(DLC), 2013 WL 5211927 (United States District Court, SD New York, September 17, 2013).

d) Folgen für die Praxis

Nach den Entscheidungen der Gerichte verbleibt gegenwärtig den Musikverlagen in den USA nur die Wahl, ihre Rechte vollständig oder gar nicht von einer US-PRO wahrnehmen zu lassen. Der anschließende Versuch von ASCAP, BMI und den Musikverlagen, eine Änderung der „consent decrees" zu erreichen, scheiterte. Das US Justizministerium lehnte die Änderung der „consent decrees" ab.[1127]

Bislang haben sich die Musikverlage nicht dafür entschieden, ihr Repertoire aus den US-PRO vollständig abzuziehen.[1128] Denn eine vollständige Kündigung der Aufführungsrechte bei den US-PRO birgt für die Musikverlage das Risiko erheblicher Einnahmeverluste: Einerseits könnte den Musikverlagen ein Großteil der gegenwärtigen Einnahmen aus der Lizenzierung der Aufführungsrechte in den USA wegbrechen. Die Gesamteinnahmen von ASCAP, BMI und SESAC aus der Lizenzierung von Aufführungsrechten in den USA lagen im Jahr 2014 zusammengerechnet bei etwa 1,5 Milliarden US-Dollar. Davon entfielen nur etwa 150 Millionen US-Dollar auf die Lizenzierung von reinen Online-Diensten wie Musik-On-Demand-Streaming-Diensten, was die Lizenzierung von Radio- und Fernsehsendern aus dieser Summe ausnimmt.[1129] Der BMI Jahresbericht 2018 zeigt zwar, dass der Anteil der Einnahmen aus der Lizenzierung von reinen Online-Diensten an den jährlichen Gesamteinnahmen von BMI steigt. Allerdings generierte BMI auch im Jahr 2018 mit 215 Millionen US-Dollar nur etwa 24 % der jährlichen Einnahmen aus der Lizenzierung reiner Online-Dienste.[1130]

Andererseits könnten den Musikverlagen die Einnahmen aus der Lizenzierung der Aufführungsrechte außerhalb der USA vollständig wegbrechen. Die Rechte der Musikverlage wären nicht mehr Bestandteil des Repertoires von ASCAP, BMI und SESAC in Gegenseitigkeitsverträgen mit ausländischen Verwertungsgesellschaften.[1131] Der BMI Jahresbericht 2018 zeigt, dass BMI aus der internationalen Rechtewahrnehmung Einnahmen in Höhe von 319 Millionen US-

1127 Statement of the Department of Justice on the Closing of the Antitrust Division's Review of the ASCAP and BMI Consent Decrees from August 4, 2016, S. 4.

1128 Gagliano, The Journal of Business, Entrepreneurship & The Law, Volume 10 (2017), 317, 334.

1129 Brabec, Mitchell Hamline Law Review, Volume 42 (2016), 16, 25.

1130 BMI Annual Review 2018, S. 10 (abrufbar unter: https://www.bmi.com/pdfs/publications/2018/BMI_ Annual_Review_2018.pdf, abgerufen am 16.08.2019).

1131 Brabec, Mitchell Hamline Law Review, Volume 42 (2016), 16, 25. Dies könnten die Musikverlage nur dadurch umgehen, dass sie ihr Repertoire bei einer ausländischen Verwertungsgesellschaft einbringen und das Gebiet der USA aus dem Wahrnehmungsumfang ausnehmen. Allerdings erscheint fraglich, ob dies in allen Fällen ohne Zustimmung der Urheber ginge und ob ausländische Verwertungsgesellschaften nicht aufgrund der jeweiligen Verteilungsregeln eine Mitgliedschaft der Urheber verlangen würden.

Dollar erzielte. Dies stellt einen Anteil von 26% an den Gesamteinnahmen von BMI dar.[1132]

In den USA haben damit Online-Dienste weiterhin ein Wahlrecht, ob sie die „performing rights" von den US-PRO oder von den Musikverlagen lizenzieren. Die Online-Dienste bestimmen den Lizenzgeber und sehen sich keinem Monopol ausgesetzt. Anders als in der EU können die Musikverlage keine höheren Lizenzeinnahmen von den Online-Diensten durch eine ausschließliche Direktlizenzierung erzielen.

In der EU benötigen die Musikverlage weiterhin die „Matching Performing Rights", also die zu ihren Online-Vervielfältigungsrechten von den US-PRO gehaltenen, passenden „performing rights". Nur wenn diese Rechte den Musikverlagen oder ihren Lizenzierungseinheiten durch die US-PRO eingeräumt werden, können sie als „One-Stop-Shop" an Online-Dienste Lizenzen an ihrem Repertoire einräumen.[1133]

IV. Lizenzierung der „mechanical rights"

Bei der Lizenzierung der „mechanical rights", den Vervielfältigungs- und Verbreitungsrechten an Musikwerken, ist zwischen einer Lizenzierung im Anwendungsbereich des § 115 US Copyright Act (vgl. Ziffer 1) und außerhalb dessen Anwendungsbereichs (vgl. Ziffer 2) zu unterscheiden:

Innerhalb des Anwendungsbereichs des § 115 US Copyright Act kann ein Online-Dienst eine Zwangslizenz erwerben. Die Regelung des § 115 US Copyright Act modifiziert die Exklusivität des Vervielfältigungs- und Verbreitungsrechts am Musikwerk[1134] und schränkt die Rechteinhaber in vier wesentlichen Punkten der Lizenzierung ein: Erstens können sie keiner Person eine Lizenz verweigern. Zweitens können sie den Zeitpunkt des Vertragsschlusses nicht bestimmen. Drittens können sie die Vertragslaufzeit nicht bestimmen. Viertens können sie die Höhe der Lizenzgebühr nicht bestimmen.[1135]

Außerhalb des Anwendungsbereichs des § 115 US Copyright Act ist ein Rechteinhaber dagegen nicht verpflichtet, einem Online-Dienst eine Lizenz zu erteilen.[1136] In diesen Fällen ist ein Online-Dienst auf die Einräumung einer frei-

1132 BMI Annual Review 2018, S. 10.

1133 Vgl. hierzu ausführlich die Ausführungen unter § 11 A IV 2.

1134 Nimmer, Copyright, § 8.04[A].

1135 ABC Music Corp. v. Janov, 186 F. Supp. 443, 446 (United States District Court, SD California, 1960).

1136 Warner/Chappel Music, Inc. v. Pilz Compact Disc, Inc., 52 U.S.P.Q. 2d (BNA) 1942, Rn. 17 (United States District Court, ED Pennsylvania, 1999).

willigen Lizenz durch den Rechteinhaber, regelmäßig der Musikverlag,[1137] angewiesen.

1. Lizenzierung im Anwendungsbereich des § 115 US Copyright Act

Die Lizenzierung der Vervielfältigungs- und Verbreitungsrechte im Anwendungsbereich des § 115 US Copyright Act wurde durch den Music Modernization Act (nachfolgend: MMA) im Oktober 2018 praktisch neu gefasst.[1138] Der MMA hat vor allem die Art und Weise der Lizenzierung von Vervielfältigungs- und Verbreitungsrechten im Verhältnis zu Musik-Online-Diensten reformiert. Das reformierte Lizenzierungssystem wird unter c) bis g) dargestellt, wobei zuvor unter b) die bisherige Lizenzierungspraxis erläutert wird, soweit dies zum Verständnis der Neuregelungen relevant ist.

Voraussetzung für die Anwendbarkeit des neuen Lizenzierungssystems ist es, dass der Anwendungsbereich des § 115 US Copyright Act eröffnet ist. Die Neuregelungen finden auf eine Nutzung von Musikwerken außerhalb des Anwendungsbereichs des § 115 US Copyright Act keine Anwendung. Daher wird zunächst unter a) geklärt, welche Nutzungen dem § 115 US Copyright Act überhaupt unterfallen.

a) Anwendungsbereich, § 115(a) US Copyright Act

Der Anwendungsbereich des § 115 US Copyright Act ist in § 115(a) US Copyright Act geregelt und durch den MMA in den wesentlichen Bereichen unverändert geblieben.

aa) Nicht-dramatische Musikwerke

Eine Zwangslizenz kann lediglich an nicht-dramatischen Musikwerken (sog. „nondramatic musical works“) erworben werden, § 115(a)(1)(A) US Copyright Act. Dies schließt die Anwendung des § 115 US Copyright Act einerseits auf sog. „dramatische Werke“ und andererseits auf literarische Werke aus.[1139]

Unter „dramatischen Werken“ werden solche Musikstücke verstanden, die dabei helfen, eine Geschichte zu erzählen. Dabei handelt es sich beispielsweise

---

1137 Vgl. hierzu die Ausführungen unter § 10 C.

1138 Kohn, Music Licensing, S. 748. Die nachfolgenden Ausführungen beziehen sich daher ausschließlich auf die in Folge des MMA geltende Gesetzeslage. Soweit auf frühere Regelungen und die frühere Praxis Bezug genommen wird, wird dies ausdrücklich gekennzeichnet.

1139 Nimmer, Copyright, § 8.04[A]; Moser/Slay, Music Copyright Law, S. 77.

um Musik aus Opern und Musicals.[1140] Musikwerke, die ausschließlich zur Wiedergabe oder zur Bereitstellung durch Online-Dienste und zur Unterhaltung des Hörers geschrieben wurden (wie zum Beispiel Mainstream-Popmusik), sind dagegen nicht-dramatische Musikwerke.

Literarische Werke sind beispielsweise Liedtexte:[1141] Wird ein Liedtext vervielfältigt, handelt es sich um die Vervielfältigung eines literarischen Werks, nicht eines Musikwerks. Dies hat zur Folge, dass eine Zwangslizenz nicht zur grafischen Wiedergabe eines Liedtexts erworben werden kann.[1142] Ein Online-Dienst kann sich daher nicht auf die Zwangslizenz des § 115 US Copyright Act berufen, wenn dieser auf dem Bildschirm eines Nutzers den Liedtext zu einem Musikstück anzeigt, das der Nutzer gerade wiedergibt.[1143]

bb) Herstellung und Verbreitung von Tonträgern und digitalen Tonträgerübermittlungen

Eine Zwangslizenz kann nur für die Herstellung und Verbreitung von physischen Tonträgern (sog. „phonorecord“) und von digitalen Tonträgerübermittlungen (sog. „digital phonorecord delivery“) erworben werden. Die Definition der digitalen Tonträgerübermittlung in § 115(e)(10) US Copyright Act umfasst die Übermittlung von Musikwerken in dauerhaften Downloads, limitierten Downloads und interaktiven Streams. Damit sind die gegenwärtig typischen Nutzungen von Musik-On-Demand-Diensten vom Anwendungsbereich des § 115 US Copyright Act erfasst.

Allerdings schließen sowohl die Definition der digitalen Tonträgerübermittlung als auch die Definitionen des Tonträgers in § 101 US Copyright ausdrücklich die Übermittlung von Musik in Filmen oder in anderen audio-visuellen Werken aus. Damit wird die Anwendung der Zwangslizenz auf „audio-only“-Wiedergaben beschränkt.[1144] Eine Anwendung des § 115 US Copyright Act auf audio-visuelle Werke ist ausgeschlossen.[1145]

1140 Passmann, Music Business, S. 230.

1141 Vgl. hierzu die Ausführungen unter § 6 B II.

1142 Leadsinger, Inc. v. BMG Music Pub., 512 F. 3d 522, 529 (United States Court of Appeals, 9th Circuit, 2008); Abkco Music v. Stellar Records, 96 F. 3d 60, 64 (United States Court of Appeals, 2nd Circuit, 1996). Die Entscheidung *Leadsinger, Inc. v. BMG Music Pub.* betrifft die Verbreitung von Liedtexten auf Papier und die Entscheidung *Abkco Music v. Stellar Records* die Verbreitung von Liedtexten über einen Bildschirm.

1143 Abkco Music v. Stellar Records, 96 F. 3d 60, 64 (United States Court of Appeals, 2nd Circuit, 1996); Goldstein, Copyright, 7:19.

1144 Passmann, Music Business, S. 230.

Daher unterliegt ein Musikstück, das im Soundtrack eines Kinofilms oder einer TV-Serie enthalten ist, nur dann einer Zwangslizenz, wenn es auf einem Tonträger oder im Wege der digitalen Tonträgerübermittlung verbreitet wird (zum Beispiel als Soundtrack-Album).[1146] Denn bei dem Soundtrack, der in einem Kinofilm oder einer TV-Serie enthalten ist, handelt es sich um den integralen Bestandteil eines audio-visuellen Werks und nicht um ein nicht-dramatisches Musikwerk.[1147]

Außerdem können sich Karaoke-Dienste, die die Wiedergabe der Musik mit fortlaufenden Bildern unterlegen, nicht auf die Zwangslizenz des § 115 US Copyright Act berufen. Durch die Verbindung von Musik mit fortlaufenden Bildern geben Karaoke-Dienste audio-visuelle Werke wieder.[1148]

Diese Beschränkung auf die „audio-only"-Wiedergabe eines Musikstücks führt zu einer eingeschränkten Anwendbarkeit der Zwangslizenz zugunsten von Musik-On-Demand-Streaming-Diensten und Musik-On-Demand-Download-Diensten: Die Dienste können sich auf den Erwerb einer Zwangslizenz nach § 115 US Copyright Act nur insoweit berufen, als sie den Nutzern Musik ohne visuelle Begleitung anbieten. Eine visuelle Begleitung der Musik in diesem Sinne können fortlaufende Bilder (wie zum Beispiel in einem Karaoke- oder Musikvideo) und/ oder der Liedtext sein. Soll die Musik visuell begleitet werden, können die hierfür benötigten Vervielfältigungs- und Verbreitungsrechte nicht im Wege der Zwangslizenz des § 115 US Copyright Act erworben werden.

cc) Zweck der Herstellung: Nutzung des Konsumenten zu privaten Zwecken

Eine Zwangslizenz kann nach § 115(a)(1)(A) US Copyright Act nur erworben werden, wenn der Hauptzweck der Herstellung des Tonträgers oder der digitalen Tonträgerübermittlungen darin besteht, diese zur privaten Nutzung an die Öffentlichkeit zu verbreiten. Der Bezugspunkt für die „Nutzung zu privaten Zwecken" ist die das Musikwerk nutzende Öffentlichkeit, nicht der Hersteller und Verbreiter des Tonträgers bzw. der digitalen Tonträgerübermittlung, die das Musikwerk beinhaltet.

Daher können Online-Dienste, deren Angebot sich auf eine gewerbsmäßige Nutzung von Musik bezieht, keine Zwangslizenz nach § 115 US Copyright Act er-

---

1145 Leadsinger, Inc. v. BMG Music Pub., 512 F. 3d 522, 526 (United States Court of Appeals, 9th Circuit, 2008).

1146 Moser/Slay, Music Copyright Law, S. 77.

1147 Nimmer, Copyright, § 8.04[A],[B].

1148 Leadsinger, Inc. v. BMG Music Pub., 512 F. 3d 522, 527–528 (United States Court of Appeals, 9th Circuit, 2008).

werben. Dies schließt beispielsweise Anbieter von Hintergrundmusik für Webseiten vom Erwerb der Zwangslizenz aus.[1149] Dagegen bieten herkömmliche Musik-On-Demand-Streaming-Dienste und Musik-On-Demand-Download-Dienste den Zugang zur Musik auf ihren Plattformen zu privaten Zwecken an.

dd) Keine Erst-Veröffentlichung eines Musikwerks

§ 115(a)(1)(A)(i) und (ii) US Copyright Act sehen vor, dass das Musikwerk mit Zustimmung des Inhabers des Copyrights verbreitet sein muss, damit für dieses der Erwerb einer Zwangslizenz für die Vervielfältigung und Verbreitung möglich ist. Auch nach der Neufassung durch den MMA ist die Zwangslizenz des § 115 US Copyright Act auf die erstmalige Aufnahme von Musikwerken (sog. „first use") nicht anwendbar.[1150] Der Inhaber des Copyrights eines Musikwerks behält die absolute Kontrolle über die erstmalige Aufnahme eines Musikwerks.[1151]

Nach § 115(a)(1)(A)(i) US Copyright Act kann eine Zwangslizenz erst beansprucht werden, wenn ein Musikwerk mittels Tonträger verbreitet worden ist. Der § 115(a)(1)(A)(ii) US Copyright Act erweitert die Regelung dahingehend, dass keine Verbreitung des Musikwerks über Tonträger erfolgen muss. Auch ein Anbieter digitaler Musik[1152] kann mittels digitaler Tonträgerübermittlung die erstmalige Verbreitung eines Musikwerks vornehmen und für die Herstellung und Verbreitung eine Zwangslizenz erwerben.[1153] Hierfür müssen alle drei Voraussetzungen des § 115(a)(1)(A)(ii) US Copyright Act erfüllt sein:[1154]

– Der Inhaber des Copyrights am Musikwerk muss die erstmalige Fixierung des Musikwerks in einer Tonaufnahme gestattet haben.

1149 Moser/Slay, Music Copyright Law, S. 77 f.

1150 Kohn, Music Licensing, S. 760. Auch wenn der Musikverlag damit eine beliebig hohe Lizenzgebühr aufrufen könnte, ist es branchenüblich, dass dieser nicht mehr als die Höhe der gesetzlich vorgesehenen Lizenzgebühr des § 115 US Copyright Act verlangt (vgl. Passmann, Music Business, S. 233).

1151 Moser/Slay, Music Copyright Law, S. 77.

1152 Vgl. zum Begriff des „Anbieters digitaler Musik" nachfolgend § 11 B IV 1 c) aa).

1153 House Report, Report No. 115–651, S. 3. Bis zum Aufkommen der Anbieter digitaler Musik waren fast ausschließlich Plattenfirmen die Lizenznehmer einer mechanischen Lizenz am Musikwerk (vgl. Issa/Grimm, Harvard Journal on Legislation, Volume 55 (2018), 23, 28). Mit der verstärkten Nutzung von Musik über das Internet ist es möglich, dass zukünftig eine erstmalige Verbreitung durch einen Anbieter digitaler Musik erfolgt (vgl. Kohn, Music Licensing, S. 760).

1154 House Report, Report No. 115–651, S. 3. Der § 115(a)(1)(A)(ii) US Copyright Act enthält zwei Voraussetzungen in (I) und eine weitere Voraussetzung in (II).

- Der Inhaber des Copyrights an dieser Tonaufnahme muss vom Inhaber des Copyrights am Musikwerk das Recht erhalten haben, digitale Tonträgerübermittlungen herzustellen und in den USA zu verbreiten.
- Der Inhaber des Copyrights an der Tonaufnahme oder sein Vertreter muss es dem Anbieter digitaler Musik gestattet haben, digitale Tonträgerübermittlungen an der Tonaufzeichnung herzustellen und in den USA zu verbreiten.

Nach der erstmaligen Verbreitung eines Musikwerks darf aber jeder beliebige Dritte unter Beachtung der weiteren Voraussetzungen des § 115 US Copyright Act ein Musikwerk erneut aufnehmen. Der Inhaber des Copyrights am Musikwerk kann niemanden davon abhalten, eine eigene Version des Musikwerks aufzunehmen.[1155]

ee) Rechtmäßige Vervielfältigung der Tonaufnahme

Nach den bisherigen Ausführungen könnte ein Lizenznehmer eine Zwangslizenz zur Vervielfältigung eines Musikwerks auch dann erwerben, wenn dieser keine Lizenz zur Vervielfältigung der Tonaufnahme erworben hat. Es stellt sich daher die Frage, ob eine Zwangslizenz nach § 115 US Copyright Act vor Verletzungsklagen der Copyrightinhaber am Musikwerk auch in den Fällen schützt, in denen die Vervielfältigung der Tonaufnahme rechtswidrig erfolgt ist.[1156]

Der § 115(a)(1)(B) US Copyright Act ist eindeutig: Eine Zwangslizenz kann nur erworben werden, wenn die Tonaufnahme rechtmäßig fixiert wurde und die Herstellung des Tonträgers oder der digitalen Tonträgerübermittlung vom Copyrightinhaber an der Tonaufnahme gestattet wurde.[1157] Die Regelung stellt damit sicher, dass eine Zwangslizenz am Musikwerk nicht für die Vervielfältigung von unlizenzierten Tonaufnahmen erworben werden kann.[1158] Für Online-Dienste

1155 Moser/Slay, Music Copyright Law, S. 77. Hierin bestand der ursprüngliche Zweck des § 115 US Copyright Act: Die Copyrightinhaber sollten ihr Monopolrecht nicht dahingehend ausüben können, dass sie die Neuaufnahme eines Musikwerks verhindern können (vgl. Issa/Grimm, Harvard Journal on Legislation, Volume 55 (2018), 23, 28). Vgl. zu den im deutschen Recht durch Remixe, die im Vergleich zu Cover-Versionen einen deutlich höheren kreativen Eigenanteil aufweisen (vgl. Pötzlberger, Kreatives Remixing, S. 62), berührten Verwertungsrechten der Musikurheber: Pötzlberger, Kreatives Remixing, S. 121 ff.

1156 Nimmer, Copyright, § 8.04[E].

1157 Wurde die Tonaufnahme vor dem 15. Februar 1972 fixiert, kann die Gestattung durch jede Person erfolgen, die die Tonaufnahme gemäß einer ausdrücklichen Lizenz des Copyrightinhabers an dem Musikwerk oder gemäß einer gültigen Zwangslizenz für die Verwendung dieses Werkes in einer Tonaufnahme fixiert hat (vgl. § 115(a)(1)(B)(ii) US Copyright Act).

1158 Kohn, Music Licensing, S. 761.

bedeutet dies, dass der Erwerb der Zwangslizenz für die Vervielfältigung eines Musikwerks voraussetzt, dass eine Lizenz zur Vervielfältigung der Tonaufnahme, die dieses Musikwerk enthält, erworben wurde.

ff) Eingeschränkte Gestattung der Bearbeitung

§ 115(a)(2) US Copyright gestattet eine eingeschränkte Bearbeitung des Musikwerks: Das Musikwerk darf bearbeitet werden, soweit dies erforderlich ist, um es dem Stil oder der Art und Weise der Interpretation in der jeweiligen Aufführung anzupassen. Die Bearbeitung darf jedoch nicht die grundlegende Melodie oder den grundlegenden Charakter des Musikwerks verändern.

Diese Einschränkung ist vor allem für ausübende Künstler relevant, die ein bestehendes Musikwerk erneut aufzeichnen wollen. Für Online-Dienste, die eine Zwangslizenz für ihren Dienst erwerben wollen, kommt der Regelung eine eher geringe Bedeutung zu.

b) Lizenzierung bis zur Einführung der Pauschallizenz

Bis zur Einführung der Pauschallizenz durch den MMA besteht ein Lizenzierungssystem, wonach Online-Dienste im Anwendungsbereich des § 115 US Copyright Act Lizenzen zur Vervielfältigung und Verbreitung musikalischer Werke für jedes einzelne Werk gesondert (sog. „Work-By-Work"-Basis) erwerben.[1159]

aa) Bisheriges System der Zwangslizenz

Wollen Online-Dienste für ihren Dienst eine Zwangslizenz erwerben, müssen diese bis zur Einführung der Pauschallizenz dem Copyrightinhaber eines Musikwerks vor oder spätestens 30 Tage nach der Erstellung der digitalen Tonträgerübermittlung eine sog. „notice of intention" (nachfolgend: „NOI") schicken, § 115(b)(2)(A) US Copyright Act. Sobald der Online-Dienst die NOI einem Copyrightinhaber zugestellt hat, hat der Online-Dienst an diesen einen monatlichen Nutzungsbericht zu versenden und die gesetzlich festgelegte Lizenzgebühr zu bezahlen.[1160]

1159 House Report, Report No. 115–651, S. 10.

1160 U.S. Copyright Office, Copyright and the Music Marketplace, A Report of the register of copyrights (February 2015), S. 28.

Konnte ein Online-Dienst keinen Copyrightinhaber eines Musikwerks finden, bestand bis zum Inkrafttreten des MMA[1161] die Möglichkeit, eine NOI an das Copyright Office zu versenden. Der Online-Dienst hatte dem Copyright Office in diesem Fall eine Anmeldegebühr zu bezahlen, musste allerdings keine Lizenzgebühren hinterlegen.[1162] Seit 2016 haben Online-Dienste schätzungsweise 45 Millionen NOIs beim Copyright Office eingereicht.[1163] Der Versand dieser großen Anzahl an NOIs führte dazu, dass die Rechteinhaber Einnahmeausfälle zu beklagen hatten, während die Online-Dienste finanzielle Vorteile der Nichtzahlung der Lizenzgebühren genießen konnten.[1164]

Seit dem Inkrafttreten des MMA können keine NOIs an das Copyright Office versandt werden. Die in der Vergangenheit versandten NOIs werden unwirksam. Das System des Versands von NOIs an das Copyright Office wurde vollständig abgeschafft.[1165]

bb) Lizenzierung in der Praxis

In der Praxis erwirbt ein Lizenznehmer unter dem bisherigen „Work-by-work"-System nur selten eine Zwangslizenz. Vielmehr schließen in aller Regel Online-Dienste und Musikverlage als Copyrightinhaber freiwillige Lizenzverträge anstelle der Zwangslizenz ab.[1166] Online-Dienste schließen Verträge entweder direkt mit

1161 Das Datum des Inkrafttretens des MMA ist der 11.10.2018 (vgl. https://www.congress.gov/bill/115th-congress/house-bill/1551/all-actions?q=%7B%22search%22%3 A%5B%22Music+Modernization+Act%22%5D %7D&r=5&overview=closed#tabs, abgerufen am 16.08.2019).

1162 U.S. Copyright Office, Copyright and the Music Marketplace, A Report of the register of copyrights (February 2015), S. 28 f.

1163 https://thehill.com/blogs/congress-blog/technology/368385-the-music-modernization-act-will-provide-a-needed-update-to (abgerufen am 16.08.2019).

1164 Abdo/Abdo, Entertainment & Sports Lawyer, Volume 35 (2019), 5, 6.

1165 House Report, Report No. 115 – 651, S. 10. Der § 115(d)(10) US Copyright Act schafft für die Übergangsphase zwischen der Abschaffung des Versands der NOIs an das Copyright Office und der Möglichkeit des Erwerbs der Pauschallizenz einen Mechanismus, der Online-Dienste vor Klagen der Copyrightinhaber gegen Verletzungsklagen schützt. Bei Einhaltung der dort aufgestellten Voraussetzungen ist der Online-Dienst im Anwendungsbereich des § 115 US Copyright Act vor Verletzungsklagen geschützt (vgl. House Report, Report No. 115 – 651, S. 10).

1166 Kohn, Music Licensing, S. 702; Passmann, Music Business, S. 233; U.S. Copyright Office, Copyright and the Music Marketplace, A Report of the register of copyrights (February 2015), S. 30 f.; Mechanical and Digital Phonorecord Delivery Rate Determination Proceeding, Copyright Royalty Board, 74 FR 4509, 4513.

Diese rechtliche Bewertung ist nicht unumstritten: Zum Teil wird vertreten, dass es sich bei diesen Verträgen rechtstechnisch nur um eine Modifikation der Zwangslizenz handle und nicht den Musikverlagen oder über HFA ab.[1167] HFA agiert für die Musikverlage als Vermittler des Lizenzvertrags.[1168]

Den Vertragsparteien steht es frei, sich auf andere Vertragsbedingungen als die in § 115 US Copyright Act vorgesehenen Bestimmungen zu einigen.[1169] Eine solche abweichende Vertragsbestimmung ist in der Regel das Abbedingen der monatlichen Abrechnungspflicht des Online-Diensts zugunsten einer vierteljährlichen Abrechnung.[1170] Die im Rahmen der Zwangslizenz durch die Copyright Royalty Judges festgesetzten Lizenzgebühren[1171] wirken als eine Obergrenze für die Lizenzgebühr, auf die sich die Parteien in freiwilligen Lizenzverträgen einigen.[1172]

Dieses Verfahren zum Erhalt einer Lizenz zur Vervielfältigung und Verbreitung von Musikwerken war und ist für Online-Dienste, die auf ihrem Dienst einen umfangreichen Musikkatalog anbieten wollen, äußerst unpraktikabel: Die Online-Dienste müssen tausende Lizenzen für die Vervielfältigungs- und Verbreitungsrechte an Musikwerken erwerben, deren Rechteinhaber sie in Ermangelung zuverlässiger Datenbanken nur schwer finden können.[1173] Denn Datenbanken enthalten regelmäßig fehlerhafte oder keine Daten über die Rechteinhaberschaft eines bestimmten Musikwerks. Die Gründe liegen zum Beispiel in der Veräußerung von Katalogen durch Musikverlage an andere Musikverlage oder im Verlagswechsel eines Urhebers.[1174]

---

um gesonderte freiwillige Verträge (vgl. hierzu Cohan, Columbia Journal of Law & the Arts, Volume 33 (2010), 499, 510 ff.).

1167 U.S. Copyright Office, Copyright and the Music Marketplace, A Report of the register of copyrights (February 2015), S. 30 f.

1168 Reese, University of Miami Law Review, Volume 55 (2001), 237, 243. HFA vermittelt ohne die vorherige gesonderte Zustimmung der sie beauftragenden Musikverlage keine Lizenzen, in denen die gesetzlich festgelegte Höhe unterschritten wird (vgl. Kohn, S. 891).

1169 Nimmer, Copyright, § 8.04[I].

1170 U.S. Copyright Office, Copyright and the Music Marketplace, A Report of the register of copyrights (February 2015), S. 31.

1171 Vgl. hierzu die Ausführungen unter § 11 B IV 1 g).

1172 Issa/Grimm, Harvard Journal on Legislation, Volume 55 (2018), 23, 27. So auch die Richter am Copyright Royalty Board bei der Festlegung der Raten für die Zwangslizenz (vgl. Mechanical and Digital Phonorecord Delivery Rate Determination Proceeding, Copyright Royalty Board, 74 FR 4509, 4513): „(...) the section 115 license exerts a ghost-in-the-attic like effect on all those who live below it. Thus, the rates and terms that we set today will have considerable impact on the private agreements that enable copyright users to clear the rights for reproduction and distribution of musical works."

1173 LaFrance, The Business, Entrepreneurship & Tax Law Review, Volume 2 (2018), 310, 315 f.

1174 LaFrance, The Business, Entrepreneurship & Tax Law Review, Volume 2 (2018), 310, 319.

Gleichzeitig vermittelt HFA nur einen Teil der von den Musik-Streaming-On-Demand-Anbietern benötigten Rechte, sodass die Dienste mit etwa 10.000 bis 20.000 Musikverlagen weitere Lizenzverträge schließen müssen.[1175] Es ist daher wenig verwunderlich, dass Spotify Verletzungsklagen von Musikverlagen und der NMPA im Wege millionenschwerer gerichtlicher Vergleiche beilegen musste.[1176]

cc) Sonderfall: Musik-On-Demand-Download-Dienste

Eine Sonderkonstellation ergibt sich in der Praxis im Zusammenhang mit der Lizenzierung von Musik-On-Demand-Download-Diensten. Diesen Diensten wird eine Lizenz an den Vervielfältigungs- und Verbreitungsrechten nicht von den Musikverlagen eingeräumt.[1177] Vielmehr lizenzieren bislang ausschließlich die Plattenfirmen diese Dienste.[1178]

Die Plattenfirmen räumen Musik-On-Demand-Download-Diensten die Vervielfältigungs- und Verbreitungsrechte sowohl an den Tonträgern als auch an den Musikwerken ein. Im Gegenzug erhalten die Plattenfirmen eine Lizenzgebühr sowohl für die Nutzung der Tonträger als auch der Musikwerke. Die Plattenfirmen schütten den Anteil an den Einnahmen, den sie für die Rechte an den Musikwerken erhalten haben, an die Musikverlage aus.[1179]

Die gesetzliche Grundlage für dieses Vorgehen der Plattenfirmen lag in § 115(c)(3)(A) US Copyright Act a.F.: Danach war es einer Plattenfirma gestattet, eine Lizenz, die die Plattenfirma von einem Musikverlag zur Vervielfältigung und Verbreitung eines Musikwerks auf einem Tonträger erworben hat, an einen Online-Dienst weiterzugeben und diesen zur Vervielfältigung und Verbreitung der

---

1175 Kohn, Music Licensing, S. 885.

1176 https://www.billboard.com/articles/business/8491129/spotify-wixen-music-publishing-lawsuit-settled-licensing-catalog; https://www.billboard.com/articles/business/7809561/spotify-settles-class-action-lawsuits-filed-by-david-lowery-and-melissa; https://www.billboard.com/articles/business/7263747/spotify-nmpa-publishing-30-million-settlement-unpaid-royalties (jeweils abgerufen am 24.05.2019).

1177 Kohn, Music Licensing, S. 708.

1178 Passmann, Music Business, S. 153.

1179 Passmann, Music Business, S. 153. Die Plattenfirmen erhalten typischerweise eine Beteiligung von 70 % am Verkaufspreis des einzelnen Downloads (vgl. Passmann, Music Business, S. 153). Bei einem Verkaufspreis von 1,99 US-Dollar für einen Song ist dies eine Beteiligung von 1,39 US-Dollar. Davon erhalten Urheber und Verlag höchstens 0,091 US-Dollar: Denn die im Rahmen der Zwangslizenz vorgesehene Lizenzgebühr für den dauerhaften Downloads eines Musikwerks mit einer Dauer von unter 5 Minuten beträgt gegenwärtig 0,091 US-Dollar (vgl. HFA Rate Chart für „Permanent Digital Downloads", abrufbar unter https://www.harryfox.com/img/pdd.7c2fb598.jpg, abgerufen am 16.08.2019).

Musikwerke zu ermächtigen.[1180] Aufgrund der Weitergabe der eigenen Lizenz der Plattenfirmen an die Online-Dienste wird diese Lizenz als „Pass-Through“-Lizenz bezeichnet.[1181]

c) Möglichkeit des Erwerbs der „Pauschallizenz für die digitale Nutzung“

Dieses System der Lizenzierung der mechanischen Rechte auf einer „Work-by-Work“-Basis ist durch den MMA aufgebrochen worden. Ab 01.01.2021 steht bestimmten Online-Diensten eine „Pauschallizenz für die digitale Nutzung“ (sog. „blanket license for digital use“, nachfolgend: Pauschallizenz) zur Verfügung.[1182] Am 01.01.2021 ersetzt die Pauschallizenz automatisch die bisherigen Zwangslizenzen, die im Rahmen des „Notice-of-Intention“-Verfahrens erworben wurden.[1183] Bei der Pauschallizenz handelt es sich ebenfalls um eine Zwangslizenz, § 115(e)(5) US Copyright Act.

Der Gesetzgeber reagiert mit der Einführung der Pauschallizenz auf eine Vielzahl von Beschwerden aus der Musikindustrie, wonach das bisherige System der „Work-by-Work“-Lizenzierung nicht den Bedürfnissen der digitalen Musikwirtschaft gerecht werde. Ziel der digitalen Angebote ist es, den Kunden ein möglichst breites Musikangebot zur Verfügung zu stellen. Die „Work-by-Work“-Lizenzierung führt aber für ein „auf Masse“ ausgelegtes Angebot zu erhöhten Transaktionskosten, die lediglich für eine begrenzte Menge an Musikwerken wirtschaftlich sinnvoll sind.[1184] Dies ändert die Pauschallizenz: Sie führt bei Online-Diensten zu Rechtssicherheit und sichert Rechteinhabern eine pünktliche Zahlung der Lizenzgebühren und eine Verteilung dieser Gelder.[1185]

aa) Materielle Voraussetzungen zum Erwerb der Pauschallizenz

Die materiellen Voraussetzungen zum Erwerb der Pauschallizenz sind in § 115(d)(1) US Copyright Act geregelt: Die Nutzung durch den Online-Dienst muss im

---

1180 U.S. Copyright Office, Copyright and the Music Marketplace, A Report of the register of copyrights (February 2015), S. 29.

1181 Kohn, Music Licensing, S. 708.

1182 Der 01.01.2021 ist das Verfügbarkeitsdatum (sog. „license availability date“) der Pauschallizenz gemäß § 115(b)(2)(B), (e)(15) US Copyright Act. Das Verfügbarkeitsdatum ist der 1. Januar nach Ablauf einer Frist von zwei Jahren beginnend ab dem Datum des Inkrafttretens (sog. „enactment date“) im Sinne des § 115(e)(11) US Copyright Act. Das Datum des Inkrafttretens des MMA ist der 11.10.2018 (vgl. zuvor in Fn. 1161).

1183 House Report, Report No. 115–651, S. 10.

1184 House Report, Report No. 115–651, S. 5.

1185 Issa/Grimm, Harvard Journal on Legislation, Volume 55 (2018), 23, 34.

Rahmen des § 115(a) US Copyright Act erfolgen.[1186] Außerdem muss ein Online Dienst die Anforderungen des § 115(e)(8) US Copyright Act erfüllen, um ein Anbieter digitaler Musik zu sein und eine Pauschallizenz erwerben zu können.[1187] § 115(e)(8) US Copyright Act stellt drei Voraussetzungen auf: Erstens muss der Online-Dienst eine direkte vertragliche, abonnementbezogene oder andere wirtschaftliche Beziehung zu den Endnutzern des Dienstes haben oder, wenn keine solche Beziehung zu den Endnutzern besteht, eine direkte Kontrolle über die Bereitstellung des Dienstes an die Endnutzer ausüben. Zweitens muss der Online-Dienst in der Lage sein, vollständig über alle Einnahmen und Entgelte zu berichten, die durch den Dienst erzielt werden. Drittens muss der Online-Dienst in der Lage sein, vollständig über die Nutzung von Tonaufnahmen von Musikwerken auf dem Dienst zu berichten oder einen solchen Nutzungsbericht zu beschaffen.

bb) Formelle Voraussetzungen zum Erwerb der Pauschallizenz

In formeller Hinsicht schafft § 115(d)(1)(A) US Copyright Act die Möglichkeit zum Erwerb der Zwangslizenz von der „Mechanical License Collective" (MLC).[1188] Das MLC ist die für die Erteilung der Pauschallizenz ausschließlich zuständige Stelle. Ein Anbieter digitaler Musik muss gemäß § 115(d)(2)(A) US Copyright Act eine Lizenzmitteilung (sog. „Notice of license") an das MLC schicken, um die Lizenz zu erwerben. Die Lizenzmitteilung muss die Aktivität des Diensts näher beschreiben (vgl. § 115(d)(2)(A) US Copyright Act). Im Übrigen wird das „Register of Copyright" auf der Grundlage des § 115(d)(2)(A)(i) US Copyright Act weitere Voraussetzungen aufstellen, denen die Lizenzmitteilung in Hinblick auf Form und Inhalt genügen muss.

cc) Erwerb der Pauschallizenz

Gemäß § 115(d)(2)(A)(ii) US Copyright Act hat das MLC nach Zugang der Lizenzmitteilung 30 Tage Zeit, um die Erteilung der Pauschallizenz schriftlich abzulehnen. Andernfalls gilt die Pauschallizenz ab dem Tag als erteilt, an dem die Lizenzmitteilung vom Anbieter digitaler Musik übersandt wurde. Die Pauschallizenz wird nicht durch das MLC erteilt oder eingeräumt. Vielmehr räumt das

1186 Vgl. zu den Voraussetzungen des § 115(a) US Copyright Act zuvor unter § 11 B IV 1 a).
1187 Hieber, ZUM 2019, 161, 165.
1188 Vgl. zur „Mechanical License Collective" (MLC) die Ausführungen unter § 11 B IV 1 f).

Gesetz die Pauschallizenz automatisch ein, sofern das MLC die Erteilung nicht rechtzeitig schriftlich ablehnt.[1189]

Das MLC kann nur aufgrund der in § 115(d)(2)(A)(iii) US Copyright Act genannten Gründe die Erteilung der Pauschallizenz ablehnen. Die dort aufgeführten Gründe sind abschließend. § 115(d)(2)(A)(iii) US Copyright Act sieht zwei Fälle vor, in denen das MLC die Erteilung der Pauschallizenz ablehnen kann.[1190] Im ersten Fall erfüllen entweder der Anbieter digitaler Musik oder dessen Lizenzmitteilung die Anforderungen des § 115 US Copyright Act nicht. In diesem Fall muss der Ablehnungsbescheid des MLC die betroffene Anforderung spezifizieren. Im zweiten Fall ist eine vormals bestehende Pauschallizenz innerhalb eines Zeitraums von drei Jahren gerechnet ab dem Tag, an dem das MLC die neue Lizenzmitteilung erhalten hat, beendet worden.[1191]

§ 115(d)(2)(B) US Copyright Act stellt klar, dass das MLC die Pauschallizenz erst ab dem 01.01.2021, dem Verfügbarkeitsdatum der Lizenz, zur Verfügung stellen wird und die Pauschallizenz erst ab diesem Tag wirksam wird.

dd) Umfang der Pauschallizenz

Die Pauschallizenz berechtigt einen Anbieter digitaler Musik zur Herstellung und zur Verbreitung digitaler Tonträgerübermittlungen von Musikwerken im Rahmen einer oder mehrerer abgedeckter Tätigkeiten, § 115(d)(1)(A) US Copyright Act. Dabei regelt der § 115 US Copyright Act sowohl den Umfang des durch die Pauschallizenz abgedeckten Repertoires als auch den Umfang der durch die Pauschallizenz umfassten Tätigkeit.

Der Umfang des durch die Pauschallizenz abgedeckten Repertoires ist in § 115(d)(1)(B)(i) US Copyright Act abschließend festgelegt.[1192] Danach deckt die Pauschallizenz die Nutzung aller Musikwerke bzw. aller Teile der Musikwerke ab, die im Rahmen der Zwangslizenz nach § 115(a) US Copyright Act zur Verfügung stehen. Eine Ausnahme gilt für die Musikwerke, die ein Anbieter digitaler Musik im Rahmen einer „freiwilligen Lizenz“ direkt vom Rechteinhaber erwirbt. Diese

1189 Hieber, ZUM 2019, 161, 165. Dies ähnelt damit einer „Genehmigungsfiktion“, die das deutsche öffentliche Recht beispielsweise in § 6a GewO oder § 6 Abs. 4 Satz 4 BauGB statuiert.

1190 Das weitere Verfahren bei Ablehnung gegen die Erteilung der Pauschallizenz ist in den § 115(d)(2)(A)(iv) und (v) US Copyright Act geregelt.

1191 Vgl. zur Beendigung einer bestehenden Pauschallizenz die Ausführungen unter § 11 B IV 1 c) ee) (2).

1192 § 115(d)(1)(B)(iii) US Copyright Act stellt klar, dass die Pauschallizenz keine anderen als die in den Klauseln (i) und (ii) beschriebenen Rechte oder Nutzungen abdeckt oder einschließt.

Werke sind nicht Teil des Repertoires der Pauschallizenz und damit nicht vom Schutz der Pauschallizenz umfasst.[1193]

Der Umfang der durch die Pauschallizenz umfassten Tätigkeit ist in § 115(e)(7) und in § 115(d)(1)(B)(ii) US Copyright Act festgelegt:

§ 115(e)(7) US Copyright Act definiert den in § 115(d)(1)(A) US Copyright Act verwendeten Begriff der „abgedeckten Tätigkeiten“. Dieser bezeichnet den Akt der Erstellung einer digitalen Tonträgerübermittlung eines Musikwerks, insbesondere in Form eines dauerhaften Downloads, limitierten Downloads oder interaktiven Streams, soweit dieser Akt für eine Zwangslizenz im Rahmen des § 115 US Copyright Act qualifiziert ist.

Sowohl Musik-On-Demand-Download-Dienste als auch Musik-On-Demand-Streaming-Dienste können für die Vervielfältigung und Verbreitung von Musikwerken eine Pauschallizenz erwerben. § 115(e)(7) US Copyright Act stellt klar, dass ein Angebot von zeitlich limitierten Downloads, wie zum Beispiel im Rahmen des Offline-Streamings, ebenfalls der Zwangslizenz unterfällt. Zugleich ist es unerheblich, ob sich der Dienst auf eine Tätigkeit beschränkt oder ob dieser mehrere Tätigkeiten vornimmt.

Der § 115(d)(1)(B)(ii) US Copyright Act definiert anknüpfend an die abgedeckte Tätigkeit bestimmte Nutzungshandlungen, die im Rahmen der abgedeckten Tätigkeit eines Anbieters digitaler Musik von der Pauschallizenz umfasst sind. Danach deckt die Pauschallizenz die Herstellung und Verbreitung von Server-, Zwischen-, Archivierungs- und beiläufigen Vervielfältigungen von Musikwerken ab. Diese Handlungen müssen für einen Anbieter digitaler Musik sinnvoll und notwendig sein, um abgedeckte Tätigkeiten, die nach § 115(d) US Copyright Act lizenziert sind, anbieten zu können. Die Handlungen dürfen ausschließlich der Bereitstellung von abgedeckten Tätigkeiten dienen.

Weitergehende Nutzungshandlungen zur Bereitstellung der abgedeckten Tätigkeiten sind von der Pauschallizenz nicht abgedeckt. Die Aufzählung des § 115(d)(1)(B)(ii) US Copyright Act ist gemäß § 115(d)(1)(B)(iii) US Copyright Act abschließend.

Keine durch die Pauschallizenz abgedeckte Tätigkeit ist die öffentliche Aufführung eines Musikwerks im Sinne des § 106(4) US Copyright Act. § 115(d)(13)(B) US Copyright Act stellt klar, dass das Recht zur öffentlichen Aufführung eines Musikwerks durch die in § 115(d) US Copyright Act gewährten Rechte und durch die Definitionen in § 115(e) US Copyright Act nicht eingeschränkt ist oder sich

1193 Vgl. zum möglichen Erwerb einer „freiwilligen Lizenz“ die Ausführungen unter § 11 B IV 1 d).

hierauf in irgendeiner Weise auswirkt. Die Pauschallizenz berührt nicht das Recht zur öffentlichen Aufführung eines Musikwerks.

ee) Rechtsfolgen des Erwerbs der Pauschallizenz

§ 115 US Copyright Act knüpft an den Erwerb der Pauschallizenz mehrere Rechtsfolgen sowie Bedingungen zum Erhalt der Pauschallizenz, wobei nachfolgend die wichtigsten Punkte herausgegriffen und dargestellt werden.

(1) Schutz vor Verletzungsklagen

Nach § 115(d)(1)(D) US Copyright Act kann ein Anbieter digitaler Musik, der eine Pauschallizenz erhält und die Voraussetzungen zum Erhalt der Pauschallizenz einhält, nicht wegen der Verletzung des Vervielfältigungs- und Verbreitungsrechts gemäß § 106(1) und (3) US Copyright Act aufgrund der Nutzung eines Musikwerks verklagt werden, die durch den Umfang der Pauschallizenz abgedeckt ist. Der Schutz vor Verletzungsklagen gilt aber nur soweit, soweit die Pauschallizenz das Handeln des Anbieters digitaler Musik abdeckt. Der Schutz vor Verletzungsklagen reicht nur soweit wie der Umfang der Pauschallizenz.[1194]

(2) Pflicht zur Zahlung der Lizenzgebühr und zum Versand von Nutzungsberichten

Nach § 115(d)(4)(A)(i) US Copyright Act ist ein Anbieter digitaler Musik bei Erwerb der Pauschallizenz dazu verpflichtet, monatlich Lizenzgebühren an das MLC zu bezahlen und monatlich Nutzungsberichte an das MLC zu senden. Die Lizenzgebühren werden durch die „Copyright Royalty Judges" festgelegt.[1195] Die Nutzungsberichte an das MLC haben die Nutzung musikalischer Werke im Rahmen der abgedeckten Tätigkeit eines Diensts zu enthalten, § 115(d)(4)(A)(ii) US Copyright Act. § 115(d)(4)(A)(ii) US Copyright Act definiert den genauen Inhalt der Nutzungsberichte.

Zahlt ein Anbieter digitaler Musik die monatliche Lizenzgebühr ganz oder teilweise nicht oder versendet dieser keine oder in wesentlichen Teilen unvollständige oder fehlerhafte Nutzungsberichte, gerät der Anbieter digitaler Musik gemäß § 115(d)(4)(E)(i)(I)-(III) US Copyright Act in Verzug. Der Verzug tritt qua Gesetz ein und setzt kein Verschulden des Anbieters digitaler Musik voraus.

1194 Vgl. zum Umfang der Pauschallizenz zuvor unter § 11 B IV 1 c) dd).

1195 Vgl. hierzu nachfolgend unter § 11 B IV 1 g).

Im Falle der Säumnis eines Anbieters digitaler Musik hat das MLC an diesen eine Mitteilung über den Verzug (sog. „notice of default") zu senden, § 115(d)(4)(E)(ii)(I) US Copyright Act. Der Anbieter digitaler Musik erhält dadurch 60 Tage Zeit, um seinen Fehler zu heilen. Heilt der Anbieter digitaler Musik seinen Fehler innerhalb dieser Frist nicht, erlischt die Pauschallizenz gemäß § 115(d)(4)(E)(ii)(II) US Copyright Act ohne weitere Maßnahmen des MLC automatisch qua Gesetz. Es bedarf damit insbesondere keines Kündigungsschreibens durch das MLC.[1196]

Kommt es zu einer solchen Beendigung der Pauschallizenz, ist der Anbieter digitaler Musik gemäß § 115(d)(2)(A)(iii)(II) US Copyright Act für einen Zeitraum von drei Jahren für den Erwerb einer neuen Pauschallizenz gesperrt. Der Dienst kann innerhalb dieses Zeitraums keine Pauschallizenz vom MLC erwerben und ist auf einen Erwerb freiwilliger Lizenzen von den Rechteinhabern angewiesen.

(3) Pflicht zur Tragung der Verwaltungskosten des MLC

Jeder Anbieter digitaler Musik, der eine Pauschallizenz vom MLC erwirbt, ist verpflichtet, einen Anteil an den sog. „kollektiven Gesamtkosten" des MLC zu bezahlen, § 115(d)(4)(C), (d)(7)(D)(i) US Copyright Act. Die „kollektiven Gesamtkosten" sind in § 115(e)(6) US Copyright Act definiert und beziehen sich auf die Kosten des MLC, die im Zusammenhang mit der Administration der Pauschallizenz anfallen. Verletzt ein Anbieter digitaler Musik seine Pflicht zur Erstattung der Kosten des MLC, gerät dieser gemäß § 115(d)(4)(E)(i)(IV) US Copyright Act in Verzug. Es gelten die zuvor dargestellten Rechtsfolgen der § 115(d)(4)(E)(ii) und § 115(d)(2)(A)(iii)(II) US Copyright Act.

d) Möglichkeit des Erwerbs einer „freiwilligen Lizenz"

Gleichzeitig bleibt es möglich, dass Anbieter digitaler Musik von Rechteinhabern außerhalb des Regimes der Pauschallizenz des § 115(d) US Copyright Act eine freiwillige Lizenz (sog. „voluntary license") erwerben. Bei einer „freiwilligen Lizenz" handelt es sich nach der Definition des § 115(e)(36) US Copyright Act um eine Lizenz zur Nutzung eines Musikwerks oder eines Teils davon, die keine Zwangslizenz ist.

1196 Ungenau ist daher *Hieber*, der von der Möglichkeit der Kündigung mit einer Frist von 60 Tagen durch das MLC spricht (vgl. Hieber, ZUM 2019, 161, 167).

aa) Vorrang der freiwilligen Lizenz

Die freiwillige Lizenz ist gemäß § 115(d)(1)(C) US Copyright Act grundsätzlich vorrangig vor einer Pauschallizenz. Sie tritt für die Musikwerke, die von einer freiwilligen Lizenz umfasst sind, an die Stelle der Pauschallizenz. Das MLC ist gemäß § 115(d)(1)(C)(i) US Copyright Act dazu verpflichtet, die Musikwerke oder die Teile von Musikwerken, die von einer freiwilligen Lizenz abgedeckt sind, aus dem Umfang der Pauschallizenz auszunehmen. Dies ermöglicht es dem Anbieter digitaler Musik, den Rechteerwerb für Vervielfältigungs- und Verbreitungsrechte aufzuteilen: Der Dienst kann einen Teil der Rechte direkt von den Rechteinhabern und einen anderen Teil vom MLC erwerben.[1197]

§ 115(d)(1)(C)(i) US Copyright Act führt dazu, dass ein Anbieter digitaler Musik vom MLC eine „blanket license with carve outs" erwerben kann. Der Anbieter digitaler Musik hat ein Wahlrecht, ob und inwieweit er eine Pauschallizenz vom MLC oder eine Direktlizenz von den Rechteinhabern erwirbt. Die Systematik des § 115(d) US Copyright Act ist damit an die Lizenzierung der „performing rights" durch die US-PRO und die Rechteinhaber gegenüber Online-Diensten angelehnt. Wie von den US-PRO kann ein Anbieter digitaler Musik eine nach dem Repertoire eingeschränkte Lizenz erwerben.[1198]

Für die Vertragsparteien besteht im Rahmen des Lizenzvertrags über eine freiwillige Lizenz die Möglichkeit, eigene Tarife zu vereinbaren: Denn gemäß § 115(c)(2)(A)(i) US Copyright Act sind die Lizenzgebühren, die in freiwilligen Lizenzen vereinbart wurden, grundsätzlich vorrangig vor den Lizenzgebühren, die durch die Copyright Royalty Judges festgelegt werden. Ausnahmen und Gegenausnahmen von der Tarifautonomie für sog. „Singer-Songwriter" definieren die § 115(c)(2)(A)(i) Satz 2 und (ii) US Copyright Act, auf die § 115(d)(1)(C)(iii) US Copyright Act verweist.

Hat ein Anbieter digitaler Musik eine freiwillige Lizenz vor Einführung der Pauschallizenz erworben, bleibt die freiwillige Lizenz gemäß § 115(d)(1)(C)(iii), (9)(C) US Copyright Act auch nach dem Inkrafttreten der Pauschallizenz wirksam, es sei denn, die Lizenz endet durch Ablauf der Vertragslaufzeit oder die Parteien vereinbaren, die Lizenz abzuändern oder zu beenden.

1197 In der Praxis könnte beispielsweise Apple Music einen Teil der Rechte an Musikwerken bei den Major-Verlagen erwerben und den verbleibenden Teil über das MLC.

1198 Vgl. zu den „blanket license with carve outs" bei US-PRO die Ausführungen unter § 11 B III 3 a) cc).

bb) Pflichten für einen „Significant nonblanket Licensee"

Ist der Lizenznehmer einer freiwilligen Lizenz ein sog. „Significant nonblanket Licensee", treffen diesen gemäß § 115(d)(1)(C)(ii) US Copyright Act besondere Pflichten. „Significant nonblanket licensees" sind finanziell leistungsstarke Anbieter digitaler Musik, die keine Pauschallizenz vom MLC erworben haben. Die genauen Kriterien sind in § 115(e)(31) US Copyright Act definiert.

„Significant nonblanket licensees" haben gemäß § 115(d)(6)(A)(i) US Copyright Act dem MLC eine sog. „notice of nonblanket activity" im Sinne des § 115(e)(23) US Copyright Act zu senden. Darin haben sie dem MLC anzuzeigen, dass sie eine von der Pauschallizenz abgedeckte Tätigkeit ausüben. Hierfür haben sie 45 Tage nach Einführung der Pauschallizenz oder nach Erfüllung der Kriterien des § 115(e)(31) US Copyright Act Zeit.

Gleichzeitig besteht für „Significant nonblanket licensees" gemäß § 115(d)(6)(A)(ii) US Copyright Act eine umfassende Berichtspflicht: Sie haben zusammen mit der „notice of nonblanket activity" und danach fortlaufend monatlich einen Nutzungsbericht über die Nutzung der Musikwerke auf dem Dienst an das MLC zu senden. Außerdem tragen sie wie die Lizenznehmer der Pauschallizenz die Verwaltungskosten des MLC und sind daher zu entsprechenden Zahlungen verpflichtet, § 115(d)(6)(A)(ii), (7)(A)(i)(II) US Copyright Act. Die Zahlungsverpflichtung dieser Dienste wird einerseits dadurch begründet, dass der Gesetzgeber davon ausgeht, dass die Dienste von einer neuen, vom MLC aufgebauten Datenbank[1199] profitieren werden. Andererseits soll durch die Zahlungsverpflichtung verhindert werden, dass einzelne Dienste versuchen, die Finanzierung des MLC durch Direktlizenzen außerhalb der Pauschallizenz zu vermeiden.[1200]

Gegen „Significant nonblanket licensees", die diese Pflichten verletzen, kann das MLC gemäß § 115(d)(6)(C) US Copyright Act gerichtlich vorgehen.

e) Möglichkeit des Erwerbs einer „individuellen Download-Lizenz"

Darüber hinaus können Anbieter digitaler Musik von Rechteinhabern außerhalb des Regimes der Pauschallizenz des § 115(d) US Copyright Act eine individuelle Download-Lizenz (sog. „individual download license") erwerben. Bei einer „individuellen Download-Lizenz" handelt es sich nach der Definition des § 115(e)(12) US Copyright Act um eine von einer Plattenfirma erworbene Zwangslizenz zur Herstellung und Verbreitung oder zur Gestattung der Herstellung und Verbreitung

---

1199 Vgl. zum Aufbau der Datenbank durch das MLC die Ausführungen unter § 11 B IV 1 f) bb).
1200 House Report, Report No. 115 – 651, S. 12.

von dauerhaften Downloads, die ein bestimmtes individuelles Musikwerk enthalten.

Die individuelle Download-Lizenz berechtigt einen Anbieter digitaler Musik ausschließlich dazu, dauerhafte Downloads eines Musikwerks zu erstellen und zu verbreiten und hierfür die lizenzierten Musikwerke zu vervielfältigen und zu verbreiten.[1201] Sie kann daher von Musik-On-Demand-Download-Diensten nicht aber von Musik-On-Demand-Streaming-Diensten erworben werden. Erwirbt ein solcher Anbieter digitaler Musik von einer Plattenfirma eine individuelle Download-Lizenz, ist diese gemäß § 115(d)(1)(C) US Copyright Act vorrangig vor der Pauschallizenz. Der Erwerber einer individuellen Download-Lizenz ist wie der Erwerber einer freiwilligen Lizenz dazu berechtigt, eine eingeschränkte Pauschallizenz („blanket license with carve outs") vom MLC nach § 115(d)(1)(C)(i) US Copyright Act zu erwerben.

Ist der Musik-On-Demand-Download-Dienst ein „Significant nonblanket Licensee", der anstelle einer freiwilligen Lizenz von den Rechteinhabern der Musikwerke eine individuelle Download-Lizenz von den Plattenfirmen erwirbt, treffen diesen die zuvor unter § 11 B IV 1 d) bb) dargestellten Pflichten, § 115(d)(1)(C)(ii) US Copyright Act.

Bei der individuellen Download-Lizenz handelt es sich um die Fortführung der zuvor unter § 11 B IV 1 b) cc) beschriebenen „Pass-Through"-Lizenz. § 115 (b)(3) US Copyright Act erhält die „Pass-Through"-Lizenz im Verhältnis zu den Plattenfirmen aufrecht, sodass Plattenfirmen auch nach der Neufassung des § 115 US Copyright Act Lizenzen an Vervielfältigungs- und Verbreitungsrechten der Musikwerke für die Nutzung im Zusammenhang mit dauerhaften Downloads an Anbieter digitaler Musik weitergeben können. Seit der Neufassung des § 115 US Copyright Act sind Plattenfirmen allerdings nicht mehr dazu berechtigt, eine Lizenz an Vervielfältigungs- und Verbreitungsrechten der Musikwerke für die Nutzung im Zusammenhang mit interaktiven Streams oder limitierten Downloads weiterzugeben.[1202] Es wird erwartet, dass die Plattenfirmen das bestehende System der „Pass-Through"-Lizenz gegenüber Musik-On-Demand-Download-Diensten fortführen werden.[1203]

1201 Vgl. auch den Wortlaut des § 115(d)(1)(C) US Copyright Act.
1202 House Report, Report No. 115 – 651, S. 4.
1203 Kohn, Music Licensing, S. 749.

f) Mechanical Licensing Collective (MLC)

Eine wesentliche Neuerung des MMA stellt die Schaffung der „Mechanical Licensing Collective" (MLC) dar. Bei dem MLC handelt es sich um die einzige Einrichtung, von der Lizenznehmer die Pauschallizenz erwerben können.[1204] Im Anwendungsbereich der Zwangslizenz besteht für Rechteinhaber durch das MLC kein faktischer Zwang mehr dazu, einen Dritten, wie zum Beispiel die HFA, mit der Verwaltung mechanischer Lizenzen zu beauftragen.[1205]

aa) Struktur des MLC

Die Struktur der MLC ist in einigen Bereichen vergleichbar zur Struktur der Verwertungsgesellschaften in der EU: Das MLC ist gemäß § 115(d)(3)(A)(i) US Copyright Act eine nicht-gewinnorientierte Einrichtung und wird von keiner anderen Gesellschaft gehalten. Es hat die Einnahmen fair und diskriminierungsfrei zu verteilen, es sei denn, es gibt für die Ungleichbehandlung einen vernünftigen Grund.[1206] Gemäß § 115(d)(3)(D)(i) US Copyright Act wird innerhalb des MLC ein „Board of Directors" gebildet: Die stimmberechtigten Mitglieder bestehen aus zehn Vertreten der Musikverlage und vier hauptberuflichen Musikurhebern, die ihre Vervielfältigungs- und Verbreitungsrechte keinem Musikverlag eingeräumt haben, sondern diese selbst wahrnehmen.

Im Gegensatz zu Verwertungsgesellschaften in der EU wird das MLC aber nicht von den Rechteinhabern finanziert. Vielmehr haben die Anbieter digitaler Musik, die eine Pauschallizenz erwerben, sowie „significant nonblanket licensees" die notwendigen Verwaltungskosten des MLC zu bezahlen, § 115(d)(7)(A) US Copyright Act. Dies umfasst die angemessenen Kosten für die Einrichtung und den Betrieb des MLC. Das Abwälzen der Kosten der Lizenzierung auf die Lizenznehmer wird dadurch begründet, dass es die Lizenznehmer sind, die von den verringerten Transaktionskosten durch die Einführung einer Pauschallizenz und der Schaffung des MLC profitieren.[1207] Außerdem ist das MLC nicht für die Festsetzung der Höhe der Lizenzgebühren der Zwangslizenz zuständig. Die Tarifhoheit liegt weiterhin bei den Copyright Royalty Judges. Das MLC stellt lediglich Unterlagen im Rahmen des Festsetzungsprozesses bereit.[1208]

1204 House Report, Report No. 115 – 651, S. 5.
1205 Abdo/Abdo, Entertainment & Sports Lawyer, Volume 35 (2019), 5, 6.
1206 House Report, Report No. 115 – 651, S. 12.
1207 House Report, Report No. 115 – 651, S. 6.
1208 LaFrance, The Business, Entrepreneurship & Tax Law Review, Volume 2 (2018), 310, 323; vgl. zur Festsetzung der Tarife die Ausführungen unter § 11 B IV 1 g).

Bei dem MLC handelt es sich nicht um eine staatliche Behörde, die neu ins Leben gerufen wird. Vielmehr handelt es sich um eine Einrichtung, die ein beauftragtes Unternehmen ausfüllen wird: Das Register of Copyright bestimmt nach § 115(d)(3)(B)(i), (ii) US Copyright Act ein Unternehmen, das das MLC bildet, und überprüft diese Entscheidung alle fünf Jahre. Dabei ist es der ausdrückliche Wunsch des Gesetzgebers, dass hinsichtlich der Einrichtung Kontinuität besteht, solange die Einrichtung ihre „effiziente und faire Verwaltung" regelmäßig unter Beweis stellt.[1209]

Im Juli 2019 hat das Copyright Office bekannt gegeben, dass ein Konsortium um die großen US-amerikanischen Musikverlage, das unter anderem von der NMPA unterstützt wird, den Zuschlag für die Einrichtung des MLC bekommen hat.[1210]

bb) Aufgabenbereich des MLC

Der Aufgabenbereich des MLC ist in § 115(d)(3)(C) und (E)(v) US Copyright Act definiert und darin im Wesentlichen auf drei Bereiche beschränkt:

Erstens ist das MLC ist nach § 115(d)(3)(C)(ii) US Copyright Act für die Vergabe aller Pauschallizenzen und die damit zusammenhängende Administration zuständig.

Zweitens darf das MLC nach § 115(d)(3)(C)(iii) US Copyright Act freiwillige Lizenzen und individuelle Download-Lizenzen administrieren, allerdings nur insoweit, als sich die Lizenzierung auf das Vervielfältigungs- und Verbreitungsrecht an Musikwerken im Rahmen der „abgedeckten Tätigkeit" im Sinne des § 115(e)(7) US Copyright Act bezieht. Dies schränkt die Tätigkeit des MLC auf zwei Ebenen ein: Zum einen darf das MLC freiwillige Lizenzen und individuelle Download-Lizenzen nur administrieren. Die Tarife und die sonstigen Bedingungen einer freiwilligen Lizenz müssen individuell zwischen dem Rechteinhaber und dem Anbieter digitaler Musik ausgehandelt sein.[1211] Zum anderen darf das MLC außerhalb des Anwendungsbereichs der Pauschallizenz keine Rechte lizenzieren und keine Lizenzverträge administrieren. Das MLC darf sich damit insbesondere an keiner Lizenzierung von „mechanical rights" außerhalb des Anwendungsbereichs des § 115 US Copyright Act, von Synchronisationen oder von „performing rights" beteiligen.

1209 House Report, Report No. 115–651, S. 6.

1210 Vgl. http://nmpa.org/press_release/nmpa-nsai-sona-praise-copyright-office-designation-of-industry-consensus-mlc/ (abgerufen am 19.08.2019).

1211 House Report, Report No. 115–651, S. 9.

Drittens hat das MLC nach § 115(d)(3)(E)(i) US Copyright Act eine umfassende Datenbank aufzubauen und fortlaufend zu aktualisieren. Dadurch soll verhindert werden, dass nicht-zuordenbare Gelder (sog. „Black Box"-Gelder), die aus der mangelhaften Dokumentation von Musikwerken entstehen, den wirtschaftlichen Erfolg der Urheber und Musikverlage beinträchtigen.[1212] Das MLC soll in der Lage sein, die eingenommenen Lizenzgebühren an die richtigen Rechteinhaber auszuschütten. Dies gelingt dem MLC nur dann, wenn eine fehlerfreie Datenbank zur Verfügung steht.[1213] Hierfür sind Urheber und Musikverlage in der Pflicht: Stellen sie nicht sicher, dass ihre Werke ordnungsgemäß in der Datenbank des MLC dokumentiert sind, sind fehlende Einnahmen die logische Konsequenz.[1214]

Die vom MLC eingerichtete Datenbank wird der Öffentlichkeit gemäß § 115(d)(3)(E)(v) US Copyright Act zur kostenfreien Nutzung zur Verfügung stehen.[1215] Ein Nutzer der neuen Datenbank muss sich weder registrieren noch anderweitig personenbezogene Daten offen legen, um Zugang zur Datenbank zu erhalten.[1216]

g) Bestimmung der Tarife

Die Tarife der Zwangslizenz nach § 115 US Copyright werden von den „Copyright Royalty Judges" festgelegt, die im „Copyright Royalty Board" (CRB) sitzen. Sind die Tarife für bestimmte Nutzungen festgelegt, kommt das CRB alle fünf Jahre zusammen, um darüber zu entscheiden, ob Korrekturen an den bestehenden Tarifen vorzunehmen sind.[1217] Das CRB besteht auch nach der Reform durch den MMA fort. Allerdings wurde durch den MMA die Methode der Bestimmung der für die Zwangslizenz geltenden Tarife grundlegend verändert.[1218]

1212 House Report, Report No. 115 – 651, S. 8.

1213 LaFrance, The Business, Entrepreneurship & Tax Law Review, Volume 2 (2018), 310, 322.

1214 Nach § 115(d)(3)(H), (J) US Copyright Act werden „Black Box"-Gelder, die aufgrund einer fehlerhaften Werkdokumentation anfallen, vom MLC auf einem verzinslichen Konto zunächst zurückgehalten. Nach Ablauf einer Haltedauer von drei Jahren werden nicht in Anspruch genommene Lizenzgebühren vom MLC an die in der Datenbank dokumentierten Copyrightinhaber ausgeschüttet (vgl. Abdo/Abdo, Entertainment & Sports Lawyer, Volume 35 (2019), 5, 6).

1215 Eine Ausnahme besteht lediglich für die Bereitstellung eines „Bulks" durch das MLC an die Öffentlichkeit (vgl. § 115(d)(3)(E)(v)(V) US Copyright Act und House Report, Report No. 115 – 651, S. 8).

1216 House Report, Report No. 115 – 651, S. 8.

1217 Dimont, Hastings Law Journal, Volume 69 (2018), 675, 680.

1218 Kohn, Music Licensing, S. 748, 750.

aa) Methode der Bestimmung der Tarife

Bis zur Modifizierung durch den MMA verlangte die Regelung des § 801(b)(1) US Copyright Act a.F., dass die Copyright Royalty Judges einen „angemessenen" Tarif festlegen, und gab hierfür vier zu berücksichtigende Faktoren vor: Erstens soll die Verfügbarkeit von Werken in der Öffentlichkeit vergrößert werden. Zweitens sollen dem Inhaber des Copyrights eine angemessene Vergütung für sein Werk und dem Nutzer des Copyrights ein angemessenes Einkommen gewährt werden. Drittens sollen die Rollen des Inhabers des Copyrights und des Nutzers des Copyrights bei der öffentlichen Bereitstellung der Werke berücksichtigt werden. Viertens sollen jegliche Störungen der beteiligten Branchen und der allgemein üblichen Branchenpraktiken minimiert werden.[1219]

In der Vergangenheit haben Musikverlage und Urheber von Musikwerken dieses System der Festlegung der Tarife kritisiert: Durch die staatliche Preissetzung würden die Tarife des § 115 US Copyright Act nicht den angemessenen Marktwert der Musikwerke widerspiegeln, sondern seien zu niedrig.[1220] Durch den MMA wurde die Vorschrift des § 801(b)(1) US Copyright Act a.F. überarbeitet: Der § 115(c)(1)(F) US Copyright Act legt nunmehr fest, dass die Tarife von den Copyright Royalty Judges danach zu bestimmen sind, was ein gewillter Käufer und ein gewillter Verkäufer vereinbaren würden (sog. „willing buyer / willing seller standard"). Dadurch sollen Tarife festgelegt werden, die dem Ergebnis von Verhandlungen am freien Markt entsprechen.[1221] Ob sich die Tarife durch diese Änderung tatsächlich zugunsten der Rechteinhaber an Musikwerken erhöhen werden, bleibt abzuwarten.[1222]

bb) Gegenwärtige Tarifierung am Beispiel des Tarifs „Standalone Portable Subscription Offering"

Im November 2018 haben die Copyright Royalty Judges die Tarife für die Zwangslizenz für den Zeitraum vom 01.01.2018 bis 31.12.2022 festgesetzt.[1223] Die

---

1219 LaFrance, The Business, Entrepreneurship & Tax Law Review, Volume 2 (2018), 310, 323 f.

1220 U.S. Copyright Office, Copyright and the Music Marketplace, A Report of the register of copyrights (February 2015), S. 105.

1221 Kohn, Music Licensing, S. 750 f. Dieses Prinzip gilt auch für die Bestimmung der Tarife für die Nutzung der „performing rights" an Tonaufnahmen im Rahmen der § 112 und § 114(d)(2) US Copyright Act durch nicht-interaktive Musik-Online-Dienste (vgl. House Report, Report No. 115–651, S. 4).

1222 Von einer Erhöhung geht jedenfalls *LaFrance* aus, vgl. LaFrance, The Business, Entrepreneurship & Tax Law Review, Volume 2 (2018), 310, 323.

1223 Determination of Royalty Rates and Terms for Making and Distributing Phonorecords (Phonorecords III), Copyright Royalty Board, 84 FR 1918 (nachfolgend: Phonorecords III).

Festsetzung der Tarife beruht noch auf dem alten Maßstab des § 801(b)(1) US Copyright Act.[1224] Die konkrete Methodik wird nachfolgend am Tarif „Standalone Portable Subscription Offering" beispielhaft erläutert.

Der Tarif „Standalone Portable Subscription Offering" ist auf solche Musik-On-Demand-Streaming-Anbieter anwendbar, die über nicht-tragbare Geräte (wie Computer) und tragbare Geräte (wie Smartphones oder Tablets) sowohl ein Online-Streaming als auch zeitlich limitierte Downloads (zum Beispiel für das Ermöglichen eines Offline-Streamings) anbieten.[1225] Damit ist dieser Tarif auf die gegenwärtigen „Premium"-Angebote der großen Musik-On-Demand-Streaming-Anbieter wie Spotify oder Apple Music anwendbar.

Die Lizenzgebühr, die ein Online Dienst an den einzelnen Rechteinhaber im Rahmen des Tarifs „Standalone Portable Subscription Offering" zu zahlen hat, berechnet sich wie folgt:

In einem ersten Schritt wird der sog. „All-In royalty pool" ermittelt. Dabei handelt es sich um die Lizenzgebühr, die ein Online-Dienst insgesamt für die Nutzung von Musikwerken auf seinem Dienst eigentlich zu zahlen hätte.[1226] Der Betrag ist entweder ein Prozentsatz vom Umsatz des Online-Diensts[1227] oder ein Prozentsatz der sog. „Total Cost of Content" (TCC).[1228] Maßgeblich ist der Betrag, der größer ist.[1229]

Der Begriff des Umsatzes, der den Berechnungen zugrunde zu legen ist, ist in der Entscheidung der Copyright Royalty Judges hinsichtlich der einzubeziehenden Einnahmen und Abzüge eines Online-Diensts detailliert definiert.[1230] Der Begriff „Total Cost of Content" (TCC) meint den Gesamtbetrag, den ein Online-Dienst für Rechte zur Herstellung der interaktiven Streams oder limitierten Downloads eines Musikwerks, das auf dem Dienst verfügbar ist, aufwenden muss.[1231] Die TCC beziehen sich auf die Lizenzgebühren, die ein Online-Dienst an eine Plattenfirma für das Recht zur Nutzung der Tonaufnahmen bezahlt. Aufgrund der hohen Lizenzzahlungen an die Label wird davon ausgegangen, dass

1224 Phonorecords III, Copyright Royalty Board, 84 FR 1918, 1955 ff.

1225 Phonorecords III, Copyright Royalty Board, 84 FR 1918, 1975.

1226 Phonorecords III, Copyright Royalty Board, 84 FR 1918, 1922.

1227 Der konkrete Prozentsatz verändert sich von Jahr zu Jahr: Im Jahr 2018 sind dies 11,4 %, im Jahr 2019 12,3 %, im Jahr 2020 13,3 %, im Jahr 2021 14,2 % und im Jahr 2022 15,1 % (vgl. Phonorecords III, Copyright Royalty Board, 84 FR 1918, 2035).

1228 Der konkrete Prozentsatz verändert sich von Jahr zu Jahr: Im Jahr 2018 sind dies 22 %, im Jahr 2019 23,1 %, im Jahr 2020 24,1 %, im Jahr 2021 25,2 % und im Jahr 2022 26,2 % (vgl. Phonorecords III, Copyright Royalty Board, 84 FR 1918, 2035).

1229 Phonorecords III, Copyright Royalty Board, 84 FR 1918, 1922.

1230 Vgl. die Ausführungen unter Phonorecords III, Copyright Royalty Board, 84 FR 1918, 2033 f.

1231 Phonorecords III, Copyright Royalty Board, 84 FR 1918, 2034.

sich durch die TCC-Berechnung die Einnahmen der Rechteinhaber an Musikwerken erhöhen.[1232] Die Copyright Royalty Judges beabsichtigen mit der TCC-Berechnung, dass sich der Anteil der Lizenzgebühren für Tonaufnahmen an den gesamten Lizenzgebühren eines Musikstücks im Verhältnis zum Anteil der Lizenzgebühren für Musikwerke reduziert.[1233]

Im zweiten Schritt sind vom „All-In royalty pool" die Lizenzgebühren abzuziehen, die der Online-Dienst für die „performing rights" (etwa an die US-PRO) zu zahlen hat.[1234] Dies ergibt einen um die Kosten der „performing rights" bereinigten „All-In royalty pool".[1235]

Im dritten Schritt ist der „Payable royalty pool" zu ermitteln. Dies ist der Betrag, den ein Online-Dienst tatsächlich an alle Rechteinhaber für die Nutzung der Vervielfältigungsrechte an den Musikwerken zu bezahlen hat. Maßgeblich hierfür ist entweder der „All-In royalty pool" oder der Gesamtbetrag von 0,50 US-Dollar multipliziert mit der Anzahl der Abonnenten. Maßgeblich ist der Betrag, der größer ist.[1236] Bei den 0,50 US-Dollar je Abonnent handelt es sich um ein „Per-Subscriber"-Minimum, das auch als „Mechanical Floor" bezeichnet wird.[1237] Dieses Minimum erinnert an das Minimum im Rahmen der Tarifierung in Europa.[1238] Allerdings bezieht sich der „Mechanical Floor" nur auf die Nutzung des Musikwerks im Rahmen der Vervielfältigung und Verbreitung. Es verkörpert damit den Mindestwert, der nach Ansicht der Copyright Royalty Judges der Vervielfältigung und Verbreitung eines Musikwerks zukommt und der nicht durch Online-Dienste oder die Lizenzierung des Aufführungsrechts unterwandert werden darf.[1239]

Im vierten und letzten Schritt sind Lizenzgebühren pro Werk aufzuteilen und damit der konkrete Zahlbetrag eines Online-Diensts für jedes genutzte Musikwerk zu berechnen. Hierfür ist der „Payable Royalty Pool" durch die Gesamtanzahl an

1232 LaFrance, The Business, Entrepreneurship & Tax Law Review, Volume 2 (2018), 310, 321.

1233 Phonorecords III, Copyright Royalty Board, 84 FR 1918, 1934.

1234 Phonorecords III, Copyright Royalty Board, 84 FR 1918, 2035.

1235 Dies ist folgerichtig, da sich der in Schritt 1 beschriebene „All-In royalty pool" auf die Gesamtnutzung des Musikwerks bezieht, also die Nutzung von „performing rights" und „mechanical rights".

1236 Phonorecords III, Copyright Royalty Board, 84 FR 1918, 2035 f.

1237 Phonorecords III, Copyright Royalty Board, 84 FR 1918, 1930.

1238 Vgl. hierzu die Ausführungen unter § 11 A VI 3 b) und c).

1239 Phonorecords III, Copyright Royalty Board, 84 FR 1918, 1935. Die Copyright Royalty Judges führen insoweit aus: „The Mechanical Floor appropriately balances the Service's need for the predictability of an All-In rate with publishers' and songwriters' need for a failsafe to ensure that mechanical royalties will not vanish either through the actions of the Services or the PROs and the Rate Court."

„Plays" zu teilen. Dies ergibt die „per work royalty".[1240] Ein „Play" meint die Wiedergabe eines interaktiven Stream oder limitierten Downloads mit einer Dauer von 30 Sekunden oder mehr. Beträgt die Dauer des Streams weniger als 30 Sekunden, muss eine vollständige Wiedergabe eines Musikwerks erfolgen. Darüber hinaus werden nur Wiedergaben durch „menschliche Nutzer" eingerechnet.[1241]

Im Ergebnis soll diese Berechnungsmethode dazu führen, dass die Einnahmen der Urheber und Musikverlage für die Nutzung der Musikwerke signifikant steigen.[1242] Dabei enthält der Tarif zwei Elemente, die die Berechnung der Lizenzgebühren für die Nutzung von Musikwerken prägen: Auf erster Berechnungsstufe besteht eine prozentuale Beteiligung für die Gesamtnutzung des Musikwerks auf dem Online-Dienst. Auf zweiter Berechnungsstufe besteht mit dem „Mechanical Floor" ein „Per Subscriber"-Minimum für die Nutzung der Vervielfältigungs- und Verbreitungsrechte eines Musikwerks.

Diese beiden Elemente verknüpfen die Lizenzgebühren für „mechanical rights" und die Lizenzgebühren für „performing rights" miteinander. Dies wirkt sich auf zwei Ebenen außerhalb der Höhe der Lizenzgebühren für „mechnical rights" aus:

Zum einen wirken sich die Elemente auf die Gesamtsumme der Lizenzgebühren aus, die ein Online-Dienst für die Nutzung der Musikwerke zu zahlen hat. Diese Summe ist dabei vor allem von der Höhe der Lizenzgebühren für die Nutzung der „performing rights" abhängig. Denn der zunächst maßgebliche Zahlbetrag des „All-In royalty pool" sieht einen Abzug des Zahlbetrags für die „performing rights" vor. Nur wenn der aus dem „All-In royalty pool" errechnete Zahlbetrag den aus dem „Mechanical Floor" errechneten Zahlbetrag überschreitet, bildet der aus dem „All-In royalty pool" berechnete Zahlbetrag den Gesamtbetrag, die ein Online-Dienst für die Nutzung von Musikwerken zu zahlen hat.[1243] Dagegen kommt der „Mechanical Floor" als zusätzlich durch den Online-Dienst

1240 Phonorecords III, Copyright Royalty Board, 84 FR 1918, 2035.

1241 Phonorecords III, Copyright Royalty Board, 84 FR 1918, 2032f. Spielt ein einzelner Nutzer denselben Musiktitel mehr als 50 Mal in Folge ab, gelten alle Wiedergaben nach der 50. Wiedergabe als nicht von einem menschlichen Nutzer getätigt (vgl. Phonorecords III, Copyright Royalty Board, 84 FR 1918, 2033).

1242 Borgmann, The University of Denver Sports & Entertainment Law Journal, Volume 21 (2018), 19, 19.

1243 Für Musikverlage und Urheber kann dies vor allem in Fällen, in denen der Betrag des „All-In royalty pool" knapp über dem „Mechanical Floor" liegt, zu Einnahmeverlusten führen: Denn hohe Administrationskosten, die ASCAP und BMI von ihren Einnahmen vor Ausschüttung abziehen, können unter Umständen dazu führen, dass die Urheber und Musikverlage eine geringere Beteiligung aus der Nutzung ihrer Werke erhalten, als wenn eine Lizenzierung der Aufführungsrechte vollständig unterblieben wäre.

zu zahlendes Minimum für die Vervielfältigung und Verbreitung von Musikwerken solange zum Tragen, solange dessen Zahlbetrag höher ist als der sich aus dem „All-In royalty pool" ergebende Zahlbetrag.

Zum anderen wirken sich die Elemente auf die prozentuale Höhe der „Shares" aus, also der Aufteilung der Lizenzeinnahmen zwischen „performing right" und „mechanical right".[1244] Diese verändern sich je nach Höhe der Lizenzgebühren für die Nutzung der „performing rights": Kommt der nach dem „All-In royalty pool" berechnete Zahlbetrag zum Tragen, so definieren sich die Shares entsprechend des Anteils der für die Nutzung der „performing rights" zu zahlenden Lizenzsumme am Gesamtzahlbetrag. Kommt dagegen der nach dem „Mechanical Floor" berechnete Zahlbetrag zum Tragen, ergeben sich die Shares aus dem Verhältnis der Zahlbeträge für die „performing rights" und für die „mechanical rights".[1245]

2. Lizenzierung außerhalb des Anwendungsbereichs des § 115 US Copyright Act

Außerhalb des Anwendungsbereichs des § 115 US Copyright Act trifft der US Copyright Act keine Regelungen zur Lizenzierung von Vervielfältigungs- und Verbreitungsrechten.

Eine solche Lizenzierung erfolgt beispielsweise in Fällen, in denen der Zweck der Vervielfältigung und Verbreitung des Musikwerks nicht die Nutzung zu privaten Zwecken ist oder das Musikwerk im Rahmen eines audio-visuellen Werks genutzt werden soll.[1246] In der Praxis werden Lizenzen für diese Nutzungen nicht als eine „mechanical license" bezeichnet, sondern in zwei gesonderte Lizenzen eingeteilt:

Wird eine Lizenz zur Vervielfältigung eines Musikwerks zur Wiedergabe im Rahmen einer nicht-privaten Nutzung eingeräumt, so wird von einer „electrical transcription license" gesprochen. Diese Lizenz betrifft unter anderem Dienste, die Musik als Hintergrundmusik anbieten.[1247] Der Lizenznehmer erwirbt eine „electrical transcription license" typischerweise direkt vom Musikverlag. Dane-

---

1244 Für die Urheber und die Musikverlage ist dies deshalb relevant, weil Musikverlagsverträge oftmals eine unterschiedlich hohe Beteiligung des Urhebers für Einnahmen aus der Verwertung der „performing rights" und der „mechanical rights" vorsehen (vgl. hierzu die Ausführungen unter § 10 C).

1245 Eine grafische Darstellung der Tarifierung findet sich unter: https://www.harryfox.com/#/rate-charts (abgerufen am 09.04.2020).

1246 Vgl. hierzu die Ausführungen unter § 11 B IV 1 a).

1247 Kohn, Music Licensing, S. 989.

ben vergibt HFA für die sie beauftragenden Musikverlage eine solche Lizenz.[1248] Die Vertragsbedingungen, und damit insbesondere auch die Art der Berechnung der Lizenzgebühren sowie deren Höhe, sind Gegenstand von Verhandlungen.[1249]

Wird eine Lizenz zur Nutzung eines Musikwerks in einem audio-visuellen Werk eingeräumt, ist eine „synchronization license" zu erwerben. Die „synchronization license" gestattet es, das Musikwerk mit dem visuellen Werk zu synchronisieren und das audio-visuelle Werk zu vervielfältigen.[1250] Online Dienste können eine „synchronization license" direkt von den Musikverlagen erwerben.[1251] Zum Teil vergibt auch HFA solche Lizenzen für die sie beauftragenden Musikverlage.[1252] Auch hier sind die Bedingungen der Lizenz zwischen Musikverlagen und Online-Diensten frei verhandelbar.

V. Zusammenfassung

Auch in den USA ist die Lizenzierung, vor allem die Lizenzierung der einzelnen Verwertungsrechte, fragmentiert. In weiten Teilen der Lizenzierung besteht ein System, das die Monopolstellung der Rechteinhaber einschränkt.

Zunächst ist die Lizenzierung von „performing rights" und „mechanical rights" geteilt. Anders als in der EU[1253] umfasst eine Lizenz nicht einheitlich die Nutzung eines Werks durch den Online-Dienst. Vielmehr lizenziert ein Online-Dienst, der beide Rechte benötigt, diese Rechte regelmäßig getrennt in zwei verschiedenen Lizenzverträgen.

Die „performing rights" kann ein Online-Dienst entweder von den US-PRO oder den Musikverlagen oder von beiden erwerben. Soweit ein Online-Dienst sich dafür entscheidet, die „performing rights" nicht vollständig von den US-PRO zu lizenzieren, teilen sich die Lizenzgeber auf verschiedene Personen auf. Der Online-Dienst bestimmt den Lizenzgeber und damit die Art und Weise der Lizenzierung der „performing rights". Gegenwärtig besteht ein durch die „consent decrees" geschaffenes und durch die *Pandora*-Entscheidung des Court of Appeals, 2nd Circuit ausgeweitetes System, in dem die US-PRO und die Musikverlage in Konkurrenz zueinander treten. Durch dieses Konkurrenzsystem wird die Monopolstellung der Rechteinhaber faktisch aufgehoben.

1248 Kohn, Music Licensing, S. 1008.

1249 Kohn, Music Licensing, S. 996.

1250 Kohn, Music Licensing, S. 1013. Vgl. zum Synchronisationsrecht die Ausführungen unter § 7 B V.

1251 Kohn, Music Licensing, S. 1061 f.

1252 Kohn, Music Licensing, S. 891.

1253 Vgl. hierzu die Ausführungen unter § 11 A V 1.

Die „mechanical rights" sind in ihrer Lizenzierung geteilt. Soweit die Nutzung, wie dies beispielsweise bei Music-On-Demand-Streaming-Diensten der Fall ist, dem Anwendungsbereich des § 115 US Copyright Act unterfällt, kann ein Online-Dienst eine Zwangslizenz zu staatlich festgelegten Bedingungen erwerben. Durch die Zwangslizenz wird die Monopolstellung der Rechteinhaber stark eingeschränkt, da sie insbesondere die Hoheit über die Tarifierung verlieren. Die ab 01.01.2021 bestehende „blanket license", die die bisherigen Missstände, wonach ein Online-Dienst für jedes Musikwerk die einzelnen Rechteinhaber ausfindig machen muss, beseitigt, wird dies verstärken. Künftig wird das MLC und nicht ein Musikverlag die erste Anlaufstelle der Online-Dienste zur Lizenzierung der „mechanical rights" sein. Sollten die Musikverlage ihre Rechte weiterhin lizenzieren wollen, ist davon auszugehen, dass die Online-Dienste aufgrund ihrer Pflicht zur Finanzierung des MLC einen entsprechend reduzierten Tarif von den Musikverlagen verlangen werden. Das MMA schwächt insoweit auch die Position der Musikverlage bei der Lizenzierung der „mechanical rights" im Anwendungsbereich des § 115 US Copyright Act.

Außerhalb des Anwendungsbereichs des § 115 US Copyright Act bestimmen dagegen weiterhin die Musikverlage die Bedingungen der Lizenzierung der „mechanical rights", Synchronisationsrechte und die Rechte der graphischen Darstellung der Liedtexte. Es fehlen insoweit gesetzliche Vorgaben zur Lizenzierung dieser Rechte, die die Monopolstellung der Rechteinhaber einschränken würde.

VI. Zusammenfassender Vergleich zur Lizenzierung in der EU und in den USA

Zusammengefasst lassen sich bei der Lizenzierung von Kompositionen und Liedtexten in der EU und in den USA drei erhebliche Unterschiede feststellen.

Erstens unterscheidet sich die Wahrnehmung von „performing rights" und „mechanical rights": In der EU erfolgt eine einheitliche Lizenzierung von „performing rights" und „mechanical rights", während in den USA diese Rechte getrennt lizenziert werden. Dieser Unterschied lässt sich zum einen dadurch erklären, dass § 115 US Copyright Act in den USA eine Zwangslizenz für bestimmte Fälle der Lizenzierung von Vervielfältigungs- und Verbreitungsrechten vorsieht. Eine vergleichbare Zwangslizenz gibt es im Unionsrecht nicht. Zum anderen beschränkt sich der Aufgabenbereich der US-PRO auf die Wahrnehmung der „performing rights". Eine den US-PRO vergleichbare Gesellschaft für „mechanical rights" gibt es in den USA nicht. Dagegen bestehen in der EU Verwertungsgesellschaften zur Wahrnehmung beider Rechte, auch wenn die Wahrnehmung nicht immer durch dieselbe Gesellschaft erfolgt.

Zweitens unterscheidet sich die Art der Zersplitterung des Markts der Lizenzierung von Rechten an Kompositionen und Liedtexten: In der EU ist der Markt zunächst danach geteilt, ob ein Online-Dienst Rechte von der nationalen Verwertungsgesellschaft für deren Territorium lizenziert oder multi-territoriale Rechte erwirbt. Die Lizenzierung multi-territorialer Rechte ist zwischen angloamerikanischem Repertoire und dem Repertoire kontinental-europäischer Verwertungsgesellschaften geteilt. Das anglo-amerikanische Repertoire wird von Musikverlagen beziehungsweise von ihnen beauftragten Gesellschaften zur kollektiven Rechtewahrnehmung lizenziert. Das Repertoire kontinental-europäischer Verwertungsgesellschaften wird durch die einzelnen Gesellschaften lizenziert. Dieses Repertoire wird nur teilweise multi-territorial für das Gebiet der EU lizenziert. Nur wenige multi-territorial lizenzierende Verwertungsgesellschaften lizenzieren ihr Repertoire nicht selbst, sondern durch beauftragte Gesellschaften zur kollektiven Rechtewahrnehmung wie zum Beispiel „ICE“. Dadurch müssen sich Lizenznehmer an eine Vielzahl von Lizenzgebern wenden.

In den USA finden sich keine Unterschiede in der Art der Lizenzierung der einzelnen Online-Dienste. Auch gibt es keine Unterschiede nach der Art des Repertoires. Im Bereich der „performing rights“ ist einer Zersplitterung des Markts der Lizenzgeber durch die Lizenzierung der US-PRO entgegengewirkt. Im Bereich der „mechanical rights“ wird im Anwendungsbereich des § 115 US Copyright Act die Zersplitterung des Markts der Lizenzgeber durch die Reform des § 115 US Copyright Act zumindest teilweise gelöst. Im Anwendungsbereich des § 115 US Copyright Act können Online-Dienste ab dem 01.01.2021 eine Zwangslizenz von einer zentralen Stelle erwerben. Außerhalb des Anwendungsbereichs des § 115 US Copyright Act bleibt es dabei, dass sich Online-Dienste an eine Vielzahl potentieller Rechteinhaber zur Lizenzierung der Rechte an Kompositionen und Liedtexten wenden müssen.

Drittens unterscheidet sich die Lizenzierung in der „Exklusivität der Rechte“: In der EU können Lizenznehmer Rechte immer nur von einem Lizenzgeber erwerben, der die Rechte exklusiv hält. Ein Lizenzgeber hat daher eine Monopolstellung über die Rechte in seinem Repertoire. Diese Monopolstellung ist durch die Regelungen der VG-Richtlinie beschränkt, soweit der Lizenzgeber eine Verwertungsgesellschaft oder eine abhängige Verwertungseinrichtung ist. In den USA haben Lizenznehmer im Bereich der „performing rights“ ein Wahlrecht, ob sie die „performing rights“ von einer US-PRO oder einem Musikverlag erwerben. Im Anwendungsbereich des § 115 US Copyright Act ist die Monopolstellung der Rechteinhaber durch das Bestehen einer Zwangslizenz sogar gänzlich aufgehoben.

Zusammenfassung in 100 Thesen

1. Inhalt und Umfang des Urheberrechts, der Verwertungsrechte und der Nutzungsrechte an Kompositionen und Liedtexten richten sich aufgrund des Territorialitätsprinzips nach dem jeweiligen Recht des Staates, für den Schutz ersucht wird (sog. Schutzlandprinzip).
2. Während das Urheberrecht den Schöpfer eines Werks in den Mittelpunkt stellt, liegt der Schwerpunkt des US Copyrights auf der Verbreitung von Werken.
3. Sowohl nach deutschem Recht als auch nach US Recht ist grundsätzlich der Schöpfer eines Werks der Inhaber des Urheberrechts bzw. des Copyrights. Ein anderes gilt auch im US Recht nur dann, wenn ausnahmsweise ein Auftragswerk geschaffen wird.
4. Bei Musikstücken ist zwischen den Rechten an der Komposition und dem Liedtext sowie den Rechten an der jeweiligen Aufnahme zu unterscheiden.
5. Die Komposition und der Liedtext sind im deutschen Recht jeweils eigenständige Werke: Der Komponist hält das Urheberrecht an der Komposition (§ 2 Abs. 1 Nr. 2 UrhG) und der Textdichter hält das Urheberrecht am Liedtext (§ 2 Abs. 1 Nr. 1 UrhG).
6. Die Komposition und der Liedtext sind im US Recht als einheitliches Musikwerk (§ 102(a)(2) US Copyright Act) geschützt, wenn der Text für die Musik geschrieben wurde. Dem Komponisten und dem Textdichter steht ein einheitliches Copyright am Musikwerk zu.
7. Dem Bearbeiter einer Komposition oder eines Liedtexts können sowohl nach deutschem Recht als auch nach US Recht ein Urheberrecht bzw. ein Copyright an der Bearbeitung zustehen.
8. Werden Komposition und Liedtext aufgenommen, stehen im deutschem Recht dem Interpreten und dem Tonträgerhersteller jeweils eigene Leistungsschutzrechte zu (§§ 73, 85 UrhG). Dagegen steht im US Recht dem Interpreten und dem Produzenten ein einheitliches Copyright an der Tonaufnahme zu (§ 102(a)(7) US Copyright Act).
9. Musikverlage sind weder nach deutschem Recht noch nach US Recht ohne vertragliche Rechteeinräumung durch den Schöpfer eines Werks Inhaber von Rechten an Komposition oder Liedtext.
10. Die Verwertung von Komposition und Liedtext einerseits und der Aufnahme andererseits erfolgt getrennt: Im Online-Bereich verwerten Gesellschaften zur kollektiven Rechtewahrnehmung und Musikverlage Komposition und Liedtext, während die Verwertung der Aufnahmen durch die Plattenfirmen erfolgt.

https://doi.org/10.1515/9783110735789-004

11. Im Fall der Miturheberschaft ist für das Rechtsverhältnis im Innenverhältnis zwischen den Miturhebern die Rechtsordnung maßgeblich, zu der die Miturheber die engste Verbindung aufweisen. Es gilt das „Miturheberstatut".
12. Im Geltungsbereich des deutschen UrhG entsteht Miturheberschaft nach § 8 UrhG durch das gemeinsame Schaffen von Komposition oder Liedtext. Werden Liedtext und Komposition zusammengeführt, handelt es sich um eine Werkverbindung nach § 9 UrhG.
13. Im Geltungsbereich des US Copyright Act entsteht Miturheberschaft sowohl durch das gemeinsame Schaffen von Komposition oder Liedtext als auch durch die Verbindung von Komposition und Liedtext.
14. Nach deutschem UrhG dürfen Miturheber über die Verwertung des Gemeinschaftswerks nur gemeinsam und einstimmig beschließen, es sei denn, sie haben eine abweichende vertragliche Regelung getroffen. Auch innerhalb einer Werkverbindung können die Urheber verbundener Werke über die Verwertung nur gemeinschaftlich und unter vorheriger Zustimmung aller Urheber beschließen, soweit es um Entscheidungen geht, die die Werke in ihrer Verbindung betreffen.
15. Nach den richterrechtlichen Grundsätzen zum US Recht dürfen Miturheber das Gemeinschaftswerk insoweit alleine verwerten, als sie nicht in die Rechte der anderen Miturheber eingreifen. Miturheber dürfen nicht-exklusive Lizenzen am Gemeinschaftswerk einräumen, ihren Anteil am Gemeinschaftswerk übertragen und ein vom Gemeinschaftswerk abgeleitetes Werk schaffen, sofern keine abweichenden vertraglichen Regelungen zwischen den Miturhebern getroffen wurden.
16. Sowohl nach § 16 UrhG als auch nach § 106(1) US Copyright Act kann ein Werk auch digital vervielfältigt werden. Allerdings muss die Vervielfältigung nach § 106(1) US Copyright Act eine gewisse Dauerhaftigkeit aufweisen, während § 16 Abs. 1 UrhG jede noch so kurzlebige Vervielfältigung eines Werks erfasst.
17. Bei Wiedergaben von Werken im Internet differenziert das deutsche UrhG zwischen dem Recht zur öffentlichen Zugänglichmachung nach § 19a UrhG und dem Senderecht nach § 20 UrhG. § 19a UrhG erfasst das Vorhalten eines Werks zum Abruf durch die Öffentlichkeit. § 20 UrhG umfasst das Übertragen eines Werks durch einen Sendenden, auf dessen Programm der Empfänger keinen Einfluss nehmen kann.
18. Der US Copyright Act enthält keine ausdrückliche Normierung des Rechts zur öffentlichen Zugänglichmachung und des Senderechts.
19. Nach § 106(3) US Copyright Act kann ein Werk digital verbreitet werden. Wird ein Musikwerk an einen Dritten dauerhaft übertragen (gleich der Veräußerung einer CD) oder einem Dritten vorübergehend zugänglich ge-

macht (gleich der Miete oder Leihe einer CD), ist das Verbreitungsrecht des § 106(3) US Copyright Act betroffen.

20. Nach § 106(4) US Copyright Act kann ein Werk im Internet öffentlich aufgeführt werden. Die Regelung erfasst unterschiedslos alle tatsächlichen Aufführungen von Musikwerken durch Online-Dienste. Sowohl Sendungen als auch sonstige tatsächliche Wiedergaben von Musikwerken sind Aufführungen eines Werks.
21. Im Geltungsbereich des deutschen UrhG können Urheber- und Verwertungsrechte nicht übertragen werden. Die Verwertung erfolgt durch die Einräumung von Nutzungsrechten.
22. Nutzungsrechte können nicht grenzenlos aufgespalten werden. Die einzelne Nutzungsart bildet die Untergrenze der vertraglichen Abrede.
23. Eine einzelne Nutzungsart ist etwa die Online-Vervielfältigung, die Kostenfreiheit eines Angebots, die Kostenpflichtigkeit eines Angebots, das Angebot von Musik-Downloads im Rahmen eines Einzelerwerbs, das Angebot von Musik-Downloads im Rahmen eines Abonnements, das Streamen von Musik im Rahmen eines internetgebundenen Zugriffs oder das Streamen von Musik ohne dauerhafte Internetverbindung (sog. „Offline"-Streaming).
24. Im Geltungsbereich des US Copyright Act können das Copyright oder Anteile des Copyrights und Rechte des § 106 US Copyright oder Teile dieser Rechte auf Dritte übertragen werden.
25. Das Copyright und die Rechte des § 106 US Copyright Act können beliebig klein unterteilt werden. Die Teile der Rechte des § 106 US Copyright Act müssen lediglich definierbar sein.
26. Die Übertragung des Copyrights bedarf nach § 204(a) US Copyright Act der Schriftform und unterliegt damit einem allgemeinen Formzwang.
27. Im deutschen UrhG gilt der Grundsatz der Formfreiheit bei der Einräumung von Nutzungsrechten. Nur in den Fällen der § 31a Abs. 1 Satz 1 UrhG und § 40 Abs. 1 Satz 1 UrhG hat die Einräumung zum Schutz des Urhebers schriftlich zu erfolgen.
28. Die Schriftform des § 204(a) US Copyright Act kann durch einen digitalen Vertragsschluss gewahrt werden. Dies ist im deutschen Recht aufgrund des § 126 BGB nicht möglich.
29. Eine kollektive Rechtewahrnehmung von Kompositionen und Liedtexten im Online-Bereich erfolgt durch Verwertungsgesellschaften, abhängige Verwertungseinrichtungen und unabhängige Verwertungseinrichtungen.
30. Verwertungsgesellschaften unterliegen in Deutschland spezialgesetzlichen Normen, während sie in den USA den allgemeinen Regelungen des Kartellrechts unterliegen.

31. In der EU setzt die rechtliche Stellung als Verwertungsgesellschaft voraus, dass die Gesellschaft von ihren Mitgliedern gehalten wird oder nicht auf Gewinnerzielung ausgerichtet ist.
32. In der EU sind Verwertungsgesellschaften „geduldete Monopole".
33. Aufgrund ihrer faktischen Monopolstellung unterliegen Verwertungsgesellschaften in der EU einem Kontrahierungszwang gegenüber Rechtsinhabern und Nutzern, festen Regelungen über die Verteilung von Einnahmen sowie umfangreichen Berichtspflichten.
34. In den USA ist zwischen den US-PRO einerseits und HFA andererseits zu unterscheiden: Während die US-PRO Aufführungsrechte im eigenen Namen wahrnehmen, ist HFA ein Makler, der im Namen der Musikverlage mechanische Rechte lizenziert.
35. Es gibt gegenwärtig vier US-PRO: ASCAP, BMI, SESAC und GMR. Sie können auf Gewinnerzielung ausgerichtet sein und müssen hierfür nicht von ihren Mitgliedern gehalten werden.
36. Nur ASCAP und BMI unterliegen in „consent decrees" Regelungen, die vergleichbar zu den gesetzlichen Vorschriften in der EU sind. Allerdings sind ASCAP und BMI hinsichtlich der Verteilung von Einnahmen an Urheber und Musikverlage weitgehend unreguliert.
37. Verwertungsgesellschaften halten eigenes und fremdes Repertoire. Eigenes Repertoire erhalten Verwertungsgesellschaften über Wahrnehmungsverträge mit Rechteinhabern, fremdes Repertoire über Gegenseitigkeitsverträge mit ausländischen Verwertungsgesellschaften.
38. In der EU können Rechtsinhaber eine Verwertungsgesellschaft frei wählen, die wahrzunehmenden Rechte und das wahrzunehmende Territorium frei bestimmen. Dagegen können Rechtsinhaber nicht die wahrzunehmenden Werke frei bestimmen oder auf die Wahrnehmung nicht-exklusiver Rechte bestehen.
39. Die GEMA erhält bei unbeschränkter Rechteeinräumung vom Rechtsinhaber alle Nutzungsrechte, die zur Lizenzierung von Musik-Download-Angeboten und Musik-Streaming-Angeboten benötigt werden, weltweit und exklusiv.
40. In den USA können Rechteinhaber die US-PRO frei wählen. Den Wahrnehmungsvertrag einer US-PRO können sie nicht beschränken.
41. ASCAP, BMI und SESAC erhalten von ihren Mitgliedern ausschließlich das Recht zur öffentlichen Aufführung (sog. „performing right").
42. ASCAP, BMI und SESAC halten die „performing rights" im Gebiet der USA nur nicht-exklusiv. Außerhalb der USA halten BMI und SESAC die „performing rights" exklusiv. ASCAP hält die Rechte zwar nicht-exklusiv, lässt aber eine Lizenzierung durch seine Mitglieder in Zusammenarbeit mit einer anderen Gesellschaft zur kollektiven Rechtewahrnehmung nicht zu.

43. Verwertungsgesellschaften nehmen traditionell das eigene Repertoire nur im eigenen Territorium wahr. Die Wahrnehmung im Ausland erfolgt durch die lokale Verwertungsgesellschaft aufgrund von Gegenseitigkeitsverträgen. Ein anderes gilt nur für den Bereich der multi-territorialen Online-Lizenzierung.
44. Abhängige Verwertungseinrichtungen sind Gesellschaften, die von einer Verwertungsgesellschaft ganz oder teilweise gehalten werden und die die Tätigkeit einer Verwertungsgesellschaft ausüben.
45. Abhängige Verwertungseinrichtungen unterliegen denselben Rechten und Pflichten wie die sie haltenden Verwertungsgesellschaften.
46. Unabhängige Verwertungseinrichtungen sind Gesellschaften, die von ihren Mitgliedern und von Verwertungsgesellschaften unabhängig sind und auf Gewinnerzielung ausgerichtet sind.
47. Unabhängige Verwertungseinrichtungen sind faktisch unreguliert.
48. Musikverlage sind keine Gesellschaften zur kollektiven Rechtewahrnehmung. Sie sind die Verbindung zwischen Urhebern und Gesellschaften zur kollektiven Rechtewahrnehmung.
49. Der Markt der Musikverlage wird dominiert von den „Big 5“: BMG Rights Management, Kobalt Music, Sony/ATV Music Publishing, Universal Music Publishing und Warner/Chappel Music.
50. Deutsche Musikverlage halten keine Nutzungsrechte, die zur Lizenzierung von Musik-Download-Angeboten und Musik-Streaming-Angeboten benötigt werden.
51. US-amerikanische Musikverlage können ausschließlich über das Vervielfältigungsrecht frei verfügen.
52. Die US-amerikanischen Musikverlage haben ihre Subverlagsverträge insoweit gekündigt, als sie ihre Online-Vervielfältigungsrechte selbst wahrnehmen bzw. Gesellschaften zur kollektiven Rechtewahrnehmung mit der Wahrnehmung betrauen.
53. Die Beteiligung zahlreicherer Musikverlage und Urheber an einem Werk, das in den USA geschaffen ist, führt regelmäßig zum Phänomen des „Split-Copyrights“. Das Copyright ist zwischen Musikverlagen und Urhebern aufgeteilt.
54. Es gibt regelmäßig keine „Split-Copyrights“ an Werken, die in Deutschland geschaffen sind. Das Urheberrecht ist nicht teilbar.
55. Musikwerke werden im Gebiet der EU teilweise multi-territorial lizenziert, während das Gebiet der USA gegenwärtig nicht Teil einer multi-territorialen Lizenz ist.

56. In der EU erwerben Rundfunksender, Video-On-Demand-Dienste und rein national tätige Musik-Dienste eine mono-territoriale Lizenz bei der lokalen Verwertungsgesellschaft.
57. Multi-territorial aktive Musik-On-Demand-Streaming und Download-Dienste werden in der EU multi-territorial lizenziert.
58. Im Rahmen der multi-territorialen Lizenzierung ist zwischen dem anglo-amerikanischen Repertoire und dem kontinentaleuropäischen Repertoire zu unterscheiden.
59. Die Musikverlage lizenzieren und administrieren das anglo-amerikanische Repertoire in Zusammenarbeit mit Gesellschaften zur kollektiven Rechtewahrnehmung. Nur Gesellschaften zur kollektiven Rechtewahrnehmung verfügen über Datenbanken und die technische Infrastruktur, die zur multiterritorialen Lizenzierung benötigt werden.
60. Im Rahmen des anglo-amerikanischen Repertoires lizenzieren die Musikverlage nicht nur die Online-Vervielfältigungsrechte, soweit sie diese halten. Die US-PRO und weitere anglo-amerikanische Verwertungsgesellschaften räumen den Musikverlagen die zu den Online-Vervielfältigungsrechten gehörigen „performing rights" ein (sog. „Matching Performing Rights").
61. Das kontinentaleuropäische Repertoire lizenzieren und administrieren ausschließlich Gesellschaften zur kollektiven Rechtewahrnehmung. Musikverlage halten keine Online-Vervielfältigungsrechte an diesem Repertoire.
62. Die Lizenzierung des kontinentaleuropäischen Repertoires ist gespalten: Einige Verwertungsgesellschaften lizenzieren ihr Repertoire multi-territorial bzw. lassen es von Lizenzierungsplattformen multi-territorial lizenzieren. Andere Verwertungsgesellschaften lizenzieren ihr Repertoire nur im eigenen Territorium und lassen es in den übrigen Gebieten von den jeweiligen lokalen Verwertungsgesellschaften aufgrund bestehender Gegenseitigkeitsverträge mono-territorial wahrnehmen.
63. Lizenznehmer können im Rahmen der multi-territorialen Lizenzierung in der EU nicht nachvollziehen, welcher Lizenzgeber welche Kompositionen und Liedtexte repräsentiert.
64. In der EU räumen Gesellschaften zur kollektiven Rechtewahrnehmung den Online-Diensten die Nutzungsrechte zur Vervielfältigung und öffentlichen Wiedergabe zusammen ein.
65. In der EU können Online-Dienste von Gesellschaften zur kollektiven Rechtewahrnehmung deren Repertoire nur vollständig erwerben.
66. In der EU haben Verwertungsgesellschaften und abhängige Verwertungseinrichtungen für gleichartige Online-Dienste gleichartige Tarife aufzustel-

len und durchzusetzen. Eine Ausnahme besteht für neuartige Online-Dienste.

67. In der EU haben Verwertungsgesellschaften und abhängige Verwertungseinrichtungen angemessene Tarife aufzustellen.
68. In Deutschland sehen Tarife eine prozentuale Beteiligung am Umsatz eines Online-Diensts (sog. Regelvergütung) und eine Mindestvergütung vor. Der Online-Dienst hat den Betrag zu bezahlen, der höher ist.
69. Die Mindestvergütung stellt eine „Grundsicherung“ dar: Sie soll Urheber vor der wirtschaftlichen Entwertung ihrer Werke schützen.
70. Prozentuale Beteiligung und Mindestvergütung werden anteilig berechnet. Gesellschaften zur kollektiven Rechtewahrnehmung werden entsprechend ihres Anteils an der Gesamtzahl der Streams eines bestimmten Angebots in einem bestimmten Territorium vergütet.
71. In den USA benötigen nicht alle Online-Dienste eine Lizenz an den „performing rights“ und an den „mechanical rights“.
72. In den USA erwerben Musik-On-Demand-Download-Dienste nur eine Lizenz an den „mechanical rights“.
73. In den USA erwerben Musik-On-Demand-Streaming-Dienste, die ihr Angebot ausschließlich linear verbreiten, nur eine Lizenz an den „performing rights“.
74. In den USA erwerben Musik-On-Demand-Streaming-Dienste, die ihr Angebot nicht-linear und damit interaktiv verbreiten, eine Lizenz an den „performing rights“ und an den „mechanical rights“.
75. In den USA werden „performing rights“ und „mechanical rights“ an Musikwerken getrennt voneinander lizenziert.
76. Die „performing rights“ an Musikwerken können Online-Dienste entweder von den US-PRO oder den Musikverlagen erwerben. Online-Dienste haben ein Wahlrecht.
77. Musikverlage und US-PRO lizenzieren nur die Anteile an den „performing rights“, soweit sie diese halten (sog. „fractional licensing“).
78. Die US-PRO bieten vier verschiedene Lizenztypen an: Pauschallizenzen (sog. „blanket licenses“), „Pro-Programm“-Lizenzen (sog. „per-program licenses“), „Pro-Bereich“-Lizenzen (sog. „per-segment licenses“) und „Through-to-the-audience“-Lizenzen.
79. Die Pauschallizenz ermöglicht einem Online-Dienst eine vollständige Nutzung des Repertoires einer US-PRO, wobei der Online-Dienst im Gegenzug eine Pauschalvergütung zu zahlen hat.
80. Die „Pro-Programm“-Lizenz und die „Pro-Bereich“-Lizenz ermöglicht einem Online-Dienst eine vollständige Nutzung des Repertoires einer US-PRO, wobei der Online-Dienst eine von der tatsächlichen Nutzung abhängige Vergütung zu zahlen hat.

81. Die „Through-to-the-audience“-Lizenz ermöglicht einem Online-Dienst die lizenzfreie Weiterübertragung einer bereits einmal lizenzierten Aufführung eines Musikwerks.
82. ASCAP und BMI haben aufgrund der Vorschriften in den jeweiligen „consent decrees“ verschiedene Lizenztypen anzubieten. SESAC hat sich hierzu in gerichtlichen Vergleichen gegenüber der Radio- und Fernsehindustrie verpflichtet.
83. Die US-PRO verhandeln mit den Lizenznehmern über die Lizenzgebühren. Es gibt kein System der Tarifierung.
84. Können sich ASCAP oder BMI mit einem potentiellen Lizenznehmer nicht auf eine Vergütung einigen, können ASCAP, BMI oder der potentielle Lizenznehmer ein gerichtliches Verfahren zur Festsetzung angemessener Lizenzgebühren einleiten (sog. „rate court“).
85. SESAC hat sich gegenüber der Radio- und Fernsehindustrie zur Durchführung eines Schiedsgerichtsverfahrens verpflichtet, wenn keine Einigung über die Vergütung erzielt werden kann.
86. Das Wahlrecht der Online-Dienste, ob sie die „performing rights“ von den Musikverlagen oder den US-PRO erwerben, besteht fort. Eine Teilkündigung der ASCAP und BMI Wahrnehmungsverträge durch die Musikverlage, um bestimmte Online-Dienste ausschließlich selbst zu lizenzieren, ist nach der Rechtsprechung unzulässig.
87. Bei der Lizenzierung der „mechanical rights“ an Musikwerken ist zwischen Angeboten von Online-Diensten im Anwendungsbereich des § 115 US Copyright Act und außerhalb dessen Anwendungsbereich zu unterscheiden.
88. § 115 US Copyright Act ermöglicht den Erwerb einer Zwangslizenz für bestimmte Angebote.
89. Vom Anwendungsbereich des § 115 US Copyright Act sind keine „dramatischen Musikwerke“ erfasst. Der Erwerb einer Zwangslizenz an Musikwerken aus Opern oder Musicals ist ausgeschlossen.
90. Vom Anwendungsbereich des § 115 US Copyright Act ist nicht die Vervielfältigung des Liedtexts erfasst. Der Erwerb einer Zwangslizenz zur grafischen Wiedergabe eines Liedtexts ist ausgeschlossen.
91. Vom Anwendungsbereich des § 115 US Copyright Act ist nur die Vervielfältigung von Tonträgern und digitalen Tonträgerübermittlungen erfasst. Der Erwerb einer Zwangslizenz zur Wiedergabe eines Musikwerks als Teil eines audio-visuellen Werks ist ausgeschlossen.
92. Vom Anwendungsbereich des § 115 US Copyright Act ist nur die Vervielfältigung und Verbreitung des Musikwerks zur Nutzung des Konsumenten zu privaten Zwecken erfasst. Der Erwerb einer Zwangslizenz zur gewerbsmäßigen Nutzung durch den Konsumenten ist ausgeschlossen.

93. Online-Dienste können bis zum 01.01.2021 eine Zwangslizenz nur an jedem Musikwerk einzeln und gesondert erwerben.
94. Musik-On-Demand-Download-Dienste erwerben bislang eine Lizenz an den „mechanical rights“ zusammen mit den Rechten an den Tonträgern von den Plattenfirmen (sog. „Pass-Through“-Lizenz).
95. Ab dem 01.01.2021 können Online-Dienste eine Pauschallizenz an den „mechanical rights“ von einer zentralen Einrichtung, der Mechanical License Collective (MLC), erwerben.
96. Die Pauschallizenz schützt den Erwerber vor Verletzungsklagen. Im Gegenzug verpflichtet die Pauschallizenz den Erwerber zur Zahlung der durch die „Copyright Royalty Judges“ festgelegten Lizenzgebühren, zum Versand von Nutzungsberichten und zur Tragung der Verwaltungskosten des MLC.
97. Ein Online-Dienst kann alternativ eine „freiwillige Lizenz“ oder eine „individuelle Download-Lizenz“ erwerben, bleibt aber ab einer gewissen Größe zum Versand von Nutzungsberichten an das MLC und zur Tragung der Verwaltungskosten des MLC verpflichtet.
98. Das MLC ist in der Struktur ähnlich zu europäischen Verwertungsgesellschaften und wird durch ein staatlich beauftragtes Unternehmen betrieben.
99. Das MLC hat neben der Administration der Zwangslizenz die Aufgabe, eine umfassende Datenbank aufzubauen und zu unterhalten.
100. Lizenzen an den „mechanical rights“ außerhalb des Anwendungsbereichs des § 115 US Copyright Act werden durch die Musikverlage entweder direkt oder über die HFA eingeräumt. Es gibt keine gesetzlichen Regelungen.

Abkürzungsverzeichnis

ABC	American Broadcasting Company
AEUV	Vertrag über die Arbeitsweise der Europäischen Union
AKM	AKM Autoren, Komponisten und Musikverleger registrierte Genossenschaft mit beschränkter Haftung
ARESA	Anglo-American Rights European Service Agency
ASCAP	American Society of Composers, Authors and Publishers
Austro Mechana	AUSTRO-MECHANA Gesellschaft zur Wahrnehmung mechanisch-musikalischer Urheberrechte
BIEM	Bureau International des Sociétés Gérant les Droits d'Enregistrement et de Reproduction Mécanique
CBS	Columbia Broadcasting System
CISAC	Confédération Internationale des Sociétés d'Auteurs et Compositeurs
GEMA	Gesellschaft für musikalische Aufführungs- und mechanische Vervielfältigungsrechte
GMR	Global Music Rights
GVL	Gesellschaft zur Verwertung von Leistungsschutzrechten
HFA	The Harry Fox Agency
IFPI	International Federation of the Phonographic Industry
IMRO	Irish Music Rights Organisation
MCPS	Mechanical Copyright Protection Society
MMA	The Orrin G. Hatch–Bob Goodlatte Music Modernization Act
MLC	The Mechanical Licensing Collective
NBC	National Broadcasting Company
NCB	Nordisk Copyright Bureau
NMPA	National Music Publishers' Association
PRS	Performing Right Society
PRSfM	Performing Right Society for Music
RBÜ	Revidierte Berner Übereinkunft zum Schutz von Werken der Literatur und Kunst vom 9.9. 1886 in der Pariser Fassung vom 24. 7.1971
SABAM	Belgische Vereniging van Auteurs, Componisten en Uitgevers
SACEM	Société des Auteurs, Compositeurs et Éditeurs de Musique
SDRM	Société pour l'administration du droit de reproduction mécanique des auteurs, compositeurs et éditeurs
SESAC	SESAC Performing Rights
SIAE	Società Italiana degli Autori ed Editori
SGAE	Sociedad General de Autores y Editores
SOLAR	SOLAR Music Rights Management
SPA	Sociedade Portuguesa de Autores
STIM	Svenska Tonsättares Internationella Musikbyra
SUISA	Schweizerische Gesellschaft für die Rechte der Urheber musikalischer Werke
TEOSTO	Säveltäjäin Tekijänoikeustoimisto
TONO	Norsk Komponistforenings internasjonale musikkbyrå
TRIPS	Agreement on Trade-Related Aspects of Intellectual Property Rights, Including Trade in Counterfeit Goods vom 15.4.1994

https://doi.org/10.1515/9783110735789-005

UrhG	Gesetz über Urheberrecht und verwandte Schutzrechte vom 9.9.1965
UrhWG	Gesetz über die Wahrnehmung von Urheberrechten und verwandten Schutzrechten vom 9.9.1965
US Copyright Act	17 United States Code, Title 17 – Copyrights
US-PRO	US Performing Rights Organizations
VerlG	Gesetz über das Verlagsrecht vom 19.6.1901
VG-Richtlinie	Richtlinie 2014/26/EU des Europäischen Parlaments und des Rates vom 26. Februar 2014 über die kollektive Wahrnehmung von Urheber- und verwandten Schutzrechten und die Vergabe von Mehrgebietslizenzen für Rechte an Musikwerken für die Online-Nutzung im Binnenmarkt
WCT	WIPO Copyright Treaty vom 20.12.1996
WIPO	World Intellectual Property Organization
WPPT	WIPO Performances and Phonograms Treaty vom 20.12.1996

Im Übrigen wird verwiesen auf: Kirchner, Hildebert (Begr.), Abkürzungsverzeichnis der Rechtssprache, 9. Auflage, Berlin/Boston 2018.

Literaturverzeichnis

Abdo, Kenneth / Abdo, Jacob, What you need to know about the Music Modernization Act, Entertainment & Sports Lawyer, Volume 35 (2019), S. 5.

Ahlberg, Hartwig, Ist der Musikverleger noch Verleger?, in: Jacobs, Rainer / Papier, Hans-Jürgen / Schuster, Peter-Klaus (Hrsg.), Festschrift für Peter Raue zum 65. Geburtstag am 4. Februar 2006, Berlin 2006, S. 353.

Ahlberg, Hartwig / Götting, Horst-Peter (Hrsg.), Möhring/Nicolini, Urheberrecht, UrhG, KUG, VerlG, VGG, Kommentar, 4. Auflage, München 2018.

Apel, Simon, Der ausübende Musiker im Recht Deutschlands und der USA, Tübingen 2011.

Arnold, Michelle E., A Matter of (Anti) Trust: The Harry Fox Agency, the Performance Rights Societies, and Antitrust Litigation, Temple Law Review, Volume 81 Issue 4 (Winter 2008), S. 1169.

Bäcker, Kerstin, Die Rechtsstellung der Leistungsschutzberechtigten im digitalen Zeitalter, Am Beispiel der Auswertung von Tonaufnahmen im Internet aus Sicht der Tonträgerhersteller, Berlin 2005.

Von Becker, Bernhard, Rechtsprobleme bei Mehr-Autoren-Werkverbindungen, ZUM 2002, S. 581.

Bisges, Marcel (Hrsg.), Handbuch Urheberrecht, 1. Auflage, Berlin 2016.

Borgmann, Callie P., The Future of Streaming Music: The Music Modernization Act and New Copyright Royalties Regulations, The University of Denver Sports & Entertainment Law Journal, Volume 21 (2018), S. 19.

Brabec, Todd, The Performance Right – A World in Transition, Mitchell Hamline Law Review, Volume 42 Issue 1 (2016), S. 16.

Brenner, Daniel, „Gently Down the Stream“: When Is an Online performance Public Under Copyright?, Berkeley Technology Law Journal, Volume 28 Issue 2 (2013), S. 1167.

Bodewig, Theo, USA, in: Beier, Friedrich-Karl / Götting, Horst-Peter / Lehmann, Michael / Moufang, Rainer (Hrsg.), Urhebervertragsrecht, Festgabe für Gerhard Schricker zum 60. Geburtstag, München 1995, S. 833.

Busch, Thomas, Zur urheberrechtlichen Einordnung der Nutzung von Streamingangeboten, GRUR 2011, S. 496.

Büscher, Mareile / Müller, Judith, Urheberrechtliche Fragestellungen des Audio-Video-Streamings, GRUR 2009, S. 558.

Castendyk, Oliver, Senderecht und Internet, in: Hilty, Reto / Drexl, Josef / Nordemann, Wilhelm (Hrsg.), Schutz von Kreativität und Wettbewerb, Festschrift für Ulrich Loewenheim zum 75. Geburtstag, München 2009, S. 31.

Cohan, Timothy A., Ghost in the Attic: The Notice of Intention to Use and the Compulsory License in the Digital Era, Columbia Journal of Law & the Arts, Volume 33 (2010), S. 499.

Dimont, Joseph, Royalty Inequity: Why Music Streaming Services Should Switch to a Per-Subscriber Model, Hastings Law Journal, Volume 69 (2018), S. 675.

Donhauser, Daniela, Der Begriff der unbekannten Nutzungsart gemäß § 31 Abs. 4 UrhG, Baden-Baden 2001.

Dreier, Thomas / Schulze, Gernot, UrhG, Urheberrechtsgesetz, Verwertungsgesellschaftengesetz, Kunsturhebergesetz, Kommentar, 6. Auflage, München 2018.

https://doi.org/10.1515/9783110735789-006

Drexl, Josef, Wahrnehmungs- und Abschlusszwang im europäischen Wahrnehmungsrecht, in: Götz von Olenhusen, Albrecht / Gergen, Thomas (Hrsg.), Kreativität und Charakter, Recht, Geschichte und Kultur in schöpferischen Prozessen, Festschrift für Martin Vogel zum siebzigsten Geburtstag, Hamburg 2017, S. 227.
Dünnwald, Rolf / Gerlach, Tilo, Schutz des ausübenden Künstlers, Kommentar zu §§ 73 UrhG, Stuttgart 2008.
Englund, Steven R. / Stein, Alison I. / Mcalpin, Ava U., Music Licensing Transformed by the Passage of the Music Modernization Act, Communications Lawyer, Volume 34 (2019), S. 17.
Ensthaler, Jürgen, Streaming und Urheberrechtsverletzung, NJW 2014, S. 1553.
Euhus, Fabian, Die Gegenseitigkeitsverträge der Verwertungsgesellschaften im Musikbereich, Baden-Baden 2008.
Fischer, Nadine, Lizenzierungsstrukturen bei der nationalen und multiterritorialen Online-Verwertung von Musikwerken, Baden-Baden 2011.
Gagliano, Steven J., Consent Decrees in the Streaming Era: Digital Withdrawal, Fractional Licensing and § 114(I), The Journal of Business, Entrepreneurship & The Law, Volume 10 Issue 2 (2017), S. 317.
Von Gamm, Otto-Friedrich, Urheberrechtsgesetz – Kommentar, München 1968.
Geiger, Christophe, Die Schranken des Urheberrechts als Instrumente der Innovationsförderung – Freie Gedanken zur Ausschließlichkeit im Urheberrecht, GRUR Int. 2008, S. 459.
Gelke, Erik, Mashups im Urheberrecht, Baden-Baden 2013.
Gerlach, Tilo, Der Regierungsentwurf für ein Verwertungsgesellschaftengesetz aus Sicht der ausübenden Künstler, ZUM 2016, S. 85.
Goldmann, Bettina C., Die kollektive Wahrnehmung musikalischer Rechte in den USA und Deutschland, Eine vergleichende Studie zu Recht und Praxis der Verwertungsgesellschaften, München 2001.
Goldmann, Bettina C., Die Regulierung der Urheberverwertungsgesellschaften in den USA, Kollektive Wahrnehmung im Konflikt mit dem Wettbewerbsrecht, GRUR Int. 2001, S. 420.
Goldstein, Paul, Copyright's highway, the law and lore of copyright from Gutenberg to the Celestial Jukebox, New York 1994.
Goldstein, Paul, Goldstein on Copyright, Third Edition, Loseblattsammlung, Stand 2019-II.
Gordon, Steve, The Future of the Music Business, How to succeed with the new Digital Technologies: a Guide for Artists and Entrepreneurs, 4. Auflage, Milwaukee 2015.
Gorščak, Robert, Der Verlagsvertag über U-Musik, Baden-Baden 2003.
Gounalakis, Georgios, Der Begriff des Sendens aus urheberrechtlicher Sicht, ZUM 2009, S. 447.
Grewenig, Claus, Der Regierungsentwurf für ein Verwertungsgesellschaftengesetz aus Sicht des privaten Rundfunks, ZUM 2016, S. 98.
Haedicke, Maximilian Wilhelm, Urheberrecht und die Handelspolitik der Vereinigten Staaten von Amerika, München 1997.
Handig, Chrstian, Urheberrechtliche Aspekte bei der Lizenzierung von Radioprogrammen im Internet, GRUR Int. 2007, S. 206.
Heine, Robert, GEMA-Mindestvergütung für DVD-Beigaben zu Zeitschriften angemessen, GRUR-Prax 2013, S. 229.

Heine, Robert, Wahrnehmung von Online-Musikrechten durch Verwertungsgesellschaften im Binnenmarkt, Berlin 2008.
Heker, Harald / Riesenhuber, Karl (Hrsg.), Recht und Praxis der GEMA, Handbuch und Kommentar, 3. Auflage, Berlin 2018.
Heyde, Johann, Die grenzüberschreitende Lizenzierung von Online-Musikrechten in Europa, Eine urheber- und wahrnehmungsrechtliche Studie, Baden-Baden 2011.
Hieber, Thomas, Der US-amerikanische „Music Modernization Act" – „The Most Important Piece of Legislation in a Generation"?, ZUM 2019, S. 161.
Hoenike, Mark / Hülsdunk, Lutz, Leistungskomponenten und Vertragsbeziehungen bei kommerziellen Musik-Download-Plattformen im Internet, MMR 2004, S. 59.
Hoeren, Thomas / Sieber, Ulrich / Holznagel, Bernd (Hrsg.), Handbuch Multimedia-Recht, Rechtsfragen des elektronischen Geschäftsverkehrs, 48. Ergänzungslieferung, München 2019.
Issa, Darrell / Grimm, Tyler, A Blanket for a Tired Statute: Congress Must Repair the Mechanical License in Section 115 of the Copyright Act, Harvard Journal on Legislation, Volume 55 (2018), S. 23.
Jesse, Jim, The Music Copyright Manual, The Definitive Guide to Music Copyright Law in the Digital Age, Lawrence 2016.
Kähler, Jan Jelle, Probleme der Praxis beim Rechteerwerb für non-lineare Online-Angebote im öffentlich-rechtlichen Rundfunk, ZUM 2016, S. 417.
Keesan, Joshua, Let it Be – The Challenges of Using Old Definitions for Online Music Practices, Berkeley Technology Law Journal, Volume 23 Issue 1 (2008), S. 353.
Kling, Camilla, Gebietsübergreifende Vergabe von Online-Rechten an Musikwerken, Probleme einer effizienten Lizenzierungspraxis unter Geltung des VGG, Berlin/Boston 2018.
Knowlton, Brian, Capturing Clouds: Intellectual Property Issues Within the Live Entertainment Production Process, American University Intellectual Property Brief, Volume 3 Issue 2 (2011), S. 8.
Kohn, Bob, Kohn on music licensing, 5. Auflage, New York 2019.
Koncel, Patrick, Did Copyright Kill the Radio Star: Why the Recorded Music Industry and Copyright Act Should Welcome Webcasters into the Fold, The John Marshall Review of Intellectual Property Law, Volume 14 (2015), S. 292.
Koof, Alexander, Senderecht und Recht der öffentlichen Zugänglichmachung im Zeitalter der Konvergenz der Medien, Tübingen 2015.
Korman, Bernard, U.S. Position on Collective Administration of Copyright and Anti-Trust Law, Journal of the Copyright Society of the USA, Volume 43 (1995), S. 158.
Krasilovsky, William / Shemel, Sidney, This Business of Music, The Definitive Guide to the Music Industry, 10. Auflage, New York 2007.
LaFrance, Mary, Copyright Law in a Nutshell, 3. Auflage, St. Paul 2017.
LaFrance, Mary, Music Modernization and the Labyrinth of Streaming, The Business, Entrepreneurship & Tax Law Review, Volume 2 Issue 2 (2018), S. 310.
Leavens, Thomas R., Music Law for the General Practitioner, Chicago 2013.
Loewenheim, Ulrich (Hrsg.), Handbuch des Urheberrechts, 2. Auflage, München 2010.
Loewenheim, Ulrich / Leistner, Matthias / Ohly, Ansgar (Hrsg.), Schricker/Loewenheim, Urheberrecht, Kommentar, 5. Auflage, München 2017.
Löhr, Joachim, Die Aufsicht über Verwertungsgesellschaften, München 1992.

Melichar, Ferdinand, Anmerkung zu OLG München, Urteil vom 29. April 2010, Az. 29 U 3698/09, ZUM 2010, S. 713.

Menell, Peter S., In Search of Copyright's Lost Ark: Interpreting the Right to Distribute in the Internet Age, Journal of the Copyright Society of the USA, Volume 59 (2011), S. 1.

Moser, David J. / Slay, Cheryl L., Music Copyright Law, Boston 2012.

Moser, Rolf / Scheuermann, Andreas / Drücke, Florian (Hrsg.), Handbuch der Musikwirtschaft, 7. Auflage, München 2018.

Nathenson, Ira Steven, Aereo's Errors, Journal of International & Comparative Law, Volume 2 (2014), S. 171.

Nimmer, David / Nimmer, Melville B., Nimmer on Copyright, Loseblattsammlung, Stand April 2019.

Nordemann, Axel / Nordemann, Jan Bernd / Czychowski, Christian (Hrsg.), Fromm/Nordemann, Urheberrecht, Kommentar zum Urheberrechtsgesetz, Verlagsgesetz, Einigungsvertrag (Urheberrecht), neu: zur EU-Portabilitätsverordnung, 12. Auflage, Stuttgart 2018.

Palandt, Otto, Bürgerliches Gesetzbuch, 78. Auflage, München 2019.

Passmann, Donald S., All You Need to Know About the Music Business, 9. Auflage, New York 2015.

Patry, William, Patry on Copyright, Loseblattsammlung, Stand März 2019.

Peukert, Alexander, Die Bedeutung der „AKM"-Entscheidung des EuGH für das Recht der Kabelweitersendung in Deutschland, ZUM 2017, 881.

Peukert, Alexander, Güterzuordnung als Rechtsprinzip, Tübingen 2008.

Poll Günter, Anmerkung zu BGH, Urteil von 8. Juli 1993, Az. I ZR 196/91 – „Videozweitauswertung II", GRUR 1994, S. 44.

Poll, Günter, Neue internetbasierte Nutzungsformen – Das Recht der Zugänglichmachung auf Abruf (§ 19a UrhG) und seine Abgrenzung zum Senderecht (§§ 20, 20b UrhG), GRUR 2007, S. 476.

Poll, Günter, Musik in der Werbung, WRP 2008, S. 1170.

Poll, Günter, Vom Broadcast zum Podcast – Urheberrechtliche Einordnung neuer Internetgeschäftsmodelle, MMR 2011, S. 226.

Poll, Günter, Zur Bedeutung und Reichweite des „Filmherstellungsrechts" an der Musik bei der Produktion von TV-Shows, ZUM 2014, S. 877.

Pötzlberger, Florian, Kreatives Remixing, Musik im Spannungsfeld von Urheberrecht und Kunstfreiheit, Baden-Baden 2018

Reese, R. Anthony, Copyright and Internet Music Transmissions: Existing Law, Major Controversies, Possible Solutions, University of Miami Law Review, Volume 55 (2001), S. 237.

Regenstein, Moritz, Der evolvierende Tatbestand des Öffentlichkeitsbegriffs i. S. v. Art. 3 InfoSoc-RL – Von „SGAE" über „GS Media" zu „The Pirate Bay" und der Brücke von Cordoba, ZUM 2018, S. 649.

Rehbinder, Manfred / Peukert, Alexander, Urheberrecht und verwandte Schutzrechte: Ein Studienbuch, 18. Auflage, München 2018.

Rossbach, Claudia / Joos, Ulrich, Vertragsbeziehungen im Bereich der Musikverwertung unter besonderer Berücksichtigung des Musikverlags und der Tonträgerherstellung, in: Beier, Friedrich-Karl / Götting, Horst-Peter / Lehmann, Michael / Moufang, Rainer (Hrsg.), Urhebervertragsrecht, Festgabe für Gerhard Schricker zum 60. Geburtstag, München 1995, S. 333.

Sasse, Helge / Waldhausen, Hans, Musikverwertung im Internet und deren vertragliche Gestaltung – MP3, Streaming, Webcast, On-demand-Service etc., ZUM 2000, S. 837.
Schack, Haimo, Urheber- und Urhebervertragsrecht, 8. Auflage, Tübingen 2017.
Schack, Haimo, Rechtsprobleme der Online-Übermittlung, GRUR 2007, S. 639.
Schaefer, Martin, Alles oder nichts!, ZUM 2010, S. 150.
Scheuermann, Andreas / Strittmatter, Angelika, Die Angemessenheit der Vergütung nach § 27 UrhG für das Vermieten/Verleihen von Bildtonträgern in Videotheken, ZUM 1990, S. 338.
Schricker, Gerhard, Verlagsrecht, Kommentar zum Gesetz über das Verlagsrecht vom 19.06.1901, 3. Auflage, München 2001.
Schricker, Gerhard, Zum Begriff der angemessenen Vergütung im Urheberrecht – 10 % vom Umsatz als Maßstab?, GRUR 2002, S. 737.
Schulze, Gernot, Aspekte zu Inhalt und Reichweite von § 19 a UrhG, ZUM 2011, S. 2.
Schunke, Sebastian, Das Bearbeitungsrecht in der Musik und dessen Wahrnehmung durch die GEMA, Berlin 2008.
Spindler, Gerald / Schuster, Fabian (Hrsg.), Recht der elektronischen Medien, Kommentar, 4. Auflage, München 2019.
Schwenzer, Oliver, Die Rechte des Musikproduzenten, Eine Untersuchung zu den Urheber- und Leistungsschutzrechten und dem Urhebervertragsrecht in der Produktion und Vermarktung von Popmusik, Baden-Baden 1998.
Stieper, Malte, Rezeptiver Werkgenuss als rechtmäßige Nutzung – Urheberrechtliche Bewertung des Streaming vor dem Hintergrund des EuGH-Urteils in Sachen FAPL/Murphy, MMR 2012, S. 12.
Stieper, Malte, Grenzüberschreitender Zugang zu digitalen Inhalten – oder Reform des europäischen Urheberrechts, GRUR 2015, S. 1145.
Ullrich, Jan Nicolaus, Alles in einem – Die Einräumung eines Nutzungsrechts i. S. d. § 31 Abs. 1 UrhG für einen On-Demand-Dienst im Internet, Zugleich zum Unterschied zwischen Verwertungsrechten, Nutzungsrechten, Nutzungsarten und Nutzungen, ZUM 2010, S. 311.
Ulmer-Eilfort, Constanze von / Obergfell, Eva Inés (Hrsg.), Verlagsrecht, Kommentar, München 2013.
Von Ungern-Sternberg, Joachim, Ausschüttungsansprüche von Berechtigten gegen ihre Verwertungsgesellschaft, ZGE 2017, S. 1.
Von Ungern-Sternberg, Joachim, Übertragung urheberrechtlich geschützter Werke durch Internetanbieter und Online-Verbreitungsrecht, in: Erdmann, Willi / Leistner, Michael / Rüffler, Wilfried / Schulte-Beckhausen, Thomas (Hrsg.), Festschrift für Michael Loschelder zum 65. Geburtstag, Köln 2010, S. 415.
Von Ungern-Sternberg, Joachim, Verwertungsgesellschaften und ihre Berechtigten, in: Ahrens, Hans-Jürgen / Bornkamm, Joachim / Fezer, Karl-Heinz / Koch, Thomas / McGuire, Mary-Rose / Würtenberger, Gert (Hrsg.), Festschrift für Wolfgang Büscher, Köln 2018, S. 265.
Ventroni, Stefan, Das Filmherstellungsrecht, Ein urheberrechtliches Problem bei der audiovisuellen Nutzung von Musik in Film, Fernsehen und Multimedia, Baden-Baden 2001.
Ventroni, Stefan, Paukenschlag zur Verlegerbeteiligung: Aus für die Verteilungspraxis der GEMA?, ZUM 2017, S. 187.
Ventroni, Stefan / Poll, Günter, Musiklizenzerwerb durch Online-Dienste, MMR 2002, S. 648.
Wagner, Kristina, Streaming aus der Sicht des Endnutzers – noch Graubereich oder bereits tiefschwarz?, GRUR 2016, S. 874.

Waldenberger, Arthur, Die Miturheberschaft im Rechtsvergleich, Zugleich ein Beitrag zur Lehre von der Miturheberschaft nach deutschem Recht, München 1991.

Wandtke, Artur-Axel / von Gerlach, Felix-Tessen, Die urheberrechtliche Rechtmäßigkeit der Nutzung von Audio-Video Streaminginhalten im Internet, GRUR 2013, S. 676.

Wandtke, Artur-Axel / Bullinger, Winfried, Praxiskommentar Urheberrecht, 5. Auflage, München 2019.

Wandtke, Artur-Axel (Hrsg.), Urheberrecht, 5. Auflage, Berlin/Boston 2016.

Weiche, Jens, US-amerikanisches Urhebervertragsrecht, Baden-Baden 2002.

Zurth, Patrick, Anmerkung zu EuGH, Urteil vom 26. 4. 2017, C-527/15 – Stichting Brein, NJW 2017, S. 1937.